Encore Tricolore

Sylvia Honnor
Heather Mascie-Taylor
Alan Wesson

Nelson

Thomas Nelson and Sons Ltd
Nelson House   Mayfield Road
Walton-on-Thames   Surrey
KT12 5PL   UK

First published by Thomas Nelson & Sons Ltd 1995

ISBN 0-17-439843-3
NPN 9 8

Printed in China

Acknowledgements
Bayard Presse for Okapi extracts © Bayard Presse
Editions Gallimard for *Familiale, Déjeuner du matin* and *Le cancre* from *Paroles* by Jacques Prévert, © Editions Gallimard
Editions Larousse for extracts from *Francoscopie* 1993 by Gérard Mermet, © Larousse 1992
Editions Magnard for *Comment trouver ton chemin au collège*
Excelsior Publications for extract from *Science et Vie Junior*
Office de tourisme d'Annecy for Annecy logo
Office de tourisme de Bordeaux for Bordeaux logo
Office de tourisme de Calais for Calais logo
Office de tourisme de Lyon for Lyon logo
Ville de Marseille for Marseille logo
Communauté de Strasbourg for Strasbourg logo
Pizzeria La Neustrie, Caen for advertisement
Société de Transport de la Communauté urbaine de Montréal for STCUM materials
Welsh Joint Education Committee for story *Voyage à Rouen*
Véronique Capomaccio
Sylvaine Choquet
Laure Delaunay
Michel, Brigitte, Cécile and Sophie Denise
Elisabeth Guilet
Monia Hamami
Claude, Wendy and Charlotte Ribeyrol

Illustrations
Judy Byford
Debbie Clark
Angie Deering
Tim Kahane
Debbie Kindred
Julia King
Mike Lacey
Gillian Martin
Michael Ogden
Lisa Smith
Peter Smith
Mike Whelan
Peter Wilks

Photographs
Cathy Da Silva
Keith Gibson
Ken Hall
Brendan Hearne
Daniel Hobson
Paul Ingham
Alastair Jones
David Simson
Elizabeth White
Direction du Tramway, Strasbourg
Disney Consumer Products © (Europe and Middle East) S.A.,
© The Walt Disney Company
Folkestone Herald/Citizen (SKN Ltd.)
Moroccan Tourist Office (© Françoise Peuriot)
Musée Henri Malartre, Rochetaillée-sur-Saône (Rhone)
Office de tourisme de Lyon
Le Parc Astérix
QA Photos
Quebec Government Office
RATP (Chabrol, Sutton)
Société de Transport de la Communauté urbaine de Montréal
Société Lyonnaise de Transports en Commun
Spectrum Colour Library

Cover photographs taken in France, Tunisia and Quebec

Every effort has been made to trace the copyright holders of material used in this book. The publishers apologise for any inadvertent omission, which they will be pleased to rectify at the earliest opportunity.

Watch out for these signs and symbols to help you work through each *unité*:

Listening activity

Work in pairs or groups

Using a dictionary to find out meanings of new words and phrases

C'est utile, le dictionnaire!

Help with extending your French vocabulary

Lexique

Notes to help you understand and use the patterns and rules of French

Dossier-langue

A summary of the main points you have learnt in each *unité*

Sommaire

Table des matières

As you work through Stage 4 of **Encore Tricolore** you may need to ask for help if you don't understand a word in French. A list of expressions to help you do so appears on page 103.

1.1 NOUS LES JEUNES

Lis la publicité sur ce stage international, puis fais les activités en dessous et à la page 154.

STAGE ANNUEL à PARIS

(Association des Jeunes Européens)

Jeunes sans frontières

Bienvenue à notre 7ème Stage!
Nos buts?
- de vous mettre en contact avec les jeunes des autres pays européens
- d'encourager les bonnes relations internationales en commençant par les jeunes de l'Europe
- d'apprendre ensemble un peu plus au sujet de la vie des jeunes d'autres pays
- et surtout de s'amuser ensemble.

Voici les témoignages de quelques-uns de nos stagiaires.

Sophie Milon (18 ans)

Je suis Luxembourgeoise et j'habite à la campagne dans un très petit village. Pendant mon temps libre j'écoute de la musique, je lis et je fais des randonnées. Comme je suis enfant unique je suis souvent seule. Au Stage c'est super: on n'est jamais seul, on se fait très vite de nouveaux amis. Mon rêve est d'aller travailler à Copenhague au Danemark. L'an dernier j'y ai passé des vacances chez des sœurs jumelles danoises qui étaient au Stage avec moi et j'adore cette ville.

Tina Sabatier (16 ans)

Je suis Algérienne mais nous habitons à Strasbourg en France, car ma mère travaille comme interprète pour le Parlement européen. Je crois qu'il est très important de faire la connaissance de jeunes personnes d'autres pays et de combattre le racisme, donc je suis venue au Stage avec Yusuf, mon frère aîné. Comme notre père est décédé, nous avons obtenu une bourse européenne pour venir cette année et mon rêve est de revenir l'année prochaine!

Nicolas Balland (17 ans)

Le Stage me plaît beaucoup et j'y vais depuis trois ans. Je suis Français. J'habite à Toulouse avec mes parents, ma sœur qui a quinze ans et mon frère, onze ans, et j'ai beaucoup d'amis, mais c'est un monde un peu limité. Au Stage j'ai rencontré des jeunes de presque tous les autres pays de l'Europe et ça m'a donné de nouvelles idées. Mon rêve est de devenir médecin et de travailler pour l'organisation Médecins sans frontières.

Damien Bertin (16 ans)

Je suis Belge et j'habite à Bruxelles. Comme la Belgique est assez petite comme pays je suis heureux de faire partie de l'Europe: on a l'impression d'être plus libre!

Chez moi, j'ai trois frères plus jeunes que moi, donc nous sommes quatre garçons à la maison. Au Stage on est avec beaucoup de jeunes de pays différents. On fait beaucoup de sport, on discute ensemble, on s'amuse bien. Mon rêve est de voyager dans tous les pays de l'Europe pour rendre visite à des camarades du Stage, surtout Anna, une amie néerlandaise, et Patrick, un copain irlandais.

C'est qui?

1 Elle habite à la campagne.
2 Elle est contre le racisme.
3 Il y a trois enfants dans sa famille et il est l'aîné.
4 Cette année elle est venue au Stage avec son frère.
5 Il n'a pas de sœurs, mais il a trois frères.
6 Il habite en Belgique, mais son rêve est de visiter d'autres pays.
7 Elle a des amies qui sont jumelles.
8 Il a dix-sept ans et il s'intéresse à la médecine.
9 Pendant son temps libre, elle aime lire et faire des promenades.
10 Sa mère est veuve.

*Regarde aussi **Activité 1** à la page 154.*

Fiches d'identité

Le premier jour du Stage, on fait des interviews. Chaque personne pose une série de questions à quelqu'un qui vient d'un autre pays. En plus, tout le monde doit aussi remplir une fiche d'identité.

Voici les fiches de quelques stagiaires pour cette année. Ecoute les interviews et décide qui parle avec qui et dans quel ordre. Puis essaie de compléter la fiche pour chaque personne. (Il y a des mots dans la case Lexique pour t'aider.)

Nom	Drouot
Prénom	Yves
Age	.... ans
Anniversaire	le 21 septembre
Nationalité	
Ville domicile	
Famille	1 sœur, 13 ans, 1 demi-frère ..... ans

Intérêts et loisirs
l'équitation

Rêve
être magicien professionnel

Nom	Fayemi
Prénom	Valérie
Age	.... ans
Anniversaire	
Nationalité	sénégalaise
Ville domicile	Marseille
Famille	

Intérêts et loisirs
écrire des histoires pour enfants

Rêve
d'apprendre à conduire, d'acheter .... et de

Nom	Johannessen
Prénom	Elsa
Age	.... ans
Anniversaire	
Nationalité	
Ville domicile	Bergen
Famille	

Intérêts et loisirs

Rêve

Nom	Weinitz
Prénom	Jacob
Age	.... ans
Anniversaire	
Nationalité	français
Ville domicile	Manchester
Famille	2 frères, ... ans et ..... ans, décédé

Intérêts et loisirs
(flûte, piano), théâtre, faire de l'escrime

Rêve
de visiter l'Israël, de faire partie d' .... célèbre et international

✍ Lexique ✍✍✍

Les pays	Les nationalités
l'Algérie	algérien(ne)
l'Allemagne	allemand(e)
l'Australie	australien(ne)
l'Angleterre	anglais(e)
la Belgique	belge
le Canada	canadien(ne), canadien(ne) français(e)
le Danemark	danois(e)
l'Ecosse	écossais(e)
la France	français(e)
la Hollande	hollandais(e)
(les Pays-Bas	néerlandais(e))
l'Irlande	irlandais(e)
l'Israël	israëlien(ne)
la Norvège	norvégien(ne)
le Pakistan	pakistanais(e)
le Pays de Galles	gallois(e)
le Québec	québecois(e)
le Sénégal	sénégalais(e)
le Viétnam	viétnamien(ne)

Dossier personnel

Moi-même

Maintenant écris la première partie d'un dossier sur toi-même. N'oublie pas de parler de ces choses:

nom

âge

anniversaire

nationalité

domicile

intérêts

rêve

Pour t'aider, regarde **Vocabulaire par thèmes.**

NOW YOU CAN . . .

… ask people for details of who they are, where they live and what their interests are; understand their replies and tell them about yourself.

On pose des questions

*Pour faire la connaissance de quelqu'un
on lui pose des questions:*

2
Est-ce que
tu t'appelles
Entric?

1
Tu t'appelles
Entric?

3
Tu t'appelles
Entric, non?

4
T'appelles-tu
Entric?

5
Comment
t'appelles-tu?

Dossier-langue

The cartoon shows five different ways, all in common use, of asking questions in French (in this case, to check someone's name).

1 Raising your voice in a questioning way:

Tu t'appelles Entric? ↗   Are you called Entric?

2 Using *Est-ce que*

By adding this to the beginning you can turn any French statement into a question.

Magique, non?

Est-ce que tu t'appelles Entric?   Are you called Entric?

3 Putting *non?* or *n'est-ce pas?* at the end of a statement
(Often used when you are expecting someone to agree with you, like saying 'Isn't it?' or 'Right?'

Tu t'appelles Entric, non?
Tu t'appelles Entric, n'est-ce pas?   Your name is Entric, isn't it?

4 Changing the word order by turning the verb and the subject round

T'appelles-tu Entric? Are you called Entric?

This method is often called inversion.

5 Using a question word, like *Comment?* or *Combien?*

Comment t'appelles-tu?   What is your name?
Comment tu t'appelles?   (What are you called?)

Des questions possibles

Regarde les cinq moyens (1–5) de poser des questions.
Complète les groupes de questions en dessous.

Des questions possibles au sujet de …

La famille

1 Tu as des frères et des sœurs?
2 .... ?
3 Tu as des frères et des sœurs, non/n'est-ce pas?
4 .... ?
5 Combien de frères et de sœurs as-tu?

Domicile

1 .... ?
2 Est-ce que tu habites à Paris?
3 .... ?
4 .... ?
5 Où habites-tu?

La nationalité

1 Tu es français?
2 .... ?
3 .... ?
4 .... ?
5 De quelle nationalité es-tu?

✍ Lexique 🐟🐟🐟🐟

Mots interrogatifs	Question words
combien?	how much? how many?
comment?	how? what like?
où?	where?
d'où?	where from?
e.g. *Tu viens d'où?*	Where are you from?
Je suis de Londres	I'm from London
pourquoi?	why?
quand?	when?
depuis quand?	how long? since when?
qu'est-ce que/qu'?	what?
qui?	who?
quoi?	what?

Special case: *quel(le)?* (which/what?)

Quel is an adjective and agrees with the noun which goes with it, e.g.

Quel âge as-tu?	How old are you?
De quelle nationalité es-tu?	Which nationality are you?
Quels sont tes intérêts?	What are your interests?
Quelles langues parles-tu ?	What languages do you speak?

Complète ces questions

Il y a de jeunes visiteurs francophones à ton collège et tu veux leur poser des questions. Voici des questions possibles, mais il y a des mots qui manquent. Peux-tu compléter les questions?

1 ... t'appelles-tu?
2 ... âge as-tu?
3 ... viens-tu?
4 Tu es de ... nationalité?
5 ... tu parles anglais?
6 ... de frères et de sœurs as-tu?
7 ... s'appellent-ils?
8 ... es-tu ici?
9 – Vous restez ici jusqu'à ... ?
    – Jusqu'à samedi.
10 – ... êtes-vous ici?
    – C'est un échange scolaire.
11 – ... penses-tu de notre collège?
    – Je pense qu'il est (pas mal/
    bien/intéressant/excellent).
12 – Ton père/ta mère, ... il/elle fait dans
    la vie?
    – Il/Elle est vétérinaire.*

**Avant les métiers, on ne dit pas un
ou une.*

*Maintenant écoute la cassette pour
vérifier les questions et écoute bien
les réponses d'Alexandre.*

Dossier-langue

Une question très utile

Qu'est-ce que tu aimes comme ... ?
What kind of ... do you like?
Par exemple:

– *Qu'est-ce que tu aimes comme films*?*
– *J'aime les films** de science-fiction.*

* In the question just say the noun (without **le/la/les**).
** In the answer say **le/la/les** before the noun as usual.

Qu'est-ce que tu aimes comme ... ?

Regarde les images et invente cinq questions comme celle-ci que tu peux poser à un ami français. Voici des suggestions. Il y a des mots dans la case pour t'aider. **Exemple:** *Qu'est-ce que tu aimes comme fruits?*

Qu'est-ce que tu aimes comme ... ?

(les) fruits
(les) voitures
(le) sport
(la) nourriture
(les) vêtements
(les) livres
(les) animaux
(les) boissons
(les) groupes
(la) musique

Maintenant choisis deux de ces questions et pose-les à six personnes différentes. Est-ce qu'il y a deux personnes ou plus qui donnent les mêmes réponses?

Lexique

Les métiers	Jobs, professions
un agent de police	policeman
un avocat	lawyer, solicitor
un(e) coiffeur(-euse)	hairdresser
un(e) comptable	accountant
un directeur(-trice)	manager(ess), headteacher
un(e) employé(e)	employee
de bureau	office worker
un fermier	farmer
un(e) fonctionnaire	civil servant
un homme (une femme) d'affaires	businessman(woman)
un(e) infirmier(-ière)	nurse
un ingénieur	engineer
un maçon	builder
un(e) mécanicien(ne)	mechanic
un médecin	doctor
un(e) programmeur(-euse)	programmer
un(e) représentant(e)	representative
une secrétaire	secretary
un(e) technicien(ne)	technician
un(e) vendeur(-euse)	sales assistant
sans profession	without a current job
au chômage	unemployed

Chez toi

Un(e) jeune Français(e) est en visite chez toi. Il n'y a que toi à la maison qui parle français. Quelles sont les questions que tu dois poser?

1 Ta mère veut savoir ...
• s'il/elle préfère le café ou le thé
• s'il/elle aime les champignons
• s'il/elle veut téléphoner à ses
  parents en France.

2 Ta petite sœur veut savoir ...
• s'il/elle veut voir ses hamsters
• s'il/elle a des frères ou des sœurs
  en France
• leurs noms et quel âge
  ils/elles ont.

3 Ton grand-père veut savoir ...
• d'où il/elle vient
• pourquoi il est venu ici?
• comment il/elle a voyagé
• ce qu'il/elle veut voir ou faire
  pendant sa visite
• quel est le métier de ses parents.

Dossier-langue

Rappel: Answering questions

• You often need a different person of the verb in the answer from the one in the question, e.g. question: *tu* or *vous*, answer: *je* or *nous*.

Quel âge as-tu?

De quelle nationalité êtes-vous?

J'ai 100 005 ans.

Nous sommes martiens.

BUT if you're talking about other people, you often use the third person for both question and answer, e.g.

– *Est-ce qu'ils sont Martiens?*
– *Non, non. Ce sont les nouveaux professeurs.*

• When replying to a question, you nearly always use the same tense as in the question, e.g.

– *A quelle heure arrives-tu chez toi, d'habitude?*
– *J'arrive vers cinq heures.*

– *A quelle heure es-tu arrivé chez toi après la boum?*
– *Je suis arrivé à une heure du matin.*

– *Quand arriveras-tu chez moi ce soir?*
– *J'arriverai vers sept heures.*

• Questions asking why? using *pourquoi?* are usually answered either with *parce que* (= because), + a noun or pronoun and a matching part of a verb, e.g.

– *Pourquoi vas-tu en France?*
– *Parce que je vais chez mon correspondant.*

or with *pour* + an infinitive, e.g.

– *Pourquoi vas-tu en France?*
– *Pour rendre visite à mon correspondant.*

Qu'est-ce qu'on répond?

Pour chaque question, il y a au moins deux réponses possibles. Peux-tu les trouver?

1 Que ferez-vous samedi prochain, toi et tes amis?
2 Qu'est-ce que tu as fait samedi dernier?
3 Pourquoi vas-tu rester à la maison ce soir?
4 Pourquoi n'es-tu pas sorti samedi dernier?
5 Qui est la fille aux cheveux blonds?
6 Que fais-tu le samedi?

A D'habitude je vais au café.

B Généralement, je sors avec mes copains.

C Je suis sorti avec mes copains.

D Je suis resté à la maison.

E Nous irons à une discothèque.

F Nous ferons un pique-nique à la campagne.

G C'est Nicole, une de mes copines.

H Elle s'appelle Nicole.

I Parce qu'il y avait un bon film à la télé.

J Parce que mes cousins sont venus à la maison.

K Pour regarder le film à la télé.

L Pour faire mes devoirs.

 ## L'interviewer, c'est toi!

Travaillez à deux. Une personne regarde cette page et l'autre regarde la page 154.

Voici les détails personnels de deux jeunes stagiaires. Ton/ta partenaire regarde les détails de deux stagiaires différents. Chaque personne doit poser des questions à l'autre pour compléter le tableau.

Exemple

– Ta première personne, qui est-ce?
– C'est Chantal Trudeau.
– Comment ça s'écrit?
– C-H-A-N-T-A-L T-R-U-D-E-A-U.
– Quel âge a-t-elle?

	prénom	nom	âge	nationalité	domicile	loisirs	rêve
1	Jean-François	Boulez	17	français	Toulouse	le football, le golf, le cinéma, jouer de la guitare	voir tous les films de Clint Eastwood
2	Alice	Schwarzkopf	18	belge	Bruxelles	la peinture à l'huile, la lecture, le théâtre	être actrice célèbre
3							
4							

NOW YOU CAN . . .

… ask and answer all sorts of questions and find out about someone you meet.

1.3 LA VIE FAMILIALE

La famille en statistiques: un jeu

Il y a environ 56 millions de Français: comment vivent-ils?

Que sais-tu de la vie familiale en France?

Par exemple, chaque jour en France, 770 couples se marient, 290 couples divorcent, 2 080 enfants naissent et 16 enfants sont adoptés.

Voici d'autres statistiques au sujet de la famille. Chaque fois, choisis la bonne réponse.

1 En France, l'âge moyen du mariage augmente. C'est maintenant

  a 25 ans pour les femmes et 27 ans pour les hommes

  b 22 ans pour les femmes et 24 ans pour les hommes

  c 23 ans pour les femmes et 25 ans pour les hommes

2 En France, combien d'hommes et de femmes entre 20 et 24 ans sont célibataires?

  a 50% des hommes et 45% des femmes

  b 89% des hommes et 72% des femmes

  c 35 % des hommes et 32% des femmes

3 Célibataires, veufs, retraités ou divorcés, beaucoup de Français vivent seuls, mais combien?

  a 6,5 millions de Français vivent seuls

  b 10,2 millions de Français vivent seuls

  c 8,25 millions de Français vivent seuls

4 Dans un sondage récent, on a découvert que 16% des couples mariés en France se sont rencontrés

  a dans un bal

  b en vacances

  c au collège ou à l'université

5 En France, l'espérance de vie est

  a de 72.6 pour les femmes et de 80.8 pour les hommes

  b de 75.8 pour les femmes et de 82.3 pour les hommes

  c de 80.8 pour les femmes et de 72.6 pour les hommes

6 En France, beaucoup d'enfants de parents divorcés connaissent l'expérience d'une nouvelle union de leur père et/ou de leur mère. C'est quel pourcentage?

  a 85%

  b 75%

  c 70%

7 En plus, beaucoup d'enfants de parents divorcés se retrouvent avec un ou plusieurs demi-frères ou demi-sœurs, et des familles correspondantes: beaux-grands-parents, demi-oncles et demi-tantes, demi-cousins, etc. C'est quel pourcentage?

  a 70%

  b 66%

  c 80%

8 En France, il y a beaucoup d'enfants et beaucoup d'animaux domestiques. Quelle est la proportion correcte?

  a deux fois plus d'enfants que d'animaux domestiques

  b deux fois plus d'animaux domestiques que d'enfants

  c autant d'animaux domestiques que d'enfants (la même quantité)

9 On a posé des questions à beaucoup d'adolescents français de 13 à 17 ans au sujet de leurs relations avec leurs parents. Quelle proportion a dit que leurs relations sont excellentes ou très bonnes?

  a 66%

  b 55%

  c 77%

10 Récemment beaucoup de familles françaises ont choisi pour leurs fils des prénoms qui ressemblent aux prénoms anglais. Un des plus populaires est

  a Kévin

  b Gary

  c Wayne

A mon avis

Dans une émission à Radio Jeunesse, on a discuté de la vie familiale. Lis ces avis et écris une liste de ceux que tu partages (A ou B).

Choisis l'avis que tu trouves le plus vrai pour toi ou le plus important.

Discute de ces idées avec tes amis. Est-ce qu'ils ont choisi le même avis que toi?

1A A notre âge les amis sont plus importants que la famille. Si j'ai un problème j'en parle à mes amis, pas à mes parents.

B Les copains, c'est très bien, mais si on a vraiment des problèmes, c'est la famille qui compte!

2A Je m'entends très bien avec mes parents, je peux leur parler de tout, ou presque!

B J'ai un gros problème de communication avec mes parents et ils ne veulent pas du tout écouter mon point de vue.

3A Si on est enfant unique, on se sent seul quelquefois, mais il y a quand même des avantages.

B Si on est enfant unique, on se sent trop seul. A mon avis il n'y a pas beaucoup d'avantages.

4A Les familles nombreuses, c'est super! On ne se sent jamais seul et c'est souvent très amusant.

B Les familles nombreuses, c'est affreux! On n'est jamais seul, on n'a pas de vie privée et il y a toujours trop de bruit.

5A Avoir un frère ou une sœur plus âgé que vous, c'est bien, mais un petit frère ou une petite sœur, c'est embêtant, et ils sont presque toujours gâtés.

B Avoir un frère ou une sœur plus jeune que vous, c'est bien, mais un grand frère ou une grande sœur, c'est vraiment embêtant!

6A Je préfère que mes parents me donnent chaque semaine ou chaque mois une somme fixe d'argent de poche.

B Je préfère ne pas recevoir d'argent de poche régulièrement. Mes parents me donnent de l'argent lorsque j'en ai besoin.

7A Après l'âge de douze ans il faut avoir le droit de s'habiller comme on veut, même si on sort avec ses parents.

B Si on sort avec les parents, il faut mettre les vêtements qu'ils préfèrent. Après tout, ce sont eux qui les achètent!

Lexique

La famille	**The family**
*(Pour une liste plus complète, voir **Vocabulaire par thèmes**.)*	
un beau-frère	brother-in-law
un beau-père	stepfather, father-in-law
une belle-mère	stepmother, mother-in-law
une belle-sœur	sister-in-law
un(e) cousin(e)	cousin
un demi-frère	stepbrother
une demi-sœur	stepsister
l'espérance de vie	life expectancy
une famille nombreuse	big family
une femme	wife, woman
une fille (unique)	(only) daughter
un fils (unique)	(only) son
un frère	brother
une grand-mère	grandmother
un grand-père	grandfather
les grand-parents	grandparents
un mari	husband
une mère	mother
un neveu	nephew
une nièce	niece
un oncle	uncle
un parent	parent, relation
un père	father
les petits-enfants	grandchildren
une sœur	sister

Pour décrire quelqu'un dans la famille	**Describing someone in the family**
plus âgé que	older than
plus jeune/moins âgé que	younger than
l'aîné(e)	oldest
le cadet	youngest
jeune	young
vieux (vieille)	old
décédé/mort	dead

La situation de famille	**Family circumstances**
célibataire	single
divorcé(e)	divorced
marié(e)	married
retraité(e)	retired
séparé(e)	separated
veuf (veuve)	widowed

Des verbes utiles	**Useful verbs**
mourir	to die (past participle *mort* = dead)
naissent	are born (from *naître* = to be born past participle *né(e)* = born)
vivre	to live

Que penses-tu de la vie familiale?

Ecoute l'émission à la radio et note les numéros des avis exprimés par Elodie, Charles, Alexis et Emmanuel. Quel est l'avis le plus populaire?

Lis les lettres, puis fais l'activité en dessous.

Nos lecteurs et lectrices nous écrivent

La semaine dernière, Alice a posé dans son émission sur Radio Jeunesse la question 'Est-ce que les parents s'inquiètent trop? Est-ce que cela nous empêche d'être indépendant ou nous encourage à leur cacher des choses?'
Nous avons reçu des tas de réponses. En voici quelques-unes qui sont assez typiques de vos idées.

Chère Alice,
Tu as raison. A mon avis, les parents s'inquiètent trop. Chaque fois que je sors, ma mère veut tout savoir: avec qui je sors, où je vais, à quelle heure je rentre, etc. Je ne veux pas mentir à mes parents, mais ça ne m'encourage pas à leur dire la vérité.
Céline (Avignon)

Chère Alice,
Bien sûr, les parents sont inquiets, ils ont raison! La drogue, l'alcool, le sida – il y a un tas de dangers pour les jeunes. En plus les parents, eux aussi, ont des droits. S'ils savent où sont leurs filles et leurs fils, et à quelle heure ils rentrent, ils peuvent passer eux-mêmes un samedi soir agréable et sans souci. D'accord, on aime la liberté, mais soyons quand même un peu raisonnables!
Linda (Grenoble)

Chère Alice,
Tu as de la chance! Mes parents ne s'inquiètent pas beaucoup à mon sujet. Je ne vois ma mère que très rarement: mes parents sont séparés et j'habite avec mon père et mon frère aîné. Ils sont tous les deux gentils mais ils n'ont pas le temps de s'occuper de moi, malheureusement! Mon père travaille le soir et la nuit, puis dort pendant la matinée (il est boulanger). On prend rarement un repas ensemble. Mon frère fait son service militaire et quand il a congé, il sort tout le temps avec sa copine.
La liberté, c'est peut-être bien, mais moi, j'en ai trop!
Christophe (Clermont-Ferrand)

C'est l'avis de qui?

Voici quelques-unes des idées exprimées dans ces lettres à Alice. Trouve les deux phrases qui représentent les avis de chaque personne.
Exemple: Céline **E**

A Les parents aussi ont des droits.
B Quelquefois les parents ne s'occupent pas suffisamment de leurs enfants.
C Les parents ont raison d'être inquiets, de nos jours il y a tant de dangers!
D Il est quelquefois difficile de dire la vérité à ses parents.
E Les parents s'inquiètent trop.
F La liberté n'est pas la chose la plus importante.

Une lettre à Alice

*Si tu veux, écris toi-même une réponse courte à Alice. Tu peux te servir de quelques-unes des phrases des lettres et de **A mon avis**, à la page 10.*

 ## Alice répond

Ecoute l'émission d'Alice sur la cassette.
Est-ce que son avis se rapproche le plus des idées de Céline, de Linda ou de Christophe?

Dossier personnel

Une description de ma famille
N'oublie pas de parler de ces choses:
Tes parents (mariés/divorcés etc.)
Si c'est une famille nombreuse ou si tu es enfant unique
Tes frères et tes sœurs, leurs prénoms, âge etc.

NOW YOU CAN . . .
....
... understand information about family life in France and talk and write about yourself and your family.

Tu cherches un correspondant?

Avoir un(e) correspondant(e) est un excellent moyen d'améliorer son français, de faire la connaissance d'un(e) jeune Français(e) et peut-être de faire un échange plus tard.

Pour trouver un(e) correspondant(e) ces six personnes ont écrit au magazine Europa. *Lis leurs lettres et trouve un(e) correspondant(e) pour ces jeunes Anglais:*

Meryl Taylor aime la natation et le sport en plein air.

Stephen Macintyre 17 ans, cherche un(e) correspondant(e) qui habite en France et qui aime la musique.

Lucy Gardiner 15 ans, veut correspondre avec quelqu'un de son âge, mais ne veut pas écrire à un garçon.

Cherche correspondant(e) ...

J'ai 15 ans et j'aimerais correspondre avec filles ou garçons de 14 à 17 ans, aimant le cinéma et la natation.
**Mohammed Benkarroum,
19 rue Cloron-Riad, Meknès (Maroc)**

Dés. corresp. avec filles et garçons de 16 ans à 20 ans, aim. la danse, la musique et les jeux-vidéo.
Stéphanie Barriault, 3, rue d'Orléans, Mantes-la-Jolie (France)

Jeune Français de 16 ans dés. corresp. avec filles ou garçons de tous pays qui aiment la natation, la voile, et le vélo.
Jean-Luc Gilbert BP 098, Ajaccio (Corse)

J'ai 15 ans et j'aimerais correspondre avec Américain(e)s ou Anglais(es) pour me perfectionner dans cette langue et lier amitié.
Suzanne Laurent, 62 rue Moille Beau, 1209 Genève (Suisse)

J.H. 15 ans aimerait correspondre avec Anglais(e) même âge, aim. la lecture et le dessin, en vue échange pour le mois d'août.
Marc Koster, 21 rue Ermesinde, Luxembourg (Luxembourg)

Dés. corresp. avec garçons ou filles, parlant français, aim. les voyages, la mode et la musique pop. Echange possible.
Chloë Notton, 37 High Street, Hatfield, Herts (Angleterre)

Réponds-moi vite!

Chloë Notton a écrit au magazine Europa *parce qu'elle veut correspondre avec un(e) Français(e), et après quelques semaines elle a reçu cette lettre.*

A toi d'écrire

Ecris une réponse à Roselyne, ou choisis un(e) correspondant(e) et écris-lui une première lettre, un peu comme la lettre de Roselyne.

(Pose d'autres questions en plus et raconte-lui d'autres détails sur toi-même, si possible.)

> Rocamadour, le 10 septembre
>
> Chère Chloë,
>
> J'ai lu ta petite annonce dans le magazine Europa et je t'écris tout de suite parce que ça fait longtemps que je cherche une correspondante anglaise. Je m'appelle Roselyne Bosquet, j'ai quinze ans et mon anniversaire est le 5 octobre. J'habite à Rocamadour, en France, avec mon père, ma belle-mère et mon demi-frère Antoine, qui sont très gentils. Mon père est agent de police et ma belle-mère travaille dans un magasin de chaussures. J'ai un chat qui s'appelle Vanille et deux oiseaux qui s'appellent César et Cléopâtre. Est-ce que tu as des frères ou des soeurs et as-tu des animaux à la maison?
>
> Qu'est-ce que tu aimes comme sport et comme musique? Moi, j'aime le handball et la natation et j'adore la musique pop et le jazz. Mon rêve est d'être vétérinaire.
>
> Voici une photo de moi. Est-ce que tu peux m'envoyer une photo et me parler un peu de toi et de tes intérêts? Réponds-moi aussi vite que possible!
>
> Amitiés,
> Roselyne

A la poste

Pour mettre une lettre à la poste, il faut d'abord acheter un timbre. En France, on peut acheter les timbres à la poste ou dans un bureau de tabac. Quelques timbres français modernes sont autocollants.

Un timbre n'a pas seulement une fonction pratique. Il peut aussi servir de moyen de communication …

… ou pour commémorer un événement spécial.

Peux-tu découvrir les dates commémorées par ces deux timbres?

On achète un timbre

1   *Travaillez à deux pour faire ce dialogue.*
2   *Utilisez les mots dans les cases pour faire des dialogues différents.*
–   C'est combien pour envoyer une carte postale en Angleterre, s'il vous plaît?
–   Deux francs quatre-vingts.
–   Je voudrais dix timbres à 2F80, s'il vous plaît.
–   Voilà dix timbres, Mademoiselle (Madame, Monsieur). Ça fait 28F.
–   Voilà Monsieur.
–   Merci beaucoup. Au revoir Mademoiselle.
–   Au revoir, Monsieur.

en France
en Irlande
en Ecosse
au Pays de Galles
au Canada
au Pakistan
aux Etats-Unis
(Il y a une liste de pays à la page 5.)

une lettre
ce paquet

deux
trois
quatre
cinq etc.

Des conversations à la poste

Ecoute les conversations et note, chaque fois

- ce qu'on achète
- ce qu'on envoie et à quelle destination
- le prix total

*Maintenant, faites des conversations un peu plus longues en ajoutant une ou plusieurs des expressions du **Lexique**.*

Lexique

Au bureau de poste	At the post office
Où est la boîte aux lettres/ le téléphone public, s.v.p.?	Where is the postbox/ telephone box please?
Devant/derrière le bureau de poste à l'intérieur/à l'extérieur de/du	Behind/in front of the Post Office inside/outside
Est-ce qu'on vend des télécartes ici?	Do you sell phonecards?
Où est-ce qu'on peut poster des lettres?	Where can you post letters?
Est-ce qu'il y a une boîte spéciale pour l'étranger?	Is there a special box for overseas?
C'est par avion?	Is it by air?
Ça arrivera quand?	When will it arrive?

Pour téléphoner à l'étranger

1   Composez le 19
2   + l'indicatif pays (pour le Royaume Uni, il faut faire le 44)
3   + l'indicatif ville (sans faire le premier zéro)
4   + le numéro de votre correspondant.

Tu es en France et tu veux téléphoner chez toi ou chez un(e) ami(e). Ecris les chiffres qu'il faut composer.
Exemple
(pour un numéro à Huddersfield): 19 44 1484 956921

Dicte ces chiffres à un(e) ami(e).

(Les Français disent les chiffres en groupes, pas séparément, alors il faut dire: dix-neuf, quarante-quatre, quatorze, quatre-vingt-quatre, quatre-vingt-quinze, soixante-neuf, vingt et un.)

Travaillez à deux.

Chaque personne écrit tous les chiffres qu'il faut composer pour faire quatre appels utiles de France, par exemple, pour appeler le collège, le médecin, ton cousin ou un ami.

Puis on dicte les chiffres tour à tour. Qui aura le plus grand nombre de chiffres corrects?

NOW YOU CAN . . .
. . . write to a French penfriend, buy stamps in a French post office and phone home from France.

Le jour que je préfère

Tristan Benodet a quinze ans et il est en 3ème B au Collège Jeanne d'Arc, dans la banlieue de Paris. Les élèves de sa classe écrivent des articles pour le magazine du collège sous le titre Le jour que je préfère. *Si possible, ils doivent illustrer les articles avec des dessins ou des photos.*
Lis l'article de Tristan, puis fais les activités.

Je sais très bien le jour que je préfère, c'est le samedi, surtout les samedis de vacances! Quand nous sommes en congé, je me lève assez tôt le matin et, avec une bande de copains, je vais passer le samedi au centre de Paris. On se promène près de la Seine, on regarde les gens, on bavarde ensemble. C'est très amusant.

En été, on achète une glace ou une crêpe, et en automne ou en hiver, des marrons chauds. Moi, j'adore ça!

J'aime surtout le Quartier Latin, parce qu'il y a toujours beaucoup à voir. On dit bonjour à des personnes intéressantes qui sont souvent dans ce quartier et que nous connaissons depuis longtemps: Jean-Marcel, par exemple, ça fait au moins trois ans qu'on le connaît. D'habitude il est au même endroit, tout près de Notre Dame, avec son chapeau melon et sa vieille pipe. Sur la photo on peut voir son chien, qui s'appelle Toutou, et le chat noir, Minouche. Ils s'entendent très bien et ils sont souvent dans le même panier.

Quand on a soif, on entre dans un café et on boit un coca, ou, s'il fait froid, on choisit plutôt un chocolat bien chaud! Quand nous avons faim nous mangeons des frites ou un sandwich, ou quelquefois nous allons à cette pâtisserie Tunisienne. Là il y a des choses vraiment délicieuses!

S'il fait beau, on voit beaucoup d'artistes dans les rues. Ils dessinent sur le trottoir ou ils font des portraits de touristes, et je crois qu'ils gagnent pas mal d'argent.

La journée passe vite. L'après-midi on va quelquefois dans le Jardin du Luxembourg ou au cinéma s'il y a un bon film. Puis on prend le R.E.R. pour rentrer chez nous.

Il n'est pas difficile de comprendre pourquoi le samedi est ma journée favorite!

Résumé

Dix de ces phrases font un résumé de l'article de Tristan. Trouve les deux phrases qui ne ne sont pas vraies et mets les autres dans l'ordre de l'article.

1 Tristan habite dans la banlieue de Paris.
2 Ils entrent dans les grands magasins pour regarder les vêtements à la mode.
3 L'après-midi, ils vont quelquefois au cinéma.
4 Il passe la journée à Paris avec ses amis.
5 Le soir ils rentrent par le RER.
6 Ils disent bonjour à des personnes qu'ils connaissent depuis longtemps.
7 Le samedi matin, Tristan se lève assez tôt.
8 Tristan aime regarder les artistes.
9 Quelquefois, ils font une excursion en bateau sur la Seine.
10 Ils se promènent, ils mangent et ils boivent.
11 Une de ces personnes s'appelle Jean-Marcel.
12 Son jour favori est le samedi, surtout pendant les vacances.

Trouve les contraires

Dans l'article de Tristan, il y a des mots ou des expressions qui sont les contraires de ceux-ci. Peux-tu les trouver?
Exemple: 1 la nuit – le jour

1 la nuit
2 le centre-ville
3 facile
4 nouvelle
5 en été
6 au printemps
7 quelquefois
8 tard
9 rarement
10 loin de
11 lentement
12 bonsoir!
13 s'il fait mauvais
14 s'il fait chaud
15 on a faim
16 nous avons soif
17 on vend
18 je déteste ça
19 je me couche
20 ils se disputent

Trouve les synonymes

Dans l'article de Tristan, il y a des mots ou des expressions qui ont presque le même sens que ceux-ci. Peux-tu les trouver?
Exemple: 1 mon jour favori = le jour que je préfère

1 mon jour favori
2 normalement
3 pas loin de
4 nous sommes en vacances
5 un groupe d'amis
6 trois ans ou même plus
7 de bonne heure
8 nous avons besoin de manger
9 beaucoup d'argent
10 Ça fait longtemps que nous connaissons ces gens
11 On le connaît depuis au moins trois ans
12 pour retourner à la maison

En groupes

Essayez de faire un jeu Vrai ou faux? au sujet de la journée de Tristan pour échanger avec un autre groupe.

Dossier-langue

Rappel: The present tense

Nearly all the verbs in Tristan's article are parts of the **present tense** and refer to something which is a state of affairs or something going on at the present time.

Regular verbs

They form the present tense in one of three ways according to their ending:

	-er jouer	*-re* répondre	*-ir* finir
je	joue	réponds	finis
tu	joues	réponds	finis
il/elle/on	joue	répond	finit
nous	jouons	répondons	finissons
vous	jouez	répondez	finissez
ils/elles	jouent	répondent	finissent

The **present tense** is also used for talking about things which don't change, e.g. *Je m'appelle Tristan et j'ai les cheveux bruns*, and about things which happen again and again, e.g. *Mes grand-parents viennent/j'écoute des disques*.

There are several meanings for the present tense in English, but in French there is only one way of saying it, e.g. *ils s'entendent bien* could mean they get on well **or** they are getting on well **or** they do get on well.

See how many example of regular verbs in the present tense you can find in Tristan's article.

Irregular verbs

Many common French verbs are irregular. Tristan used at least one part of the present tense of all the following verbs:

> aller avoir boire croire connaître dire être
> faire mettre pouvoir prendre savoir voir vouloir

Can you find them?
Think about what they mean. Look them up and check that you know the whole of their present tense.

Un jour que je n'aime pas

Un autre élève a décidé de changer le titre: son article s'appelle Un jour que je n'aime pas. *Voici un extrait de son article. Peux-tu le compléter avec la forme correcte du verbe?*

Emmanuel

Moi, je n'aime pas le lundi! Je me (**1 réveiller**) assez tôt parce que je (**2 aller**) au collège, mais je (**3 être**) souvent fatigué après le weekend, donc je me (**4 lever**) au dernier moment! Ma sœur (**5 être**) toujours dans la salle de bains avant moi, alors je (**6 devoir**) attendre. Je (**7 frapper**) très fort à la porte et ma mère (**8 commencer**) à rouspéter. Finalement, je me (**9 laver**) et je m'(**10 habiller**) à la hâte, je n'(**11 avoir**) pas le temps de manger le petit déjeuner et quelquefois je (**12 finir**) par manquer l'autobus. Dans ce cas, j'(**13 arriver**) à l'école en retard et le professeur se (**14 fâcher**). Encore un lundi typique qui (**15 venir**) de commencer!

🏴 Mon jour favori

Voici un extrait de l'article d'une autre membre de 3ème B. Ecoute sa conversation avec le prof de français et complète l'extrait avec les mots dans la case. (Sers-toi de chaque expression une fois seulement!)

Elodie

Le jour que …(1)… , c'est le dimanche, d'abord parce que …(2)… au collège, et aussi parce que, d'habitude, …(3)… bien ce jour-là. Le dimanche matin …(4)… assez tard et quelquefois …(5)… au lit. De temps en temps, mes grand-parents …(6)… déjeuner chez nous et le soir …(7)… ou …(8)…

A on mange	
	B viennent
C je préfère	
	D je me lève
E je regarde la télé	
	F je ne vais pas
	G je sors
H j'écoute des disques	

Il y a un autre extrait à la page 155.

Dossier personnel

Ecris un article avec le titre Mon jour favori *ou* Un jour que je n'aime pas. *Si tu veux, tu peux utiliser des expressions des articles de la classe 3ème B.*
Voici des idées:
Le jour que je préfère est/Le jour que je déteste est …
parce que je vais/je ne vais pas/il y a/il n'y a pas de …
J'aime/Je n'aime pas/Je dois + infinitive …
Le matin, je me lève tard/tôt/à sept heures etc.
D'habitude nous allons/je vais en ville/au collège/ chez mes amis etc.
Quelquefois je sors/je travaille/je téléphone à … / je vois …
Le soir je regarde la télé/j'écoute des disques/ la radio etc.
Je me couche normalement vers …

Es-tu chouette ou alouette?

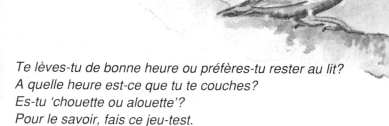

Te lèves-tu de bonne heure ou préfères-tu rester au lit?
A quelle heure est-ce que tu te couches?
Es-tu 'chouette ou alouette'?
Pour le savoir, fais ce jeu-test.

1 Il est dix heures et demie, un lundi soir typique. Qu'est-ce que tu fais?
  a Je dors comme une souche depuis une demi-heure.
  b Depuis un quart d'heure (ou plus), j'ai vaguement l'idée de me coucher.
  c Pour moi, la soirée vient de commencer!

2 Il est neuf heures et demie du matin, un jour de semaine. A l'école ou au travail, qu'est-ce que tu fais?
  a Je travaille très bien depuis huit heures et demie ou plus tôt.
  b Je travaille assez bien depuis neuf heures.
  c Je commence à me réveiller, (mais je dors toujours un peu quand même!)

Maintenant, regarde la solution à la page 177.

3 Il est dimanche matin, à dix heures. Comment es-tu?
  a J'ai déjà pris mon petit déjeuner et depuis une heure je fais mes devoirs ou lis le journal.
  b Ça fait une heure que je suis éveillé, mais je suis toujours en pyjama.
  c Je dors toujours depuis une heure du matin!

4 Il est minuit, un samedi soir pendant les vacances. Que fais-tu?
  a Ça fait au moins une heure que je dors.
  b Je suis au lit, mais depuis quelques minutes seulement.
  c Ça fait seulement deux heures que je suis à la boum. J'espère que ça va continuer encore une heure au moins!

Dossier-langue

A special use of the present tense

Look at the examples of *depuis* and *ça fait que* in use in the *Jeu-test* and in Tristan's article. Which tense is used and what does it mean?
Here are some more examples to help you:

> *Ça fait une demi-heure que je l'attends ici!*

> *Je l'attends ici depuis trente minutes!*

With the two expressions *depuis* and *ça fait que*, the present tense is used when the verb refers to something which is still going on, e.g.

> *Ça fait longtemps que tu habites ici?*
> Have you been living here for long?

> *Oui, ça fait dix ans que nous habitons ici.*
> Yes, we have been living here for ten years (i.e. and still are).

🏴 Depuis quand?

Des visiteurs français à ton collège te posent beaucoup de questions. Sais-tu comment répondre?

1 *Ecoute l'interview entre Jérémie, collégien à Bruxelles, et un jeune Parisien. Ecris la réponse correcte de Jérémie à chaque question.*

2 *Ecris tes propres réponses, qui peuvent faire partie de ton Dossier personnel. Remplace les mots en bleu si nécessaire.*

1 – Ça fait longtemps que tu habites cette ville?
  – Ça fait … que j'habite cette ville.
2 – Depuis quand vas-tu à ce collège?
  – Je vais à ce collège …
3 – Depuis combien de temps apprends-tu une langue étrangère?
  – J'apprends l'anglais … et l'allemand …
4 – Qu'est-ce que tu fais comme sport à ton collège et depuis quand fais-tu ce sport?
  – Je joue au hockey …
5 – As-tu un correspondant dans un autre pays? Si oui, est-ce que ça fait longtemps que tu lui écris?
  – Je lui écris … (**ou** Non, je n'ai pas de correspondant.)

Les réponses de Jérémie

depuis un an   depuis deux ans et demi   depuis quatre ans
sept ans   depuis deux ans   depuis trois ans et demi

Now you can …
....
… talk about your everyday life and that of your friends.

La couleur dans ta vie

Tu vas bien aujourd'hui, tu es de bonne humeur?
Non? C'est peut-être à cause de la couleur de tes
vêtements ou de ta chambre!

Beaucoup de gens, même des médecins, disent que les
couleurs ont une grande influence sur nos réactions, et
même sur notre santé. Par exemple, on dit que le bleu et le
vert apportent du calme, mais que le rouge nous excite. C'est
pour ça que les salles d'attente à l'hôpital ou chez le dentiste
sont souvent peintes en bleu, en beige ou en vert pâle.

Voici la liste des théories:

le bleu et le vert	apportent du calme
le rouge	nous excite
le jaune	apporte la joie, l'optimisme et aide la concentration (une couleur idéale pour une salle de classe, non?)
l'orange et la turquoise	donnent confiance
le noir	nous rend tristes et sans énergie (N'oublie pas de mettre un foulard rouge ou jaune ou une ceinture orange avec tes vêtements noirs!)
le violet et le pourpre	sont les couleurs mystérieuses
le rose	est une couleur romantique

Comment expliquer tout ça? On dit que c'est à cause des
vibrations différentes des couleurs dans l'atmosphère. Ces
vibrations sont 'vues' par notre peau: on dit que même les
personnes aveugles sont sensibles aux couleurs!
(Demande des explications à ton prof de science!)

Alors ce soir, tu vas sortir, qu'est-ce que tu vas mettre?
Ça dépend! Pour une soirée mystérieuse, mets du violet
ou du pourpre. Pour être dynamique ou dramatique, mets
du rouge. Mais pour une soirée romantique, voici le choix
idéal: c'est le rose!

Quelle couleur vas-tu choisir ...

1 ... pour la chambre d'un enfant hyperactif?
2 ... pour aller à une interview importante?
3 ... pour les murs de la chambre où tu fais tes devoirs?
4 ... pour mettre quand tu iras à une boum chez ton meilleur(e) ami(e)?
5 ... pour visiter quelqu'un qui est malade à l'hôpital?
6 ... pour fêter le mardi gras?
7 ... pour la chambre d'un enfant trop timide et silencieux?
8 ... pour accompagner un ami à une discussion sur les fantômes?
9 ... pour un rendez-vous avec quelqu'un avec qui tu voudrais sortir?
10 ... pour une audition pour un rôle dans une histoire de Dracula?

C'est utile, le dictionnaire!

Voici quelques expressions françaises qui contiennent
chacune une couleur.

Choisis quatre de ces expressions et cherche dans le
dictionnaire pour en trouver le sens.

Puis essaie d'écrire une phrase qui contient au moins
une de ces expressions:

blanc

un examen blanc
passer une nuit blanche
laisser un blanc

rouge

un poisson rouge
le rouge à lèvres
un rouge-gorge
voir rouge
la liste rouge

rose

voir la vie en rose

bleu

un bleu
le(s) bleu(s) de travail
bleu marine
cordon bleu
un steak bleu

vert

les verts
donner le feu vert à
un numéro vert

Couleurs-flash!

Voici les titres de ces extraits d'un magazine.
Trouve le titre correct pour chaque extrait.

1 C'est le papier qui compte!
2 Es-tu timide?
3 C'est le rouge qui fait rire!
4 Ces couleurs me rendent malade
5 Tu n'as pas faim? Mange une orange!
6 Les œufs bleus, c'est délicieux!

Est-ce que tu te sens un peu timide avec les étrangers? Alors mets des vêtements turquoises! On dit que le turquoise est la couleur de la communication! **A**

Si tu ne manges pas assez, mets un T-shirt orange! Il paraît que l'orange est très bon pour l'appétit! **B**

Des fabricants de bonbons ont découvert que les clients préfèrent les bonbons dans un papier rouge ou jaune et qu'ils choisissent très rarement les bonbons en papier vert. Curieux, non? **C**

Un psychologue américain a décidé de colorer des plats de tous les jours de couleurs différentes mais pas du tout dangereuses. Mais qui a mangé ces beaux plats multicolores? Personne! On a trouvé que même quelqu'un qui a faim refuse absolument de manger des frites vertes, un œuf bleu ou des macaronis violets! **D**

Une compagnie aérienne internationale a changé l'intérieur jaune et brun de ses avions en vert et bleu. Résultat? Une diminution de 45% du nombre de passagers souffrant du mal de l'air! **E**

Au Japon, on a mis un groupe de personnes qui ne se connaissaient pas, d'abord dans une salle rouge et ensuite dans une salle bleue. Dans la salle rouge ils ont tout de suite commencé à parler ensemble et à rire, mais dans la salle bleue ils étaient calmes et presque silencieux. **F**

Dossier-langue

Rappel: Adjectives

Adjectives are essential for describing things.
In French, adjectives 'agree' with the noun they describe, i.e. their spelling depends on whether the word they describe is masculine or feminine, singular or plural.

This is the commonest pattern for regular adjectives:

masculine singular	feminine singular	masculine plural	feminine plural
noir	noir**e**	noir**s**	noir**es**

Some adjectives, e.g. *beau, vieux, blanc*, are irregular.
Look them up and learn them as you go along.
Make a list of the colours used as adjectives on these two pages, e.g. *une chambre **bleue***. Where do colours go in relation to the noun they describe?

Dossier personnel

Fais une description physique de toi-même.
Voici des expressions pour t'aider:

Pour faire une description de toi-même

Je (ne) suis (pas)	assez très	grand(e) *(tall)* petit(e) *(small/short)* mince *(slim)* gros(se) *(fat)*

Les cheveux

J'ai Il/elle (n')a (pas)	les cheveux	blonds roux *(auburn)* noirs gris foncés	courts *(short)* longs *(long)* moyens *(medium length)* raides *(straight)* frisés/bouclés *(curly)*

Les yeux

J'ai les yeux	bleus gris verts bruns noirs marron

🖋 Lexique 🖋🖋🖋

Les couleurs	Colours
noir	black
rouge	red
blanc (blanche)	white
jaune	yellow
bleu	blue
blond	blonde
bleu marine	navy blue
vert	green
*marron**	brown, chestnut
brun	brown
violet (violette)	violet
gris	grey
pourpre	purple

To make a colour light, add *clair*
e.g. *bleu clair*   light blue

To make a colour dark, add *foncé*
e.g. *vert foncé*   dark green

*marron is invariable (spelling doesn't change)

Lis cette publicité puis fais les activités en dessous.

Valise de vacances

Une promotion spéciale pour l'été, présentée par le magasin Tenue-jeunesse

Voici une sélection de nos nouvelles idées pour l'été. Choisis les trois choses que tu voudrais mettre dans ta valise de vacances, écris une liste par ordre de préférence et envoie-la nous, avant la fin du mois. Par exemple:

pour les filles	pour les garçons
1 un débardeur rose uni	1 un T-shirt orange
2 un jean noir	2 un short noir
3 une ceinture rose	3 des chaussettes blanches

Les auteurs des premières trois listes qui ressemblent exactement à notre propre sélection, déjà faite, bien sûr, gagneront une belle valise en cuir et les trois choses qui figurent sur la liste.

 1 *Ecoute la conversation entre Sara et Gilles, deux jeunes qui discutent de leur choix.*

A *Est-ce qu'ils ont choisi des vêtements qui sont sur les listes dans l'article?*

B *Note la sélection de chaque personne.*

Exemple: Sara – 1 une chemise rayée violette et blanche *(Les couleurs vont après les mots qu'ils décrivent.)*

 2 *Jouez à deux. Chaque personne écrit sa propre sélection pour le concours* Valise de vacances, *sans la montrer à l'autre personne. Puis on pose des questions, tour à tour. Qui sera le premier/la première à découvrir la liste de l'autre?*

Exemple
– En première place, est-ce que tu as mis un T-shirt?
– Non. Et toi, en première place, tu as mis un sweat?
– Oui, c'est ça, mais de quelle couleur?
– Noir?
– Oui! Zut alors!
– Et en deuxième place, est-ce que tu as mis …

3 *Qui a gagné le concours, Sara ou Gilles – ou toi, peut-être? Pour découvrir la réponse, demande à ton prof de vous révéler la liste du magasin* Tenue-jeunesse. .

◢ Lexique ◢◢◢◢

Les vêtements	Clothes		
un anorak	anorak	*un pull(over)*	pullover
un blouson	casual jacket	*un pyjama*	pyjamas
des bottes (f pl)	boots	*une robe*	dress
un caleçon	boxer shorts, leggings	*une robe de nuit*	nightdress
une ceinture	belt	*un short*	pair of shorts
un chapeau	hat	*des sous-vêtements*	underclothes
des chaussettes (f pl)	socks	*un survêtement (un jogging)*	tracksuit
des chaussures (f pl)	shoes	*un sweat(-shirt)*	sweatshirt
une chemise	shirt	*un T-shirt*	T-shirt
un collant	tights	*une veste*	jacket
une cravate	tie	*un vêtement*	article of clothing
un débardeur	sleeveless top, vest-top	*assorti*	matching
une écharpe	a scarf (long, wool)	*en cuir*	leather
un foulard	scarf (headscarf)	*fleuri*	floral
des gants (m pl)	gloves	*en coton*	cotton
un imperméable	raincoat	*rayé*	striped
un jean	pair of jeans	*en laine*	woollen
un maillot (de bain)	swimming costume	*uni*	plain-coloured
un pantalon	pair of trousers	*en soie*	silk

As-tu une bonne mémoire?

Pour le découvrir, regarde pendant deux minutes cette photo de deux Parisiens, bien connus dans leur quartier: Louis-Alphonse, un peintre qui travaille dans la rue, et Grégoire, un de ses amis.

*Puis tourne à la page 155 et essaie de faire **Vrai ou faux? (Activité 8)**, sans regarder la photo sur cette page, bien sûr!*

⚐ Lexique ⚐⚐⚐

Les signes particuliers	Distinguishing features
Il a une barbe	He has a beard
Il a une moustache	He has a moustache
Il/Elle porte des lunettes	He/She wears glasses
Il/Elle porte une (des) boucle(s) d'oreille/un collier	He/She is wearing an (some) earring(s)/ a necklace

🐟 Défilé de mode

Ces jeunes personnes font partie d'un défilé de mode au Salon de la Jeunesse à Montréal. Elles portent des vêtements qu'elles ont fabriqués elles-même.

Sur la cassette il y a un extrait du commentaire sur le défilé. On décrit les ensembles de ces deux paires de mannequins et d'une autre paire de mannequins dont on n'a pas de photos ici. Ecoute le commentaire et note l'ordre des trois descriptions.
(Les mannequins sont Sophie et Marie-Christine, Caroline et Josette, Leïla et Angélique.)

Pourquoi pas organiser un défilé de mode toi-même?

Dossier personnel

Ecris un ou deux paragraphes sur les vêtements pour ton dossier. Voici des suggestions:

Aujourd'hui je porte …

Pour sortir le soir, je mets … ou …

Pour aller à la discothèque ou à une boum, je mets …

Pour faire du sport, je mets …

Mes vêtements favoris sont …

Les couleurs, reflètent-elles ton caractère?

Oui, selon un célèbre psychologue suisse. Pour faire son 'test-couleurs', mets ces huit couleurs par ordre de préférence, en commençant par celle que tu aimes le plus. Puis, regarde la description de ton caractère à la page 22.

1 rouge
2 jaune
3 vert
4 violet
5 brun
6 gris
7 bleu
8 noir

Le test-couleurs

Rouge

En première place

Tu es impulsif, tu aimes la vie, l'aventure, mais tu veux toujours gagner! Tu es indépendant, quelquefois un peu impatient ou même agressif.

En dernière place

Tu manques d'enthousiasme pour la vie. Tu es un peu paresseux.

Jaune

En première place

Tu es ambitieux et tu veux plaire.

En deuxième, troisième ou quatrième place

Tu es positif et optimiste.

En dernière place

Tu n'as pas beaucoup d'ambition et tu es un peu pessimiste.

Vert

En première place

Tu es fort et tu n'aimes pas les changements. Tu travailles bien et tu réussis souvent, mais tu es assez fier, un peu obstiné et quelquefois un peu égoïste.

En dernière place

Tu as souffert un peu dans le passé et maintenant tu manques de confiance. Tu es assez sérieux et un peu timide.

Violet

En première place

Tu rêves trop mais tu as beaucoup d'imagination et tu es sympathique.

En dernière place

Bien! Tu es très adulte, aimable, responsable et mûr.

Brun
(la couleur de la santé)

En première place

Tu es trop inquiet. Tu t'occupes trop de ta santé.

En dernière place

Tu es en bonne santé et tu es très 'relax'.

Gris

En première place

Tu aimes être seul, tu n'es pas très sociable.

En dernière place

Tu es très sociable et agréable et tu as beaucoup d'enthousiasme.

Bleu

En première place

Tu es calme, gentil et loyal, mais très sensible. Tu organises bien ta vie.

En dernière place

Tu n'es pas très content et tu voudrais être plus libre.

Noir

En première place

Tu es rebelle, tu as mauvais caractère.

En deuxième place

Tu es très déterminé et tu travailles beaucoup.

En dernière place

Tu es très bien équilibré, honnête et aimable.

🏴 Cherchons animateur/animatrice

> **Cherchons animateur/animatrice**
> pour notre nouveau club de jeunesse pour les jeunes handicapés (de 12 à 20 ans). S'adresser à la Mairie.

Voici quatre personnes qui voudraient cet emploi avec leur sélection de couleurs dans notre Jeu-test. A toi de faire une description de leur caractère selon leur sélection et de choisir le candidat idéal.
Exemple: Claire est calme, gentille* et loyale*, elle est aussi …
(*N'oublie pas de faire accorder les adjectifs!)

Sébastien Lamartine

1 vert **2** noir **3** violet **4** gris **5** rouge **6** jaune **7** brun **8** bleu

Claire Dubœuf

1 bleu **2** jaune **3** gris **4** brun **5** vert **6** rouge **7** noir **8** violet

Florence Gravier

1 brun **2** violet **3** gris **4** rouge **5** bleu **6** jaune **7** noir **8** vert

Nicolas Gaudin

1 rouge **2** jaune **3** vert **4** violet **5** bleu **6** brun **7** noir **8** gris

Maintenant écoute la cassette pour découvrir qui aura cet emploi.

Dossier-langue

Rappel: The position of adjectives

Many adjectives go after the word they describe, especially colours, nationalities and long adjectives. However a number of very common, often irregular, adjectives go before the noun, e.g. *long/longue/longs/longues, gros/grosse/gros/grosses*.

A few adjectives change their meaning according to whether they go before or after the noun, e.g.

ancien	un **ancien** élève	a **former** pupil
	des ruines **anciennes**	**ancient** ruins
cher	Ma **chère** Marie	**Dear** Marie
	un hôtel **cher**	an **expensive** hotel
propre	Elle a son **propre** ordinateur	
	She's got her **own** computer	
	*Je n'ai pas de chemise **propre***	
	I haven't got a **clean** shirt	

✍ Lexique ✍✍✍

Décrire le caractère de quelqu'un	Describing someone's character
agréable	pleasant
agressif (-ive)	aggressive
aimable	kind, likeable
ambitieux (-euse)	ambitious
amusant	amusing, funny
calme	quiet
content	happy, contented
courageux (-euse)	brave
dangereux (-euse)	dangerous
difficile	difficult
drôle	funny
égoïste	selfish
ennuyeux (-euse)	boring
équilibré	well-balanced
fier (fière)	proud
fort	strong
généreux (-euse)	generous
gentil(le)	nice, kind
heureux (-euse)	happy
honnête	honest
impatient	impatient
impulsif (-ive)	impulsive
indépendant	independent
inquiet (inquiète)	anxious, worried
intéressant	interesting
jaloux (-ouse)	jealous
libre	free
loyal	loyal
méchant	naughty, bad, spiteful
mûr	mature
obstiné	obstinate, stubborn, persistent
optimiste	optimistic
paresseux (-euse)	lazy
patient	patient
pessimiste	pessimistic
positif (-ive)	positive
rebelle	rebellious
responsable	responsible
sensible	sensitive
sérieux (-euse)	serious
seul	alone, lonely
sociable	sociable
sportif (-ive)	sporty, athletic
sympathique	nice
timide	shy

Impressions de quelqu'un ou de quelque chose	Impressions of someone or something
avoir l'air	to seem, look
Il a l'air sympa	He seems pleasant
Elle a l'air intelligente	She seems clever
Ce livre a l'air intéressant	This book looks interesting

NOW YOU CAN ...

... understand and give descriptions of things and people, including their character, appearance and clothes.

Trouve les adjectifs!

Combien d'adjectifs peux-tu trouver dans ces conversations? Fais deux listes: les adjectifs qui vont

A avant et
B après les mots qu'ils décrivent.

1 – Tu as une nouvelle voiture française?
 – Non, non, c'est une voiture japonaise.

2 – Elle est comment, ta nouvelle copine?
 – A mon avis, c'est une jeune fille charmante, sympathique et sensible, mais selon ma chère maman, c'est une fille ambitieuse, égoïste et paresseuse!

3 – Tu as vu ce vieux film avec Jean-Paul Belmondo à la télé hier soir?
 – Non, mais ma mère l'a regardé et elle a dit que c'est un très bon film et que Belmondo était très beau et un très grand acteur. Dans sa jeunesse, toutes les jeunes filles l'adoraient!

Décris ces dessins

Choisis trois ou quatre dessins en dessous et fais une description de chacun, aussi longue que possible, en utilisant seulement les adjectifs qui sont dans tes listes. (Si tu ne sais pas comment écrire ces adjectifs au féminin etau pluriel, regarde **Lexique** ou cherche dans dictionnaire.)

1 C'est une nouvelle motocyclette ...

2 C'est une ... actrice ...

4 A vendre – seulement 1000 F. Très gentil avec les enfants.

Dossier personnel

- Ecris une courte description de ton propre caractère, ou

- Choisis les trois adjectifs qui, à ton avis, sont les meilleurs pour décrire ton caractère, ou

- Fais une description de ton/ta meilleur(e) ami(e) ou de ton ami(e) idéal(e), ou

- Ecris une description de quelqu'un que tu admires.

Heureux de faire ta connaissance

Tu veux faire la connaissance d'un(e) jeune Français(e) en vacances ou en visite à ton collège. Plus tard, tu voudrais lui présenter tes copains. Est-ce que tu sais quoi dire?

*Ecoute d'abord quatre conversations et essaie de trouver la description correcte pour chacune. Pour t'aider, regarde le **Lexique**.*

Quatre descriptions

A Quelqu'un fait la connaissance d'un autre jeune Français qui est en vacances.
(C'est numéro …)

B Une jeune Française présente sa correspondante suisse à son ami.

C Deux jeunes vacanciers décident de se tutoyer.

D Une conversation entre une jeune Française et un(e) touriste qui ne comprend pas très bien le français.

Lexique

Saluer et faire des adieux	Greetings and farewells
A ce soir/demain/samedi	See you this evening/tomorrow/on Saturday
A tout à l'heure!	See you later!
Au revoir	Goodbye.
Bonjour!	Hello/Good morning
Bonne nuit!	Good night!
Bonsoir!	Good evening!
(Comment) ça va?	How are you?
Bien, merci.	Fine, thanks.
Et toi/vous?	How about you?
Salut!	Hello!/Hi!

Présentations **Familières**	**Introductions** **Informal**
Tu connais … ?	Do you know … ?
Voici …	This is …

Officielles/polies	**Formal**
Vous connaissez … ?	Do you know … ?
Je vous/te présente …	I'd like to introduce …
Enchanté(e)	Delighted to meet you!
(Je suis) heureux (-euse) de faire votre/ta connaissance	Pleased to meet you
Sois/Soyez le/la bienvenu(e)	Welcome!

Je ne comprends pas	**I don't understand**
Comment?	Sorry? Pardon?
Je ne comprends pas	I don't understand
Je n'ai pas compris	I didn't understand
Peux-tu/Pouvez-vous répéter ça, s.v.p.?	Can you repeat that please?
Peux-tu/Pouvez-vous parler plus lentement, s.v.p.?	Can you speak more slowly please?

Expressions polies	**Polite phrases**
De rien	It's nothing
Je vous en prie	It's a pleasure
Je vous/t'invite	Be my guest
Je m'excuse!	I'm sorry/I apologise
Ce n'est pas grave	It doesn't matter

Using *tu* is much more widespread nowadays, but it is still not polite to use *tu* without the other person agreeing. If in doubt, use *vous* until the French person suggests that you use *tu*.

Travaillez à deux

Voici les quatre conversations enregistrées.

1 *Faites les conversations avec un(e) ami(e).*
2 *Ensuite, pour faire d'autres conversations, utilisez les mots dans le **Lexique**. Suivez les suggestions sous chaque conversation, si vous voulez.*

Quatre conversations

1
A: Salut!
B: Salut! Comment tu t'appelles?
A: Sébastien Lomer. Et toi?
B: Jean-Pierre Brion. Tu es en vacances ici?
A: Oui. Tu es ici pour combien de temps?
B: Encore quatre jours. On part samedi.
A: Tu vas à la fête ce soir?
B: Bien sûr! Et toi?
A: Oui, oui.
B: Alors au revoir, Sébastien.
A: Au revoir, Jean-Pierre, et à ce soir, hein?

Une suggestion

Ce sont deux jeunes Françaises qui parlent.

2
A: Salut Anne-Marie!
B: Salut Christophe. Je te présente Alexandra, une amie suisse. Alexandra, Christophe.
A: Bonjour, Alexandra.
C: Bonjour, Christophe.
A: Alors, tu es la correspondante d'Anne-Marie?
C: Oui, c'est ça.
A: Et tu viens d'où en Suisse?
C: De Genève.
A: Ça te plaît, la France?
C: Oui, beaucoup, merci.
A: Alors, bonne fin de séjour, Alexandra!
C: Merci Christophe. Au revoir.

Une suggestion

Un jeune Anglais présente ses copains à son correspondant français.

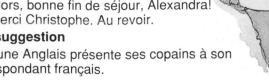

Je me présente

Un jour, tu es presque sûr(e) de rencontrer un(e) jeune Français(e). Est-ce que tu sais quoi lui dire maintenant? Ecris une liste des choses que tu vas peut-être trouver utiles.

Pour me présenter je vais dire …

Pour faire sa connaissance, je vais lui poser ces questions …

Si c'est sa fête ou son anniversaire, ou quand on prend un verre ensemble, etc. je vais lui souhaiter …

Pour le/la présenter à mes amis ou à ma famille, je vais dire …

Cartes de vœux

Voici des cartes de vœux. Pour chacune des situations en dessous, choisis la carte correcte.

1 C'est le jour de Noël.
2 C'est l'anniversaire de ton ami(e) français(e).
3 C'est la fête d'un(e) amie français(e).
4 Quelqu'un va passer un examen important.
5 C'est le jour de l'an.
6 Une amie vient d'avoir son permis de conduire.

3
A: Salut! Je m'appelle Nathalie et vous, comment vous appelez-vous?
B: Je m'appelle Benjamin, mais, on peut se tutoyer, non?
A: Oh, bien, sûr! Tu es en vacances ici?
B: Oui, c'est ça. Et toi?
A: Oui, moi aussi.
B: Je dois partir maintenant, Nathalie, mon frère m'attend. A bientôt, j'espère!
A: Oui oui, à tout à l'heure.

Une suggestion

Un garçon anglais veut faire la connaissance d'une jeune Française.

4
A: Bonjour! C'est Annette, non?
B: Oui, je suis Annette. Et toi, comment t'appelles-tu?
A: Je m'appelle Gaëlle. Je suis française, et toi?
B: Je suis anglaise.
A: Je viens de Lodève, près de Montpellier. Et toi?
B: Peux-tu répéter cela, s'il te plaît? Je n'ai pas compris.
A: Ce n'est pas grave! J'ai dit, 'Je viens de Lodève, et d'où viens-tu?'
B: Je viens de Douvres, dans le sud de l'Angleterre.

Des suggestions

C'est un jeune Français et une jeune personne d'un pays différent qui parlent.

Ton/ta correspondant(e) te présente à son professeur (donc il faut dire 'vous').

✎ Lexique ✎✎✎

Jours de fête	Special occasions
Bonne/Heureuse année!	Happy New Year!
Bon anniversaire!	Happy Birthday!
Bon appétit!	Enjoy your meal!
Bonne chance!	Good luck!
Bonne fête!	Happy Saint's day!
Bonne fin de séjour!	Enjoy the rest of your stay!
Bon voyage!	Have a good journey!
Bon retour!	Have a good journey back!
Bon week-end!	Have a good weekend!
Félicitations!	Congratulations!
Santé! (A votre santé!)	Good health!
Joyeux Noël!	Happy Christmas!

NOW YOU CAN …

… introduce someone, know what to say when you meet new people and offer good wishes on special occasions.

Infos-Europe

L'Europe, qu'est-ce que c'est?

Voici l'Europe dans le monde.

Sur le continent européen il y a 45 pays, mais ils ne sont pas tous membres de l'Union Européenne. Regarde ces 'faits divers' sur l'Europe. Choisis un ou deux articles pour en parler.

l'Amérique du nord

l'Europe

l'Asie

l'Afrique

l'Amérique du sud

l'Australie

1   Le drapeau européen

Voici le drapeau bleu de l'Union Européenne, avec ses 12 étoiles jaunes – une pour chaque pays de 'L'Europe des 12' qui date de 1986 à 1994. On a décidé de ne pas ajouter d'étoiles supplémentaires, même quand on ajoute d'autres pays, parce que le numéro douze représente 'la perfection et la plénitude'!

2   La scolarité en Europe

Les jeunes Anglais passent moins d'heures annuelles à l'école (620 heures par an) que les autres jeunes Européens, mais ils ont moins de vacances que les Français, les Espagnols et les Grecs. (Les Français passent 972 heures par an à l'école, mais les Français, les Grecs et les Espagnols ont 17 semaines de vacances et les Anglais n'ont que 12 semaines.)

   Au Danemark, en Espagne, en France et en Grande-Bretagne la scolarité obligatoire dure jusqu'à seize ans. Les Grecs, les Portugais et les Italiens ont le droit de quitter le collège à quatorze ou quinze ans, tandis que les Belges et les Allemands doivent continuer leurs études jusqu'à l'âge de dix-huit ans!

3   Les Européens chez eux

Les Britanniques ont plus de postes de télévision et de magnétoscopes que les autres pays européens et passent plus de temps devant la télé. Mais les Danois, suivis par les Anglais, lisent plus que les habitants des autres pays de l'Europe. Les Irlandais, les Belges, les Français ont plus d'animaux domestiques que les Anglais, surtout des chiens et des chats.

4   A la cuisine en Europe

Dans les cuisines britanniques le gadget favori est le four à micro-ondes, tandis qu'en France seulement un tiers des cuisines contiennent un micro-ondes. Cependant, trois quarts des Français ont une cafetière électrique et plus de la moitié ont un moulin à café électrique aussi.

5   On mange et on boit

Les Anglais boivent le plus de thé en Europe, les Italiens sont les plus gros consommateurs d'eau minérale en Europe (94 litres par personne par an), les Allemands consomment 144 litres de bière par personne par an et les Français 75 litres de vin. Mais les Européens qui dépensent la plus grande part de leur budget disponible pour la nourriture sont les Irlandais. Les Français et les habitants du Royaume-Uni sont en neuvième et en onzième place!

6   Es-tu content d'être Européen?

Voici quelques idées des jeunes lecteurs du magazine français *L'Evénement Junior*.

'Avec l'Europe … ce sera bien plus facile pour voyager.' *Sarah, Allemagne*

'Il faudrait que la Communauté fasse baisser les prix des tickets d'avion et de train.' *Violetta, Italie*

'Une seule monnaie, ce sera pratique. Mais surtout pas une langue unique. Ça enlèverait du charme aux voyages.' *Floor, Amsterdam, Pays Bas*

'J'espère que, grâce à l'Europe, il n'y aura jamais de guerre dans nos pays.' *Fernando, Lisbonne, Portugal*

Voyager, c'est mon rêve!

Le rêve de beaucoup de jeunes modernes, c'est de voyager.
Toutes ces personnes veulent voir un monument célèbre.
Utilise les mots dans la case pour dire où ils doivent aller.
Exemple: 1 Pour voir le Taj Mahal, Jean-Pierre doit aller à Agra en Inde.

à Montréal	en Grèce
à Paris	en Inde
à New York	en Italie
à Rome	en France
à Agra	en Espagne
à Moscou	en Russie
à Madrid	en Angleterre
à Athènes	aux Etats-Unis
à Londres	au Canada
à Copenhague	au Danemark

Le Taj Mahal

1 Jean-Pierre

La petite sirène

2 Alice

La statue de la Liberté

3 Guy

Le Vatican

4 Marie-Claire

L'Acropole

5 Askar

Le musée national du Prado

L'abbaye de Westminster

6 Simone

Le Kremlin

7 Véronique

8 Guillaume

La Grande Arche de la Défense

Le Biodome

9 Mathilde

10 Philippe

Le tour du monde

Tu as gagné le premier prix dans un concours organisé par un magazine et tu veux faire le tour du monde. Voilà les trois circuits possibles.

1 Paris – Istanbul (en Turquie) – Karachi (au Pakistan) – Bangkok (en Thaïlande) – Singapour – Hong Kong – San Francisco – Paris

2 Bruxelles (en Belgique) – Varsovie (en Pologne) – Moscou (en Russie) – Tokyo – Honolulu – Los Angeles – Denver – New York – Bruxelles

3 Londres – Perth – Sydney – Auckland (en Nouvelle Zélande) – Fiji – Los Angeles – Vancouver (au Canada) – Montréal (au Québec) – Londres

Quel circuit vas-tu choisir?

Tu voudrais aller aux Etats-Unis, en plus tu aimerais rendre visite à ta tante qui vit en Australie. Depuis ton enfance tu as envie de voir des îles du Pacifique (c'est ton rêve de découvrir une île déserte!).
Fais une petite description du voyage que tu vas faire.
Voici des phrases pour t'aider:

Je vais partir de …
J'irai d'abord à (ville) en/au (pays).
Ensuite/Puis j'irai à …
De … je voyagerai à …
Enfin/Finalement je vais rentrer à …

Dossier-langue

Prepositions with towns and countries

To say **from** a town or feminine country use *de*, e.g.

Maintenant on peut aller de Folkestone à Calais par l'Eurotunnel.
Il est très pratique de voyager d'Angleterre en Europe comme ça.

To say **in** or **to** a country, use *en* with countries which are feminine singular or begin with a vowel, e.g.

Avec le Tunnel, on va très vite en Allemagne et en Suisse.
Je vais passer mes vacances en France ou en Autriche.

Use **au** with countries which are masculine, e.g.

Cette année je vais d'abord au Maroc, puis du Maroc j'irai au Portugal.

Use **aux** with countries which are plural, e.g.

Ensuite je vais du Canada aux Etats-Unis.

To say **in** or **to** towns you generally use *à*, e.g.

Pour passer mes vacances à Paris, je vais prendre l'avion à Beauvais, puis l'autocar de Beauvais à Paris.

A few towns have *le* as part of their name, e.g. Le Havre, Le Mans; for these put *au* or *du* instead of *à* or *de*, e.g.

On voyagera de Southampton au Havre, puis du Havre on ira au Mans en voiture.

Dossier personnel

Et toi, est-ce que tu as déjà voyagé un peu?
Est-ce que c'est ton rêve de visiter une certaine ville ou un monument célèbre?
Copie et complète ces phrases:

Mes voyages

Je suis allé(e) à (endroit) en/au(x) (pays)
Je voudrais aller …
Je voudrais voir …
J'ai surtout aimé …
Je n'ai pas beaucoup aimé …

Exemples

Je suis allé(e) à Paris en France et à Bruxelles en Belgique.

Je voudrais aller aux Etats-Unis et je voudrais voir Disneyland à Orlando.

J'ai surtout aimé Paris, mais je n'ai pas aimé Bruxelles.

(Il y a une liste des pays du monde, leurs habitants et leurs langues à la page 5.)

NOW YOU CAN …

… talk about Europe and other foreign countries and about travelling abroad.

Tu fais quelque chose ce soir?

*D'abord lis ces bulles. Chaque fois quelqu'un invite une autre personne à sortir, mais qu'est-ce que ces personnes répondent? (Regarde le **Lexique** pour t'aider.)*

En dessous il y a la deuxième partie de chacune de ces conversations, mais pas dans l'ordre correct. Pour découvrir qui sort et qui ne sort pas, écoute les conversations sur la cassette, et met les deux parties ensemble.

1 Tu fais quelque chose ce soir? Il y a une disco au club des jeunes. On y va?

2 Est-ce que tu es libre samedi? On pourrait peut-être faire un pique-nique à la campagne, s'il fait beau.

3 Tu veux prendre quelque chose à boire? Il y a un café là-bas.

4 Tu aimes le jazz? Il y a un grand concert en plein air vendredi après-midi. Tu veux y aller?

5 On va faire une promenade à vélo demain. Tu veux venir?

Deuxième partie

A Oui, mais j'y vais déjà … avec quelqu'un d'autre. Merci quand même.

B Un pique-nique? Oui, bonne idée!

C Euh … ce soir, non, désolée. Ce soir je vais au cinéma avec Paul.

D – Avec plaisir. Vous partez à quelle heure?
   – Vers dix heures. On passera te chercher.

E Oui, je veux bien. Il fait tellement chaud!

Travaillez à deux

*Lisez les conversations complètes, puis essayez de faire d'autres conversations d'après ces modèles. Pour vous aider, regardez le **Lexique**.*

Lexique

On veut se revoir	**Arranging to see someone again**

On pourrait peut-être se revoir
Perhaps we could see each other again
Tu es libre ce soir/demain/samedi soir?
Are you free this evening/tomorrow/on Saturday evening?
Tu fais quelque chose samedi?
Are you doing anything on Saturday?

On décide quoi faire	**Suggesting what to do**
Est-ce qu tu aimerais … ?	Would you like to … ?
On pourrait peut-être …	Perhaps we could …
… prendre un verre au café	… have a drink at the café
… aller au cinéma/au bal	… go to the cinema/dance
… faire un pique-nique	… go for a picnic

On accepte	**Accepting**
Oui, je veux bien	Yes, I'd like to
Oui, avec plaisir	Yes, I'd like to
Merci, c'est très gentil	Thank you, that's very nice of you

On décide	**Deciding**
Ça dépend	It depends
Je ne sais pas	I don't know
C'est un peu difficile	It's a bit difficult
Je vais en parler à …	I'll ask …
Il faut que je demande à …	I'll have to ask …

On refuse	**Declining**

Désolé(e), mais je ne suis pas libre Sorry, I'm not free
Désolé(e), mais j'ai rendez-vous avec quelqu'un d'autre. Merci quand même
 I'm sorry, but I've got a date with someone else. Thanks all the same.
Je te remercie, mais je ne peux pas
Thank you, but I can't make it

On échange des détails	**Exchanging details**

Quel est ton nom, s'il te plaît?
What is your name (surname) please?
Et ton prénom, ça s'écrit comment?
And your Christian name, how do you spell it?
Quelle est ton adresse au Royaume-Uni?
What is your address in the UK?
As-tu le téléphone?   Have you a phone?
Quelles sont tes coordonnées?
What is your address and telephone number?
Tu vas me passer un coup de fil? (slang)
Will you ring me?

On va se revoir!

*Les vacances sont finies! Avant de se quitter, on échange des détails personnels. Regarde la dernière section du **Lexique**. Si un(e) jeune Français(e) te pose ces questions, est-ce que tu sauras répondre? Travaillez à deux pour voir.*

Le courrier des lecteurs

Quelquefois on a envie de revoir quelqu'un, mais on ne sait pas son adresse, ou même pas son nom! Lis ces lettres de deux jeunes Françaises et note ces détails essentiels.

1 Corinne a rencontré ce garçon
A où?
B quand?
C Qu'est-ce qu'il portait?
2 Paul habite où? Laurence l'a rencontré
A où?
B quand?
C Comment est-il?

Maintenant, écris une lettre (vraie ou imaginaire) au sujet de quelqu'un que tu as rencontré et que tu voudrais revoir. N'oublie pas de dire où et quand tu l'as rencontré et d'en faire une courte description.

Chère Martine

Je m'appelle Corinne et je recherche un garçon que j'ai rencontré dans le train à destination de Paris, le 28 août dernier. Il est châtain, les yeux marron clair. Il mesure 1m70 environ. Il était vêtu d'un pantalon vert et d'une chemise blanche. Nous avons discuté un peu, mais je ne sais pas son nom. Si quelqu'un le connaît, montrez-lui mon message, s'il vous plaît, et dites-lui de m'appeler au (16 1) 325 28 16. Merci à tous.

Chère Martine

Je voudrais retrouver un garçon qui s'appelle Paul. (Je ne sais pas son nom de famille). Il habite Tours et je l'ai rencontré à la MJC le 12 septembre. Il est grand et blond, avec les yeux verts. Il est sportif: il aime jouer au volley et au ping-pong et il a un cyclomoteur. Paul, si tu vois ce message, envoie-moi une photo de toi et écris-moi à l'adresse suivante: Mlle Laurence Masson, 8 Square Marie-Curie, Paris 75006. Merci d'avance.

NOW YOU CAN . . .

… arrange to see someone again and make plans to go out together, and to contact each other by phone or letter.

Sommaire

Now you can ...

1 ask people for details of who they are, where they live and what their interests are, understand their replies and tell them about yourself (use the French alphabet and numbers).
2 ask and answer all sorts of questions and find out about someone you meet.
3 understand information about family life in France and talk and write about yourself and your family.
4 write to a French penfriend, buy stamps in a French post office and phone home from France.
5 talk about your everyday life and that of your friends.
6 understand and give descriptions of things and people, including their character, appearance and clothes.
7 introduce someone, know what to say when you meet new people and offer good wishes on special occasions.
8 talk about Europe and other foreign countries and about travelling abroad.
9 arrange to see someone again and make plans to go out together, and to contact each other by phone or letter.

Unité 2

En ville et à la campagne

2.1 LES VILLES DE FRANCE

Les chiffres indiquent la distance de la ville de Paris, par exemple, Nice est à 932 km de Paris.

Le sais-tu?

Choisis la bonne réponse.

1 Avec la diversité de son paysage, la France est la destination touristique la plus recherchée du monde. Chaque année il y a environ combien de visiteurs?
   a 10 millions **b** 30 millions **c** 60 millions
2 En raison de sa forme, on l'appelle
   a la pentagone **b** l'hexagone **c** l'ovale
3 Le fleuve qui divise la France du nord au sud s'appelle
   a Le Rhône **b** La Garonne **c** La Loire
4 Les plus grandes montagnes de France (et d'Europe) sont
   a les Pyrénées **b** les Alpes **c** les Vosges
5 La France a presque la même population que le Royaume-Uni, mais c'est un pays
   a plus petit **b** aussi grand **c** presque deux fois plus grand

Solution à la page 177.

Les départements de France

La France est divisé en 95 départements. Chaque département a un nom. Souvent c'est le nom d'un fleuve (comme Loire, Rhône) ou des montagnes (Hautes-Pyrénées, Vosges). Des noms comme Seine-Maritime et Loire-Atlantique indiquent que le département est en bordure de la mer.

Il y a aussi cinq départements outre-mer (les DOM): la Guadeloupe, la Guyane, la Martinique, la Réunion, Saint-Pierre-et-Miquelon. Les habitants de ces îles ont les mêmes droits que les Français et le même gouvernement. Chaque département a un numéro aussi. On voit ce numéro sur les voitures et sur le code postal.

Quel est ce numéro?

C'est le numéro du départment: 24, c'est la Dordogne

✐ Lexique ✐✐✐✐

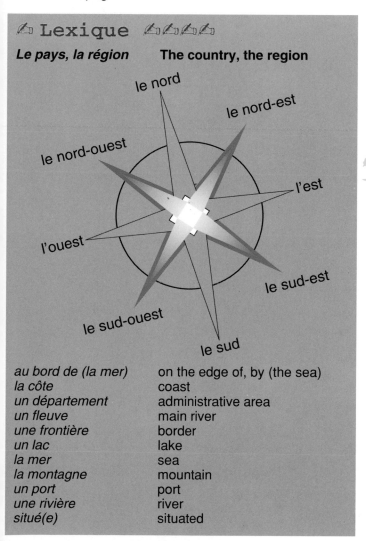

Le pays, la région	The country, the region
au bord de (la mer)	on the edge of, by (the sea)
la côte	coast
un département	administrative area
un fleuve	main river
une frontière	border
un lac	lake
la mer	sea
la montagne	mountain
un port	port
une rivière	river
situé(e)	situated

🐟 Connais-tu bien la France?

Travaillez à deux ou en équipes. Chacun(e) à son tour, fais une phrase à propos de la France, par exemple, Les Pyrénées sont des montagnes dans le sud de la France. *La personne ou l'équipe qui peut continuer le plus longtemps gagne le jeu.*

C'est où, exactement?

Lequel de ces départements se trouve dans le nord, le sud, l'est et l'ouest de la France?

1 Le Pas-de-Calais
2 Les Hautes-Alpes
3 La Loire Atlantique
4 Les Hautes-Pyrénées

Bon week-end en ville

Lis les détails de ce concours, puis essaie d'identifier les villes toi-même.

Gagnez un week-end dans une ville en France

Ce qu'il faut faire:
❏ Identifier les six villes de France
❏ Ecrire une petite description (maximum 50 mots) d'une ville que vous connaissez bien.

Pour la finale:
❏ Parler pendant une minute d'une ville de votre choix.

Les finalistes seront invités à Radio Jeunesse pour la finale du concours.
Un concours organisé par l'office de tourisme en collaboration avec Radio Jeunesse.

 La finale du concours

Maintenant écoute un extrait de la finale sur la cassette. Agnès Schieber parle de Strasbourg et Jean Perey parle de Lyon.
Ecoute un(e) des finalistes et décide quelles phrases décrivent la ville. Attention! Quelques phrases décrivent les deux villes.

Exemple: Strasbourg: 1, 3 …

1 C'est une ville universitaire.
2 C'est dans le sud de la France.
3 C'est près de la frontière allemande.
4 Il y a un métro.
5 Il y a beaucoup de musées.
6 Il y a une belle cathédrale avec une horloge astronomique.
7 Le siège central d'Interpol se trouve ici.
8 Il y a un parc qui s'appelle l'Orangerie où il y a souvent des expositions et des concerts en plein air.
9 Pour sortir le soir, il y a des cinémas, des bars et des discothèques.
10 Dans le vieux quartier, il y a de petits restaurants qu'on appelle des 'bouchons'.

C'est quelle ville?

1 C'est une grande ville importante située sur le Rhin dans l'est de la France, près de la frontière allemande. Le Parlement Européen et le Conseil de l'Europe se trouvent là-bas.
2 C'est une ville située au bord de la mer, dans le nord de la France. C'est un port de la Manche, et le tunnel sous la Manche est tout près.
3 C'est une ville moyenne qui se trouve près des Alpes, à 137km de Lyon. La ville est célèbre surtout pour son site pittoresque, au bord d'un lac et entouré de montagnes.
4 C'est la deuxième ville de France avec plus d'un million d'habitants. C'est une grande ville industrielle, située sur le Rhône, dans le sud de la France.
5 C'est une grande ville située sur la côte Atlantique dans l'ouest de la France. La ville est célèbre pour la production du vin.
6 C'est une grande ville située dans le sud de la France sur la côte méditerranéenne. C'est un port très important. De cette ville on peut prendre un bateau pour aller en Corse.

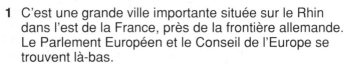

Un dépliant sur Lyon

Tu travailles à l'hôtel de ville à Lyon et tu prépares une brochure sur la ville. Voilà le texte et voici des photos qu'on veut utiliser. Décide quelle photo tu vas mettre avec chaque texte.

Exemple: 1 E

LYON
Rendez-vous avec la France!

1 Capitale régionale, Lyon est une grande ville industrielle avec plus d'un million d'habitants.

2 Ce sont les Romains qui ont fondé la ville en 43 av. J.C. et on peut toujours voir les ruines des théâtres romains.

3 Au centre-ville, il est agréable de se promener le long des quais ou dans les rues piétonnes. La rue de la République ('la rue de la Ré', comme disent les Lyonnais) est une rue piétonne très longue. Là, on trouve des librairies, des magasins de mode, des grands magasins et des cafés.

4 Lyon est un grand centre d'art et de culture pour toute la région. Outre ses vingt-six musées, il y a un opéra, un auditorium, une maison de la danse, plusieurs théâtres et des salles de cinéma.

5 Pour les sportifs, il y a un grand complexe sportif, plusieurs piscines, une patinoire, une piste de ski artificielle et même un boulodrome (où on peut jouer aux boules).

6 En ville on peut circuler en métro. C'est rapide, pratique et pas cher.

7 Si vous aimez les magasins, allez à La Part-Dieu, un centre commercial avec environ 200 magasins, des salles de cinéma et la bibliothèque municipale.

8 Et si vous aimez la bonne cuisine, vous trouverez beaucoup de bons petits restaurants, surtout dans le Vieux Lyon.

On parle de Lyon?

Voici des extraits de quelques dépliants touristiques. Lesquels sont d'un dépliant sur Lyon?

1 Montez en haut de la Tour Olympique pour un beau panorama sur la ville

2 Pour circuler en ville, prenez le métro.

3 Ne manquez pas le festival de la bande dessinée!

4 Visitez le château qui date du moyen âge

5 Pour le shopping, n'oubliez pas de visiter la Part-Dieu

6 Une ville médiévale au pays de Galles

7 *Ville historique avec ruines romaines et musée de la civilisation gallo-romaine*

8 **Ville d'art et de culture**

Un dépliant touristique

Prépare un petit dépliant sur Lyon ou une ville que tu connais bien.
Voilà des idées:

DéCouvrir ...

Ville touristique/historique/dynamique

Capitale régionale/Ville d'art et de culture

Si vous aimez les magasins, visitez ...

Si vous aimez les arts et la musique, il y a ...

Et ne manquez pas ...

Si vous aimez le sport, il y a ...

Si vous aimez l'histoire, visitez les ...

Pour circuler en ville prenez ...

Dans la région/A proximité ...

On participe au concours

Avant de participer au concours, écris des notes à propos de la ville dont tu vas parler (ça peut être ta ville ou une ville que tu connais bien):
C'est une grande/petite ville industrielle/historique/touristique/importante/de province.
Il y a environ ... habitants.
Au centre-ville, il y a ...
Dans le quartier de ... il y a ...
Comme distractions, il y a ...
(Voir la liste dans **Vocabulaire par thèmes***.)*
Travaillez à deux. Une personne est le présentateur/la présentatrice du concours, l'autre est un(e) concurrent(e).
Faites votre conversation, puis changez de rôle.

Newcastle
- situé sur la Tyne
- centre commercial
- métro
- universités
- cathédrale

Exemple

1

– D'où venez-vous?
– Moi, je suis de (Newcastle) en Angleterre.
– C'est où exactement?
– C'est dans le nord-est (de l'Angleterre).
– C'est près de Londres?
– Non, c'est assez loin. C'est à (450) kilomètres environ.
– Tu habites en ville ou dans la banlieue?
– Dans la banlieue.

2

– Vous allez parler de quelle ville?
– De (Newcastle).
– Vous êtes prêt(e)?
– Oui.
– Bon, allez-y.
***

– Ça y est. Vous pouvez vous arrêter.

Pour t'aider

en Angleterre	dans le nord
en Ecosse	le sud
en Irlande du nord	l'est
au pays de Galles	l'ouest
	le centre
Non, c'est assez loin.	le nord-est
Oui, c'est tout près.	le nord-ouest
Ce n'est pas loin.	le sud-est
	le sud-ouest

Une lettre à écrire

Ecris une lettre à un(e) correspondant(e) français(e) qui va passer quelques jours chez toi. Décris ta ville et ta région, par exemple, la location géographique, le nombre d'habitants, les monuments historiques, les fêtes, les festivals, les distractions, les possibilités sportives etc.

Exemple

Cher Dominique,

Merci bien de ta dernière lettre. Alors, tu viens à Cheltenham cet été: c'est excellent!

Je t'envoie une photo de notre maison et quelques dépliants sur Cheltenham et le Gloucestershire. Cheltenham, c'est une ville moyenne avec environ 100,000 habitants, située dans l'ouest de l'Angleterre. Nous habitons dans la banlieue.

A Cheltenham, il y a beaucoup de magasins, des cinémas et un théâtre. Au mois de juillet, il y a un grand festival avec des concerts de musique. Est-ce que tu aimes la musique? Moi, j'aime surtout le jazz.

Le Gloucestershire est une belle région où il y a de petits villages et des collines qui s'appellent 'Les Cotswolds'. Le paysage est très pittoresque.

De temps en temps, je vais aussi à Gloucester. Ce n'est pas très loin, à 20 kilomètres environ. J'y vais pour voir des matchs de rugby ou pour faire du ski sur la piste de ski artificielle. Le sport, ça t'intéresse? Moi, j'aime beaucoup le sport.

A bientôt,

Pat

Les villes et l'environnement

La protection de l'environnement, tout le monde le sait, est quelque chose de très important. Voilà des initiatives prises dans certaines villes. Lesquelles de ces initiatives sont prises dans ta ville?
A ton avis, quelles sont les trois initiatives les plus importantes?

1 On a créé des pistes cyclables.
2 On a réintroduit le tram, moyen de transport qui marche à l'électricité et qui ne pollue pas.
3 On a établi un système de vélos municipaux que le public peut utiliser gratuitement.
4 On a installé des centres de recyclage pour le verre et le papier.
5 On a transformé le centre-ville en zone piétonne.
6 On a amélioré les transports en commun.
7 On a planté des arbres et des fleurs au centre-ville.
8 On fait des analyses de l'air et de l'eau régulièrement.

La Rochelle: une ville verte

Ecoute la cassette. On parle des initiatives prises à La Rochelle. Note lesquelles sont mentionnées dans l'interview.

✍ Lexique

En ville et à proximité	In town and nearby		
un aéroport	airport	un marché	market
une auberge de jeunesse	youth hostel	municipal(e) (pl municipaux/	
la banlieue	suburbs	municipales)	owned by the town
une bibliothèque	library	un musée	museum
une cathédrale	cathedral	un office de tourisme	tourist office
un centre commercial	shopping centre	un parking	car park
le centre-ville	town centre	une patinoire	ice rink
un centre de recyclage	recycling centre	une piscine	swimming pool
le commissariat	police station	une piste de ski artificielle	dry ski slope
un complexe sportif	sports centre	une piste cyclable	cycle track
la gare (routière)	(bus) station	un quartier	district
l'hôtel de ville (m)	town hall	un restaurant	restaurant
un magasin	shop	une rue piétonne	pedestrian street
		un stade	stadium
		une station-service	petrol station
		un théâtre	theatre
		une zone piétonne	pedestrian area

Dossier personnel

Ecris une petite description de ta ville ou de ta région pour ton Dossier.

NOW YOU CAN . . .

... understand and give descriptions of towns and local places (mentioning location, size, places of interest etc.)

Des touristes en ville

Ecoute la cassette. Des touristes demandent des renseignements. A chaque fois note dans ton cahier:

- la destination
- la direction:
  - ⬆ tout droit
  - ➡ à droite
  - ⬅ à gauche
- la distance.

Exemple

	destination	direction	distance
1	E	⬆	à 5 minutes
2			
3			
4			
5			
6			
7			
8			

Faites des dialogues

*Travaillez à deux. Lisez ce dialogue, puis changez les mots en bleu pour faire d'autres dialogues. Regardez le **Lexique** à la page 37 pour vous aider.*

Exemple

complexe sportif?
⬆ 🏢⬅ / 5 min
- Pour aller au complexe sportif, s'il vous plaît?
- Continuez tout droit jusqu'aux feux. Puis tournez à gauche.
- C'est loin?
- Non, c'est à cinq minutes d'ici.

1 marché?
⬆ ⭕ ➡ / 10 min
2 bibliothèque?
⬆ ✚ ⬅ / 5 min
3 centre-ville?
⬆ ✚ ➡ / 2 km

4 office de tourisme?
⬆ ⌒ ➡ / 500 mètres
5 commissariat?
⬆ 🏢⬅ / 1km

Mots croisés

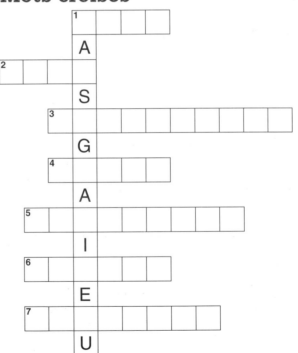

Horizontalement

1 C'est une structure qui permet la traversée d'un obstacle, par exemple une rivière, une autoroute.
2 Le contraire de 'loin'
3 C'est l'endroit où plusieurs rues se croisent.
4 Ce sont des signaux lumineux qui contrôlent la circulation.
5 C'est une place circulaire d'où partent plusieurs routes.
6 Le contraire de 'derrière'
7 C'est une partie de la ville.

Verticalement

1 C'est l'endroit où un chemin de fer croise une rue.

🖋 Lexique 👟👟👟👟

C'est quelle direction?   Which way is it?

Pardon	Monsieur, Madame, Mademoiselle,	pour aller	à la gare à l'office de tourisme au commissariat		s'il vous plaît?
		est-ce qu'il y a	un café une piscine	dans le quartier près d'ici	
		où se trouve le cinéma? je cherche le supermarché.			

Continuez tout droit	Go straight on
Descendez la rue jusqu'à/au/aux …	Go down the road as far as …
Prenez la première/deuxième rue à droite/à gauche	Take the first/second road on the right/left
Tournez à droite/à gauche	Turn right/left
au carrefour	at the crossroads
au coin	at the corner
au passage à niveau	at the level crossing
au pont	at the bridge
au rond-point	at the roundabout
aux feux	at the traffic-lights
C'est loin?	Is it far?
C'est tout près	It's very near
C'est (assez) loin	It's (quite) a long way
C'est très loin	It's a very long way
C'est à cinq minutes à pied	It's five minutes on foot
Vous en avez pour dix minutes de marche	You've got about a ten-minute walk
C'est à 500 mètres environ	It's about 500 metres away
C'est à deux kilomètres	It's two kilometres away

🎭 Le jeu des bâtiments

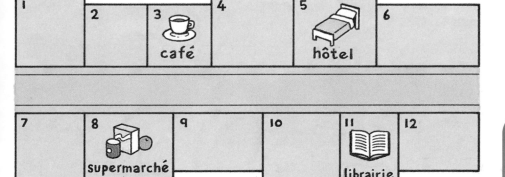

Travaillez à deux. Une personne regarde cette page, l'autre regarde la page 158. Demande à ton/ta partenaire où se trouvent les bâtiments dans la liste. Il/elle a un plan complet.

Exemple

– L'hôpital, c'est où exactement?
– C'est au coin de la rue, à côté du supermarché.
Tu notes: l'hôpital = 7

l'hôpital
la boulangerie
le commissariat
la poste
la banque
le cinéma
l'office de tourisme
la pharmacie

Dossier personnel

Laisse les détails suivants pour des visiteurs français qui viennent chez toi:

- le numéro de l'autobus qui va en centre-ville
- où se trouvent les services les plus proches (l'hôpital, le commissariat, la banque, le bureau de poste, le supermarché, la bibliothèque)
- les magasins qui se trouvent tout près ou dans le quartier, par exemple:

  Dans … Road, il y a une épicerie, une boulangerie, une papeterie.

Châteauneuf-sur-Yonne

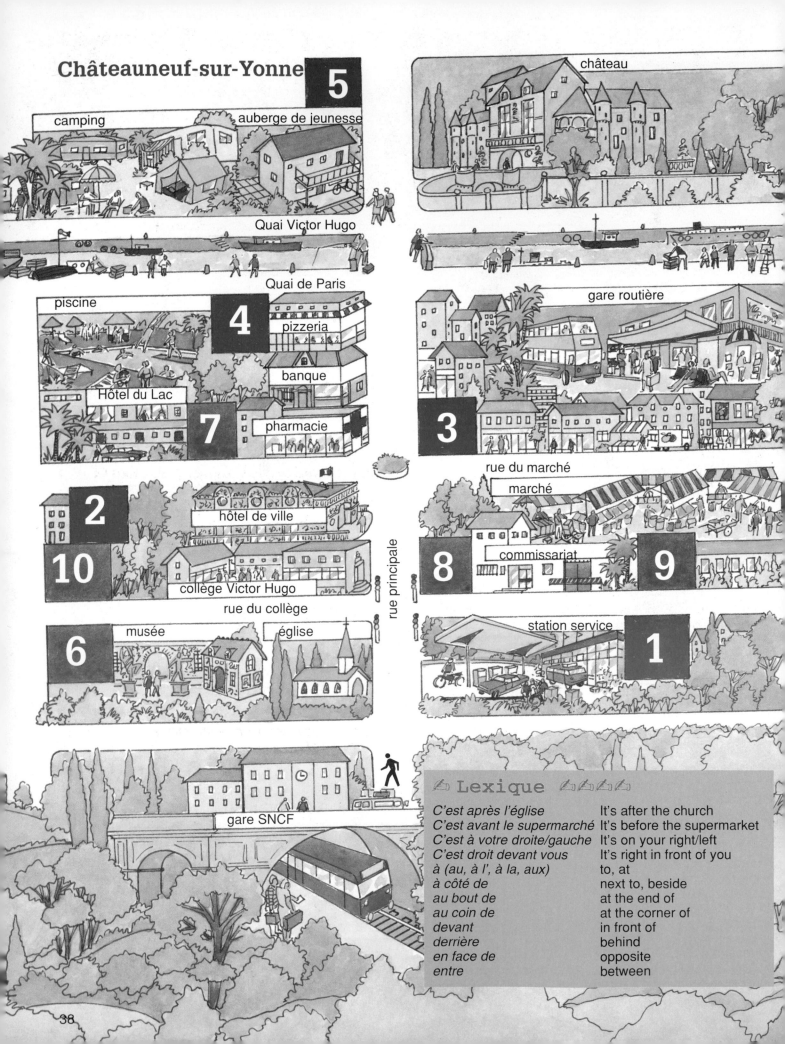

5

camping

auberge de jeunesse

château

Quai Victor Hugo

Quai de Paris

piscine

4

pizzeria

banque

Hôtel du Lac

7

pharmacie

gare routière

3

rue du marché

marché

2

hôtel de ville

10

collège Victor Hugo

rue du collège

rue principale

commissariat

8   **9**

musée   église

6

station service

1

gare SNCF

Lexique

C'est après l'église	It's after the church
C'est avant le supermarché	It's before the supermarket
C'est à votre droite/gauche	It's on your right/left
C'est droit devant vous	It's right in front of you
à (au, à l', à la, aux)	to, at
à côté de	next to, beside
au bout de	at the end of
au coin de	at the corner of
devant	in front of
derrière	behind
en face de	opposite
entre	between

Ça mène où?

*Lis les directions en partant de la gare et consulte le plan.
Où est-ce qu'on arrive à chaque fois?*

1 Continuez tout droit jusqu'aux feux, puis prenez la première rue à gauche. C'est après l'église.

2 Ce n'esT pas loin. ConTinuez TouT droiT jusqu'au €eux, Traversez la rue, eT c'esT au coin de la rue à gauche, jusTe avanT l'hôTel de ville.

3 Descendez la rue principale jusqu'au rond-point, puis tournez à droite et vous le verrez sur votre droite.

4 Descendez la rue principale, traversez le pont et c'est à droite devant vous, au coin de la rue. C'est en face de l'auberge de jeunesse.

5 Descendez la rue principale jusqu'à la rivière, mais ne traversez pas le pont. Tournez à droite. Vous êtes au quai de Paris, et c'est un peu plus loin, sur votre droite.

6 Continuez tout droit. Il y a des feux, puis un rond-point, puis après le rond-point, vous la verrez sur votre gauche. C'est entre la pharmacie et la pizzeria.

De nouveaux services, de nouveaux commerces

*Travaillez à deux. Sur le plan de la ville à la page 38, il y a des cases rouges et bleues avec des numéros: ce sont des bâtiments vides.
Le partenaire A va décider ce qu'il y aura dans les bâtiments 1 à 5 (les cases rouges); le partenaire B va décider ce qu'il y aura dans les bâtiments 6 à 10 (les cases bleues). Chaque partenaire écrit une liste dans son cahier.
Puis chaque personne demande à l'autre des directions en partant de la gare et note les détails dans son cahier.*

A: 1 à 5
le cinéma
le restaurant
l'hôpital
la patinoire
l'office de tourisme
Exemple: 1 l'office de tourisme

B: 6 à 10
le théâtre
le café
la poste
la bibliothèque
le supermarché
Exemple: 6 la poste

Maintenant, le partenaire A demande les directions pour aller à chaque bâtiment sur la liste du partenaire B.

Exemple

Partenaire A: Pour aller au théâtre, s'il vous plaît?
Partenaire B: Descendez la rue principale jusqu'au rond-point, puis tournez à gauche. C'est à côté de l'hôtel du Lac.

Partenaire A note: le théâtre = 7

Puis c'est au partenaire B de demander des directions pour aller à chaque bâtiment sur la liste du partenaire A.

Dossier personnel

Pour aller chez moi
Ecris des directions pour aller chez toi, en partant d'un point central, par exemple de la gare, de la rue principale, de l'arrêt d'autobus le plus proche, du collège, pour des visiteurs français qui viennent chez toi.

Exemple
Pour aller chez moi de la gare
Vous sortez de la gare et vous continuez tout droit jusqu'à Station Road. Puis vous tournez à gauche et vous descendez la rue. Vous traversez la rue aux feux et vous prenez la première rue à droite. Notre maison (de couleur blanche) est au numéro six.

NOW YOU CAN . . .

… ask for, understand and give, directions to places.

Disneyland Paris: *la construction d'un parc d'attractions*

En 1985 la compagnie Walt Disney a décidé de créer un grand parc d'attractions en Europe. On a considéré plusieurs locations: Séville et Barcelone (en Espagne), Avignon et Paris (en France). Finalement on a choisi le site à Marne-la-Vallée parce que c'était un grand terrain, près de deux aéroports, une ligne SNCF et des autoroutes. En plus, Marne-la-Vallée n'est qu'à 32 kilomètres de Paris et, chaque année, Paris attire environ 12 millions de touristes.

Au total, 1 700 entreprises françaises et étrangères ont participé à la construction du parc. 2 000 camions ont circulé dans le chantier pour transporter des tonnes de terre et de rochers. On a construit des attractions, des hôtels, un lac, des piscines, des courts de tennis, des boutiques, un office du tourisme, un bureau de poste, un parking, un camping et un golf, et on a planté 360 000 arbres et buissons.

Et à proximité on a construit deux usines pour le nettoyage à sec et le lavage des milliers de costumes des acteurs.

Le parc s'est ouvert le 12 avril 1992. Et le prix? 22 milliards de francs!

A *Pirates of the Caribbean* (Les Pirates des Caraïbes), l'attraction qui a coûté le plus cher à construire.

B *Alice's Curious Labyrinth* (Le labyrinthe d'Alice) – attention à la reine de cœur!

C *La cabane des Robinson*, construite dans un arbre artificiel.

D *Phantom Manor* (Le Manoir Hanté), avec des effets spéciaux extraordinaires!

E *La Parade Disney*, avec tous les personnages de Disney.

F Le train fou de *Big Thunder Mountain* – une attraction à sensation!

As-tu bien compris?

1 Pourquoi a-t-on choisi un site près de Marne-la-Vallée pour le parc d'attractions Disneyland Paris?
   a Parce que le site était grand et bien situé géographiquement.
   b Parce que le climat y est très agréable.
   c Parce qu'il y avait déjà un parc d'attractions dans la ville.

2 Selon l'article, quel était l'avantage d'être près de Paris?
   a On trouverait facilement des employés.
   b Beaucoup de touristes visitent Paris chaque année.
   c Les Parisiens pourraient facilement visiter le parc.

3 Combien d'entreprises ont participé à la construction du parc?
   a Deux milles
   b Soixante-quinze
   c Dix-sept cents

4 Qu'est-ce qu'on a construit près du parc?
   a un aéroport
   b des écoles
   c des usines

Une visite à Disneyland Paris

Sophie et Robert Hubert sont frère et sœur. Ils habitent avec leur mère à Lyon. Pendant les vacances, ils ont passé quelques jours chez leur père à Paris. Un jour ils sont allés à Disneyland Paris. Sur la cassette ils parlent de leur visite à une amie.
Ecoute la cassette, puis fais ces activités.

1 *Regarde les photos. Dans quel ordre ont-ils fait ces attractions?*
Exemple: B, …

2 *Sophie et Robert ont fait beaucoup de choses au parc, mais pas toutes ces choses. Choisis les phrases qui correspondent à la conversation.*
Exemple: A, …

A Sophie et Robert ont pris le RER jusqu'à Marne-la-Vallée.
B Ils ont voyagé en voiture.
C Pour commencer leur visite, ils ont pris le train à vapeur qui fait le tour du parc.
D Ils ont fait un voyage dans l'espace avec Star Tours.
E Ils ont vu un film au CinéMagique.
F Ils ont visité le Labyrinthe d'Alice.
G Ils ont fait un voyage en bateau.
H Ils ont regardé un spectacle.
I Ils ont visité le Manoir Hanté.
J L'après-midi, ils ont regardé la parade Disney.
K Ils ont grimpé dans l'arbre des Robinson.
L Sophie a acheté des oreilles de Mickey comme souvenir.

3 *Trouve les erreurs et corrige-les.*
A Sophie et Robert ont visité Disney World en Amérique.
B Ils ont pris l'avion.
C Ils ont fini leur visite à Discoveryland.
D Comme déjeuner, ils ont mangé une pizza.
E Ils ont manqué la parade Disney.
F Robert a acheté une peluche.

Dossier-langue

Rappel: the perfect tense (verbs with avoir)
Look at these examples:
A J'ai visité Disneyland Paris.
B Nous visitons Disneyland Paris.
C Elle a acheté une carte postale.
D Elle va acheter des timbres.
1 Which describe what has happened?
2 How can you tell which verbs are in the perfect tense?
Solution

1 **A** and **C**: these verbs are in the perfect tense, which is the most commonly used of all the past tenses. It describes an action that is completed and no longer happening.

2 The perfect tense is made up of two parts: an auxiliary verb (*avoir* or *être*) and a past participle. Most verbs form the perfect tense with *avoir*.

Here is the perfect tense of the verb *jouer* in full:

j'ai joué	*nous avons joué*
tu as joué	*vous avez joué*
il/elle/on a joué	*ils ont joué*

Regular verbs form the past participle as follows:

-er verbs	**-é**	e.g. *travailler*	*travaillé*
-re verbs	**-u**	e.g. *attendre*	*attendu*
-ir verbs	**-i**	e.g. *finir*	*fini*

But many commonly used verbs have irregular past participles. How many can you spot on this page?
Can you remember any others? Look at **La grammaire** for a list of twenty of the most common ones. Pick any two (or more) and see if you can use them in one sentence, e.g. *Hier j'ai lu un magazine et j'ai vu un bon film.*

Une visite au Parc Astérix

Un autre jour, Sophie et Robert sont allés au Parc Astérix.
Complète cette lettre que Sophie écrit à une amie.
Exemple: 1 nous avons visité

Chère Francine,

Hier, nous **(1 visiter)** le parc Astérix, un parc d'attractions près d'ici. Astérix, tu le connais? C'est un Gaulois qui **(2 avoir)** beaucoup d'aventures. J' **(3 lire)** toutes ses histoires.

Pour y aller, nous **(4 prendre)** le RER à l'aéroport Charles de Gaulle, puis un autobus jusqu'au parc. Il y a beaucoup d'attractions au parc. On **(5 commencer)** avec le Goudurix, c'est un grand huit. Ça m' **(6 donner)** mal au cœur! Alors après, on **(7 visiter)** la Place du Moyen Age, où nous **(8 regarder)** les acrobates et les jongleurs. A midi, nous **(9 manger)** dans un café. J' **(10 prendre)** un sandwich au jambon et de la salade.

Nous **(11 passer)** toute la journée au parc. C'était très amusant. Avant de partir, j' **(12 acheter)** une affiche d'Astérix, comme souvenir.

A bientôt.

Sophie

Une visite à un parc d'attractions

Trouve la bonne réponse à chaque question.

1 Quel parc as-tu visité?
2 Ça se trouve où, exactement?
3 Tu es allé(e) avec qui?
4 Comment avez-vous voyagé jusqu'au parc?
5 A midi, qu'est-ce que tu as mangé?
6 Qu'est-ce que tu as pensé du parc?
7 Est-ce que tu as acheté un souvenir?

A C'est près de Londres.
B Nous avons voyagé en voiture.
C C'était très amusant.
D J'ai visité Thorpe Park.
E Non, je n'ai rien acheté.
F Avec des amis.
G J'ai mangé une pizza et une glace.

👀 Faites des conversations

Travaillez à deux. Chaque personne a passé une journée dans un parc d'attractions. Ça peut être vrai ou imaginaire. Ecrivez des notes et inventez des conversations. Pour vous aider, regardez **Une visite à un parc d'attractions**.

Cartes postales de Paris

A part les parcs d'attractions, Sophie et Robert ont visité les principaux monuments à Paris.
*Lis les cartes postales de Robert, puis fais **Vrai ou faux?** ou **Au téléphone**.*

1

> Mardi
> Bonjour de la Tour Eiffel, où je suis monté au troisième étage. Quel panorama! C'était superbe. J'ai acheté une petite Tour Eiffel comme souvenir.   Robert

2

> Jeudi
> Hier je suis allé à la cité des Sciences avec Sophie. Nous sommes restés là-bas tout l'après-midi. C'était très intéressant.
> A bientôt, Robert

3

> Vendredi
> Ce matin, Sophie est allée au musée Picasso. Moi, je suis resté à la maison. Nous sommes allés à un concert hier soir avec Papa et nous sommes rentrés très tard.
> zzzz, Robert

Vrai ou faux?

1 Mardi, Robert est allé à la Tour Montparnasse.
2 Il est allé à la Tour Eiffel.
3 Il est monté au 59ème étage.
4 Mercredi, Robert et Sophie sont allés à la Cité des Sciences.
5 Ils sont restés là-bas toute la journée.
6 Le soir ils sont allés au cinéma et ils sont rentrés tard.
7 Jeudi, Sophie est allée au musée Picasso.
8 Robert est resté à la maison.

Au téléphone

Un ami téléphone à Robert pour lui parler de ses vacances. Répond pour lui.

1 Tu es allé à la Tour Eiffel?
2 Et tu es monté au sommet?
3 Tu as acheté quelque chose comme souvenir?
4 Et à part ça, qu'est-ce que tu as fait?
5 Et vous êtes restés longtemps à la Cité? C'est bien, non?
6 Vous êtes sortis le soir? Qu'est-ce que vous avez fait?

Dossier-langue

Rappel: the perfect tense (verbs with être)

In the postcards and questions there are several verbs which form the perfect tense with *être*. Can you spot four examples?

What is special about the past participles of verbs which take *être*?

Look at these examples:

> *Je suis allé à la Tour Eiffel.*
> *Anne est allée au musée.*
> *Nous sommes allés au concert.*

When you form the perfect tense with *être*, the past participle agrees with the person doing the action (the subject):

- Add -*e* if the subject is feminine
- Add an extra -*s* if the subject is plural (more than one), e.g.

je suis allé(e)	*nous sommes allé(e)s*
tu es allé(e)	*vous êtes allé(e)(s)*
il est allé	*ils sont allés*
elle est allée	*elles sont allées*
on est allé(e)(s)	

Can you remember the main verbs which form the perfect tense with *être*? There are about thirteen verbs, mostly verbs of movement. This picture may help you.

For a full list, see **La grammaire**.

Voyage de retour

Sophie et Robert sont rentrés à Lyon. A toi de compléter ce récit de leur voyage.

1 Nous sommes … de l'appartement à 10h00. (partis/partie/parties)
2 Nous sommes … à la gare en voiture. (allé/allés/allée)
3 Nous sommes … à la gare à 10h25. (arrivée/arrivé/arrivés)
4 Nous sommes … dans le train. (montés/montée/montées)
5 Le train est … (partis/parti/partie)
6 Mais près de Lyon, le train … … en panne. (tomber)
7 Nous … … sur place pendant une heure. (rester)
8 Enfin le train … … (repartir)
9 Il … … à Lyon avec une heure de retard. (arriver)
10 Et nous … … (descendre)

Vol à la banque

Surprise pour les gendarmes alertés samedi soir à 23 heures par l'alarme d'une banque aux Champs-Elysées: le voleur n'était qu'un robot armé d'une perceuse. Les vrais voleurs étaient cachés dans une camionnette d'où ils manœuvraient le robot. Ils sont partis en camionnette, poursuivis par les gendarmes. Les voleurs se sont échappés mais on a trouvé la camionnette abandonnée plus tard.

 Au commissariat

Dans la camionnette on a trouvé par terre un reçu du restaurant Le lapin vert, un billet du cinéma Gaumont, une boîte de pastilles pour la gorge et des lunettes d'homme. Au commissariat, on a interrogé trois personnes: Luc Dupont, Monique Laroche et Pierre Roland. Ecoute les interviews sur la cassette et prends des notes dans ton cahier. Puis décide si chaque personne est innocente ou suspecte.

 ## Tu as passé un bon week-end?

Ecoute la conversation sur la cassette entre deux jeunes Parisiens, Mathieu et Anne-Marie. Anne-Marie pose beaucoup de questions, mais pas toutes ces questions. Quelles sont les questions qu'elle a posées?

1 Tu as passé un bon week-end?
2 Où es-tu allé?
3 Et comment as-tu voyagé?
4 Tu as mis combien de temps pour faire le voyage?
5 Es-tu allé dans un hôtel?
6 Où as-tu logé?
7 Qu'est-ce que tu as fait à Lyon?
8 Est-ce que tu es sorti le soir?
9 Tu as fait la connaissance de beaucoup de jeunes?
10 Tu es rentré à quelle heure, dimanche?

Le week-end de Mathieu

Complète ce résumé de son week-end.
Le week-end dernier, je suis allé à …
(Lyon/Strasbourg/Paris) pour un tournoi de …
(rugby/tennis/badminton).
J'ai voyagé … (en train/en car/en voiture)
J'ai logé … (à l'hôtel/à l'auberge de jeunesse/chez des amis).
J'ai joué dans … matchs et j'en ai gagné …
Le soir, je suis allé … (au cinéma/à un concert/en discothèque).
Je suis rentré à la maison dimanche après-midi, vers … heures.

---

1 Nom...
....

2 A quelle heure est-il/elle sorti(e)? ....
....

3 Où est-il/elle allé(e)? ....
....

4 Il/elle est resté(e) là jusqu'à quand? ....
....

5 A quelle heure est-il/elle rentré(e)? ....
....

Dossier-langue

Rappel: questions in the perfect tense
To ask a question in the perfect tense you can
* add *Est-ce que*, e.g.
  Est-ce que tu as fini tes devoirs?
* use a question word, e.g.
  Qui a fini ses devoirs?
* change the tone of your voice, e.g.
  Tu as fini tes devoirs?
* turn the auxiliary verb round and add a hyphen, e.g.
  As-tu fini tes devoirs?

Find an example of each type on this page.

Le week-end dernier

Travaillez à deux. Une personne regarde cette page, l'autre regarde la page 159. Une personne pose des questions à l'autre et note les détails dans son cahier. Puis changez de rôle.

Exemple
1 – Tu as passé un bon week-end?
   – Oui.
   – Où es-tu allé(e)?
   – Je suis allé(e) à Londres.

Tu notes: **1** à Londres

Voilà les détails de ton week-end.
1 Destination: à la campagne
2 Moyen de transport: vélo
3 Logement: dans une ferme
4 Samedi: aller à la pêche
5 Samedi soir: aller au café au village
6 Dimanche, heure de rentrée: 17h00

NOW YOU CAN . . .
....
… ask about and describe a recent visit, using the perfect tense.

2.4 L'ESPRIT NEGATIF

Ça ne va pas!

La mère de Claudine vient de rentrer et lui pose des questions. Trouve la bonne réponse à chaque question.

1 Bonjour Claudine, ça va?
2 As-tu fait quelque chose d'intéressant aujourd'hui?
3 As-tu vu quelqu'un?
4 Est-ce que quelqu'un t'a téléphoné?
5 As-tu fait les mots croisés?
6 Es-tu allée au café?
7 Alors as-tu préparé un bon repas?

A Non, je ne vais jamais au café.

B Non, je n'ai rien fait.

C Non, je n'ai pas pu les faire.

D Non, il n'y a plus de provisions.

E Non, je n'ai vu personne.

F Non, on ne me téléphone jamais.

G Non, ça ne va pas.

Dossier-langue

Rappel: negative expressions

You may recognise these negative expressions:

ne … pas   ne … plus   ne … jamais   ne … rien
ne … personne

Look for examples of them in Claudine's replies.

1 Can you work out what they each mean?
2 Where does each part of the negative go normally?
3 But where does *ne* go if there is an object pronoun (*le, la, les, me, te, se, nous, vous, lui, leur* etc.) in the sentence? (See reply **F** above)
4 What happens in the perfect tense?
One of these negative expressions works slightly differently; which one?
5 What often happens to *du, de la, de l', des, un, une* after *ne … pas* or *ne … plus*?

Ne vous en faites pas! Il n'a jamais mangé personne.

Solution

1	*ne … pas*	not
	ne … plus	no more, no longer
	ne … jamais	never
	ne … rien	nothing
	ne … personne	no-one, nobody, not anybody

2 *Ne* goes before the verb and *pas* etc. follows the verb.

3 If there is a pronoun in the sentence, *ne* goes before it, e.g.

Ça **ne** me dit **rien**   That doesn't appeal to me
Je **ne** le connais **pas**   I don't know him

4 In the perfect tense, the negative normally goes round the auxiliary verb, e.g.

Je **ne** l'ai **jamais** vu   I've never seen it

But there are a few exceptions, such as *personne*, e.g.

Je **n'**ai vu **personne**   I didn't see anybody

5 After the negative, *du, de la, de l', des, un, une* become *de* or *d'* (except with the verb *être* and after *ne … que*), e.g.

Il **ne** reste **plus** de gâteau   There's no cake left

🔊 Au téléphone

Ecoute la cassette. La tante de Claudine lui téléphone. Puis lis ces questions et trouve les bonnes réponses.

Pourquoi Claudine est-ce qu' …

1 … elle ne s'amuse pas?
2 … elle ne joue pas au tennis?
3 … elle ne va jamais à la piscine?
4 … elle n'a pas vu ses amis?
5 … elle n'est pas allée en ville?

Parce qu' …

A … il ne faisait pas beau.
B … ils sont partis en vacances.
C … elle n'aime plus le tennis.
D … il y a trop de monde.
E … elle ne fait rien.

Complète la conversation

Choisis plus, rien *ou* personne *pour compléter chaque bulle.*

Différent ou pas?

Fais une liste des paires qui n'ont pas le même sens.
Exemple: 1, ...

1 Ils n'ont plus de légumes à l'épicerie.
  Regarde ces carottes que je viens d'acheter à l'épicerie.
2 Je vais à Paris tous les ans.
  Je ne suis jamais allé en France.
3 Le chien ne mange presque rien.
  Il devient très maigre.
4 Je n'ai vu personne en ville.
  Je viens de voir ton frère en ville.
5 Mon grand-père a quatre-vingt-douze ans.
  Il n'est plus jeune.

6 Vous ne faites pas de sport?
  Le sport, ça ne vous intéresse pas?
7 Je n'ai rien à me mettre.
  Je vais mettre ma nouvelle robe.
8 Il ne me téléphone jamais.
  Il m'a téléphoné hier soir.
9 Elle ne fait jamais rien.
  Elle est très paresseuse.
10 Ils ne sont plus à la maison.
  Ils sont dans la cuisine.

🌀 Des provisions pour un pique-nique

Travaillez à deux. Une personne regarde cette page, l'autre regarde la page 160. On a besoin des provisions illustrées pour un pique-nique. Demande à ton/ta partenaire s'il y en a à la maison. Puis, fais une liste dans ton cahier des choses qu'il faut acheter.

Exemple

– Est-ce qu'il y a du fromage?
– Non, il n'y en a plus.

Tu écris:

Trouve la bonne phrase

Choisis la phrase qui a presque le même sens.

1 Rien de plus facile
  a C'est très facile à faire.
  b Ça ne va pas être facile.

2 Ne t'en fais pas.
  a Ça n'a pas d'importance.
  b Tu dois faire ça plus tard.

3 Ça ne me dit rien.
  a Je n'ai rien dit.
  b Je ne veux pas faire ça.

4 Jamais de la vie.
  a J'ai fait ça toute ma vie.
  b Je n'ai jamais fait ça.

5 Il n'a pas de chance.
  a Il n'a rien gagné.
  b Il a gagné mille francs.

Il ne reste plus de nourriture, mais moi, je n'ai plus faim.

📖 Lexique 🎏🎏🎏🎏

Ne t'en fais pas	Don't worry
Ne vous inquiétez pas	Don't worry
Je n'ai pas de chance	I'm out of luck
Il n'y a pas de quoi	That's all right/Not at all (used in response to *merci*)
Merci, je n'en veux plus	No thank you, I don't want any more
Il n'y en a plus	There's no more left
Ça ne fait rien	It doesn't matter
Ça ne me dit rien	That doesn't appeal to me
Rien de plus facile	Nothing could be simpler
Il n'y a personne	There's no-one there
Personne ne le sait	No-one knows
On ne sait jamais	You never know
Jamais de ma vie	Never in my life

A toi d'inventer

1 *Invente un dessin amusant pour illustrer une expression du* **Lexique**.
2 *Choisis une ou deux expressions du* **Lexique** *et invente une conversation qui utilise ces expressions.*

NOW YOU CAN ...
....
... understand and use different negative expressions.

Infos-jeunes:
la ville et la campagne

Aujourd'hui nous posons la question 'Etes-vous ville ou campagne?' Voilà une sélection de vos lettres à ce sujet.

J'habite dans une ferme pas loin de Poitiers. Notre ferme est toute petite. Nous avons trois chèvres, pas mal de lapins, des poules, des canards et deux cochons. Moi, je suis assez content de vivre ici. J'aime le plein air et j'aime les animaux. Je trouve que la vie à la campagne est plus détendue. En ville, les gens ont toujours l'air pressé. Ils n'ont jamais le temps de vous parler. Mais à la campagne les gens sont plus tranquilles. Ils ont le temps de se connaître. Il y a une certaine solidarité et j'aime ça.

François

A mon avis, la vie est trop tranquille à la campagne. Je m'ennuie, surtout pendant les vacances. Nous habitons dans un petit village à 30 kilomètres de Rodez. On connaît tout le monde, bien sûr, mais il n'y a pas beaucoup de jeunes et il n'y a pas de distractions: aucun cinéma, aucune maison de jeunes, aucune piscine ... rien sauf quelques magasins et un café. Et, en plus, il n'est pas facile d'aller en ville: il n'y a qu'un autobus par jour à Rodez. Moi, j'aimerais mieux vivre en ville.

Marie-Claire

C'est vrai qu'il y a moins de distractions, surtout en hiver. A Saillans, par exemple, il n'y a pas grand-chose à faire. Il n'y a pas de piscine, mais on peut se baigner dans la rivière, ou aller à la pêche. En été, c'est très agréable. On peut faire des randonnées et faire un pique-nique dans les champs. Nous avons un petit verger et j'aide à cueillir des fruits. On s'amuse entre copains et ça, c'est sympa.

Ce que je n'aime pas en ville c'est la circulation et le bruit. Voyager tout le temps en métro et en bus, ça ne me dit rien. Chez moi j'ai une mobylette et je circule partout, sans problème. Je me sens plus libre à la campagne.

Nicole

La campagne, c'est vrai, ça a des avantages. Il y a moins de bruit, moins de pollution, mais c'est un peu trop calme pour moi. En ville, je trouve que la vie est plus dynamique, plus animée. Il y a beaucoup de distractions et on n'a jamais le temps de s'ennuyer. Et il y a plus de possibilités d'emploi. C'est vrai que dans les grandes villes il y a aussi des problèmes, par exemple, l'isolement et le logement. Mais en fin de compte, je choisirais la ville.

Luc

Tu as bien compris?

Lis la lettre de François ou la lettre de Nicole et corrige les erreurs dans ces phrases.

La lettre de François

1 Il habite dans une grande ferme près de Lyon.
2 Il est assez content de vivre en ville.
3 Dans sa ferme, il y a des vaches, des moutons, des chevaux et des cochons.
4 Il trouve que les gens sont plus pressés à la campagne.
5 La vie est plus dynamique à la campagne.

La lettre de Nicole

1 On peut se baigner dans le lac.
2 On peut faire de la voile.
3 En été, Nicole aide à cueillir des fleurs.
4 Elle aime circuler en métro.
5 Elle se sent plus libre en ville.

Qui pense ça?

Lis toutes les lettres et décide qui partage ces avis.

A la campagne ...

1 ... la vie est trop calme; on s'ennuie.
2 ... les transports en commun ne sont pas très fréquents.
3 ... on peut respirer, il y a moins de pollution.
4 ... il y a moins de voitures alors on peut circuler plus facilement.
5 ... la vie est plus détendue; les gens ne regardent pas l'heure tout le temps.

En ville ...

6 ... il y a plus d'emplois.
7 ... il y a toujours quelque chose à faire.
8 ... il y a souvent des problèmes de logement.
9 ... la vie est plus dynamique, il se passe des choses.
10 ... il y a plus de monde, plus de circulation, plus de bruit.

Choisis un titre

A toi de choisir un titre pour chaque lettre.

Pour ou contre la vie à la campagne? La ville et la campagne

Voilà une liste des arguments pour ou contre la vie à la campagne.
A toi de les classer en deux listes: pour et contre.
Puis, écoute la discussion sur la cassette. Lesquels de ces arguments sont mentionnés?

Exemple: 2, …

1 Il n'y a pas beaucoup d'emplois.
2 La vie est plus calme et on se relaxe.
3 Il n'y a pas beaucoup de distractions.
4 Les gens ont le temps de se connaître.
5 On est plus près de la nature.
6 Il y a moins de danger: on n'a pas peur d'être attaqué, par exemple.
7 On s'ennuie.
8 Il y a moins de bruit, moins de pollution.
9 Il peut être difficile d'aller en ville par les transports en commun.
10 Il y a trop d'insectes.

Travaillez à deux. Une personne parle de la vie en ville, l'autre de la vie à la campagne. Chacun(e) à son tour donne une réflexion (positive ou négative). Qui peut continuer le plus longtemps?

Une lettre

Ecris une lettre au sujet de la vie en ville ou à la campagne pour le magazine Infos-jeunes.

Dossier personnel

Ecris deux ou trois phrases à propos de la campagne.

Exemple

Mon expérience personelle

J'habite dans un village/dans une ferme à la campagne depuis …

Je n'ai jamais habité à la campagne mais j'aime bien y aller pendant les vacances/mais j'aimerais bien y aller/et la campagne, ça ne m'intéresse pas.

Quand j'étais plus jeune, nous habitions à la campagne/nous avons passé des vacances dans une ferme/nous ne sommes jamais allés à la campagne.

Mon avis

A mon avis, c'est mieux de vivre à la campagne/ en ville parce que …

La campagne et l'environnement

Ecris cinq phrases pour décrire ce qu'on doit faire pour protéger la campagne.

Il ne faut pas On ne doit pas Il faut On doit	jeter des papiers par terre faire attention au feu protéger les bois et les forêts cueillir des fleurs polluer l'eau des rivières et des lacs abîmer les arbres et les buissons marcher sur les plantes faire beaucoup de bruit bien fermer les portes détruire les habitats des animaux et des oiseaux

✎ Lexique ✐✐✐✐

A la campagne	In the country
un arbre	tree
un bois	wood
un buisson	bush
un champ	field
une colline	hill
cueillir	to pick
une ferme	farm
un fermier	farmer
une fleur	flower
une forêt	forest
un fruit	fruit
l'herbe (f)	grass
un insecte	insect
le paysage	countryside
une plante	plant
en plein air	in the open air
une randonnée	ramble, hike
une rivière	river
un verger	orchard
un village	village
Les animaux et les oiseaux	**Animals and birds**
un agneau	lamb
un canard	duck
un cheval	horse
une chèvre	goat
un cochon	pig
un mouton	sheep
un oiseau	bird
une oie	goose
un poney	pony
une poule	hen
un taureau	bull
une vache	cow

Visitez la ferme

Lis l'affiche et choisis la bonne réponse.

1 Qu'est-ce qu'on peut faire à la ferme?
  a Il y a beaucoup d'animaux et d'oiseaux à voir.
  b On peut faire un tour en tracteur et cueillir des fruits.

2 Lesquels de ces animaux peut-on voir à la ferme?

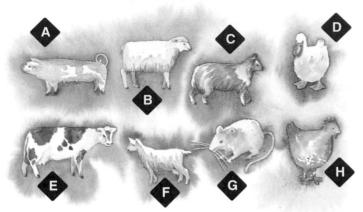

3 Est-ce que les visiteurs peuvent déjeuner à la ferme?
  a Oui, entre 12h et 14h.
  b Non, la ferme est fermée entre 12h et 14h.

Venez Visiter...

...La Ferme San Sébastian

Avec tous les animaux:
Vache, ânesse, poneys, cochon, chèvres naines, mouton, oies, paon, faisans, canards, lapins, poules, colombes, perdreaux...

Tous les jours de 9h à 12h et de 14h à 19h

Accueil chaleureux dans un cadre campagnard avec possibilité de pique-nique.

Le paysage français

La France, avec l'Italie, est le premier producteur de vin du monde.

On cultive beaucoup de fruits et de légumes en France, comme par exemple les prunes, les pommes, les poires, les pêches, les pommes de terre, les choux-fleurs et les tomates.

Dans le Midi on voit de grands champs de lavande pour la fabrication de parfum.

On cultive des tournesols pour faire de l'huile de tournesol.

NOW YOU CAN . . .

... talk about the countryside and discuss the advantages and disadvantages of living there.

2.6 NON, NON ET NON!

Vacances à la campagne? Non, merci!

Vrai ou faux?

1 Claudine passe des vacances à la campagne.
2 Il n'y a ni cinéma ni piscine.
3 Il n'y a aucun autobus pour aller en ville.
4 Mais elle peut y aller en vélo.
5 Elle aime bien la tranquillité de la campagne.

Les vacances de Claudine

1 Est-ce que Claudine passe de bonnes vacances?
2 Elle connaît beaucoup de gens dans le village, non?
3 Qu'est-ce qu'il y a à faire?
4 Est-ce qu'il est facile d'aller en ville?
5 Est-ce que Claudine aime la vie à la campagne?

> Chère Lucie,
> Je ne m'amuse pas beaucoup ici. Je ne connais personne. Il n'y a rien à faire: aucun cinéma, aucune piscine. En plus, il n'est pas facile d'aller en ville: je n'ai ni voiture ni vélo et il n'y a qu'un autobus par jour. Décidément, la vie à la campagne, ce n'est pas pour moi!
> Claudine

Dossier-langue

More negative expressions

Can you spot the following expressions in Claudine's postcard and work out what they mean?

1 *ne … que/qu'*
2 *ne … aucun(e)*
3 *ne … ni … ni …*

> Il n'y a que ça à te dire.
> Tu ne vas jamais revoir ce garçon
> Tu ne lui ni téléphoneras ni écriras.
> Et je ne veux plus rien entendre de cette histoire.

Solution

1 *ne … que* = only
In the perfect tense *que* goes after the past participle and before the word it describes, e.g.

> Je *n'*ai dépensé *que* 100 francs hier.
> I only spent 100 francs yesterday.

> *Elle n'est allée à Paris qu'une fois.*
> She's only been to Paris once.

2 *ne … aucun* = no
Aucun is an adjective and agrees with the noun which follows, e.g.

> Il *n'*y a *aucun* restaurant dans le village.
> There's no restaurant in the village.

> *Ça n'a aucune importance.*
> It's of no importance.

It can also be used on its own without a verb:

> – Qu'est-ce que tu veux faire?
> – Aucune idée. (= No idea.)

3 *ne … ni … ni …* = neither … nor
Ni … ni … go before the words they refer to, e.g.

> Je *n'*aime *ni* le tennis *ni* le badminton.
> I don't like tennis or badminton.

> *Je ne connais ni lui ni ses parents.*
> I don't know either him or his parents.

On arrive à Marne-la-Vallée

Jean-Pierre, qui habite dans un village près de Strasbourg, va travailler à Disneyland Paris. Il va loger chez Madame Bertrand. Ecoute d'abord leur conversation sur la cassette.

Voilà des extraits de la conversation. A chaque fois, trouve la phrase qui suit. **Exemple: 1 B**

1 Vous avez beaucoup de bagages?
2 Comme hors d'œuvre il y a des asperges.
3 Vous avez déjà visité le parc?
4 Et vous?
5 Il y a toujours beaucoup de gens qui visitent le parc?
6 Prenez encore des légumes, si vous voulez.
7 Et vous connaissez déjà des gens qui travaillent au parc?
8 Et Paris? Vous connaissez un peu?
9 Oh, excusez-moi. J'ai renversé mon verre.
10 Je vous remercie, Madame. J'ai très bien mangé.

A Non, pas du tout. Je n'y suis jamais allé.
B Non, ça va. Je n'ai qu'une valise.
C Non, pas encore.
D Il n'y a pas de quoi.
E Ah, je n'en ai jamais mangé.
F Ni moi non plus.
G Merci. C'était très bon, mais je n'en veux plus.
H Ne vous inquiétez pas, ce n'est pas grave.
I Non, je ne connais personne.
J Je n'en ai aucune idée.

Qu'est-ce qui manque?

Regarde ces deux dessins. L'artiste a oublié sept choses dans le deuxième dessin. Qu'est-ce qui manque dans le dessin modifié?
Exemple: Il n'y a que deux vaches. Il n'y a pas de panier.
Dessin original

Dessin modifié

Réponds sans dire oui ou non

Exemple: 1 Il n'habite pas à Londres.

1 Est-ce que le président de la République habite à Londres?
2 Tu as vu beaucoup de films français?
3 Est-ce qu'il y a beaucoup de choses dans une valise vide?
4 C'est vrai qu'on peut acheter beaucoup de choses quand on n'a pas d'argent?
5 Est-ce qu'on peut toujours acheter des timbres dans une charcuterie en France?
6 Et toi, tu manges beaucoup quand tu n'as pas faim?
7 Est-ce qu'il y a beaucoup de gens dans un restaurant fermé?
8 Tu penses qu'il y a beaucoup de touristes sur la plage quand il neige?
9 Tu connais le premier ministre?
10 As-tu jamais visité la Chine?

Sois négatif!

1 *Combien de phrases négatives peux-tu faire en cinq minutes?*

2 *Travaillez à deux ou en groupes. Une personne pose une question, l'autre répond par la négative. N'hésitez pas! Pour une fois on vous demande d'être aussi négatif que possible!*

Les achats de Mme Dupont

Mme Dupont est fermière. Dans le village où elle habite, il n'y a que trois magasins: l'épicerie de Mme Leclerc, la boulangerie de Mlle Martin et la charcuterie de M. Michel. Regarde la liste de Mme Dupont. Puis lis l'histoire et trouve ce qu'elle achète aujourd'hui et ce qu'elle ne peut pas acheter. Réponds comme dans l'exemple.
Exemple: 1 Elle ne peut pas acheter de pain.

la liste de provisions
pain
carottes
haricots verts
pommes
oranges
banane
beurre
sucre
porc
pâté maison

Aujourd'hui, il n'y a personne à la boulangerie, parce que Mlle Martin est malade. (Les deux autres magasins ne vendent pas de pain.)
A l'épicerie, Mme Leclerc n'a plus de légumes, parce que son mari n'a pas pu aller au marché, ce matin. Comme fruits, elle n'a que des pommes et des bananes. Alors ici, Mme Dupont n'achète que des fruits, du beurre et du sucre.
A la charcuterie, Mme Dupont n'achète rien: il n'y a plus de porc, et aujourd'hui M. Michel n'a que du pâté d'Ardennes (la famille Dupont n'aime que le pâté maison).

NOW YOU CAN . . .
. . . understand and use some more negative expressions.

2.7 ON CHERCHE UN LOGEMENT

Les petites annonces

Quand on cherche un logement dans une nouvelle région ou une location pour les vacances, on consulte souvent les petites annonces dans le journal régional.
Lis les petites annonces et trouve un logement possible pour ces personnes.
Exemple: 1 C

1 M. et Mme Henri cherchent un petit appartement moderne avec ascenseur et garage.
2 Jean-Luc Predet, étudiant en médecine, cherche un studio ou une chambre meublée près de la faculté de médecine.
3 Mme Leclerc cherche un appartement au rez-de-chaussée avec jardin en centre-ville.
4 La famille Jouvet (deux adultes, deux enfants) cherche une maison ou une villa à louer au mois d'août près de la côte.
5 La famille Martin cherche une maison ou une villa à la campagne à louer au mois de juillet. M. Martin aime aller à la pêche et les autres aiment faire des randonnées.
6 Aurélie Robert cherche un studio ou une chambre meublée en centre ville. Loyer 1500 F max.

 A
Immobilier
LOCATION
Spécial Etudiants
à louer STUDIOS F1, F2, quart nord, proche des facs et écoles dans Rés. de standing, cuis. équipée, balcons, pkg ou garages Ag Proby 67 10 83 26

 B
LYON, centre-ville, particulier loue studio, 1er ét, chauffage individuel gaz, cuisine équipée 1200F charges comprises. 78 02 69 43

 C
Lyon, Rue Jeanne d'Arc, Appt. 2 pièces + cuis. équipée, 2e étage, asc. tout confort, 2500F charges, chauffage et garage comp., Agence Lacan, 36 crs. Mirabeau. tél 78 40 09 33

 D
A LOUER appartement F3 tout confort + jardin, centre-ville, libre 1er novembre. Tel. 78 94 03 42

 E
Charente-Maritime Villa récente, séjour TV, 2 chambres, cuisine aménagée (réfrigérateur congélateur, lave-vaisselle, lave-linge), salle de bains avec baignoire, W.C, jardin clos, terrasse, barbecue. 200m plage, 250m commerces. Tél: 46 05 24 18

 F
Pyrénées-Atlantiques 10km de la mer, loue maison tout confort, jardin, dans village tranquille, commerces à proximité. Pour 4 personnes, 2 salles d'eau, moquette, cuisine équipée. tel 46 53 72 19

G
Dordogne Maison de campagne indépendante, entourée prairies et bois, 6 à 8 personnes, calme, confort, grand séjour-cuisine, 4 chambres, 2 salles d'eau, 2 W.C, 2 abris-autos. A 1 km: pêche, rivière, forêts pour promenades Tél 53 60 20 49

On cherche un studio

Demandes
2 J.F. cherchent meublé studio ou chambre/douche jusqu'à 2 000F charges comprises centre Lyon ou proche. Tel. 96.46.36.52

On peut aussi mettre une annonce dans le journal. Anne-Marie Bayard et Monique Dubois cherchent un studio dans le centre de Lyon. Après avoir mis cette annonce dans le journal, Anne-Marie reçoit un coup de téléphone. Ecoute la conversation.
Anne-Marie a écrit ce mot pour Monique, mais elle a fait six erreurs. A toi de les trouver et de les corriger.

Monique –
Une dame a téléphoné. Elle a un grand studio meublé avec coin cuisine et douche. C'est au 6, rue Saint Jean, dans le vieux Lyon. C'est au deuxième étage d'une vieille maison. Il y a le chauffage électrique individuel. Le loyer, charges comprises, est de 2000 F. On peut le voir demain après 19 heures.

Des questions utiles

Voilà des questions qu'on peut poser quand on cherche un logement. Ecoute la conversation encore et décide quelles questions on a posées.

1 Qu'est-ce qu'il y a comme pièces?
2 C'est meublé?
3 C'est où exactement?
4 C'est à quel étage?
5 Est-ce qu'il y a un ascenseur?
6 C'est dans un immeuble moderne?
7 Qu'est-ce qu'il y a comme chauffage?
8 Le loyer est de combien?
9 Quand est-ce qu'on peut le voir?
10 Quelle est l'adresse exacte, s'il vous plaît?

Studio à louer

Travaillez à deux. Une personne veut louer un studio. (Pour t'aider, regarde Des questions utiles.) L'autre regarde la page 161 et donne les détails d'un studio à louer. Faites votre conversation par téléphone puis donnez-vous rendez-vous pour voir le studio.

A la maison, pense à l'environnement

Voilà trois bons conseils. Lis les exemples, puis décide quelles phrases vont avec chaque conseil.

1	Ne gaspillez pas d'énergie
2	Conservez l'eau
3	Faites du recyclage

A On utilise du papier à lettres fait à partir de papier recyclé.

B On éteint l'éclairage, la télévision et la stéréo quand on sort du salon.

C On ne laisse pas couler l'eau quand on se brosse les dents.

D On isole le chauffe-eau et les tuyaux.

E On apporte le verre et le papier journal au centre de recyclage.

F On utilise des lampes de basse consommation.

G En hiver, on ferme les rideaux quand il fait nuit pour conserver la chaleur.

H On prend une douche (qui consomme entre 60 et 80 litres) au lieu d'un bain (qui consomme 120 litres).

Maison à échanger

Au lieu d'aller dans un hôtel ou de faire du camping, on peut échanger sa maison pendant les vacances.
Lis les détails de la maison au Touquet et réponds aux questions d'une famille qui pense faire un échange.

1 La maison est à quelle distance de la mer?
   Et des magasins?
2 Combien de chambres y a-t-il?
3 Il y a de la place pour combien de personnes?
4 Est-ce qu'il y a un jardin?
5 Qu'est-ce qu'il y a dans le quartier?
6 Quand est-ce que la maison est disponible?

Maintenant écris une petite description d'une maison ou d'un appartement à échanger cet été. Ça peut être ta maison ou une maison imaginaire.

Le Touquet, 100m de la plage, 500m des commerces, villa indépendante, jardin clos autour, terrasse avec vue sur la mer. Cuisine, séjour/salon avec télévision, trois chambres (3 lits de 1 personne, 1 lit de 2 personnes), salle de bains, chauffage électrique dans toutes les pièces. Possibilité téléphone et voiture. A proximité: tennis, piscine. Juillet ou août. Demandons appartement ou maison (5 personnes) à Londres ou environs.

Lexique

Le logement	Accommodation	L'aménagement	Fixtures and fittings
(tout) aménagé	(fully) furnished/equipped	*un ascenseur*	lift
un appartement	flat	*un balcon*	balcony
un bâtiment	building	*une chambre*	room
une chambre	room	*le chauffage central*	central heating
un gîte	self-catering accommodation (usually in the country)	*un chauffe-eau*	water heater
		un coin cuisine	cooking area
		une cuisine	kitchen
un immeuble	block of flats	*une douche*	shower
une maison	house	*un escalier*	staircase
meublé	furnished	*une fenêtre*	window
une résidence (de standing)	block of (luxury) flats	*un garage*	garage
un studio	bedsit	*une pièce*	room
vide	unfurnished	*une porte*	door
une villa	detached house	*une salle à manger*	dining-room
		une salle de bains	bath-room
		une salle d'eau	washroom, shower room
		une salle de séjour	living-room
		un salon	lounge
		une terrasse	patio
		le toit	roof
		un vestibule	hall

← au cinquième étage
← au quatrième étage
← au troisième étage
← au deuxième étage
← au premier étage
← au rez de chaussée
← au sous-sol

Un appartement à la montagne

Ces appartements sont entièrement équipés en vaisselle et en ustensiles de cuisine. Seul le linge de maison n'est pas fourni: draps, serviettes, torchons, nappe etc.

Equipement intérieur

Salle de séjour
1 table
4 chaises
1 placard pour la vaisselle
2 lits mobiles avec tiroirs
2 oreillers
2 couvertures
2 ensembles: dessus de lit et housse

Chambre
2 lits superposés
2 oreillers
2 couvertures
2 ensembles: dessus de lit et housse
10 cintres

Salle de bains
1 baignoire avec douche
1 lavabo
1 W.C.
1 placard

Cuisine
1 réfrigérateur
1 cuisinière électrique
1 évier
1 lave-vaisselle
1 fer à repasser
1 aspirateur

Vaisselle et ustensiles de cuisine
12 grandes assiettes
12 assiettes à dessert
10 verres
6 bols
8 tasses + soucoupes
12 couteaux
8 cuillères à soupe
12 fourchettes
12 cuillères à café
1 cafetière
1 théière
1 carafe à eau
3 casseroles
1 poêle
1 tire-bouchon
1 ouvre-boîte
1 plateau

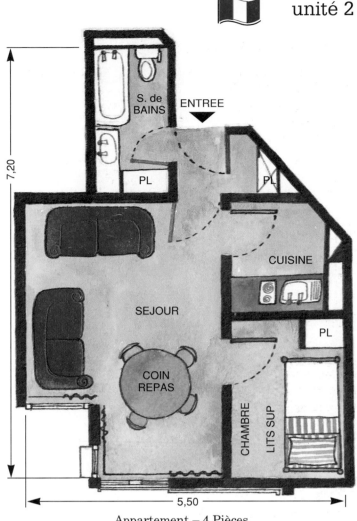

Appartement – 4 Pièces

A l'agence immobilier

Tu travailles pour l'agence qui s'occupe de ces appartements.
Réponds à ces questions des clients, en consultant les détails.

1 Il y a combien de pièces dans l'appartement?
2 Il y a de la place pour combien de personnes?
3 Qu'est-ce qu'il y a comme meubles dans la salle de séjour?
4 Est-ce qu'il y a un lave-linge et un lave-vaisselle?
5 Est-ce que le linge est fourni?

L'inventaire

Une cliente a vérifié l'inventaire et elle a trouvé qu'il manque certaines choses. Voilà les détails des articles qu'elle a trouvés dans l'appartement. Fais une liste de toutes les choses qui manquent.

NOW YOU CAN . . .
. . . ask for and give details about accommodation (type, rooms, location etc.)

Tout pour la maison

Ecoute la cassette. On fait de la publicité pour le magasin Tout pour la maison.
On parle de toutes ces choses, mais dans quel ordre?

Dossier personnel

Chez moi

Décris ta chambre ou ta chambre idéale.

Est-elle grande, moyenne, petite?

De quelle couleur sont les murs, les rideaux, le tapis?

Est-ce qu'il y a des affiches ou des photos au mur?

Qu'est-ce qu'il y a comme meubles?

A

un four à
micro-ondes
plateau tournant,
horloge digitale

D

une bibliothèque
1 étagère fixe
3 étagères
réglables

B

un aspirateur

E

un fauteuil

G

un canapé

C

une lampe
bureau

F
de la literie:
des couettes,
des oreillers etc.

H

un bureau
3 tiroirs et
1 placard

📖 Lexique

A la maison	At home	Les ustensiles de cuisine	Kitchen utensils
Les meubles	**Furniture and fittings**	*une assiette*	plate
un aspirateur	vacuum cleaner	*un bol*	bowl
une bibliothèque	bookcase	*une carafe à eau*	water jug
un canapé	sofa	*une casserole*	saucepan
une chaise	chair	*des ciseaux (m pl)*	scissors
une commode	chest of drawers	*une clé (clef)*	key
un congélateur	deep freeze	*un couteau*	knife
une cuisinière (électrique/à gaz)	(electric/gas) cooker	*une cuillère*	spoon
une étagère	shelf	*une fourchette*	fork
un fauteuil	armchair	*un ouvre-boîte*	tin-opener
une lampe	lamp	*un plateau*	tray
un lavabo	wash-basin	*une poêle*	frying-pan
un lave-linge	washing-machine	*une soucoupe*	saucer
un lave-vaisselle	dishwasher	*une tasse*	cup
un lit	bed	*un tire-bouchon*	corkscrew
la moquette	fitted carpet	*un verre*	glass
un placard	cupboard	**La literie et le linge**	**Bedding and linen**
une prise de courant	electric point	*une couette*	duvet
un réfrigérateur	refrigerator	*une couverture*	blanket
un rideau	curtain	*des draps (m pl)*	sheets
un tapis	carpet	*une housse*	duvet cover
un tiroir	drawer	*un oreiller*	pillow
		une serviette	towel

Jeu des définitions

Identifie ces objets. On les trouve tous à la maison.

1 Elles sont rondes. On les utilise tous les jours pour servir des repas. Elles peuvent être petites, moyennes ou grandes.
2 On le cherche quand on doit ouvrir des boîtes de conserve. C'est un ustensile petit mais très utile.
3 On la trouve dans la cuisine. Il y en a plusieurs même. On s'en sert pour chauffer l'eau, le lait ou une sauce ou pour faire cuire des légumes.
4 On les utilise pour servir des boissons chaudes. Attention, ce ne sont pas des bols qu'on utilise pour le petit déjeuner en France.
5 C'est une machine qu'on emploie pour faire le ménage. C'est très pratique et on la trouve dans presque toutes les maisons et tous les appartements.
6 On le voit dans la salle de bains et quelquefois dans des chambres. Ça vous permet de vous laver les mains et le visage.

Dossier-langue

Rappel: le, la, les

The pronouns *le*, *la* and *les* are used a lot in conversation and save you having to repeat the name of something. Look at these examples and work out which words in the questions have been replaced by *le*, *la*, *l'* and *les* (shown in **bold** type) in the answers.

– *Tu connais Pierre Duval?*
– *Oui, je **le** connais très bien.*
– *Tu fais la cuisine quelquefois?*
– *Oui, je **la** fais tous les jours.*
– *Tu as lu le journal ce matin?*
– *Non je ne **l'**ai pas encore lu.*
– *Tu as acheté des billets pour le train?*
– *Non, je vais **les** acheter demain.*

Where does the pronoun normally go?
What happens if an infinitive is used?
Now look at these examples with the command form.

Où est-ce que je mets les tasses?

Mets-les dans le placard au dessus de l'évier.

Non, ne les mets pas là!

Where does the pronoun go when the command form is used? What happens when it's in the negative? For more information about direct object pronouns, see *La grammaire*.

Invente un jeu

A toi d'inventer un jeu de définitions, par exemple:

Un jeu de la maison

On le/la/les trouve normalement dans la cuisine/la salle à manger/le salon/la chambre/le garage.
Ça commence par la lettre …

Un jeu des monuments

On le/la voit	à	Paris Londres
	en Ecosse au pays de Galles	
C'est	un	palais pont parc musée château
	une	tour cathédrale église

Un jeu des vêtements

| On | le
la
les | met pour | jouer au | tennis
football
hockey |
| | | | faire du ski
se baigner
aller au collège | |

On déménage

Travaillez à deux. Une personne regarde la page 161, l'autre regarde cette page. Demande à ton/ta partenaire où il faut mettre chaque article.

Exemple

1 – Où est-ce qu'on met la table?
– Mets-la dans la cuisine.

NOW YOU CAN . . .

… talk about household furniture and fittings and understand and use direct object pronouns.

57

Notre environnement, c'est notre avenir

Ecoute la discussion sur la cassette. Des jeunes parlent de ce qu'ils font pour la protection de l'environnement. Puis lis la liste des actions ci-dessous. Lesquelles sont mentionnées?

A Je ne jette rien par terre.

B Je fais du recyclage à la maison.

C Nous faisons du compost avec des déchets organiques.

D Quand je fais des achats j'apporte mon propre sac.

E J'utilise des piles rechargeables qui sont meilleures pour l'environnement.

F J'essaie de ne pas gaspiller d'énergie.

G En ville, je circule en vélo ou à pied.

H Quand j'achète des produits, par exemple du papier à lettres, j'essaie d'en acheter fait à partir des matières recyclées.

I Si j'ai des vêtements qui ne sont plus à la mode et que je ne porte plus, je les donne à un organisme de charité.

J Je n'achète pas tout ce qui me plaît, même si j'ai de l'argent. Je me demande d'abord si j'ai vraiment besoin de ça.

Et toi, qu'est-ce que tu fais pour la protection de l'environnement?

Lis la liste et note dans ton cahier si tu fais ça aussi ou non. Puis en classe, décide quelles sont les actions les plus populaires.

L'analyse d'une poubelle

Si on examine les déchets d'une poubelle moyenne, on trouve que 33% des déchets sont recyclables et que 35% sont compostables. Regarde dans cette poubelle et fais deux listes: les choses recyclables, les choses compostables.

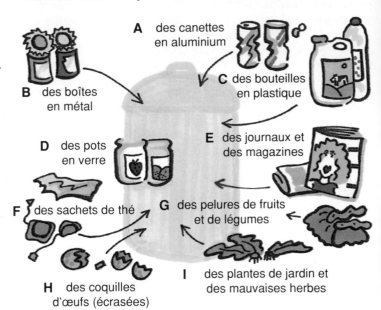

A des canettes en aluminium

B des boîtes en métal

C des bouteilles en plastique

D des pots en verre

E des journaux et des magazines

F des sachets de thé

G des pelures de fruits et de légumes

H des coquilles d'œufs (écrasées)

I des plantes de jardin et des mauvaises herbes

Que fait-on avec les matières récupérées?

PRODUIT SUR DU PAPIER RECYCLÉ

Voilà les matières qui sont récupérées dans beaucoup de villes. Regarde la liste et choisis au moins deux choses qu'on peut produire à partir de chaque matière.

Avec le papier journal

Avec le papier de meilleure qualité

Avec le verre

Avec le plastique

Avec le métal

A des chaises de jardin

B des cartons d'œufs

C des sacs en plastique

D des mouchoirs en papier

E des clous

F des bocaux

G des tasses et des assiettes en polystyrène

H des magazines

I des bouteilles

J du papier hygiénique

K des canettes en aluminium

L des cartes de vœux

M du papier à lettres

N du fil de fer

Le recyclage d'une voiture

Savais-tu que la plupart des pièces d'une voiture peut être recyclées? Ecoute la cassette pour trouver ce qu'on fait des différentes matières et prends des notes dans ton cahier.

Exemple: 1 C

Une voiture de 1000 kilos, c'est …

1 760 kilos d'acier
2 54 kilos d'aluminium
3 5 kilos de plomb
4 85 kilos de plastique
5 40 kilos de caoutchouc (des pneus)
6 35 kilos de verre
7 8 kilos de mousse (des sièges)

Ça sert …

A pour des batteries

B pour recouvrir des routes

C pour des pièces de moteur

D pour des bouteilles

E de combustible

F de l'aluminium

G pour du dessous de moquette

L'environnement: une responsabilité de tous

Les individus, les industries, les municipalités, tous peuvent contribuer à la protection de l'environnement. Ecris une liste de deux ou trois choses que chaque groupe peut faire.

Exemple: Les industries peuvent réduire le volume d'emballage par produit.

Voilà des idées:

On peut …

- réduire le volume d'emballage par produit.
- créer des centres de recyclage.
- utiliser les ustensiles et la vaisselle réutilisables dans les cantines
- créer des pistes cyclables pour encourager les gens à circuler en vélo
- planter des arbres dans les rues
- utiliser des lessives sans phosphates pour les lave-linges et les lave-vaisselles
- améliorer les transports en commun pour encourager les gens à laisser la voiture à la maison

On ne doit pas …

- jeter des papiers par terre
- jeter des produits toxiques ni à la poubelle ni dans le jardin
- ni gaspiller l'eau ni la polluer

✍ Lexique ✍✍✍✍

L'environnement	**The environment**		
le bruit	noise	*les pluies acides (f pl)*	acid rain
les CFC	CFC gases	*polluer*	to pollute
conserver	to preserve	*une poubelle*	dustbin
la couche d'ozone	ozone layer	*protéger*	to protect
les déchets (m pl)	rubbish	*recycler*	to recycle
l'énergie (f)	energy	*réduire*	to reduce
l'effet de serre (m)	greenhouse effect	*réutiliser*	to reuse
gaspiller	to waste	*sauver*	to save
jeter	to throw (away)	*la terre*	earth
une lessive	washing powder/liquid	*toxique*	poisonous
la planète	planet	*trier*	to sort out
		vert	green, ecological

Mots écolos

Copie la grille dans ton cahier et complète-la avec les bonnes réponses.

1 C'est une des trois règles de l'environnement qui commence par R, peut-être la plus importante.
2 Ce sont les gaz qui se trouvent quelquefois dans les réfrigérateurs et dans les systèmes de climatisation et qui détruisent la couche d'ozone et contribuent à l'effet de serre.
3 C'est un des 'trois R' de l'environnement.
4 C'est le nom du gaz qui forme une couche autour de la planète et qui la protège des rayons solaires.
5 C'est un des 'trois R' de l'environnement.
6 C'est tout ce qu'on jette à la poubelle.
7 La pollution contribue à cet effet de réchauffement de la terre.

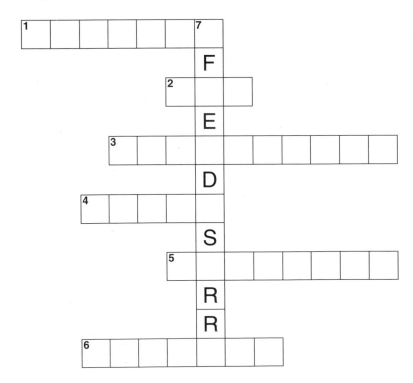

Dolphy

Lis l'affiche et réponds à ces questions.

1 Dolphy, qu'est-ce que c'est comme animal?
2 Où habite-elle?
3 Est-ce qu'elle s'approche des nageurs?
4 Où est-ce qu'il ne faut jamais la toucher?

Dolphy

Dolphy est une dauphine qui habite la mer Méditerrannée. Elle fréquente les côtes du Roussillon et vient à la rencontre des nageurs.

Pour sa sécurité et sa protection, respectez quelques règles:

– Ne la poursuivez pas: elle viendra d'elle-même à votre rencontre. C'est le meilleur moyen de devenir son ami(e).

– Si elle est très proche, vous pouvez la caresser, mais ne touchez jamais le dessus de la tête.

– Ne vous accrochez pas à elle et surtout pas à la queue et aux nageoires pectorales.

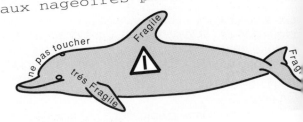

Un quiz sur l'environnement

Le savais-tu?

1 Avec une tonne de papier journal recyclé, on sauve combien d'arbres?
  a 10
  b 17
  c 21

2 Les cloches vertes de Montréal qui reçoivent le papier et le carton doivent être vidées combien de fois par semaine?
  a 2
  b 5
  c 6

3 L'eau est une ressource essentielle à la vie. En Europe on utilise environ 150 litres d'eau par personne par jour tandis qu'en Inde, on n'utilise que combien de litres?
  a 100
  b 50
  c 25

4 On vit dans l'ère du prêt à jeter: on ne répare plus, on jette et on remplace ... des montres, des rasoirs, des stylos. Mais sais-tu environ la quantité de déchets qu'un Européen jette à la poubelle par an?
  a 100kg
  b 300kg
  c 1 000 kg

5 Le panda géant est une espèce en voie de disparition. Autrefois ils habitaient partout en Chine, maintenant ils n'habitent que dans les montagnes du sud-ouest où il y a de la forêt de bambou. On estime qu'il y a environ combien de pandas en Chine maintenant?
  a moins de 400
  b entre 400 et 1 000
  c entre 1 000 et 1 600

Solution à la page 177.

Des idées 'vertes'

As-tu une idée verte? Travaillez à deux, en groupes ou en classe. Chacun(e) à son tour doit ajouter une idée verte à une discussion sur l'environnement. Une personne est secrétaire et note les idées sur une feuille. Essayez de faire une très longue liste.

Exemple: On doit apporter son propre sac au supermarché.

Dossier personnel

L'environnement

Ecris une liste d'actions que tu fais ou que tu vas faire pour protéger l'environnement.

Protégeons la planète

A toi de faire une affiche, écrire un slogan ou une chanson ou préparer un dépliant pour encourager les gens à protéger l'environnement.

NOW YOU CAN . . .

... understand information about the environment and talk about what you and others can do to protect it.

Sommaire

Now you can ...

1 understand and give descriptions of towns and cities (location, size, places of interest etc.)

2 ask for, understand and give, directions to places in a town

3 ask about and describe a recent visit, using the perfect tense

4 understand and use different negative expressions

5 talk about the countryside and discuss the advantages and disadvantages of living there

6 understand and use some more negative expressions

7 ask for and give details about accommodation (type of housing, rooms, location etc.)

8 talk about household furniture and fittings and understand and use direct object pronouns

9 understand information about the environment and talk about what you and others can do to protect it

Unité 3

Bon voyage!

3.1 POUR TRAVERSER LA MANCHE

Plus de 50 millions de personnes traversent la Manche chaque année. Il y a plusieurs possibilités de le faire: en bateau, en aéroglisseur, en avion, ou par l'Eurotunnel. C'est comment, le tunnel sous la Manche? Est-ce un tunnel routier ou de chemin de fer? Combien de personnes ont aidé à le construire et en combien d'années? Lis cet article pour trouver les réponses et beaucoup plus.

L'Eurotunnel

La construction du tunnel sous la Manche était un projet franco-britannique commencé en 1987 et terminé en 1994. Il va de Folkestone en Grande-Bretagne à Calais en France. En effet ce n'est pas un seul tunnel, mais trois; un tunnel va vers l'Angleterre, un va vers la France et au milieu il y a un tunnel de service. Pour faire la traversée, il faut environ 35 minutes. C'est le plus long tunnel sous-marin du monde.

Quand on prend le tunnel, on n'a ni l'impression d'être dans un tunnel ni d'être sous la mer. L'embarquement et le débarquement se font loin de l'entrée du tunnel.

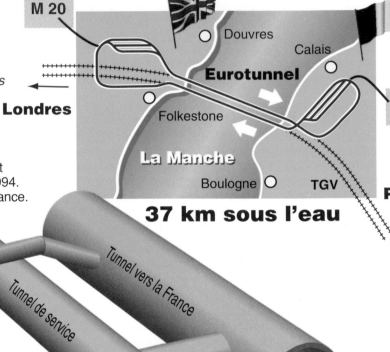

37 km sous l'eau

Tunnel vers l'Angleterre — Tunnel de service — Tunnel vers la France

Pour creuser le tunnel

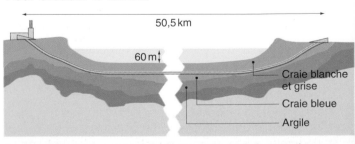

50,5 km

60 m

Craie blanche et grise

Craie bleue

Argile

Le tunnel ne va pas tout droit, il monte et il descend pour suivre la couche de craie bleue qui va de Shakespeare Cliff à la falaise de Sangatte. Cette roche est idéale pour creuser.

Pour creuser le tunnel on a utilisé des tunneliers énormes. Les Français ont baptisé leur premier tunnelier Brigitte, d'après le nom de la femme du directeur des travaux. Un tunnelier britannique détient le record en creusant 4cm en une minute. (Un escargot moyen fait 15cm par minute, alors il va plus de trois fois plus vite!) Avec la terre retirée du tunnel, on a élargi la zone de Folkestone de 45 hectares (l'équivalent de 40 terrains de football).

Des mesures contre la rage

Il y a six barrières anti-renards pour empêcher les animaux du continent, atteints parfois par la rage, de passer en Angleterre par le tunnel.

L'effort humain

Au maximum, il y avait 15 000 employés qui travaillaient au tunnel: des ouvriers, des ingénieurs, des électriciens, des géologues, des informaticiens et d'autres spécialistes de toutes les nationalités ont travaillé au projet. On organisait des cours de langue pour le personnel et les ingénieurs devaient apprendre les termes techniques en français et en anglais.

Pour t'aider à comprendre

la couche	layer
la craie bleue	chalk marl (a mixture of chalk and clay)
creuser	to hollow out, dig out
la falaise	cliff
la navette-fret	the freight shuttle
la rage	rabies
relier	to link
retirer	to take out
un tunnelier	tunnelling machine

📖 Lexique 📖📖📖

annulé	cancelled
les bagages	luggage
les contrôles de sécurité	security control
le débarquement	landing, unloading
l'embarquement	boarding, loading
l'entrée	entrance
le mal de mer	sea sickness
un port	port
le retard	delay
la traversée	crossing
traverser la Manche	to cross the Channel
le tunnel (sous la Manche)	(Channel) tunnel

Les trains

1 Le Shuttle:

Les wagons sont à deux niveaux pour les voitures et à un niveau pour les autocars et les minibus. Ils peuvent transporter 180 voitures au maximum. Pendant le voyage, les passagers restent normalement dans leur voiture. Ils peuvent sortir et marcher dans le wagon: il y a des toilettes, mais il n'y a pas de wagon de voyageurs.

2 Le Shuttle: la navette-fret:

Les chauffeurs voyagent dans un wagon derrière la locomotive.

3 L'Eurostar:

le train des voyageurs sans véhicule est une version du TGV français. Ces trains relient Londres à Paris et à d'autres villes européennes.

Trouve le mot

Réponds à au moins trois questions de chaque section.

A Trouve le synonyme

Trouve le mot qui veut dire la même chose ou presque

1 fini
2 sous la mer
3 entre les deux
4 le tunnel sous la Manche
5 en ferry

B De quoi s'agit-il?

1 la mer qui sépare la France et la Grande Bretagne
2 un passage souterrain par lequel on va d'un lieu à un autre
3 une maladie très sérieuse
4 un véhicule qui peut transporter 20 à 40 personnes
5 quelqu'un qui conduit un véhicule

C Trouve le contraire

1 la sortie
2 l'embarquement
3 permettre
4 réduit
5 le plus court

La sécurité du tunnel

Beaucoup de personnes ressentent de l'anxieté à l'idée de voyager sous la Manche. Lis de quoi ils ont peur et trouve une réponse qui peut les rassurer.

Exemple: 1 E

1 Moi, j'ai peur de l'inondation.

2 Nous avons peur que les trains tombent en panne.

3 Mon père a peur des tremblements de terre.

4 J'ai peur des collisions des trains.

5 Le risque d'incendie: c'est ça, ma plus grande peur.

6 Beaucoup de gens ont peur des actes de terrorisme.

Pour t'aider à comprendre	
le capot	bonnet
l'inondation	flooding
une secousse	earth movement
un tremblement de terre	earthquake
une voie	track in one direction

A Les trains transportant des passagers ont été faits de matériaux résistants au feu. Et en plus il est interdit de fumer et d'ouvrir le capot des véhicules pendant la traversée en shuttle.

B Avant de voyager, les passagers et leurs bagages et les cargaisons doivent passer aux contrôles de sécurité, comme dans les aéroports. On utilise de la technologie très moderne pour faire ça, mais les détails précis restent un secret!

C Les secousses de terre, d'une magnitude à perforer le tunnel, ne se sont jamais produites dans cette région.

D Il y a une seule voie dans chaque tunnel, et en plus on a installé un système informatique pour arrêter le train en cas d'erreur humaine.

E La mer n'est pas un grand risque car le tunnel est à une profondeur de 40m en dessous du lit de la mer.

F Si un train tombe en panne, on peut facilement évacuer tous les passagers et les transporter à la sortie par le tunnel de service.

Destination Grande-Bretagne

Quel moyen de transport?

Ecoute la cassette. On fait de la publicité pour les différents moyens de transport. Quelle image correspond à chaque annonce?

Des slogans

Trouve un slogan pour chaque moyen.

1 Pour un service rapide et pas cher.
2 La mer, c'est notre métier.
3 *N'hésitez pas. Envolez-vous!*
4 **Moins de temps pour traverser, c'est plus de temps de l'autre côté.**

Les avantages

Trouve un avantage de chaque moyen.

1 En service 24 heures sur 24, 365 jours par an, et par tous les temps.
2 Le voyage est rapide et vous amène tout près de votre destination finale.
3 Et pour ça, vous ne payez pas cher.
4 Les vacances commencent au moment où vous montez à bord.

Oui, mais …

Bien sûr, on ne donne pas les inconvénients. A toi de trouver un inconvénient de chaque moyen.

1 En cas de mauvais temps, le service peut être annulé ou retardé.
2 Ça coûte cher, surtout pour une voiture avec un seul passager.
3 Ça coûte cher et il faut se présenter au moins une heure avant le départ.
4 C'est lent et ce n'est pas agréable quand il fait mauvais.

Comment voyager?

Trouve le meilleur moyen de traverser la Manche pour ces personnes: l'avion, l'aéroglisseur, le ferry ou le tunnel.

A Ça coûte assez cher, mais je dois aller vite de Paris à Édimbourg.

B Nous sommes étudiants et nous n'avons pas beaucoup d'argent. Nous aimons traverser la Manche d'une manière rapide mais pas trop chère.

C Je suis routier et je dois arriver vite à Londres. Comme je ne sais pas exactement à quelle heure j'arriverai à Calais, je préfère ne pas faire de réservation.

D Nous sommes en vacances et nous ne sommes pas pressés. Les enfants n'aiment pas être assis tout le temps. Ils veulent regarder dans les boutiques. Moi, je voudrais aller au restaurant, puis dormir un peu.

E Je voudrais prendre ma voiture car j'ai beaucoup de bagages, mais je souffre du mal de mer.

F Pour moi, voyager en avion c'est la panique, et j'ai peur du tunnel aussi. Je préfère faire un voyage qui dure un peu plus longtemps mais qui ne me fait pas faire de cauchemars.

📕 Pour ou contre?

Travaillez à deux. Une personne propose un moyen de transport. L'autre l'oppose.

Exemple

– Si on prenait le tunnel?
– Mais ça coûte cher.
– Oui, mais c'est rapide.
– Non, j'ai peur de ça. Je préfère prendre ...

Fais de la publicité

Choisis un moyen de transport et dessine une affiche ou écris une annonce pour le journal ou la radio. Voilà des idées:

Vous souffrez du mal de mer?
Vous voulez prendre votre voiture?
Vous avez peur en avion/du Tunnel?

📕 Une traversée plus originale

Travaillez à deux. Une personne regarde cette page, l'autre regarde la page 162. Voilà les détails des traversées peu ordinaires. Quel moyen a été le plus rapide? Pose des questions à ton/ta partenaire et réponds à ses questions.

Exemple

– Le capitaine Webb, combien de temps a-t-il mis?
– 21 heures et 45 minutes. Comment a-t-il voyagé?
– En nageant.
– Et en quelle année?
– En 1875.

Le capitaine Webb:
en nageant, 1875

2 Louis Blériot:
en avion, 1909

3 Blanchard et Jeffries:
en montgolfière, 1785

4 Alain Crompton:
en ski nautique, 1955

5 Clarence Mason:
en matelas pneumatique, 1936

6 George Adam:
en bateau à avirons, 1950

NOW YOU CAN ...

... talk about the Channel tunnel and different ways of crossing the Channel.

Les transports au Québec

Martin habite dans la banlieue ouest de Montréal au Québec. Il prépare un dossier sur les transports pour des étudiants étrangers. Quelle image correspond à chaque texte?

1 Comme transports en commun à Montréal nous avons le métro, les autobus et les trains de banlieue. Beaucoup de personnes voyagent en métro, surtout en hiver quand il fait très froid et il neige beaucoup.

2 Quelquefois il y a de l'animation dans le métro, comme par exemple ce groupe de musiciens péruviens.

3 Ce qui est bien, c'est qu'on peut transporter son vélo dans le métro (en dehors des heures de pointe).

4 Moi, j'aime bien circuler en vélo, le week-end: il y a beaucoup de pistes cyclables ici. Mais le soir quand je sors, je prends le métro, et si je rentre tard, quelqu'un me ramène en voiture. Au Canada on peut avoir son permis de conduire à partir de seize ans.

5 Pour aller de chez moi au centre-ville, on peut prendre le métro. C'est assez rapide. Il y a un train toutes les sept minutes environ. On peut aussi prendre l'autobus, mais c'est plus lent.

6 Pour aller à la ville de Québec, on peut prendre le train ou l'autocar. Normalement je prends l'autocar, car c'est plus rapide. Il faut environ trois heures pour faire le voyage. A la gare routière, on peut regarder la TV en mettant des pièces dans un appareil. C'est une bonne idée, non?

On part au Québec

Un ami va bientôt au Québec. Il ne veut pas louer de voiture mais il aime circuler en vélo. Peux-tu lui donner quelques détails sur les transports au Québec?

A Montréal il y a ...
Le métro, c'est assez rapide. Il y a ...
Pour les cyclistes ...
Pour aller à la ville de Québec ...

Les moyens de transport

Fais une liste de tous les moyens de transport mentionnés dans le texte.

Jeu de définitions

Trouve les mots dans le texte qui correspondent à ces définitions.

1 Une piste réservée aux cyclistes
2 Un moyen de transport qui va normalement sous terre
3 Les heures, généralement entre 8h et 9h30 et 17h30 à 19h, quand il y a beaucoup de voyageurs
4 Un moyen de transport urbain qu'on trouve dans beaucoup de villes
5 L'endroit où on peut prendre le métro

Sondage: Les transports

Fais un sondage en groupe ou en classe à propos des transports.
D'abord, réponds toi-même aux questions, puis écris un résumé des réponses dans ton cahier.

1 Quel moyen de transport est-ce que tu prends normalement?
a pour aller au collège?
b pour aller en ville?
c pour sortir le soir?
2 Quel est (serait) ton moyen de transport préféré
a pour circuler en général?
b pour aller à Londres?
c pour traverser la Manche?
d pour partir en vacances?

Résumé

Voilà des idées:

Les transports habituels

Dans notre classe/groupe … élèves vont au collège en … etc.
Pour aller en ville, la plupart des élèves prennent/vont en …
Le soir, … élèves prennent/sortent en …

Mes préférences

J'aime bien circuler en …
Quand je vais à Londres, j'aime prendre …
Pour traverser la Manche, je préfère …
Pour partir en vacances, j'aime prendre …

✍ Lexique ✍✍✍✍

Les transports	Transport
(en) aéroglisseur (m)	(by) hovercraft
(en) autobus (m)	(by) bus
(en) autocar (m)	(by) coach
(en) avion (m)	(by) plane
(en) bateau (m)	(by) boat
(en) camion (m)	(by) lorry
(en) camionette (f)	(by) van
(en) cyclomoteur (m)	(by) moped
(en) ferry (m)	(by) ferry
(en) moto (f)	(by) motorbike
(en) métro (m)	(by) metro
(en) taxi (m)	(by) taxi
(en) train (m)	(by) train
(en) tramway (m)	(by) tram
(en) RER (m)	(by) RER
(en) vélo (m)	(by) bike
(en) voiture (f)	(by) car
à pied (m)	on foot
(en) poids lourd (m)	(by) lorry (heavy goods vehicle)

Dossier personnel

Les transports chez moi
Ecris quelques phrases à propos des transports dans ta région.

Qu'est-ce qu'il y a comme transports en commun dans ta ville?

A … il y a …

Comment peut-on aller de chez toi au centre-ville?

Pour aller au centre-ville, on peut prendre l'autobus numéro … /le métro.
La station de métro la plus proche est …
L'arrêt d'autobus se trouve …
Il y a un autobus/un train toutes les … minutes
Il n'y a pas de transport en commun: il faut y aller à pied ou prendre un taxi.

Comment peut-on aller à la capitale?

Pour aller à … , on peut prendre …
Le voyage dure environ … et coûte …

NOW YOU CAN …

… discuss different means of transport and describe public transport in your area.

Quel voyage!

Trouve le bon texte pour chaque dessin.

A C'était le 15 août et tout le monde quittait Paris.
B Il faisait mauvais et la mer n'était pas calme.
C Il y avait une grève de la RATP.
D Il pleuvait toute la journée.
E Il y avait beaucoup de monde dans le train.
F Le chauffeur du car conduisait comme un fou.

🎧 Bien arrivé!

Ecoute la cassette. Pour chaque personne, note les détails suivants:

A la destination
B le moyen de transport
C le temps
D l'heure d'arrivée
E une réflexion sur le voyage

Puis essaie de recréer une des conversations avec un(e) partenaire.

Dossier-langue

Rappel: The imperfect tense

The imperfect tense is used for description in the past or to set the scene for something, e.g.

Il neigeait beaucoup le jour de notre départ.
It was snowing a lot on the day we left.

Aux environs de Paris, il y avait un long embouteillage.
Near Paris, there was a long traffic jam.

Look for some more examples of the imperfect tense used in this way in the captions in **Quel voyage!**

C'était + adjective is used to express an opinion about something that happened in the past, e.g.

C'était long, le voyage?
Was the journey long?

Oui, et c'était vraiment pénible.
Yes, and it was really tiresome.

A recipe for forming the imperfect tense

1 Take your verb, e.g. *faire*.
2 Form the *nous* part of the present tense

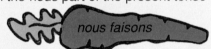

nous faisons

3 Chop off the *nous* and the *-ons* ending

nous   *fais*   *ons*

4 Add the endings:

fais	*ais*	*ions*
	ais	*iez*
	ait	*aient*

5 The dish is now ready.

je faisais	*nous faisions*
tu faisais	*vous faisiez*
il/elle/on faisait	*ils/elles faisaient*

Note: *être* is one of the few exceptions where the first part (the stem) is not formed in this way. The imperfect stem of *être* is *ét-*.

Verbs which end in *-ger* like *manger*, and verbs which end in *-cer* like *commencer*, also form their stem in a slightly different way: see **La grammaire**.

Souvenirs de voyage

Dans la dernière édition, on vous a demandé 'Quels sont vos plus beaux souvenirs de voyage et quels en sont les pires?' Voilà une sélection de vos réponses.

A C'était quand je suis allé de Dakar à Paris en avion. C'était mon premier voyage en avion et c'était magique. *Oumou*

B C'était quand nous vivions en Martinique. Nous prenions un bâteau pour visiter une autre île. Le temps était orageux, beaucoup de personnes ont été malades. C'était affreux. *Flore*

C *C'était quand je suis rentré en train du Pays de Galles. Le train est arrivé en retard et il roulait très lentement. Il faisait très chaud. Finalement le train s'est arrêté dans une gare et nous sommes tous descendus pour continuer le voyage en autocar. On nous a expliqué que les rails se déformaient à cause de la chaleur. C'était pénible. Le voyage a duré sept heures au lieu de trois!* **Mathieu**

D C'était quand j'ai fait un circuit à cheval au Québec. Il faisait beau. Le paysage était magnifique. Mes compagnons étaient sympas. C'était super. *Luc*

E *C'était en hiver, quand nous sommes allés à Douvres en ferry. Il faisait mauvais et la mer était très agitée. A un moment toute la vaisselle de la cantine est tombée par terre. Au début, on ne pouvait pas entrer dans le port, tellement il y avait du vent. Finalement, avec l'aide de deux remorqueurs, on a pu entrer dans le port et débarquer. C'était épouvantable.* **Sophie**

1 *Quelles lettres parlent d'un mauvais voyage, et quelles lettres décrivent un bon voyage?*

2 *Combien d'expressions d'opinion qui commencent avec C'était … peux-tu trouver? Ecris-les en deux listes: opinions positives, opinions négatives.*

3 *Combien d'expressions qui décrivent le temps peux-tu trouver?*

4 *Travaillez à deux. Chaque personne doit choisir un des extraits. L'autre doit deviner l'extrait en posant des questions, mais on peut répondre uniquement avec* oui *ou* non.

C'était un voyage en France?
C'est une fille qui décrit le voyage?
Est-ce qu'on a voyagé en train?
Est-ce qu'il faisait mauvais?

Dossier personnel

Un voyage

Décris un voyage vrai ou imaginaire:

Où?	Quand?
Comment?	Avec qui?
Le temps?	Tes réflexions?

On raconte un voyage

Choisis une de ces activités pour décrire un voyage.

A *Ecris une série de six numéros de 1 à 6 ou jette un dé six fois, puis écris un résumé du voyage selon les numéros.*

Exemple: 6, 5, 4, 3, 2, 1

(Le premier avril), quand j'étais (en Tunisie), j'ai pris (un taxi) pour visiter la région. (Il faisait mauvais.) (On a eu un accident.) C'était (pénible).

B *Travaillez à deux. Chaque personne doit écrire une série de six numéros de 1 à 6. Selon les numéros, faites des conversations à propos des voyages que vous avez faits avec votre famille ou vos amis.*

Exemple: 6, 6, 6, 6, 6, 6

- Quand avez-vous fait le voyage?
- (Le premier avril)
- Où étiez-vous?
- (Au Pays des Merveilles)
- Qu'est-ce que vous avez fait?
- Nous avons pris (un tapis magique) pour visiter la région.
- Quel temps faisait-il?
- (Il y avait du vent.)
- Qu'est-ce qui s'est passé?
- (On a vu des choses extraordinaires.)
- C'était comment?
- C'était (incroyable).

1 La semaine dernière		**1** au Sénégal	
2 L'année dernière		**2** au Canada	
3 L'été dernier		**3** au Maroc	
4 Au mois d'août		**4** en France	
5 Il y a deux ans		**5** en Tunisie	
6 Le premier avril		**6** au Pays des Merveilles	

1 le train	**1** Il faisait beau.
2 le bateau	**2** Il faisait très chaud.
3 l'autocar	**3** Il faisait mauvais.
4 un taxi	**4** Il neigeait.
5 une moto	**5** Il pleuvait.
6 un tapis magique	**6** Il y avait du vent.

1 On a vu des animaux sauvages.
2 On a eu un accident.
3 Tout le monde a été malade.
4 Nous sommes tombés en panne.
5 Nous nous sommes perdus.
6 On a vu des choses extraordinaires.

1 pénible/excellent
2 affreux/super
3 atroce/magnifique
4 épouvantable/génial
5 un désastre/passionnant
6 la catastrophe/incroyable

NOW YOU CAN . . .
....
… describe a journey and use the imperfect tense.

Sur les routes de France

Beaucoup de touristes étrangers prennent la route en France. Et toi, connais-tu le code de la route? Fais ce jeu-test pour le savoir.

1 En France on roule
   a à droite.
   b à gauche.

2 En ville et en village la limite de vitesse est
   a 50 km/h.
   b 90 km/h.
   c 130 km/h.

3 Quand on voit ce panneau, ça indique …
   a qu'il y a un téléphone public tout près
   b qu'il y a toujours une restriction

4 Ces panneaux indiquent que
   a vous avez la priorité.
   b vous n'avez plus la priorité.

5 Si un gendarme arrête votre voiture et demande 'Vos papiers, s'il vous plaît', il veut voir
   a votre carte routière.
   b votre permis de conduire et votre assurance.
   c votre billet pour le bateau.

6 Ce panneau indique
   a que la route est déformée
   b qu'on ne peut pas continuer tout droit et qu'on doit prendre une autre route.

7 Prenez l'autoroute: c'est plus sûr, c'est plus facile et c'est plus rapide. Mais quel en est l'inconvénient?
   a La plupart des autoroutes sont des autoroutes à péage, donc il faut payer pour les prendre.
   b Il y a toujours des embouteillages et des bouchons sur les autoroutes.
   c Il n'y a pas d'aires de repos sur les autoroutes françaises.

8 Si on fait un long voyage, il faut prendre le temps de se reposer. Sur les autoroutes françaises, il y a souvent des aires de repos. Quelquefois il y a aussi un parcours santé où on peut s'exercer. Normalement on trouve des aires de repos
   a tous les 20km
   b tous les 50km
   c tous les 100km

Infos-routes

Complète ce petit guide pour les chauffeurs étrangers.

1 Gardez votre .... de .... et votre .... sur vous ou dans la voiture.
2 En France on .... à droite.
3 En ville, la .... de .... est de 50km/h.
4 Sur les .... à péage, on peut rouler à 130km/h.
5 Sur les autoroutes on trouve souvent des .... de .... où on peut s'arrêter et se reposer.
6 Les week-ends des grands départs il y a souvent des .... et des .... sur les principales autoroutes.

✍ Lexique ✍✍✍

à péage	toll
une aire de repos	rest or service area
une amende	fine
une assurance	insurance
un(e) automobiliste	motorist
une autoroute	motorway
un bouchon	traffic jam
une carte routière	road map
conduire	to drive
une déviation	diversion
un embouteillage	bottleneck, traffic jam
se garer	to park a car
la limite de vitesse	speed limit
un panneau	sign
un permis de conduire	driving licence
rouler	to drive, move
la route	road
sens interdit	no entry
stationner	to park
la vitesse	speed

Des conseils pour l'automobiliste

Trouve la bonne bulle.

A Gardez vos distances.
B Prenez le temps de vous reposer.
C Par mauvais temps réduisez votre vitesse.
D Vérifiez les pneus.
E Ne déséquilibrez pas votre voiture.

A la station-service

Quel texte?

Trouve le bon texte pour chaque image.

1 de l'huile
2 les toilettes
3 de l'air
4 une carte routière
5 du super

6 du sans plomb
7 du gazole/gasoil
8 du super sans plomb
9 une batterie
10 le lavage

A   B   C   D

E   F   G

H   I   J

4

5

Conversations

Nicole Leclerc travaille à la station-service dans son village. Ecoute ses conversations avec des automobilistes et décide quel dessin va avec chaque conversation.

Exemple: 1

Faites des conversations

Travaillez à deux. Lisez cette conversation, puis inventez d'autres.

– Bonjour. Je voudrais (du sans plomb), s'il vous plaît.
– Oui. Vous en voulez combien?
– (Faites le plein.)
– Voilà.
– Et voulez-vous me vérifier (l'huile), s'il vous plaît?
– Oui, ça va. C'est tout?
– Euh … non, (est-ce que je peux vérifier la pression des pneus?)
– Oui, (la pompe à air est là-bas).
– Bon, merci.

du sans plomb
du super
du super sans plomb
du gazole

Faites le plein
20 litres
pour 150F

l'huile
l'eau
la batterie

est-ce que je peux vérifier la pression des pneus?
est-ce que je peux téléphoner d'ici?
où se trouvent les toilettes?
est-ce que vous vendez des boissons/des cartes routières?

l'air, c'est là-bas
le téléphone est par là
les toilettes sont de l'autre côté du bâtiment
il y a des boissons/des cartes routières près de la caisse

Lexique

la batterie	car battery
l'eau (f)	water
l'essence (f)	petrol
faire le plein	to fill up with petrol
du gazole/gasoil	diesel
l'huile (f)	oil
le lavage	car wash
un litre	litre
la pression des pneus	tyre pressures
du sans plomb	unleaded
du super	four-star petrol
du super sans plomb	super unleaded
vérifier	to check

Bison Futé à votre service!

Bison Futé est un personnage imaginaire, créé par la Direction de la Sécurité et de la Circulation Routière, pour renseigner les automobilistes sur l'état de la circulation en France. Les périodes les plus chargées sont les week-ends des jours fériés, les départs en vacances (fin juillet) et les retours (fin août). Pendant ces périodes, quand la circulation risque d'être dense ou même exceptionellement difficile, Bison Futé donne des conseils à la télévision, à la radio et dans les journaux. Il recommande des itinéraires 'bis', souvent des routes départementales qui sont plus petites mais moins encombrées.

Il y a aussi des points d'accueil et d'information Bison Futé où les automobilistes peuvent trouver des renseignements sur l'état des routes et les itinéraires.

Bison Futé: qui est-il? Qu'est-ce qu'il fait?

Choisis les phrases qui expliquent bien son rôle.

1 Bison Futé, qui est-il?
   a C'est un animal étrange qu'on trouve sur les routes de France.
   b C'est un personnage humoristique inventé par le gouvernement.
2 Son rôle est de renseigner les voyageurs
   a sur les horaires des trains.
   b sur la circulation routière.
3 Pendant les périodes chargées il recommande
   a des routes alternatives.
   b les meilleurs restaurants.

Infos routières

Ecoute les informations routières à la radio et complète ce bulletin.

Dans les Alpes …(1)… il y a un embouteillage de …(2)… kilomètres à Albertville, sur la Nationale 90. Puis, sur la route Chamonix–Genève, …(3)… kilomètres d'attente près de Cluses.
Dans les Alpes …(4)…, pour ceux qui roulent en direction de Marseille, ce n'est pas plus …(5)… : sept kilomètres d'…(6)… sur la Nationale 96 près d'Aix-en-Provence.
Enfin, dernière difficulté de cette soirée, mais cette fois en raison de la …(7)…: on roule très, très mal dans la région de Nancy. Et, vers dix-huit heures, on a dû totalement fermer l'…(8)… A33.

cinq	huit	du nord	autoroute
embouteillage	neige	facile	du sud

Lexique

les essuie-glaces (m pl) windscreen wipers
le volant steering-wheel
le pare-brise windscreen
le numéro d'immatriculation registration number
les feux lights
une roue wheel
un pneu tyre

un airbag	airbag
un convertisseur catalique	catalytic converter
couper le moteur	to switch the engine off
démarrer	to start the engine
les freins (m pl)	brakes
la marque	make
un(e) mécanicien(ne)	mechanic
le moteur	engine
en panne	broken-down
un pneu (crevé)	(burst) typre
les réparations (f pl)	repairs
une roue de secours	spare wheel

Maintenez votre véhicule en bon état

Complète ces conseils aux automobilistes.

1 Nettoyez souvent vos … et vérifiez leur bon fonctionnement.
2 Vérifiez le niveau d' …
3 Vérifiez la pression des …
4 Faites attention à l'état des …
5 Vérifiez le niveau d' … dans la batterie.

freins	pneus	eau	feux	huile

En panne!

Ecoute la cassette. Les automobilistes de ces voitures téléphonent au garage. Décide quelle voiture appartient à chaque automobiliste.
Exemple: 1D

Puis donne des détails pour les mécaniciens.
Exemple: 1 une Peugeot bleue sur la N15 à 8km de Rouen.

On est tombé en panne

Claire Prévost est française, mais elle habite à Colchester en Angleterre avec son mari, Paul. Elle vient de rentrer après des vacances en France. Ecoute sa conversation, puis lis ces phrases. Lesquelles décrivent son voyage de retour?

1 Nous avons quitté le camping vendredi matin.
2 Nous avons quitté l'hôtel samedi.
3 Tout allait bien au début.
4 Près de Reims, il y avait un grand embouteillage.
5 Près de Reims on a pris du retard à cause d'un accident.
6 Il pleuvait.
7 Il faisait très chaud.
8 Puis nous sommes tombés en panne.
9 Heureusement ce n'était pas grave.
10 Malheureusement c'était assez grave.
11 Le mécanicien a pu réparer la voiture.
12 On a dû transporter la voiture au garage.
13 Nous avons dû passer la nuit à l'hôtel.
14 Nous avons pu continuer jusqu'à Calais sans problème.
15 On a pu continuer jusqu'à Calais le lendemain.
16 Nous avons manqué le ferry, mais nous avons pu en prendre un autre.

Au garage

Travaillez à deux. Lisez cette conversation, puis inventez d'autres.

– Bonjour. Ma voiture est tombée en panne. Pouvez-vous m'aider?
– Oui, où êtes-vous exactement?
– A trois kilomètres, sur la Nationale 43.
– Et c'est quelle marque de voiture?
– Une Renault.
– Et la voiture est de quelle couleur?
– Rouge.
– Et le numéro d'immatriculation?
– C'est 6378 EL 33.
– Bon, on va envoyer un mécanicien.
– Merci.

A cinq kilomètres, sur la Nationale 40
A deux kilomètres, sur la route de Calais
A 500 mètres, près d'une église
A un kilomètre, sur la Nationale 43

une Renault
une Vauxhall
une Citroën
une Ford etc.

bleue
blanche
grise
rouge
noire etc.

1985 RN 92
8475 SC 14
9952 HG 38
2760 SX 59

Qu'est-ce qui s'est passé?

Des amis de Claire et de Paul veulent savoir comment était leur voyage de retour. Raconte ce qui s'est passé.
Exemple: Ils ont quitté …

Une lettre à écrire

Ecris une lettre à des amis français dans laquelle tu décris le voyage de retour après des vacances avec ta famille en France.
En route, vous êtes tombés en panne. C'était grave?
Est-ce que vous avez pu continuer le même jour?
Avez-vous dû aller à l'hôtel?
Avez-vous manqué le ferry?
C'est à toi de décider! (Pour t'aider, regarde On est tombé en panne.)

NOW YOU CAN . . .
… buy petrol, report a breakdown and understand information about driving in France.

L'examen de la conduite

- Félicitations, Martine. Tu viens d'obtenir ton permis, non?
- Oui, c'est ça. Je suis bien contente.
- C'était ta première tentative?
- Non, la deuxième.
- Et comment, ça s'est-il passé aujourd'hui? Tu étais inquiète?
- Oui, j'avais peur, surtout au début. J'essayais de me dire que ce n'était pas si important que ça. Mais quand je me suis assise dans la voiture, mon pied tremblait sur la pédale. Il commençait à pleuvoir et, momentanément, je ne pouvais pas trouver la commande des essuie-glaces. Heureusement, l'inspecteur était sympathique et j'ai pu me calmer.

Lis la conversation, puis corrige les erreurs dans ces phrases.

1 Martine a obtenu son passeport aujourd'hui.
2 Au début de l'examen elle avait faim.
3 Sa main tremblait sur le volant.
4 Il commençait à faire nuit.
5 Elle ne pouvait pas trouver la commande des feux.
6 L'inspecteur était fâché.
7 Finalement elle a pu se lever.

Conduire autrefois

Musée Henri Malartre, Rochetaillée-sur-Saône (Rhône), France

Ecoute la cassette. Madame Delarue a eu son permis de conduire en 1930. Conduire à cette époque, c'était comment? Choisis les phrases qui correspondent à sa conversation.

1 Il y avait beaucoup moins de circulation.
2 On avait souvent des pneus crevés.
3 Les voitures tombaient en panne assez souvent.
4 On devait traverser les carrefours avec prudence.
5 Les voitures consommaient beaucoup d'essence.
6 Nous ne faisions pas de longs voyages.
7 Il n'y avait pas d'autoroutes.
8 On pouvait se garer sans problème.
9 Il n'y avait pas d'embouteillages.
10 On ne roulait pas vite.

Conduire aujourd'hui

Combien de phrases peux-tu faire pour décrire les routes et les voitures d'aujourd'hui?

Dossier-langue

Rappel: The imperfect tense (2)
When to use it

The imperfect tense is used for description in the past, for instance to describe someone's appearance or feelings, e.g.

Tu étais inquiète? Were you worried?

Can you find another example of this use?

To describe how things used to be, e.g.

A cette époque, il y avait beaucoup moins de circulation.
At that time, there was much less traffic.

Look for two more examples of this use.

In describing a state of affairs in the past, we are often not told when it began or when it finished:

Je ne savais pas ça I didn't know that
Le temps était orageux The weather was stormy

It often translates 'was ...ing' and 'were ...ing', e.g.

Que faisiez-vous quand j'ai téléphoné?
What were you doing when I phoned?

It is used to set the scene, to say what was happening when something else (a specific action) took place, e.g.

La nuit tombait. Tout était calme. La rue était presque déserte. On entendait seulement le bruit d'une voiture lointaine. Laurence se cachait dans la porte d'un magasin, quand soudain ...

It is used to describe something that happened regularly in the past. It often translates 'used to ... ', e.g.

Quand j'étais plus jeune, j'allais à la piscine tous les samedis.
When I was younger, I used to go to the swimming pool every Saturday.

It is often used to give excuses, e.g.

Ce n'était pas de ma faute It wasn't my fault
Je ne savais pas l'adresse I didn't know the address.
Je n'avais pas le temps I didn't have time.
L'autobus était en retard The bus was late.

It is also used to describe something you wanted to do, but didn't, e.g.

Nous voulions aller à Paris, mais il y avait une grève des transports.
We wanted to go to Paris, but there was a transport workers strike.

Pourquoi pas?

Pourquoi a-t-on abandonné ses projets? Trouve les paires.

1 Je voulais t'envoyer une carte
2 Tu voulais voir le match, non?
3 Il voulait faire de la planche à voile
4 Nous voulions voir un film
5 Vous vouliez aller à Paris, non?
6 Elles voulaient te voir

A mais il n'y avait pas assez de vent.
B Oui, mais nous n'avions plus d'argent.
C mais je ne savais pas ton adresse.
D mais elles n'avaient pas le temps.
E mais le cinéma était fermé.
F Oui, mais il n'y avait plus de billets.

Ça y est!

Jean-Louis a son permis de conduire depuis six mois et il y a trois mois il a gagné une voiture dans un grand concours. Maintenant il va partout en voiture et il dépense tout son argent en essence, mais avant, c'était comment?

Exemple: 1 Avant il prenait l'autobus pour aller en ville.

1
prendre
l'autobus
pour aller
en ville

2
aller au bureau
à pied

3
prendre un taxi pour
aller au cinéma, le soir

4
prendre le train
pour aller
à Paris

5
rentrer du
supermarché
à pied

6
aller au stade
en vélo

7
dépenser de
l'argent sur
des jeux électroniques

Qu'est-ce qui a changé?

Ecoute la cassette. Des personnes parlent de ce qui a changé dans leur vie personelle depuis cinq ans. Puis choisis la phrase qui correspond à chaque personne.

Avant …

A elle ne savait pas conduire
B il habitait dans un village
C il était célibataire
D elle était professeur
E il devait travailler tous les soirs
F elle allait à l'école primaire
G il ne faisait pas de sport
H elle n'achetait pas beaucoup de vêtements

Et chez toi?

Travaillez à deux. Parlez ensemble des choses qui ont changé depuis cinq ans (ou depuis que vous aviez dix ans).

Exemple

– Qu'est-ce qui a changé dans ta vie?
– Il y a cinq ans, j'allais à l'école primaire. Et toi?
– Il y a cinq ans, nous vivions dans une autre ville.

> j'allais à l'école primaire
> nous habitions à …
> je ne parlais pas français
> je ne savais pas nager/faire la cuisine
> je ne jouais pas de la guitare/de la flûte
> je ne sortais pas tout(e) seul(e)
> je n'avais pas autant de devoirs
> je mangeais/ne mangeais pas …
> je ne buvais pas …
> j'avais/je n'avais pas de …
> je n'apprenais pas …

Dossier personnel

Autrefois et aujourd'hui
Ecris quelques phrases à propos des choses qui ont changé.

Contraste ta vie d'autrefois (par exemple d'il y a cinq ans ou quand tu avais dix ans) avec ta vie d'aujourd'hui.

NOW YOU CAN . . .
....
… describe a situation in the past and talk about how things used to be, using the imperfect tense

Que sais-tu des transports parisiens?

*Essaie d'abord de deviner les réponses à ces questions. Puis lis **Les transports parisiens** pour trouver les réponses et beaucoup plus sur les transports parisiens.*

1 A Paris, il y a le métro, le RER, le bus et le tramway, mais quel est le transport en commun le plus populaire?
2 Il y a environ combien de stations de métro?
3 Pour voyager en métro est-ce qu'on paie le même prix pour un voyage de 3 stations que pour un voyage de 33 stations?
4 Est-ce que c'est plus économique d'acheter un ticket ou un carnet de 10 tickets?
5 Est-ce qu'on peut utiliser les tickets de métro pour les autres moyens de transport?
6 Quel moyen de transport est-ce qu'on peut prendre pour aller à Disneyland Paris?
7 De quelle couleur sont les arrêts d'autobus?
8 Quel nouveau moyen de transport est-ce qu'on trouve dans la banlieue nord de Paris?

Les transports parisiens

Chaque jour, neuf millions de voyageurs prennent le métro, le RER, le bus et le tram à Paris. La plupart des voyageurs prennent le métro. Il y a un tarif unique, donc on peut faire un voyage de 3 ou de 33 stations pour le même prix.

On peut acheter un ticket simple, mais si on fait plusieurs voyages, il vaut mieux acheter un carnet de dix tickets.

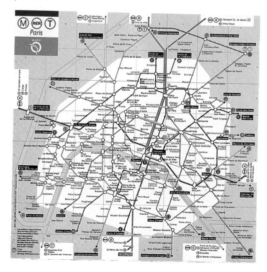

Avec plus de 360 stations de métro, trouver sa destination peut être compliqué, mais on peut demander un plan du métro au guichet. Pour savoir quelle direction il faut prendre, il faut trouver le nom de la dernière station de la ligne. Quelquefois, le trajet n'est pas direct, alors il faut trouver une station de correspondance pour changer de ligne.

Le RER, c'est comme le métro, mais c'est plus rapide et il va plus loin. Pour aller aux aéroports de Paris ou à Disneyland Paris, par exemple, on prend le RER. En secteur urbain on utilise les tickets de métro, mais pour aller plus loin il faut acheter un billet spécial.

Voyager en métro ou en RER, c'est rapide, mais on ne voit pas beaucoup. Avec le bus on peut voyager et voir les monuments et les rues de Paris en même temps.

Les arrêts d'autobus indiquent les numéros de lignes qui s'y arrêtent et l'itinéraire de ces bus.
On peut utiliser les tickets de métro mais il n'y a pas de tarif unique. Pour une ou deux sections, c'est un ticket. Pour deux sections ou plus, c'est deux tickets.

D'habitude on monte par l'avant du bus et on descend par la porte au milieu ou à l'arrière. On doit valider son ticket ou montrer sa carte en montant dans le bus.
Depuis 1992, il y a une ligne de tramway dans la banlieue nord de Paris. C'est un moyen de transport moderne, rapide, confortable et non polluant.

La RATP en chiffres

1 ligne de tramway
4 lignes de RER
13 lignes de métro (+ 2 lignes courtes: 3 bis et 7 bis)
59 lignes d'autobus
66 stations de RER

368 stations de métro
6900 arrêts d'autobus
625 millions de billets vendus en une année!
(Chiffres de 1994)

✍ Lexique ✍✍✍✍

Le transport urbain	City transport
s'arrêter	to stop
un arrêt d'autobus	bus-stop
l'arrière (f)	rear, back
un autobus	bus
un carnet	book of metro tickets
la correspondance	connection
descendre	to get off
direct	direct
la direction	direction
le guichet	booking-office
les heures de pointe (f pl)	rush-hour
l'horaire (m)	timetable
la ligne	line
manquer	to miss
le métro	metro
monter	to get on
le numéro	number
prochain	next
la sortie	exit
une station de métro	metro station
le tarif unique	flat-rate fare
un taxi	taxi
le trajet	journey
traverser	to cross
valable	valid
la voie	platform

Trouve le mot

Réponds à au moins trois questions de chaque section.

A   Trouve le synonyme
Trouve le mot qui veut dire la même chose ou presque.

1 un prix
2 un billet
3 le voyage
4 composter son billet
5 regarder

B   De quoi s'agit-il?

1 l'endroit où les autobus s'arrêtent en route
2 une station de métro où on peut changer de ligne
3 un bureau où on achète des billets
4 un véhicule de transport en commun qu'on trouve en ville
5 la zone qui entoure le centre-ville

C   Trouve le contraire

1 facile
2 l'avant
3 la première station
4 plus lent
5 monter

Le jeu de chiffres

Peux-tu inventer un jeu de chiffres?

Exemple
Il y a 10 t… dans un c… (tickets dans un carnet)

◧ Les touristes à Paris

Ecoute la cassette et décide quelle image va avec chaque conversation.

A
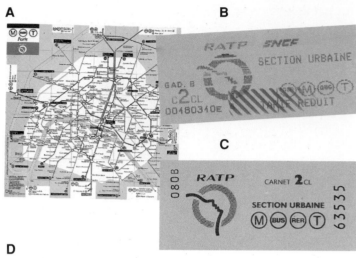

B

C

D

DIRECTION →
Ⓜ ① LA DÉFENSE

E
Sortie

F
← CORRESPONDANCE

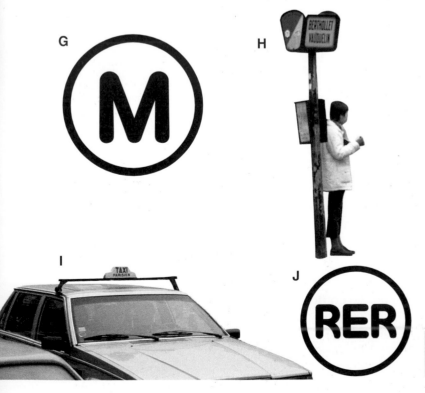

G

H

I

J

On prend le métro

Dans la rue
- Est-ce qu'il y a une station de métro près d'ici?
- Oui, il y a une station de métro (au bout de la rue).

A la station de métro
- (Un carnet,) s'il vous plaît. Et c'est quelle station pour (Notre Dame), s'il vous plaît?
- Pour (Notre Dame), descendez à (Cité).
- Pardon, Madame, (Cité), c'est quelle direction?
- (Porte d'Orléans).

au bout de la rue
au coin de la rue
en face du musée

Cité
Bir-Hakeim
Palais Royal

un carnet
un ticket
un plan du métro

Porte d'Orléans
Etoile
Château de Vincennes

Notre Dame
La Tour Eiffel
le Louvre

◧ On prend le bus

Travaillez à deux pour faire ce dialogue à conséquences. Chaque personne écrit:

1 une destination
2 une distance
3 le numéro du bus
4 où se trouve l'arrêt
5 la fréquence des bus/l'horaire du prochain bus

Puis inventez la conversation.

Exemple

la gare

3 Km

19

en face du cinéma

toutes les 10min

- Pour aller à la gare, s'il vous plaît?
- C'est à trois kilomètres.
- Est-ce qu'il y a un autobus?
- Oui, prenez le numéro 19.
- Où est l'arrêt d'autobus?
- C'est en face du cinéma.
- A quelle heure est le prochain bus?
- Je ne sais pas, mais normalement il y a un bus toutes les dix minutes.

NOW YOU CAN . . .
. . . .
. . . travel by bus and metro.

3.7 ON Y VA?

A l'office de tourisme

Ecoute les conversations sur la cassette, puis lis les questions et trouve les bonnes réponses.

1 Comment peut-on aller à l'aéroport Charles de Gaulle?
2 Comment peut-on aller au Parc Astérix?
3 Qu'est-ce qu'on peut voir au Palais de la Découverte?
4 Qu'est-ce qu'on peut voir au Musée d'Orsay?
5 Où peut-on trouver des souvenirs de Paris?
6 Où peut-on acheter des livres en anglais?

A On peut y voir des expositions sur la science et la technologie.
B On peut y aller en RER.
C Allez à la librairie Shakespeare et Company. On y trouve un grand choix de livres en anglais.
D On peut y voir de la peinture impressioniste.
E On peut y aller en RER et en bus. Prenez le RER à Roissy-Charles de Gaulle, puis prenez le bus navette jusqu'au parc.
F Allez dans un grand magasin, comme La Samaritaine ou Les Galeries Lafayette. On y trouve de tout.

Invente un jeu

Invente des questions pour un jeu C'est où?
Exemple: 1 On peut y voir le Vatican. (C'est Rome.)

On peut y	voir	l'abbaye de Westminster la Tour Eiffel le Kremlin le Parthénon
	faire	de la natation du patinage
	acheter	du pain des livres des timbres

On visite ta région

Travaillez à deux.

Chaque personne doit préparer un itinéraire pour des touristes qui visitent la région. Puis, dicte les noms des endroits qu'on va visiter, mais pas dans le bon ordre. Ton/ta partenaire doit poser des questions pour trouver quand on va à chaque endroit.
Exemple

Lu.	Fountains Abbey
Ma.	Leeds — les magasins etc.
Mer.	York
Jeu.	Musée de la photo
Ven.	Harewood House

– Quand est-ce qu'on va à York?
– On y va mercredi.

Dossier-langue

The pronoun *y*
Can you work out what *y* means in sentences A–F of ***A l'office de tourisme***?
Which words has it replaced?
Where does it go?
Here are some more examples:
*Allons à New York. On peut **y** voir la Statue de la Liberté.*
– Quand est-ce que tu vas au Musée d'Orsay?
*– J'**y** vais dimanche.*
Solution
Y means 'there'. It is a pronoun, and saves you having to repeat the name of a place. It often replaces a phrase beginning with *à* or *au*, for example *à New York, au Musée d'Orsay.*
It goes before the verb or the infinitive of the verb, for example, *j'**y** vais, on **y** trouve, on peut **y** voir, on peut **y** aller.*

Vacances à Londres

Tu travailles comme guide pour un groupe de touristes français à Londres. Consulte le programme, puis réponds à leurs questions.
Exemple:
On y va mardi/Nous y allons mardi.

Lu.	Tate Gallery
Mar.	Buckingham Palace
Mer.	la Tour de Londres
Je.	le shopping: Oxford Street ou Harrods
Ve.	le British Museum
Sam.	Le Planétarium
Dim.	libre

1 Quand est-ce qu'on va à Buckingham Palace?
2 Quand va-t-on au Tate Gallery?
3 Nous voulons surtout aller aux magasins.
4 Quand est-ce que nous allons au British Museum?
5 C'est quand, la visite du Planétarium?
6 Et la Tour de Londres, on y va quand?

Les déplacements dans l'Ile de France

Beaucoup de gens se servent chaque jour des transports parisiens, mais où habitent tous ces gens? Comment voyagent-ils à Paris et pourquoi? Consulte ces statistiques de la RATP et fais l'activité en dessous.

Il y a plus de 11 millions d'habitants dans la région d'Ile de France, dont environ 2 millions habitent à Paris.

Mode de déplacement

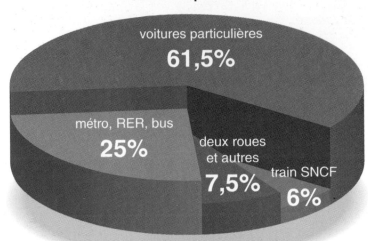

voitures particulières
61,5%

métro, RER, bus
25%

deux roues et autres
7,5%

train SNCF
6%

Motif de déplacement

pour les loisirs, faire les achats, pour les affaires personnelles
41,5%

pour le travail
39%

pour les affaires professionnelles
9%

pour l'école
10,5%

On peut tout prouver avec des statistiques!

On veut interpréter ces statistiques pour un article sur le transport. Combien de phrases peux-tu faire en dix minutes?
Exemple: La plupart des voyages se font en voiture.

La plupart Un quart		en voiture en transport en commun en métro, en autobus et en RER
	60%	en vélo, en vélomoteur ou en moto
Plus de	50%	des voyages se font	pour des raisons personnelles
Moins de	40%		pour le travail
	10%		pour l'école

Si tu veux, tu peux ajouter une réflexion, par exemple:
Malgré les difficultés de stationnement/de circulation/de grèves …
Incroyable mais vrai, …

Pour ou contre la voiture?

La voiture, c'est le premier moyen de déplacement, mais quels en sont les avantages et les inconvénients comme mode de transport dans les villes? Mets ces phrases en deux listes: pour ou contre.

1 On peut aller directement à sa destination.
2 Ça contribue à la pollution de l'air.
3 Les automobilistes s'énervent facilement à cause du stress de conduire, surtout aux heures de pointe.
4 On n'est pas contraint par des horaires: on peut partir quand on veut.
5 Le stationnement, ça devient impossible.
6 Les automobilistes se sentent plus libres et plus confortables.
7 Pour les personnes handicapées, c'est souvent le seul moyen d'avoir un peu d'indépendance.
8 Il y a des embouteillages, des bouchons et des accidents.
9 Aux heures de pointe on roule très lentement en ville.

La crise de la circulation

*En 1990 il y avait de graves difficultés de
circulation à Strasbourg.
Ecoute la cassette. Lesquelles de ces difficultés
sont mentionnées?*

A Il y avait des embouteillages perpétuels.
B Des voitures étaient stationnées n'importe où.
C C'était dangereux pour les piétons.
D Il y avait le bruit incessant des voitures.
E L'air était pollué par le gaz d'échappement
des voitures.
F Même respirer était difficile.
G Les automobilistes étaient stressés et énervés.
H Il y avait beaucoup d'accidents de la route.
I Peu de gens prenait les transports en commun.

On change de sens à Strasbourg

*Pour faire face à cette situation on a élaboré le Plan Strass.
Voilà des mesures qu'on a prises. Dans quel ordre sont-elles
mentionnées sur la cassette?*

A On a créé une ligne de tramway.
B On a créé de nouvelles pistes cyclables.
C On a interdit aux automobilistes de traverser la ville.
D On a amélioré le réseau d'autobus.
E On a élargi la zone piétonne.
F On a créé des boulevards périphériques.
G On a construit de nouveaux parkings.

Tout change à Strasbourg

*Ecris un petit article ou le texte pour un
bulletin d'informations à la radio ou à la télé.
Voilà des idées:*

En 1990, graves difficultés de la circulation
(voir en dessus)
Les changements (voir en dessus)
Le résultat: une meilleure qualité de vie

NOW YOU CAN . . .
... use the pronoun *y* and discuss city transport.

Allez-y avec la SNCF

Tu travailles au service de documentation à la SNCF. Voilà le texte qu'on veut utiliser pour un nouveau dépliant. A toi de choisir une image qui correspond à chaque texte.

1 Les trains de la SNCF vous transportent dans tous les coins de France. Alors n'hésitez pas, embarquez!
2 Avant de partir, consultez les guides de la SNCF pour vous informer sur les itinéraires et les horaires.
3 Il y a aussi un service de renseignements par téléphone et sur le Minitel.
4 Achetez votre billet au guichet ou aux distributeurs automatiques qu'on trouve dans de nombreuses gares.
5 Dans les gares importantes, on peut vérifier l'heure du départ et la voie de son train en consultant le tableau général.
6 Avant d'aller aux quais, n'oubliez pas de composter votre billet. Puis montez dans le train, et allez-y!

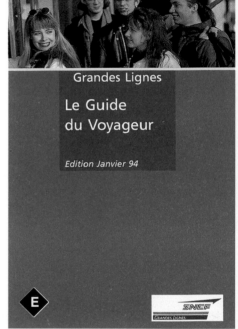

Grandes Lignes

Le Guide
du Voyageur

Edition Janvier 94

E

SNCF
GRANDES LIGNES

A

BISE À MA GRAND-MÈRE DE **FOUGÈRES**? ...NTE DE **SAINT-MALO**? ET PASSER VOIR MON COUSIN À **QUIMPER** APRÈS AVOIR DÉJEUNÉ AVEC UN CLIENT À **VANNES** MAIS SI JE DOIS ÊTRE RENTRÉ À **BRÉHAT** À 20H? ET LE LENDE... ...TRE À **CARHAIX** À L'AUBE? ET POUR REVENIR SUR **BREST**... ...NZÉE? ET SI JE PRÉFÈRE L'AUTOCAR? ET SI...

B

C

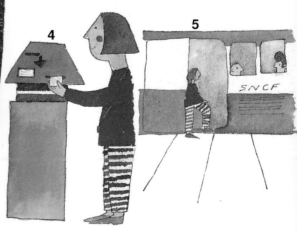

Trains au Départ

Comment voyager en train

Ecris un texte pour chaque dessin.

1

2

TRAINS AU DÉPART
DÉPART | DESTINATION | VOIE
10H30 PARIS 8
10H46 LILLE 6
10H55 TOURS 4
11H07 LA ROCHELLE 8
11H15 CALAIS 1
11H22 LYON 7

3

4

5

SNCF

Lexique

On prend le train	Taking the train
un aller et retour	return ticket
un aller simple	single ticket
un billet	ticket
le buffet	buffet
le bureau de renseignements	information-office
changer	to change
un compartiment	compartment
composter	to date-stamp/validate a ticket
côté couloir	aisle seat
côté fenêtre	seat by the window
la consigne	left luggage
la correspondance	connection
le départ	departure
(en) deuxième classe	(by) second-class
direct	direct
la gare SNCF	French railway station
le guichet	booking-office
l'horaire (m)	timetable
non-fumeurs	non-smoking
premier	first
prochain	next
le quai	platform
une salle d'attente	waiting room
la SNCF	French Railways
un supplément	supplement
le train	train
la voie	platform; track
le wagon-restaurant	dining-car

A la gare

Ecoute les conversations. Puis lis ces questions. Dans quel ordre est-ce qu'on les entend sur la cassette?
Exemple: F, …

A Un aller simple pour Bordeaux, première classe, c'est combien?
B Est-ce qu'il y a un train vers midi?
C C'est un TGV, alors il faut réserver. Vous préférez le côté fenêtre ou le côté couloir?
D Le train de 12h20 est déjà parti?
E Le prochain train pour Paris part à quelle heure, s'il vous plaît?
F Un aller et retour pour Lille, deuxième classe, s'il vous plaît.
G Et il arrive à Paris à quelle heure?
H Est-ce qu'il y a un wagon-restaurant dans le train?
I Le train pour Lille part de quel quai?
J Est-ce qu'il faut changer?
K Vous prenez quel train?

Complète l'horaire

Travaillez à deux. Une personne regarde cette page, l'autre regarde la page 164. Posez des questions l'un(e) à l'autre, puis écrivez l'horaire complet dans votre cahier.

Exemple

A quelle heure est le train pour … ?
Pour … , c'est quel quai?

Trains au départ		
Départ	**Destination**	**Quai**
	Dijon	6
08.10	Avignon	
	Nîmes	3
08.54	Marseille	
	Lyon	2
10.10	Montpellier	

Dialogues au choix

Travaillez à deux. Lisez ces dialogues, puis inventez d'autres dialogues en changeant les détails.

On achète un billet

– (Un aller simple pour Paris, deuxième classe), s'il vous plaît.
– Voilà, c'est (300F).
– Merci. Le train part à quelle heure?
– A (10h20).
– Et le train arrive à quelle heure?
– A (13h10).
– C'est direct?
– Oui.
– Et c'est de quel quai?
– Quai numéro (3).

On voyage en TGV

– (Un aller simple pour Lille), s'il vous plaît.
– En TGV?
– Oui, en deuxième classe.
– Alors c'est (350F) et 30F pour la réservation. La réservation est obligatoire pour les TGV. Vous prenez quel train?
– Le train de (midi).
– Vous voulez fumeurs ou non-fumeurs?
– Non-fumeurs.
– Côté fenêtre ou côté couloir?
– (Côté fenêtre).
– Voilà votre billet et votre réservation. (380) francs, s'il vous plaît.
– Merci, Monsieur.

NOW YOU CAN . . .
. . . travel by train.

Voyage dans le désert

Karim Dahoud est photographe. Lis cet extrait d'un article qu'il a écrit, puis écoute l'interview sur la cassette. Ensuite complète cette liste de différences.

Exemple: 1 Il vivait en Algérie quand il était tout petit.

Selon l'interview …

1 Il vivait … quand il était tout petit.
2 Il avait … ans quand sa famille a démenagé en France.
3 Ils retournaient en Afrique …
4 Il a fait son premier voyage au Sahara …
5 Il voyageait …

Je suis Tunisien. Je suis né en Tunisie et j'y vivais jusqu'à l'âge de huit ans. Puis mon père a trouvé un emploi en France et nous avons démenagé à Strasbourg. Cependant je retournais en Tunisie chaque année pendant les vacances scolaires. L'année dernière, j'ai fait mon premier voyage au Sahara. C'était un voyage organisé par une agence de voyages qui fait du tourisme-aventure. C'était passionnant! J'ai découvert tout ce que je croyais appartenir aux légendes. On voyageait à dos de chameau, on dormait sous des tentes, et moi, je prenais des photos. Le paysage était très beau, surtout au coucher du soleil. C'était un voyage magnifique.

L'ascension de l'Everest

Christine Janin, la première Française au sommet de l'Everest, raconte les derniers moments de son ascension.

Je suis partie de 7 000 mètres d'altitude, à trois heures du matin. J'étais avec Pascal, un photographe de montagne. A une telle altitude, l'oxygène manque. J'avais envie d'aller plus vite mais je ne pouvais pas. Vers 8 heures j'ai eu la chance de rencontrer des grimpeurs américains qui avaient des bouteilles d'oxygène en trop. Ils m'en ont donné une. Je ne pensais plus à rien. Le sommet de l'Everest est caché par une arrête. Je ne pouvais donc pas le voir, et je me disais: Où est-il, ce sommet? Est-il encore loin? Puis, je savais que c'était gagné. Nous sommes arrivés au sommet à 17 heures. Il faisait froid: moins 40 degrés Celsius. Je n'avais rien mangé, et je ne pouvais rien boire parce que ma gourde était gelée. J'étais fatiguée. Je n'ai pas sauté en l'air comme je le faisais dans mes rêves. Pascal et moi, nous nous sommes fait une bise et, vite, nous sommes descendus.

(Copyright Bayard Presse, Okapi n° 514, 15 avril 1993. Auteur: Marc Beynié)

A travers la Manche en vélo-avion

En 1979 un Américain, Bryan Allen, a traversé la Manche dans une petite machine qui marchait uniquement à l'énergie humaine. C'était une sorte de vélo-avion. La machine, qui avait des ailes énormes, était très légère. Allen pesait trois fois plus qu'elle. Pendant le voyage, Allen, qui portait un short, un casque, des chaussures de cycliste et un gilet de sauvetage, a dû pédaler fort pour maintenir sa machine en l'air. Il a volé lentement à trois mètres au-dessus de la mer et il est arrivé à sa destination (Cap Gris-Nez) en moins de trois heures.

Décris la machine d'Allen

1 Est-ce que ça marchait à l'essence?
2 Est-ce que ça pesait beaucoup?
3 Est-ce que ça avait des pédales?
4 C'était comment exactement?

Et Bryan Allen?

5 Que portait-il?
6 Est-ce qu'il pesait moins que sa machine?

Une interview avec Bryan Allen

Ecris des questions que tu peux poser à Bryan Allen pendant une interview. Puis fais l'interview avec un(e) partenaire.

Une interview avec Christine Janin

Voilà des questions qu'on va poser à Christine. Imagine ses réponses.
Puis fais l'interview avec un(e) partenaire.

1 A quelle heure êtes-vous partie?
2 Qui était avec vous?
3 A quoi pensez-vous quand vous étiez près du sommet?
4 Quand êtes-vous arrivée au sommet?
5 Quel temps y faisait-il?
6 Comment vous sentiez-vous?

Un résumé du livre

On raconte ces trois voyages dans un livre. Ecris un petit résumé de chaque voyage pour la presse ou pour la couverture du livre.

Exemple

Karim Dahoud, photographe, raconte son enfance en Tunisie et ses voyages …

Dossier-langue

The perfect and imperfect tenses

A The perfect tense is used to describe an action that happened and is finished:

Nous avons déménagé en France.
Je suis partie à trois heures du matin.

The imperfect tense is used to describe a situation which existed for a long time and may still exist. It is used for description in the past.

Quand j'étais tout petit je vivais en Tunisie.
Allen portait un short, un casque, des chaussures de cycliste et un gilet de sauvetage.
Il faisait froid.

It is also used for something that used to happen regularly, a habit in the past:

Cependant je retournais en Tunisie chaque année pendant les vacances scolaires.
… comme je le faisais dans mes rêves.

Decide whether you need the perfect or imperfect in each sentence in **A** below, and write it out correctly.

B The imperfect tense is used to describe what was happening (a continuous action) when something else happened (in the perfect tense):

Pendant que je regardais le film à la télévision, mon père a téléphoné.
While I was watching the film on television, my father phoned.

Practise with the sentences in **B** below.

C If you are telling a story in French, you need to use the imperfect tense for description or to set the scene and the perfect tense to describe what happened:

Il était presque quatre heures. Il n'y avait pas de clients dans la banque. Les employés commençaient à ranger leurs affaires, quand soudain la porte s'est ouverte et un homme masqué est entré.

Practise writing the beginning of the story in **C** below.

D Write a description of the accident in **D** below, using past tenses. Use the imperfect tense to describe the circumstances of the accident and the perfect tense to describe what actually happened.

A C'était souvent comme ça, ou pas?

1 Quand elle (habiter) à Paris, ma grand-mère ne (conduire) pas.
2 Elle (acheter) sa première voiture, l'année dernière.
3 Autrefois, quand mon grand-père (partir) en Angleterre, il (prendre) toujours le train et le bateau.
4 L'année dernière, il (prendre) l'avion pour la première fois.
5 Avant d'avoir une voiture j'(aller) partout en transport en commun.
6 J'(acheter) ma première voiture, la semaine dernière.
7 Quand mon frère (avoir) seize ans, il (avoir) une moto.
8 Je (sortir) avec lui sur sa moto une fois et une fois seulement.
9 Il y a trois ans, ma sœur (démenager) à Paris.
10 Avant, quand elle (habiter) à Grenoble, elle (faire) du ski tous les week-ends.

B On n'avait pas de chance

1 Pendant que nous (aller) à Douvres, la voiture (tomber) en panne.
2 Pendant que nous (être) sur le bateau, j'(être) très malade.
3 Pendant que nous (faire) des courses, ma mère (perdre) son porte-monnaie.
4 Pendant que nous (manger) notre pique-nique, mon grand-père (casser) une dent.
5 Pendant que moi, je (jouer) au volley, quelqu'un (voler) mon vélomoteur.
6 Pendant que nous (manger) au restaurant, ma sœur (tomber) malade.
7 Pendant que nous (faire) la vaisselle, mon frère (casser) une tasse.
8 Pendant que nous (dormir), quelqu'un (entrer) dans la maison.
9 Pendant que nous (être) sur l'autoroute, il y (avoir) un accident.
10 C'était pendant que nous (être) en vacances que toutes ces choses (arriver).

C Une histoire

C'(être) vers la fin de l'après-midi. Il (pleuvoir). Claire (regarder) par la fenêtre. Elle (être) malheureuse. Elle ne (vouloir) pas rester à la maison, mais elle ne (savoir) pas quoi faire. Soudain une voiture (s'arrêter) devant la maison et un jeune homme en (descendre) …

D Un accident de la route

1 Nous sommes en route pour Rouen.
2 Ma sœur, Claire, conduit.
3 Elle ne va qu'à 40 km/h.
4 Il fait très mauvais.
5 Il pleut et la route est glissante.
6 Moi, j'ai peur.
7 Tout à coup, une autre voiture coupe le virage.
8 Elle essaie de l'éviter.
9 Elle tourne brusquement le volant.
10 Mais elle perd le contrôle de la voiture.
11 Nous heurtons un arbre.
12 Mais heureusement, personne n'est blessé.

Vacances en vélo

Paris, le 15 septembre

Chère Magali,

Nous avons passé de très bonnes vacances en Bretagne cet été. Charlotte et moi, nous avons fait un circuit en vélo sur Belle-Île en Mer. C'était organisé par l'auberge de jeunesse. Mes parents nous ont emmenées à Quiberon en voiture. Puis nous avons pris le bateau pour Belle-Île et nous sommes allées à l'auberge de jeunesse. Là, on nous a donné des vélos et une carte de l'île.

Et voilà... nous sommes partis en petits groupes de 6 à 10 personnes à la découverte de l'île. Le premier jour c'était un peu fatigant mais après ça allait mieux. Le terrain était assez plat et il n'y avait pas beaucoup de circulation. Il faisait beau et le paysage était magnifique, surtout la côte ouest qu'on appelle 'la côte sauvage'.

Normalement on faisait entre 25 et 35 km par jour. Tous les jours, on prenait un pique-nique et on mangeait sur la plage.

Un jour Charlotte a oublié son pull sur la plage et quand nous y sommes retournées, il y avait la marée haute. Heureusement on a pu le retrouver le lendemain matin mais il était un peu humide.

Un autre jour, on a visité le phare de Goulphar. C'était intéressant, mais un peu fatigant (256 marches). Savais-tu que les gardiens du phare doivent monter chaque matin pour descendre les stores? Sinon il y aurait un risque d'incendie.

Et toi, comment as-tu passé tes vacances? Écris-moi bientôt.

Laure

Pour t'aider à comprendre

descendre les stores	to lower the blinds
une marche	step
la marée haute	high tide
un phare	lighthouse

Réponds pour Laure

Au lycée, on pose beaucoup de questions à propos des vacances.

1 Qu'est-ce que tu as fait pendant les vacances?
2 Avec qui es-tu partie?
3 Comment êtes-vous allées à Belle-Ile?
4 C'était comment, l'île?
5 Combien de kilomètres avez-vous fait chaque jour?
6 C'était fatigant?
7 Où avez-vous logé?
8 Quel temps faisait-il?

NOW YOU CAN . . .
....

... describe something that happened in the past using the imperfect and perfect tenses.

Une lettre à écrire

Pendant les vacances tu as fait un circuit en vélo. Décris ces vacances dans une lettre. Essaie de répondre aux questions qu'on a posées à Laure. Si tu veux, tu peux imaginer que tu as fait le circuit en Bretagne, décrit ci-dessous.

Cyclotourisme en Bretagne

Découvrez la Bretagne et la côte de granit rose. Ce circuit de 7 jours vous permettra de visiter Paimpol, Trégastel et Lannion. Visite de l'île de Bréhat (en bateau). En groupes de 6 à 12 personnes, vous parcourrez 25 à 40 km par jour.

Départ de Saint-Brieuc chaque vendredi en juillet et août

Age: à partir de 16 ans

Logement dans les auberges de jeunesse ou l'équivalent

La location des vélos est comprise dans le prix

Niveau: facile

Départ en avion

Mets les phrases dans le bon ordre pour décrire le voyage à Londres.

A Dans la zone de contrôle douanier, j'ai regardé les boutiques. Il y avait beaucoup de jolies choses. J'ai acheté une montre.

B J'ai pris le RER à l'aéroport Charles de Gaulle.

C Pendant le voyage on m'a servi un petit repas et une boisson.

D J'ai récupéré ma valise, je suis passé à la douane et voilà … je suis arrivé en Angleterre.

E Avant de partir j'ai téléphoné à Air France pour confirmer l'heure du départ de mon vol. J'allais prendre le vol AF812 à destination de Londres (Heathrow).

F Au guichet d'Air France je me suis présenté pour les formalités. On a pris ma valise et on m'a donné une carte d'embarquement. Il était 11 heures.

G Enfin mon vol était indiqué sur le tableau. Je devais me rendre à la porte numéro 12.

H De la station RER, j'ai pris la navette au terminal 2D.

I Après une heure environ, nous avons atterri à l'aéroport de Heathrow à Londres. J'ai reculé ma montre d'une heure pour être à l'heure locale.

J J'ai mis ma grosse valise dans un chariot et je suis monté au niveau Départs.

K Je suis monté à bord avec les autres passagers et à 12h25, l'avion a décollé.

L Je me promenais un peu dans l'aéroport. J'avais le temps. Mon vol ne partait qu'à 12h25. Puis je suis passé au contrôle des passeports et à celui de la sécurité.

Bienvenue à bord

Pour les voyages long courrier, les compagnies aériennes utilisent des appareils à jet, comme le Boeing 747, l'avion qui transporte le plus grand nombre de passagers du monde. Le 747 utilise autant de carburant qu'un Concorde, mais il peut transporter quatre fois plus de passagers.

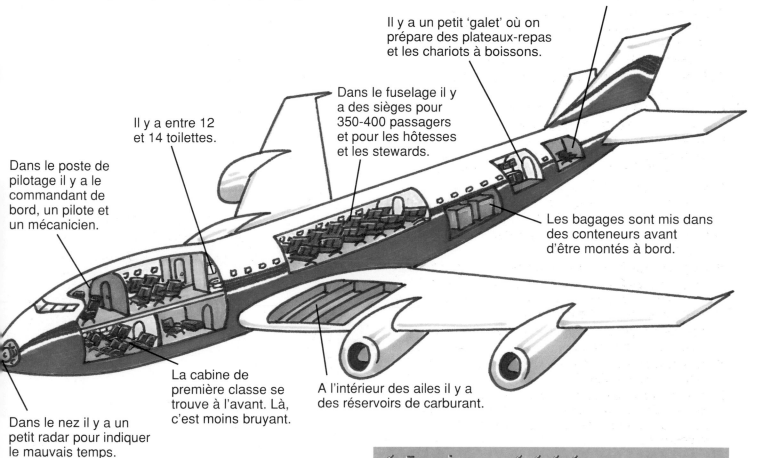

A l'arrière, il y a un petit compartiment pour l'équipage. Là, le personnel qui n'est pas de service peut se reposer.

Il y a un petit 'galet' où on prépare des plateaux-repas et les chariots à boissons.

Dans le fuselage il y a des sièges pour 350-400 passagers et pour les hôtesses et les stewards.

Il y a entre 12 et 14 toilettes.

Dans le poste de pilotage il y a le commandant de bord, un pilote et un mécanicien.

Les bagages sont mis dans des conteneurs avant d'être montés à bord.

La cabine de première classe se trouve à l'avant. Là, c'est moins bruyant.

A l'intérieur des ailes il y a des réservoirs de carburant.

Dans le nez il y a un petit radar pour indiquer le mauvais temps.

Qu'est-ce que c'est?

1 Ça se trouve tout à l'avant de l'avion. Le radar est à l'intérieur.
2 C'est ici qu'on entend le moins de bruit.
3 Il y en a 2 et elles contiennent des réservoirs de carburant.
4 C'est ici qu'on prépare les repas et les boissons.
5 Il y en a entre 12 et 14.
6 Il y en a entre 350 et 400.

Qui est-ce?

7 Ces personnes s'occupent des passagers pendant le vol.
8 Cette personne est le chef de l'équipage. Il contrôle l'avion.

Pour t'aider à comprendre

une carte d'embarquement	boarding card
le comptoir	desk
l'enregistrement (m)	check in (desk)
reculer	to put back, go backwards
récupérer	to collect, pick up
la zone sous-douane	duty-free zone

✍ Lexique ✍✍✍

On prend l'avion	Taking the plane
une aérogare	air terminal
un aéroport	airport
annulé	cancelled
à l'arrière	at the rear
atterir	to land
à l'avant	at the front
un avion	plane
un chariot	trolley
le commandant de bord	captain
une compagnie aérienne	airline
le contrôle des passeports	passport control
le contrôle de sécurité	security control
décoller	to take off
la douane	customs
l'équipage (m)	plane crew
une hôtesse de l'air	air hostess
la navette	shuttle
un pilote	pilot
une porte	gate
le retard	delay
un steward	steward
un vol	flight

On confirme l'heure

Ecoute la cassette. On confirme l'heure du départ ou l'heure d'arrivée de ces vols. Ecris les détails dans ton cahier.

Départs
1 AF986 Edimbourg
2 AF8936 Alger
3 RK 007 Dakar

Destination Paris
4 AF501 Fort de France
5 AF271 Moscou
6 AF061 Los Angeles

Pouvez-vous me confirmer le vol?

Travaillez à deux. Une personne regarde cette page; l'autre regarde la page 165. Tu veux confirmer ces vols.

Départs
AF024 Washington
AF2916Z Bruxelles
AF1104 Madrid

Arrivées
AF643 Milan
AF807 Londres
AF2855 Genève

Exemple
– Pouvez-vous me confirmer l'heure du départ du vol (AF024) à destination de (Washington)?
– Oui, le vol part à (13h10).
– Pouvez-vous me confirmer l'heure d'arrivée du vol (AF807) en provenance de (Londres)?
– Oui, le vol arrive à (11h35).

La vie d'une hôtesse de l'air ou d'un steward

Ecoute l'interview sur la cassette puis choisis les bonnes réponses.

1 Quels sont les deux aspects principaux du métier, selon l'interview?
   a le nettoyage de l'avion
   b l'accueil des passagers
   c le contrôle de l'avion
   d la sécurité des passagers

2 Qu'est-ce que le commandant explique à la réunion? (2 choses)
   a les conditions climatiques
   b le prix des billets
   c les films qu'on va passer
   d la présence d'une personnalité importante parmi les passagers

3 Qu'est-ce qu'on demande aux passagers de mettre avant le décollage?
   a leur gilet de sauvetage
   b leurs écouteurs
   c leur ceinture de sécurité

4 Comment sont les passagers en général?
   a Ils sont difficiles et exigeants.
   b Ils sont de bonne humeur, mais beaucoup ont peur de prendre l'avion.
   c Ils sont souvent tristes et de mauvaise humeur.

5 Quels sont les principaux inconvénients de ce métier? (3 choses)
   a Il est fatigant de passer de longues heures dans un avion.
   b On travaille souvent seul.
   c Il faut souvent se lever tôt.
   d On doit remplir beaucoup de formulaires.
   e On doit passer de longues heures devant un ordinateur.
   f Parfois on doit travailler à Noël ou le Jour de l'An.
   g C'est ennuyeux comme travail.

6 Quels sont les avantages? (2 choses)
   a On a droit à une importante réduction sur les billets d'avion.
   b On a droit à des réductions sur les vêtements.
   c On travaille en plein air.
   d C'est un travail créateur.
   e On voyage beaucoup et quelquefois on peut faire du tourisme aussi.

Avez-vous peur en avion?

De plus en plus de personnes se déplacent en avion. L'avion c'est rapide, et c'est un des moyens de transport le plus sûr. Pourtant, beaucoup de passagers ont peur de le prendre.
Ecoute la cassette, puis choisis le texte qui résume le mieux ce que chaque personne a dit.

A J'aime bien prendre l'avion. Ça ne me fait pas peur du tout.

B Un jour, sur un vol, l'avion est descendu brusquement. Depuis je ne peux plus voyager en avion.

C Je sais qu'il y a moins de risques en avion qu'en voiture ou en train, mais en cas d'accident il y a rarement des survivants.

D J'ai le plus peur au décollage et à l'atterrissage.

E Je souffre de claustrophobie. Je trouve ça ridicule mais je n'y peux rien.

F Je n'aime pas dépendre totalement de quelqu'un d'autre.

G Autrefois j'avais des cauchemars affreux avant de prendre l'avion, maintenant ça va mieux. Je ne peux pas dire que je n'ai pas peur du tout mais je suis beaucoup plus calme.

H Ce qui me fait le plus peur, c'est le feu dans l'avion.

Un scénario

Travaillez à deux. Une personne a peur de l'avion. L'autre est hôtesse ou steward et essaie de la rassurer.

Tu es journaliste

Ecris un petit article sur la peur en avion. De quoi a-t-on peur? Quand est-ce qu'on a le plus peur? Qu'est-ce qu'on peut faire pour vaincre la peur?

De quoi a-t-on peur?

Bien sûr, beaucoup de personnes n'ont pas peur en avion, mais presque tout le monde a peur de quelque chose. Pour certains, ce sont les bêtes: les araignées, les souris, les serpents, même les oiseaux, les chiens et les chats. Pour d'autres, c'est le surnaturel: on n'aime pas être seul à la maison, la nuit, on a peur des bruits, des fantômes. Puis d'autres personnes ont peur des sommets.
Demande à tes amis de quoi ils ont peur. Est-ce qu'ils ont peur des mêmes choses que toi?

Comment vaincre sa peur?

Qu'est-ce qu'on peut faire pour vaincre la peur? Voilà quelques moyens qui ont eu plus ou moins de succès.

A On peut apprendre des techniques de relaxation et faire des exercices de respiration dans la cabine.

B On peut demander au médecin de vous préscrire des médicaments: des tranquillisants ou des somnifères. Mais attention! Une passagère s'est si bien 'calmée' qu'elle s'est endormie dans la salle d'attente et a manqué son vol.

C Certains passagers boivent un verre de whisky pour se calmer, mais le risque d'alcoolisme est réel chez les gens qui voyagent souvent.

D Manger, ça rassure aussi, et c'est une des raisons pourquoi on sert des repas pendant le vol.

E Une fois dans la cabine il faut s'occuper: écouter de la musique, jouer au Scrabble, faire des mots croisés, lire le journal.

F Il faut adopter une attitide positive. Au lieu de penser: l'avion va prendre feu, il va s'écraser etc., il faut se décrire les aspects positifs: deux heures de vol au lieu de deux jours de train et de bateau, c'est du temps gagné.

G On peut suivre un stage de désensibilisation. On apprend des techniques de relaxation, puis on participe à une simulation de vol dans un avion au sol. Au cours des séances, les passagers apprennent à vivre calmement leur voyage.

Propose un moyen de vaincre sa peur à ces personnes. Il y a plusieurs réponses possibles.

1 M. Dubosc prend l'avion souvent pour ses voyages d'affaires. Normalement il boit un verre de whisky avant le vol, mais il veut trouver une meilleure solution.

2 La dernière fois qu'elle a pris l'avion, Mme Lebrun a pris des somnifères. Mais elle a dormi pendant les deux premiers jours de son séjour.

3 Kévin Pierrec commence à s'inquiéter quand il entre dans la cabine.

4 Claudine Leroi commence à avoir peur une semaine avant le départ, et une fois arrivée à sa destination, elle pense déjà à l'angoisse du retour.

NOW YOU CAN . . .

... travel by air, confirm departure and arrival times and discuss fears and anxieties.

Fais le bilan des moyens de transport

Consulte le tableau pour trouver les réponses.

Quel moyen de transport motorisé est le plus économique?
Quel moyen est le moins économique?
Est-ce que les autobus sont plus économiques que le métro?

Choisis un moyen de transport et trouve des avantages et des inconvénients.

Avantages

C'est relaxant: on peut lire, écouter son balladeur ou dormir.
C'est mieux pour l'environnement.
Ça ne fait pas de bruit.
C'est rapide.
C'est bien si on part à plusieurs et si on a beaucoup de bagages.
On peut voyager quand on veut.
Ce n'est pas cher.
C'est très sûr: il y a peu d'accidents.
C'est bien pour les petites/courtes distances.

Inconvénients

Il faut voyager selon les horaires.
Quelquefois il faut prendre un autre moyen de transport pour arriver à sa destination.
Ça consomme beaucoup d'énergie.
Ça pollue l'atmosphère.
Ça fait beaucoup de bruit.
Quelquefois il y a des problèmes: avec des retards, des annulations et des grèves.
Ce n'est pas très rapide.
Ça coûte cher.

Avis personnels

Certaines personnes ont peur en avion/de prendre le tunnel.
Certaines personnes souffrent du mal de mer/du mal de l'air/de claustrophobie.

Fais de la publicité

Choisis un moyen de transport et dessine de la publicité ou invente un slogan.

UNE TRAVERSÉE RAPIDE ET FACILE

DEUX-ROUES
- **Cyclomoteur ville 50 cm³: 9,1 à 17,5**
- **Vélomoteur ville 50–125 cm³: 23,8 à 28,6**
- **Moto route 350–400 cm³: 26 à 46**
- **Moto ville 350–400cm³: 31 à 54**

AUTOCARS – AUTOBUS
- **Autocar interurbain: 9,8**
- **Autocar route: 15 à 25**
- **Autobus: 18,6 à 22**

MÉTRO – TRAIN DE BANLIEUE
- **Trains de banlieue: 20,3**
- **R.E.R.: 23**
- **Métro Paris: 23,2**
- **Métro Marseille: 41,6**

VOITURES
- **Autoroute: 27,8**
- **Rase campagne: 28,2**
- **Ville: 59**

TRAINS
- **Trains rapides et express: 10,9**
- **Trains rapides à suppl.: 13,1**
- **T.G.V.: 17**
- **T.E.E.: 22,9**
- **Omnibus: 23,1**

AVIONS
- **Boeing 747 combiné long courrier: 52,4**
- **Airbus long et moyen courrier: 56,7**
- **Caravelle III long courrier: 123,3**
- **Concorde: 233,2**

- **Ferry-boat (Transmanche): 112,2**

- **Téléphérique: 220**

- **Aéroglisseur: 267,8**

1. Gramme équivalent pétrole pour 1 parcourant 1 kilomètre.
  1 l d'essence ordinaire: 722 gep; 1 l d'essence super: 748 gep; 1 l d'essence aviation: 740 gep; 1 l de carburéacteur: 790 gep; 1 l de gaz oil ou fuel oil: 830 gep

Dossier personnel

Un voyage extraordinaire

Tu as gagné un voyage dans un concours.

Décris le voyage que tu as fait: les transports, le logement, les choses que tu as vues, tes réflexions etc.

Si tu veux, tu peux choisir un de ces voyages.

Découverte du Sénégal (21 jours)

Découverte de la vie africaine. Cinq jours au village avec les habitants. Descente en pirogue sur le fleuve Casamance. Visite des villages au sud et participation à leur vie quotidienne: pêche, culture, vie en forêt, cuisine locale. Visites de Touba (ville sainte d'Islam), St-Louis, Ile de Gore, Dakar.

Logement: Lycée de Dakar, gîtes d'Etat, villa à St-Louis, logement en cases chez l'habitant.

Transport par avion: Paris-Dakar

Transport en taxi brousse au Sénégal

Expédition en Tunisie (14 jours)

Départ en avion de Paris à Tunis

Dès votre arrivée à Tunis vous serez transferé à Monastir où vous embarquerez sur un Catamaran. Vous découvrirez la région de Sousse en voilier. Ensuite vous visiterez les ports, le golf d'Hammamet et l'île Kuriat. Après une journée de transition vous laisserez la mer pour le désert et les oasis du sud Tunisien. En véhicule tout terrain, vous partirez vers Gabès et Ksar Ghitane où un campement berbère vous attendra. Vous visiterez la région avant de revenir sur Tunis.

(1 semaine en voilier avec un skipper français, 1 semaine en véhicule tout terrain avec un guide tunisien)

Pour t'aider à comprendre

une pirogue	dugout canoe
un taxi brousse	'bush taxi'
une case	cabin, hut
un voilier	yacht
un véhicule tout terrain	four wheel drive vehicle

NOW YOU CAN . . .

... compare and discuss different means of transport.

Sommaire

Now you can ...

1 talk about the Channel tunnel and different ways of crossing the Channel
2 discuss different means of transport and describe public transport in your area
3 describe a journey and use the imperfect tense
4 buy petrol, report a breakdown and understand information about driving in France
5 describe a situation in the past and talk about how things used to be, using the imperfect tense
6 travel by bus and métro
7 use the pronoun y and discuss city transport
8 travel by train
9 describe something that happened in the past using the imperfect and perfect tenses
10 travel by air, confirm departure and arrival times and discuss fears and anxieties
11 compare and discuss different means of transport

For your reference
Grammar

Unité 4

Echanges

4.1 PROJETS DE VACANCES

On pense vacances

*L'été n'est pas trop loin, alors on pense vacances.
Lis d'abord les projets de vacances de ces élèves, puis
fais les activités ci-dessous.*

Moi, je ne pars pas en vacances cette année, mais mon correspondant anglais vient passer quelque temps chez moi. Un de mes amis lui prêtera un vélo et on fera le tour de la région ensemble. Espérons qu'on s'entendra bien!

Clément

Moi, je ne pars pas. Pour moi, les vacances, c'est fait pour gagner de l'argent. Cette année, je chercherai du travail dans un restaurant ou dans une station-service. Si je gagne assez d'argent je me payerai une platine-laser et puis je ferai des économies pour acheter une moto l'année prochaine.

Olivier

Cette année j'espère passer des vacances vraiment merveilleuses. Avec ma sœur, je pars en Guadeloupe chez mes grand-parents qui habitent là-bas. Je suis né en France et c'est ma première visite en Guadeloupe. Nous pourrons visiter en bateau toutes les petites îles et je ferai de la plongée sous-marine pour voir des coraux et les poissons tropicaux.

Stéphane

Pendant ces vacances, je vais travailler à l'hypermarché pour gagner de l'argent. Je fais des économies pour mon voyage à Montréal cet été. J'y passerai deux semaines en été avec l'orchestre de jazz du collège pour le Festival de Jazz. Nous logerons chez des familles québecoises: ce sera formidable!

Sophie

Les vacances? Je n'y pense pas encore! En tout cas, je n'ai pas de grands projets. Pendant ces vacances de printemps, je vais essayer de travailler pour les examens: je ne veux pas redoubler! Si je m'ennuie trop, je vais faire les magasins, ou je vais aller au cinéma. Cet été je travaillerai dans un grand magasin. Avec l'argent je m'achèterai des vêtements à la mode.

Francine

Cette année je ferai un échange avec Elizabeth, ma correspondante anglaise, qui habite près de Wakefield, dans le Yorkshire. Dans quelques jours je vais chez elle. Je vais voyager directement de Paris à Londres en Eurostar. J'en ai un peu peur, mais on dit que c'est très rapide et qu'on n'a pas du tout l'impression d'être sous la mer. Cet été on recevra ma correspondante anglaise chez nous. Comme mes frères partiront en colonie de vacances elle aura leur chambre.

Céline

 ## Qui parle?

Ecoute la cassette pour le découvrir.

Combien?

Exemple
1 Deux personnes feront un échange.

1 Combien de ces personnes feront un échange cette année?
2 Combien vont travailler pendant les vacances?
3 Combien de ces personnes voyageront à l'étranger cette année?
4 Combien ne partent pas en vacances cette année?
5 Combien recevront un Anglais ou une Anglaise chez eux pendant les vacances?
6 Combien font des économies?
7 Combien vont rester à la maison?
8 Combien vont travailler au printemps mais partiront en été?

Dossier-langue

Rappel: Future plans

There are three ways in which you can refer to what will (or will not) happen at some time in the future.
In conversation, the **present tense** might be used:

*Tu **pars** en vacances, Stephane?*
Are you going on holiday, Stéphane?

*Et Olivier, que **fait**-il?*   And what's Olivier doing?
*Je ne **pars** pas*   I'm not going away.

Aller + an infinitive is called **le futur proche** (= the near future), so it is often used for something which is just about to happen or is going to happen fairly soon.

*Je **vais passer** quinze jours chez mon correspondant*
I'm going to my penfriend's for a fortnight.

*Francine ne **va** pas **partir***
Francine isn't going to go away

It is used a lot in conversation, but less often in printed texts.

The **future tense** *(le futur simple)* is used for what will happen in the future, however distant (see also page 96). This tense is also the one most often used to recount future events in written or printed material:

*On **recevra** ma correspondante anglaise*
I'm having my English penfriend to stay
(really = I shall be having …)

*On **fera** un tour de la région*
We'll go on a tour of the region

See how many examples you can find on the previous page of each of these ways. Watch out for expressions such as

L'année prochaine   next year
Dans deux ans   in two years' time

as these can give you a clue that someone is talking about the future.

Et les autres, qu'est-ce qu'ils vont faire?

Voici les projets de quatre autres élèves.
Travaillez à deux. Le partenaire A est l'interviewer et le partenaire B répond pour l'élève.

Exemple
A: Quels sont tes projets de vacances?
B: *Utilise aller + l'infinitif:* Je vais aller à Londres
ou le futur: J'irai à Londres

1
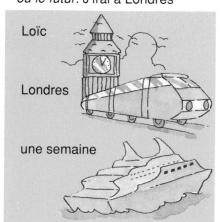
Loïc
Londres
une semaine

2
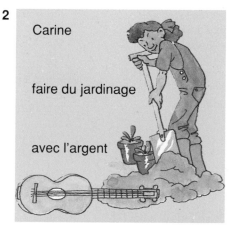
Carine
faire du jardinage
avec l'argent

3

Philippe
aller en Ecosse
avec l'équipe du lycée
faire un match à Aberdeen

4
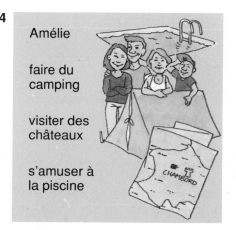
Amélie
faire du camping
visiter des châteaux
s'amuser à la piscine

Tout le monde part en vacances?

Suzanne, une camarade qui n'était pas en classe la semaine dernière, vient de rencontrer Olivier. Elle veut savoir ce que tout le monde va faire pendant les vacances. Réponds pour Olivier.

Exemple
– Est-ce que Clément va partir en vacances?
– Non, il ne va pas partir.

1 Est-ce que Céline va aller en Angleterre?
2 Et Stéphane, que fait-il?
3 Francine va travailler, je suppose?
4 Et Sophie, qu'est-ce qu'elle va faire?
5 Loïc va aller à l'étranger, sans doute.
6 Et Carine est-ce qu'elle part en vacances?
7 Philippe, va faire du rugby quelque part, non?
8 Et Amélie? Quels sont ses projets?

Dossier personnel

Et toi, as-tu des projets de vacances pour cette année?
Ecris quelques phrases au sujet des choses que toi, ta famille et tes amis vont faire pendant les vacances de Pâques ou les vacances d'été.

Lis l'article, puis fais les activités ci-dessous.

D'ici 50 ans

Vendredi prochain, ce collège va fêter ses 50 ans. Pour commémorer son anniversaire, les élèves vont participer à un concours dont le but est de faire des prédictions à propos de la vie quotidienne d'ici 50 ans.

En plus, ils choisiront des objets qu'ils mettront dans une capsule, scellée hermétiquement, et qui restera enterrée sous terre jusqu'à l'année du centenaire. Ces objets donneront aux Français du vingt et unième siècle une idée de la vie sociale et scolaire de notre époque.

On mettra aussi dans la capsule les cinq prédictions considérées comme les plus probables. Notez bien la date: dans cinquante ans, vous pourrez voir si les prédictions étaient vraies!

 **Les prédictions**

Voici une sélection des prédictions. A ton avis, quelles sont les cinq prédictions qu'on a mises dans la capsule? Fais ta liste, puis écoute la cassette pour découvrir la sélection du jury.

1 Les enfants seront éduqués à la maison par des systèmes de réalité virtuelle.

2 Il n'y aura plus de cinémas: on verra tous les nouveaux films à la maison.
3 Toutes les voitures seront électriques.
4 Plus de 50% des adultes en Europe deviendront végétariens.
5 On fera ses courses au vidéophone et des robots livreront vos provisions chez vous.

6 On pourra passer ses vacances sur une autre planète.

7 On ne se servira presque plus d'argent ordinaire, on fera tout avec des cartes de crédit.
8 Pour limiter la population, on devra payer des taxes supplémentaires si on a plus de deux enfants.
9 On aura une vie plus longue, mais on ne saura pas quoi faire de toutes ces vieilles personnes en bonne santé et pleines d'énergie!

Dossier-langue

Rappel: the future tense

The future tense is used to describe what will (or will not) take place at some future time:

Dans l'avenir …	In the future …
*j'**irai** peut-être sur la lune*	I shall perhaps go to the moon
*Quand est-ce que tu **partiras**?*	When will you be leaving?
*On ne se **servira** plus d'argent ordinaire*	
People will no longer use ordinary money	
*Nous **aurons** tous des cartes de crédit*	We shall all have credit cards
*Si vous voulez voir un bon film, vous **pourrez** venir chez nous*	
If you want to see a good film you can come to our house	
*Les cinémas **disparaîtront***	Cinemas will disappear

Can you remember the rule for the formation of the future tense?
What is used for the stem? What are the endings?
Use the examples above to help you build up the complete future tense of the verb ***partir***.

10 La France gagnera la Coupe du monde de football.

Dossier-langue

Most verbs form the future tense from the infinitive and endings which are similar to those of the present tense of *avoir*.
Look at the table below and see how many examples of the future tense you can find in **D'ici 50 ans** and **Les prédictions** on page 96.

-er verbs	-ir verbs	-re verbs
travailler	*partir*	*attendre*
je travaillerai	*je partirai*	*j'attendrai*
tu travailleras	*tu partiras*	*tu attendras*
il/elle/on travaillera	*il/elle/on partira*	*il/elle/on attendra*
nous travaillerons	*nous partirons*	*nous attendrons*
vous travaillerez	*vous partirez*	*vous attendrez*
ils/elles travailleront	*ils/elles partiront*	*ils/elles attendront*

Note that, in *-re* verbs, the final *-e* is dropped from the infinitive before the endings are added.
Some verbs are irregular in the way they form the future stem (the part before the endings). However, the endings are always the same.

Here is the first part of the future tense of some common irregular verbs. What are their infinitives? (Look them up in **La grammaire** if you need help.)

j'irai	I'll go
j'aurai	I'll have
je devrai	I'll have to
je ferai	I'll do
je serai	I'll be
je verrai	I'll see
je voudrai	I'll want

Now look at these infinitives.
Write the first part of the future tense of each verb. (Look them up in **La grammaire** if you need help.)

acheter
courir
envoyer
pouvoir
recevoir
savoir
venir

La capsule pour l'avenir

Voici quatre des choses qu'on mettra dans la capsule. Pourquoi a-t-on choisi chacun de ces objets? A toi de trouver la bonne raison.

A Cela montrera comment on voyageait avant d'avoir les voitures électriques.

Une photo des jeunes qui ont préparé la capsule

3 Un catalogue d'un grand magasin

4 Une voiture en modèle réduit

B Ça donnera une bonne idée de nous les jeunes, de nos vêtements, de nos coiffures etc.

C Les gens pourront lire des articles sur les événements importants de notre époque.

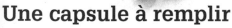

2 Un journal

D Ça permettra de découvrir les ustensiles, les meubles, les jouets de notre époque, avec les prix etc.

Une capsule à remplir

1 *Travaillez avec des amis et imaginez que vous devez choisir des objets que vous mettrez dans une capsule qui représentera votre propre région ou votre collège pour les habitants d'ici cinquante ans.*

2 *Si possible, donnez chaque fois les raisons pour votre choix. Utilisez les mots dans la case ou des extraits de l'article, si vous voulez.*

Ça permettra de	*voir …*
Les jeunes de l'avenir pourront	*faire …*
On saura comment	*écouter …*
On pourra essayer de	*lire …*
Les gens du 21ième siècle pourront	*imaginer …*

NOW YOU CAN . . .
. . . understand and talk about the future and discuss future plans.

On propose un échange

Sandrine Briand, une jeune Parisienne, veut faire un échange avec sa correspondante anglaise. Lis sa lettre et fais l'activité en dessous.

Paris, le 4 janvier

Chère Nathalie,

Bonne année! As-tu passé de bonnes vacances de Noël? Nous sommes restés à Paris et nous nous sommes bien amusés. Pour la Saint-Sylvestre nous avons mangé dans un bon restaurant. C'était super!

Maintenant nous pensons aux prochaines vacances. Comme toujours, tout le monde veut faire quelque chose de différent! Mon frère, Jean-Luc, veut aller à la montagne et moi, je veux aller en Angleterre. Alors j'ai quelque chose à te proposer. Je veux bien faire un échange cette année et mes parents sont d'accord. Si ça t'intéresse, tu pourras venir chez nous à Pâques, et si tes parents sont d'accord, je viendrai chez vous en juillet.

Ecris-moi vite pour me dire ce que tu en penses. Pendant ton séjour, on visitera Paris, bien sûr (on montera à la tour Eiffel, on ira au Centre Pompidou et on fera une promenade en bateau-mouche). Et si tu viens un ou deux jours avant les vacances scolaires, tu pourras venir en classe avec moi.

Dans l'attente de tes nouvelles,
Amitiés,

Sandrine

Vrai ou faux?

1 Sandrine a écrit sa lettre après Noël.
2 Elle écrit pour proposer de faire un échange avec Nathalie.
3 Si Nathalie veut faire un échange, elle pourra aller à Paris à Noël.
4 Si les parents de Nathalie sont d'accord, Sandrine ira chez eux en été.
5 Si Nathalie arrive avant les vacances scolaires, elle pourra aller en classe avec Sandrine.
6 Pendant son séjour, Nathalie visitera Perpignan.

> *Tu veux …*
> - faire la connaissance des jeunes de ton âge?
> - partager le mode de vie d'une famille?
>
> Alors, fais un échange. C'est un excellent moyen d'apprendre la langue et d'apprécier la culture d'un autre pays.

Dossier-langue

Si + present tense + future tense

These two sentences each contain two verbs.

> *Si tes parents sont d'accord, je viendrai chez vous en juillet.*
>
> *Si Nathalie arrive avant les vacances scolaires, elle ira en classe avec Sandrine.*

1 What are the verbs?
2 Look at the verb which comes after *si*. Which tense is it in?
3 Which tense is used for the second verb?
4 Now look at the captions to these cartoons. Do the verbs follow the same pattern? What is it?

Alphonse, si tu m'interromps une fois de je t'enverrai tout de suite le Directeur!

Si vous suivez bien les instructions, vous verrez des résultats étonnants

Solution

1 The verbs are: *sont, viendrai, arrive, pourra*
2 the present tense
3 the future tense
4 Yes. The pattern is *si* (or *s'*) + present tense + future tense

This is used to say that something will (or will not) happen if another thing occurs. In English, the same pattern is used: 'If your parents agree, I'll come to your house in the summer.'

Projets de week-end

Les vacances, c'est encore loin; alors Sandrine et Jean-Luc pensent au week-end prochain. Lis ces extraits de la presse pour voir ce qu'on peut faire ce week-end. Puis écoute la cassette. Sandrine et Jean-Luc parlent de leurs projets. D'abord, écris la lettre qui correspond à chaque activité.

Exemple: 1 E

A Tennis municipaux
24 courts
Stade la Faluère, Bois de Vincennes

B Centre Georges Pompidou
Exposition Henri Matisse
5è étage
4 jan–21 mai

C Marché aux puces
Porte de Clignancourt
Sam, Dim, Lun de 9h à 20h
Marché de la brocante et de l'antiquité

D Caméléon
discothèque
à partir de 21h
fermé le dimanche

E Centre commercial les 4 temps
250 magasins
Horaires d'ouverture: tous les magasins sont ouverts de 10h à 20h du lundi au samedi

F Cinéma Gaumont
La reine Margot
film français de Patrice Chéreau
avec Isabelle Adjani,
Daniel Auteuil

G samedi
Football (14h)
Jeunes II
Paris St. Germain-Cellois
Stade A R Guibert

H Piscine Reuilly
(municipal)
Métro: Montgallet
Tarifs municipaux

Maintenant complète les phrases.
Exemple: 1 D Si je n'ai pas trop de devoirs, je ferai des courses.

1 Si je n'ai pas trop de devoirs …
2 Si je ne suis pas trop fatiguée …
3 S'il fait beau …
4 S'il pleut …
5 S'il y a un match de football …
6 Si j'ai assez d'argent …
7 Si je me lève assez tôt …
8 Si j'ai le temps …

A je jouerai au tennis
B j'irai à l'exposition de Matisse
C j'irai au marché aux puces
D j'irai à la discothèque
E je ferai des courses
F j'irai au cinéma
G je regarderai le match
H j'irai à la piscine

Et toi?
Ecris six phrases pour décrire ce que tu feras ce week-end. Tu peux choisir parmi ces activités ou d'autres.
Exemple: S'il pleut, j'irai au cinéma.

Une réponse

Complète la lettre de Nathalie en mettant au futur les verbes entre parenthèses.

Londres, le 21 janvier

Chère Sandrine,
Je te remercie de ta lettre.
Je voudrais bien faire un échange. A Pâques, ça **(1 aller)** bien. Nous **(2 être)** en vacances à partir du 5 avril jusqu'au 19 avril. Donc je **(3 pouvoir)** venir le 5 ou même le 4 avril. Je voudrais bien aller en classe avec toi.
Si je prends le train et le bateau, j'**(4 arriver)** à Paris à 17h30. Est-ce que quelqu'un **(5 venir)** me chercher à la gare? Si ce n'est pas possible, je **(6 prendre)** un taxi.
Comme tu sais, je suis végétarienne. J'espère que ça ne **(7 poser)** pas de problème. Je mange des œufs et du fromage, mais je ne mange ni viande ni poisson.
Si tu veux, tu **(8 pouvoir)** venir chez nous à partir du 19 juillet. Les grandes vacances **(9 commencer)** le 22 juillet. Comme ça, tu **(10 pouvoir)** m'accompagner au collège pendant deux jours. Ensuite, nous **(11 passer)** quelques jours à visiter Londres, si ça t'intéresse. Il y a beaucoup à voir.
A bientôt,

Nathalie

Un résumé de la lettre
Sandrine vient de recevoir la lettre de Nathalie. Comme sa mère n'est pas à la maison, Sandrine lui téléphone pour lui parler de la lettre. Peux-tu répondre à ses questions?

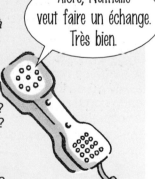

Alors, Nathalie veut faire un échange. Très bien.

1 Quand est-ce qu'elle pourra venir?
2 Est-ce qu'elle veut aller en classe?
3 Comment voyagera-t-elle?
4 Quand arrivera-t-elle à Paris?
5 Quand pourras-tu aller chez elle?
6 Est-ce que tu iras en classe aussi?
7 Qu'est-ce que tu feras en plus?

Une lettre à écrire

Ecris une lettre pour proposer un échange. Décide quand tu voudrais aller en France et quand ton/ta correspondant(e) pourra venir chez toi. Donne les dates de tes vacances scolaires. Pour t'aider, relis les lettres de Sandrine et de Nathalie.

NOW YOU CAN . . .
… suggest doing an exchange and say what will (or will not) happen if something else takes place.

Un séjour en famille

On va préparer un petit guide pour t'aider à profiter au maximum d'un séjour en famille.

Tu fais ta valise

Réfléchis à ce que tu vas mettre dans ta valise et fais des listes dans ton cahier. Mais attention! Ne fais pas voir tes listes à tes camarades.

Des vêtements

Ecris une liste de huit vêtements que tu mettras dans ta valise. Choisis surtout des vêtements confortables, mais prends aussi un ensemble un peu plus 'habillé' pour une boum ou une visite chez des grands-parents etc.

N'oublie pas ta trousse de toilette

Ecris quatre choses à mettre dans ta trousse de toilette.

Des cadeaux

Un petit cadeau, ça fait toujours plaisir. Pour les parents de ton/ta correspondant(e), pense à un livre de photos de ta ville ou de ton pays ou des spécialités régionales. Pour ton/ta correspondant(e), pense à ce que vous aimez, toi et tes copains.

Ecris les deux cadeaux que tu vas offrir à ta famille.

Et encore?

Ecris quatre choses en plus que tu vas prendre: un appareil-photo, peut-être, ou un dictionnaire? Mais n'oublie pas qu'en avion tes bagages seront limités à 20kg!

Qu'est-ce que tu prendras?

Travaillez à deux. Une personne pose dix questions à l'autre pour deviner ce qu'il y a dans sa valise. Puis changez de rôle. Qui peut deviner le plus grand nombre de choses?

Exemple
– Est-ce que tu prendras un T-shirt?
– Oui.
– Est-ce que tu prendras un appareil-photo?
– Non.

Lexique

un appareil-photo	camera
une armoire	wardrobe
une brosse à dents	toothbrush
un cintre	coat hanger
une commode	chest of drawers
une couette	duvet
une couverture	blanket
le dentifrice	toothpaste
le déodorant	deodorant
un gant de toilette	face flannel (in France these are like a mitten)
un kleenex	tissue
le linge (sale)	(dirty) washing
un mouchoir (en papier)	tissue, paper hanky
une pellicule	film
une pile	battery
un réveil-matin	alarm clock
le savon	soap
une serviette	towel
le shampooing	shampoo
une trousse de toilette	soap bag
une valise	suitcase

Jeu de définitions

Peux-tu faire un jeu de définitions?

Exemples
1 On s'en sert pour se sécher après un bain ou une douche. (une serviette)
2 On y met du savon, du dentifrice, une brosse à dents, un gant de toilette etc. (une trousse de toilette)

Pour t'aider:

On	le	met	dans un appareil électrique, comme un baladeur
	la		dans un appareil-photo
	les		sur un lit
On y met			des vêtements quand on part en vacances
On s'en sert			pour se laver (la tête) pour se brosser les dents

Arrivée en France

C'est les vacances. David, un jeune Anglais, va passer quinze jours à Perpignan, chez son correspondant, Clément.

David vient d'arriver à Perpignan. Ecoute ses conversations sur la cassette, puis fais ces activités.

1 *Mets les questions dans le bon ordre.*
2 *Divise les questions en deux:*
   ● *les questions qu'on a posées à David*
   ● *les questions que David a posées.*
3 *Trouve les réponses aux questions.*

On s'installe

1 Veux-tu quelque chose à boire?
2 Où se trouvent les toilettes et la salle de bains?
3 Où est-ce que je peux mettre mes vêtements?
4 Tu as fait un bon voyage?

Les réponses

A C'est là-bas, au bout du couloir.
B Il y a de la place dans l'armoire et dans la commode.
C Un jus d'orange, s'il vous plaît.
D Oui, très bien, merci.

Au salon

5 Est-ce qu'il y a quelque chose que tu n'aimes pas?
6 Est-ce que je peux téléphoner à mes parents ce soir?
7 Et le soir, tu te couches à quelle heure, normalement?
8 Est-ce que tu as besoin de quelque chose?

Les réponses

E Vers dix heures et demie, onze heures.
F Non, je ne crois pas.
G Euh, je n'aime pas beaucoup le saucisson, ni la semoule.
H Oui, bien sûr.

Quelle est la question?

Choisis une question qui va avec chaque image.
Exemple: A Et le soir, tu te couches à quelle heure?

Trois questions

Choisis trois questions et utilise-les dans un dialogue avec un(e) partenaire.

A la maison

Travaillez à deux. Lisez ce dialogue, puis inventez d'autres dialogues en changeant les mots en couleurs.

– David, je te présente ma sœur, Marion.
– Bonjour (David). Tu as fait un bon voyage?
– Oui, très bien, merci.
– Tu veux quelque chose à boire? Il y a du thé, du café, du chocolat, de la limonade et du jus d'orange.
– Un jus d'orange, s'il te plaît.
– Voici ta chambre. La salle de bains et les toilettes sont en face.
– Bon, je vais m'installer. Où est-ce que je peux mettre mes vêtements?
– Il y a de la place dans l'armoire.
– Est-ce que tu as besoin de quelque chose?
– Euh … est-ce que je peux avoir une serviette, s'il te plaît?
– Oui, bien sûr. On mangera vers sept heures et demie, ce soir. Est-ce qu'il y a quelque chose que tu n'aimes pas?
– Euh, je n'aime pas beaucoup le saucisson.

David, je te présente ma sœur, Marion.
Voici mon frère, …

Un jus d'orange un thé un chocolat chaud un café au lait une limonade etc. s'il te plaît	en face à côté au bout du couloir

Il y a de la place dans l'armoire
Tu peux les mettre dans la commode
Il y a des cintres derrière la porte

une serviette une autre couverture un réveil-matin des cintres un verre d'eau	le saucisson la semoule le foie etc.

Un séjour en famille

Des questions utiles

Ecris une liste des questions utiles
a à comprendre
b à poser.
Exemple
à comprendre
Est-ce que tu as besoin de quelque chose?

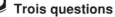

Je vous présente ...

Pendant ses premiers jours à Perpignan, David rencontre beaucoup de personnes.

Monsieur Laroche,
le grand-père de Clément

Alain, un copain

Sophie, une copine

Madame Legrand,
le prof d'anglais

Ecoute les conversations sur la cassette et décide à chaque fois:

a   à qui David parle
b   si on se dit 'tu' ou 'vous'

Dossier-langue

Formal and informal language

Listen again to each conversation and note whether these things occur:

1   the *vous* form is mainly used
2   the *tu* form is mainly used
3   *Monsieur* or *Madame* is used several times
4   some shortened versions of words are used, like *corres* for *correspondant*, *d'acc* for *d'accord*
5   some syllables, letters (like *u* in *tu*) or words (like *ne*) are missed out
6   some slang expressions, like *la bouffe* (food) or *le bahut* (school) are used

Then look again at the list and decide which refer to formal language and situations and which to informal language.

Solution

1 and 3 refer to formal language and situations.
2, 4, 5 and 6 refer to informal language and situations.

La langue des jeunes

Il peut être difficile de comprendre les jeunes quand ils parlent entre eux. Voici des indices pour t'aider.

1   On ne prononce pas tous les mots. Souvent on ne dit pas le **ne**, par exemple, **Ça va pas**, **C'est pas mal**. Et on ne prononce pas le **u** de **tu**, par exemple, **T'as déjà mangé**? **T'en es sûr**?

2   On raccourcit les mots. Au lieu de dire la récréation, on dit **la récré, d'acc** au lieu de d'accord, et **corres** au lieu de correspondant.

3   On emploie souvent des mots du français familier ou d'argot, comme par exemple, **le fric** pour l'argent et **j'en ai marre** pour j'en ai assez. Normalement on trouve ces mots dans un dictionnaire, mais ils sont suivis par un F (le français familier) ou un P (le français populaire).

4   Quelquefois on parle en verlan. Le verlan est une sorte de code où on dit les mots à l'envers, par exemple, au lieu de dire méchant on dit **chan-mé**. Cette forme d'argot est en effet très vieux (on s'en servait déjà au dix-neuvième siècle, peut-être avant) mais il est très populaire en France aujourd'hui et tous les jeunes le comprennent et le parlent entre eux. Quand même, pour les étrangers, le verlan est très difficile à comprendre et on ne trouve pas ces mots dans un dictionnaire!

Ça se comprend?

Ecris ces mots ou expressions en bon français. Pour les mots du français familier (5, 6, 7), tu peux chercher dans un dictionnaire.

1   C'est pas vrai.
2   T'as vu ça?
3   On va au restau.
4   Ma sœur va à l'uni.
5   Tu prends ton bouquin?
6   Je suis crevé.
7   Il a raté l'examen.
8   Zarbi (Bonne chance: ça c'est du verlan!)

On s'explique

*Travaillez à deux. L'un d'entre vous regarde cette page, l'autre regarde la page 166. Pose des questions tour à tour et fais des listes complètes dans ton cahier. Pour t'aider, regarde le **Lexique**.*

Exemple

A: Peux-tu m'expliquer le mot 'flic', s'il te plaît?
B: Flic, ça veut dire 'agent de police'.
B: 'Les chaussures', qu'est-ce que c'est en français familier?
A: C'est 'les godasses'.
B: Et ça s'écrit comment?
A: G-O-D-A-S-S-E-S

	Le français familier	Le bon français
1	un flic	
2	les godasses	les chaussures
3		le travail
4	la bagnole	la voiture
5	la bouffe	
6	le bahut	l'école
7		ennuyeux
8	bosser	travailler
9	avoir la dalle	
10	les fringues	les vêtements

Sais-tu quoi dire?

Qu'est-ce qu'il faut dire dans les situations suivantes?

1 Tu veux savoir le mot français pour 'video-recorder'.
2 Tu veux savoir comment l'écrire.
3 Tu ne comprends pas l'expression 'la machine pour le traitement de texte'.
4 Une vieille dame te parle très indistinctement. Tu veux lui demander de répéter sa question.
5 Ton correspondant te parle très rapidement. Tu lui demandes de ralentir.

Tu cherches un mot?

Si tu oublies un mot et tu n'as pas ton dictionnaire essaie un de ces 'trucs':

1 Explique le mot avec une définition.
2 Dis le contraire, si tu t'en souviens.

On se fait comprendre

Comprends-tu ce que ces étrangers veulent dire?

1 Pardon Madame, mais est-ce vous avez une paire de … c'est un petit machin pour couper du papier.
2 Est-ce qu'il y a … euh … c'est que je voudrais brancher mon magnétophone.
3 Avez-vous des … ce sont des trucs pour les vêtements, pour les mettre dans l'armoire?
4 Où se trouve … euh … c'est comme une casserole, mais plat. C'est pour faire une omelette.
5 Ce paquet est … euh … c'est le contraire de plein.

Maintenant à toi. Imagine que tu as oublié les mots pour ces choses. Est-ce que tu peux les demander en utilisant des définitions?

Maintenant, demande ces mots en citant le contraire.

11 grand
12 beau
13 tard
14 lentement
15 intéressant

▱ Lexique ▱▱▱

Difficultés de langue	**Language problems**
Tu comprends/Vous comprenez?	Do you understand?
Excusez-moi, mais je n'ai pas compris	Sorry, but I didn't understand
Je ne comprends pas (très bien)	I don't understand (very well.)
Pouvez-vous/Peux-tu répéter cela/parler plus fort/plus lentement, s'il vous/te plaît?	Could you repeat that/speak louder/more slowly, please?
Qu'est-ce que ça veut dire (en anglais?)	What does that mean (in English?)
Comment dit-on en français 'computer'?	What's the French for computer?
Ça s'écrit comment?	How is that spelt?
Pouvez-vous/peux-tu écrire cela, s'il vous/te plaît?	Could you write that down please?
un machin	thing, gadget
un truc	trick, knack; thingummy, what's-its-name
C'est pour …	It's for/to …
C'est le contraire de …	It's the opposite of …

NOW YOU CAN . . .

… recognise some of the differences between formal and informal language, understand some slang expressions and ask for help if you don't understand.

A table

Nathalie est bien arrivée chez Sandrine à Paris. Maintenant on va diner. Ecoute les conversations sur la cassette, puis fais ces activités.

Le repas

Choisis les mots pour décrire le repas.

1 Comme hors d'œuvre, il y a

a du melon

b du potage

c du pâté

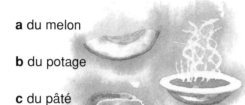

2 Comme plat principal, on mange

a une omelette

b du poulet

c du poisson

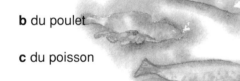

3 Comme légumes, il y a

a des haricots

b des carottes

c des petits pois

4 Pendant le repas on boit

a de la bière

b du vin

c du jus d'orange

5 Il y a un grand choix de

a fromage

b pain

c desserts

6 Après le repas, on prend

a du thé

b du chocolat

c du café

Expressions utiles

Voilà des expressions utiles quand on prend un repas en famille. Ecoute la cassette encore. Lesquelles de ces expressions est-ce qu'on entend?

A Tu peux me passer le pain, s'il te plaît?

B Est-ce que je peux avoir de l'eau?

C Encore des légumes?

D Oui, je veux bien.

E Merci, ça me suffit.

F C'est délicieux.

G Je n'aime pas beaucoup les haricots.

H Bon appétit!

I Un petit peu.

J Servez-vous.

K Merci, j'en ai assez mangé.

L Pouvez-vous me passer le poivre, s'il vous plaît?

🔊 Un repas en famille

Travaillez à deux. Lisez ces dialogues, puis inventez d'autres conversations en changeant les mots en couleur.

A

– Qu'est-ce que tu veux boire? Du vin, de l'eau, de la bière, de la limonade?
– De l'eau, s'il vous plaît.
– Encore du potage?
– Non, merci. Ça me suffit.
– Tu aimes le poulet?
– Oui, c'est délicieux.
– Voilà des légumes. Sers-toi. Est-ce qu'il y a quelque chose que tu n'aimes pas?
– Euh … je n'aime pas beaucoup le chou-fleur.

De l'eau	Non, merci. Ça me suffit
Du vin	Oui, s'il vous plaît
De la bière	Oui, avec plaisir
De la limonade	Oui, un petit peu, s'il vous plaît

le poulet	Oui, c'est délicieux
le bœuf	Oui, c'est très bon
l'agneau	
la viande	le chou-fleur
le poisson	les carottes
l'omelette	les épinards
	le chou
	les haricots

B

– Tu prends du fromage? Il y a du Brie et du Roquefort.
– Oui, je veux bien. Pouvez-vous me passer le pain, s'il vous plaît?
– Voilà.
– Merci.
– Comme dessert, il y a une tarte aux abricots ou des fruits. Qu'est-ce que tu prends?
– De la tarte aux abricots, s'il vous plaît.
– Tu en veux encore?
– (Oui, avec plaisir.)
– Tu prends du café?
– Non, merci. Je n'aime pas beaucoup le café.

Oui, je veux bien.	de la tarte aux abricots
Non merci, j'ai assez mangé.	une banane
	une pomme
le pain	une poire
l'eau	une mandarine
le sel	
le poivre	
la moutarde	

Non, merci. Je n'aime pas beaucoup le café.
Oui, avec plaisir.

Aux repas
Ecris une liste des expressions utiles
a à comprendre
b à utiliser.

🖊 Lexique 🔖🔖🔖🔖

Les repas	Meals
le petit déjeuner	breakfast
le déjeuner	lunch
le goûter	tea
le dîner	dinner
La nourriture	**Food**
l'agneau	lamb
le bœuf	beef
les céréales (f pl)	cereal
le chou-fleur	cauliflower
la confiture	jam
la confiture d'oranges	marmalade
le foie	liver
la moutarde	mustard
le pain	bread
le poivre	pepper
des œufs (m pl)	eggs
une omelette	omelette
le pain grillé	toast
le poisson	fish
le poulet	chicken
le saucisson	continental sausage
le sel	salt
la semoule	semolina
le sucre	sugar
une tartine	bread and butter

◗ Au cours du séjour

Ecoute les conversations, puis trouve la bonne image.
Exemple: 1G

Trouve la question

Lis les questions, puis trouve une question qui va avec chaque image.
Exemple: 1 E

1 Tu as bien dormi?
2 J'ai oublié mon shampooing. Est-ce que je peux en emprunter?
3 Ça va? Tu as l'air fatigué?
4 Je voudrais acheter des spécialités pour ramener chez moi. Où est-ce que je trouverai ça?
5 Est-ce que je peux sortir samedi soir? Sébastien, un copain de Sandrine, m'a invitée au cinéma.
6 Je dois rentrer à quelle heure?
7 Où puis-je mettre mon linge sale?
8 J'ai un peu faim. Est-ce que je peux me faire une tartine?

Trouve la bonne réponse

Relis les questions à gauche, puis trouve une réponse à chaque question. Attention! Quelquefois il y a deux réponses possibles.
Exemple: 1 F ou I

A Tu peux le mettre dans le panier à linge dans la salle de bains.
B Oui, tu en trouveras dans le placard de la salle de bains.
C Oui, si tu veux, mais il ne faut pas rentrer trop tard.
D Oui, je suis très fatigué(e). Je vais me reposer dans ma chambre.
E Vers 11h30, minuit au plus tard.
F Oui, très bien merci.
G Bien sûr. Prends ce que tu veux dans le frigo.
H Il y a un grand choix de spécialités régionales au supermarché.
I Oui, mais j'avais un peu froid. Est-ce que je peux avoir une couverture supplémentaire, s'il vous plaît?
J Mais oui. Il y a du pain et de la confiture dans la cuisine.
K Oui, je suis fatigué et j'ai un peu mal à la tête.
L Oui, Sébastien, je le connais. Il est sympa, ce garçon.

◗ On fait des conversations

Travaillez à deux pour poser et répondre aux questions. Une personne pose une question. L'autre répond, puis pose une question différente. Qui peut continuer le plus longtemps?

Un séjour en famille

Ecris une sélection des questions et réponses dans ton guide.

Vacances en Grande-Bretagne

Sandrine a trouvé cet article dans le magazine Okapi.
Lis cet extrait, puis fais les activités.

100 conseils pour partir en Grande-Bretagne

La politesse avant tout
Les Britanniques sont des gens accueillants, cordiaux, mais souvent réservés et très discrets. Faites de même. Parmi les choses élémentaires: faites votre lit, rangez derrière vous, ne laissez pas vos affaires partout, offrez votre aide ... Voilà qui sera apprécié.

Evidemment ne vous servez pas dans le réfrigérateur sans demander.

Si vous ne vous sentez pas bien, n'hésitez pas à le dire à la maîtresse de maison. Elle a l'habitude de prendre soin de ses enfants et elle saura bien vous aider si vous lui faites part de vos petits malaises (maux de tête, de gorge, de ventre ...).

Demandez-lui aussi où poser votre linge sale ... et comment fonctionne la chasse d'eau. Peut-être serait-il prudent de lui confier vos papiers, votre billet d'avion et votre argent.

Mangez anglais
Qui prétend que l'on mange mal en Angleterre? Vous verrez que c'est un jugement en bonne partie injustifié.

Vous n'aimerez peut-être pas tout dans la cuisine britannique, mais essayez tout. En particulier, ne manquez pas:
- la fameuse sauce à la menthe servie avec de l'agneau rôti;
- le 'trifle'
- les 'puddings'
- des gâteaux différents des nôtres, comme les scones et les hot cross buns.

En France on apprend à mettre ses mains sur la table et pas sur les genoux; en Grande-Bretagne, c'est le contraire. Vous verrez à votre gauche, en plus de votre assiette, une petite assiette destinée à votre pain. Notez, cependant, qu'on ne mange pas de pain à tous les repas comme en France.

Pour éviter des problèmes
Gardez toujours sur vous le nom, l'adresse et le numéro de téléphone de votre famille d'accueil.

Les Britanniques sont bien plus respectueux des règlements que les Français: traversez la route quand c'est votre tour dans les 'zebra crossings'. Et ne cherchez pas à resquiller dans les queues d'attente. C'est très mal vu.

A ne pas manquer
Profitez des jardins publics. Ils sont souvent très beaux et vous avez le droit de marcher sur les pelouses. Allez vous assister à un match de cricket. Faites vous accompagner dans un 'pub'; l'atmosphère est très différent de nos cafés. Il y a souvent des jeux, billards, fléchettes et d'autres.

Intéressez-vous à tous et à tout. Vous apprendrez beaucoup et vous laisserez l'impression que 'les Francais sont bien mieux qu'on ne croyait!'

© Okapi, février 1994

Pour t'aider à comprendre

faire part de	to inform someone about something
un malaise	discomfort
comment fonctionne la chasse d'eau	how you flush the toilet
resquiller dans les queues	to jump the queue
C'est très mal vu	People take a dim view of it/ It's not accepted
des fléchettes	darts

C'est à faire ou à ne pas faire?
Exemple: à faire: **A**, ...

A faire votre lit
B ranger derrière vous
C laisser vos affaires partout
D offrir votre aide
E se servir dans le refrigérateur sans demander
F essayer tout ce qu'on vous offre à manger
G garder sur vous l'adresse et le numéro de téléphone de la famille d'accueil
H resquiller dans les queues

Les Britanniques vus par les Français
Voilà quelques impressions que des étrangers ont des Britanniques. Lesquelles sont mentionnées dans l'article? A ton avis, lesquelles sont justifiées?

1 Ils sont accueillants.
2 Ils aiment la nature, la campagne et surtout les animaux.
3 Ils boivent jusqu'à vingt tasses de thé par jour.
4 Ils sont souvent réservés et très discrets.
5 Ils mangent mal.
6 Le dimanche on mange toujours du rosbif.
7 Ils font souvent la queue.
8 Ils sont toujours en train de prendre des petits snacks.

NOW YOU CAN ...
... ask and answer questions during a meal and talk about other situations which might arise when staying with a family.

107

Au travail!

Les parents de Lucie et de Frédéric sont partis en vacances. Pendant leur absence, on a fait la fête. Mais les parents rentrent ce soir et il faut tout ranger. Voilà ce qu'on fait.

As-tu une bonne mémoire?

Regarde bien l'image pendant quelques minutes, puis ferme le livre et essaie de décrire toutes les activités.
Exemple: On fait la lessive.

✍ Lexique △△△△

Le travail à la maison	**Housework**		
aider à la maison	to help at home	*faire la vaisselle*	to do the washing up
essuyer	to wipe up	*faire les vitres*	to clean the windows
remplir le lave-vaisselle	to load the dishwasher	*laver la voiture*	to wash the car
débarrasser la table	to clear the table	*mettre la table*	to lay the table
vider le lave-vaisselle	to unload the dishwasher	*nettoyer*	to clean
faire les courses	to go shopping	*passer l'aspirateur*	to vacuum
faire la cuisine	to cook	*préparer les repas*	to prepare the meals
faire la lessive	to do the washing	*ranger ses affaires*	to tidy up
faire les lits	to make the beds	*repasser*	to iron
faire le ménage	to do the housework	*sortir les poubelles*	to put the dustbins out
faire le repassage	to do the ironing	*une tâche ménagère*	a household chore
		travailler dans le jardin	to work in the garden

Un coup de main

Tu es chez une famille en France et tu veux donner un coup de main. Qu'est-ce que tu dis?
Qu'est-ce que je peux faire pour vous aider?

Est-ce que je peux	mettre la table débarrasser la table faire le café? faire la vaisselle? essuyer la vaisselle? ranger la vaisselle?

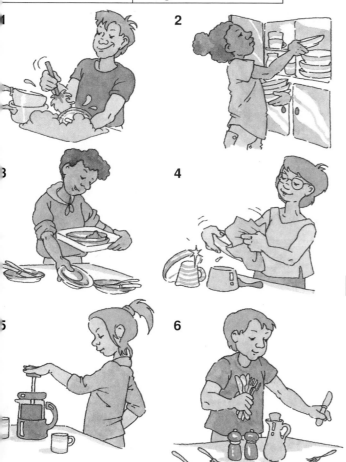

Une enquête

On va faire une enquête sur le travail à la maison. D'abord, il faut préparer le questionnaire. Copie ces détails, puis écris une liste de dix tâches (ou plus). Pour t'aider, consulte le **Lexique**.

Une enquête: Les tâches ménagères

Quelles sont les tâches que tu fais volontiers? (Mets un ✔)

Quelles sont les tâches que tu fais de temps en temps? (Mets un **?**)

Quelles sont les tâches que tu détestes faire? (Mets un **✗**)

Les tâches

faire la vaisselle					

On écoute l'enquête
Ecoute la cassette. On a interrogé les membres d'une famille française sur les tâches ménagères. Note leurs réponses sur ton questionnaire.

On fait l'enquête
Maintenant interroge ton/ta partenaire et note ses réponses.
Puis fais un petit résumé.

Exemple
(Nom) fait volontiers les tâches suivantes: …
De temps en temps, il/elle fait …
Il/elle déteste faire ces tâches: …

Dossier personnel

Ecris quelques phrases à propos des tâches ménagères. Voilà des idées:

Qui participe aux tâches ménagères chez toi?

Qui travaille le plus?

Qu'est-ce que tu fais volontiers?

Qu'est-ce que tu fais de temps en temps?

Qu'est-ce que tu détestes faire?

On discute des tâches ménagères

Ecoute la cassette. On parle des tâches ménagères. A chaque fois, trouve le résumé qui décrit le mieux ce que la personne a dit.

A Elle a horreur de ranger sa chambre. Elle préfère le désordre.

B Pendant les vacances, il aide à faire les courses et il s'occupe de son petit frère, mais pendant l'année scolaire il n'a pas le temps d'aider beaucoup.

C Tout le monde participe, parce que c'est une grande famille et il y a beaucoup de travail. Chacun a sa petite tâche.

D Le mari et le femme participent aux tâches ménagères. Les deux travaillent, alors ils trouvent ça normal.

E La mère s'occupe principalement des tâches ménagères, mais les enfants doivent ranger leur chambre et remplir le lave-vaisselle.

NOW YOU CAN . . .
• •
… talk about household chores and say what you do to help at home.

 ## Au revoir!

Les vacances sont finies: maintenant il faut dire au revoir et merci.
Voici d'abord la conversation de David avec la mère de Clément.

— Merci bien pour les fleurs David. Ça t'a plu, ton séjour en France?
— Oh oui, je me suis très bien amusé ici.
— Alors, au revoir et bon voyage!
— Au revoir Madame, et merci beaucoup pour ce merveilleux séjour.

Ecoute la conversation sur la cassette et joue le rôle de David (sans regarder le texte, si possible!)

Au revoir Annette!

Voici d'autres personnes qui se disent 'Au revoir et merci'. Ecoute leur conversation sur la cassette et regarde la sélection de phrases ci-dessous. Quelles sont les choses qu'ils disent?

1 A la prochaine fois alors.

2 Mon séjour était sensass!

3 Merci infiniment!

4 Un grand merci pour tout.

5 J'en garderai un excellent souvenir.

6 A bientôt, j'espère.

7 J'ai passé des vacances vraiment merveilleuses!

8 Tu n'as rien oublié?

9 N'oublie pas de me téléphoner!

10 Bon retour en Angleterre!

11 N'oublie pas d'écrire!

12 Je vous remercie beaucoup.

13 Au revoir, et bon voyage

14 Merci pour tout!

15 Au revoir et à un de ces jours!

Un lexique à faire ✍

Regarde la conversation et les phrases et fais un petit Lexique qui pourra t'être utile plus tard.

1 Des expressions pour dire merci
2 Des expressions pour décrire les vacances (le séjour en France)
3 Deux vœux pour le voyage de retour
4 Des expressions pour dire au revoir

Un grand merci!

Travaillez à deux pour faire un dialogue pareil pour dire au revoir et merci pour un séjour en France vrai ou imaginaire.

Merci!

Choisis la lettre de Nathalie ou la lettre de David et complète-la dans ton cahier.
ou
*Ecris une lettre pour remercier une famille française ou québecoise chez qui tu as passé des vacances.
(La visite peut être vraie ou imaginaire.)
Pour t'aider, regarde le **Lexique**.*

La lettre de Nathalie

*Londres, le 24 avril
Chers Monsieur et Madame Briand,
Je voulais vous écrire tout de suite pour vous remercier de votre hospitalité ...*

La lettre de David

*Angleterre, le 18 août
Cher Clément,
Je te remercie encore de ce formidable séjour. Un grand merci à ...*

✍ Lexique ✍✍✍

Après ton retour	***After your return***
Le voyage	**The journey**
Le voyage s'est/ne s'est pas (très) bien passé	The journey went (very) well/didn't go too well
Je suis arrivé en retard/en avance/à l'heure	I arrived late/early/on time
Ce que tu as aimé/remarqué	**What you liked/ noticed**
Pendant mon séjour en France, j'ai surtout aimé ...	During my stay in France, I especially liked ...
Une chose qui m'a surtout frappé était ...	Something which really struck me was ...
Je me souviendrai de ...	I shall remember ...
Je n'oublierai jamais ...	I shall never forget ...
Des messages	**Messages**
Dis/dites bonjour/merci à ... de ma part	Remember me/Say hello/thank you to ... for me
Embrasse(z) ... pour moi	Give ... my love
Merci encore, et au revoir	Thank you again and goodbye

Vive la différence!

Cette année ces deux jeunes filles ont fait un échange et, à leur retour chez elles, chacune a noté quelques différences entre la vie en France et au Royaume-Uni. Elizabeth a écrit l'article suivant pour le magazine de son collège. Lis d'abord ses impressions. Puis regarde la case et choisis un titre pour chaque paragraphe.

Cet été, j'ai passé de très bonnes vacances chez Céline, ma correspondante française à Soissons. Voici quelques différences entre la vie en France et chez moi.

1 Les heures des repas sont différentes, surtout le soir: on dîne beaucoup plus tard en France et on passe bien plus de temps à table que nous.
2 On mange bien en France. J'ai surtout aimé les omelettes aux champignons et les glaces. La plupart des repas sont faits 'maison', il n'y a presque pas de plats cuisinés, et on ne se sert pas trop du four à micro-ondes. Le pain est tout frais: on va le chercher tous les matins à la boulangerie.
3 Les planchers sont souvent en bois ciré avec quelques petits tapis, par ci, par là. Au lieu de rideaux il y a souvent des volets. C'est pratique: la maison est chaude en hiver et en été il fait plus frais.
4 Beaucoup de meubles sont en bois, et assez grands. Quelquefois ce sont des meubles que la famille a hérités des grands-parents.
5 En famille on s'embrasse beaucoup sur les deux joues et on se donne la main plus fréquemment que chez nous. Si des membres de la famille n'habitent pas trop loin on se rend souvent visite, surtout pour déjeuner le dimanche.
6 Et une autre chose qui m'a vraiment surprise: la plupart des chansons de la musique pop ont des paroles en anglais!

Les meubles
On mange bien
A table
On chante en anglais
La maison
La famille

NOW YOU CAN ...

... say thank you and goodbye and write a letter of thanks.

Une journée scolaire

On se lève, on se rend au collège, on a cours, on rentre, on fait ses devoirs, on se couche. Voilà en gros la journée typique de beaucoup d'écoliers. Mais comment se passe une journée scolaire plus exactement? Trois jeunes personnes décrivent pour nous une journée typique. Lis les textes, puis écoute la cassette pour en savoir plus.

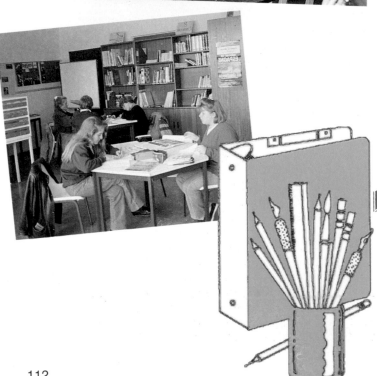

Mathieu: Montréal, Québec

Je me réveille à six heures et demie. Je me lève et je mange des céréales et je bois un chocolat chaud. Je pars à sept heures et demie. Mon père me conduit à l'école. J'y arrive à huit heures et demie et j'ai cours jusqu'à midi et demi. Puis c'est la pause-déjeuner. J'apporte mon propre déjeuner. Normalement, je mange des sandwichs, un fruit, des chips et je prends une boisson. L'après-midi, j'ai cours jusqu'à quatre heures et demie. Puis, je prends l'autobus pour rentrer chez moi. Le soir, on mange à six heures et après, je fais mes devoirs: j'en ai pour une heure normalement. D'habitude, je me couche vers dix heures.

Qu'est-ce qui se passe?

Regarde l'heure: que fait Mathieu?
Exemple: 1 C

1 `06.30`	**2** `07.30`	**A** Il quitte la maison.
3 `09.15`	**4** `12.45`	**B** Il rentre en autobus.
5 `16.36`	**6** `18.15`	**C** Il se réveille.
7 `19.00`	**8** `22.00`	**D** Il mange son déjeuner.

A Il quitte la maison.
B Il rentre en autobus.
C Il se réveille.
D Il mange son déjeuner.
E Il est en classe.
F Il mange à la maison.
G Il se couche.
H Il fait ses devoirs.

Vrai ou faux?

Ecoute la cassette, puis décide si ces phrases sont vraies ou fausses.

1 Mathieu ne prend pas de petit-déjeuner.
2 Le voyage dure une demi-heure.
3 Quelquefois on doit fermer l'école à cause de la neige.
4 D'habitude il mange des sandwichs, un fruit et des chips à midi.
5 Le soir, il regarde la télévision ou il joue avec l'ordinateur.

Charlotte: Paris, France

Tous les matins je me lève à sept heures moins le quart. Je prends mon petit-déjeuner (des céréales, un jus d'orange, et quelquefois des tartines avec de la confiture) et je pars à sept heures et demie. Je vais au collège en métro et je reviens en bus. Mes cours commencent à huit heures. J'ai une pause à dix heures le matin: ça dure dix minutes. La pause-déjeuner est de midi à deux heures. Je suis demi-pensionnaire, alors je mange à la cantine. Ensuite les cours reprennent vers deux heures et se terminent vers cinq heures. Je rentre chez moi en bus. En arrivant à la maison je goûte et puis je fais mes devoirs. On dîne vers huit heures. Puis je regarde la télévision ou je lis et je me couche généralement vers dix heures et demie.

Un résumé

Complète les phrases pour faire un résumé de la journée de Charlotte.

1 Elle se lève à …
2 Pour le petit déjeuner, elle prend …
3 Elle quitte la maison à …
4 Elle va au college en …
5 Elle a environ … heures de cours, le matin.
6 La pause-déjeuner dure …
7 Normalement, les cours finissent à …
8 En arrivant à la maison, elle …
9 Après le dîner, elle …
10 A dix heures et demie, elle …

Choisis la bonne réponse

Ecoute la cassette puis choisis la bonne réponse.

1 Qu'est-ce que les lycéens vendent pendant la récréation?
  a des chips b des pains au chocolat c des fruits

2 Qu'est-ce qu'elle aime manger à la cantine? (2 choses)
  a de la salade b des frites c du riz d de la viande hâchée e du poulet f du poisson

3 Comment rentre-t-elle à la maison?
  a à pied b en métro c en autobus

4 Elle a besoin de combien d'heures pour faire ses devoirs le soir?
  a une heure b deux heures c trois heures

Giliane: Fort de France, Martinique

Je me lève de bonne heure le matin, vers six heures, car c'est la seule période de la journée où il fait à peu près bon. Je prends du café et des tartines et je me prépare. Pour l'école je m'habille en chemisier et en jupe. Je vais à l'école à pied avec mes frères et mes sœurs. Il commence déjà à faire chaud. Les cours commencent à huit heures. A midi nous rentrons à la maison pour déjeuner. L'après-midi, les cours reprennent à deux heures et se terminent vers quatre heures. Avant de rentrer, nous nous amusons un peu. Quelquefois on fait une partie de football, ou on fait de la musique ou on s'assied sur le trottoir pour discuter et plaisanter. Puis je rentre à la maison à pied et je commence mes devoirs. Je dîne et je me couche assez tôt (vers neuf heures), vu que je dois me lever à six heures le lendemain.

Trouve l'erreur

Corrige les erreurs dans ces phrases

1 A six heures du matin il fait plus chaud qu'à onze heures.
2 Pour le petit-déjeuner Giliane mange du pain et de la confiture et elle boit du thé.
3 Elle s'habille en uniforme scolaire.
4 Elle va au collège en vélo.
5 A midi, elle mange à la cantine.
6 Les cours se terminent vers trois heures.
7 Quelquefois elle joue au volley avant de rentrer.
8 Elle se couche vers sept heures.

Réponds aux questions

Ecoute la cassette pour trouver les réponses.

1 Elle a combien de frères et de sœurs?
2 Il faut combien de temps pour aller au collège?
3 Qu'est-ce qu'elle mange comme légumes à midi? (3 choses)
  a des patates douces b des petits pois c des ignames d des champignons e des carottes f des bananes vertes
4 Qu'est-ce qu'elle aime faire après les cours?
5 A quelle heure est-ce qu'il fait nuit?

Dossier-langue

Rappel: reflexive verbs (present tense)

Reflexive verbs are verbs like *se laver, s'habiller, se réveiller* which take an 'extra' (reflexive) pronoun. Often, the action 'reflects back' onto the subject. Many reflexive verbs are regular *-er* verbs:

*Je **me lave***	I get washed
*Tu **te lèves**?*	Are you getting up?
*Il **se rase***	He gets shaved
*Elle **s'habille***	She gets dressed
*On **s'entend*** (bien)	We get on (well)
*Nous **nous débrouillons***	We manage/get by
*Vous **vous dépêchez**?*	Are you in a hurry?
*Ils **se changent***	They are getting changed
*Elles **se disputent*** (toujours)	They're (always) arguing

Find some examples of reflexive verbs in *Une journée scolaire*. Can you think of any others?

Une interview

Travaillez à deux. Chaque personne à son tour doit poser ces questions à l'autre et doit noter ses réponses. Puis écris un résumé de la journée de l'autre. Au lieu de son nom, écris un numéro codé. Tes camarades doivent identifier la personne d'après ta description.

Exemple

1234 se lève à 8 heures et demie. Il ne prend pas de petit déjeuner: il n'a pas le temps, mais il mange beaucoup à midi. Il va au collège …

1 Tu te lèves à quelle heure?
2 Qu'est-ce que tu prends pour le petit déjeuner?
3 Comment vas-tu au collège? (J'y vais …)
4 Que fais-tu à midi?
5 L'école se termine à quelle heure?
6 Que fais-tu après?
7 Comment rentres-tu à la maison?
8 Que fais-tu, le soir?
9 A quelle heure est-ce que tu te couches?

✐ Lexique ✐✐✐

La routine	Routine
aller à l'ecole/au travail	to go to school/work
se coucher	to go to bed
déjeuner	to have lunch
se deshabiller	to get undressed
dormir	to sleep
goûter	to have afternoon tea
s'habiller	to get dressed
se laver	to get washed
se lever	to get up
prendre un bain/une douche	to take a bath/shower
prendre son petit déjeuner	to have breakfast
rentrer	to return home
se réveiller	to wake up

Métro, boulot, dodo

Il y en a qui aiment la routine et d'autres qui ne la supportent pas. Voilà quelques avis. A toi de les classer en trois groupes:

A ceux qui pensent que la routine est nécessaire
B ceux qui aiment un peu de routine
C ceux qui ne la supportent pas.

Et toi, quel est ton avis? Est-ce que tu partages un de ces avis?

1 La routine, c'est ennuyeux. Savoir ce qu'on va faire à chaque moment de la journée, quelle horreur!
2 Moi, j'aime la routine. Comme ça, je sais que je fais ce qui est nécessaire et que je peux profiter de mon temps libre pour faire ce qui me plaît.
3 Il faut avoir un peu de routine, sinon on passe trop de temps à décider ce qu'on va faire et à hésiter entre deux choses.
4 Chaque jour, c'est la même chose. On se lève, on s'habille et on va au collège, on rentre, on fait ses devoirs, on se couche. Heureusement pendant les vacances on peut vivre un peu plus spontanément.
5 La routine, ça va, mais il ne faut pas en être l'esclave. S'il arrive quelque chose d'imprévu il faut en profiter pour faire quelque chose de différent.

Dossier personnel

*Raconte une journée typique. Voici quelques questions pour t'aider. Consulte aussi **Une interview** et **Un résumé** à la page 112.*

Le matin

1 Qui se lève le premier chez vous?
2 A quelle heure est-ce que tu quittes la maison?
3 Est-ce que tes parents quittent la maison avant toi?

L'après-midi et le soir

4 Est-ce que tu rentres directement à la maison, d'habitude?
5 Que fais-tu en arrivant à la maison?
6 A quelle heure est-ce que tu manges, le soir?
7 A quelle heure te couches-tu les jours d'école/ le week-end?

NOW YOU CAN . . .
··
… talk about your daily routine and describe a typical day.

4.8 VOILA CE QU'ON A FAIT

Le week-end dernier

Le week-end, on se détend, on se repose, on s'amuse.
Ecoute Charlotte et Martin qui parlent du week-end dernier, puis décide qui a dit chaque phrase.

A Je me suis levée à 7 heures comme d'habitude.
B Je ne me suis pas levé tôt.
C Je me suis préparée pour sortir.
D Le soir je n'ai pas fait grand-chose.
E Je me suis habillée en jean et en T-shirt.
F Je me suis coiffée et je me suis maquillée.
G Je ne me suis pas couché tard.
H Tout le monde s'est bien amusé.
I Je me suis couchée vers minuit.
J Je suis tombé et je me suis fait mal au genou.
K Dimanche, j'ai fait la grasse matinée.
L J'ai dû me reposer le reste de la journée.

Un dialogue à conséquences

Travaillez en groupes pour inventer les détails d'un petit accident qui a eu lieu le week-end dernier. Ecris les détails puis inventez la conversation.
Ecris sur une feuille …

1 quand tu t'es levé(e)
2 comment tu t'es habillé(e)
3 où tu es allé(e)
4 ce qui s'est passé
5 où tu t'es fait mal.

Exemple

– Tu t'es levé(e) à quelle heure?
– Je me suis levé(e) à midi.
– Tu t'es habillé(e) comment?
– Je me suis habillé(e) en jean et en T-shirt.
– Où es-tu allé(e)?
– Je suis allé(e) à la ferme.
– Qu'est-ce qui s'est passé?
– Je suis tombé(e) du cheval.
– Tu t'es fait mal?
– Oui, je me suis fait mal au bras.

12:00
en jean et en T-shirt
à la ferme
tomber du cheval
au bras

Dossier-langue

Rappel: reflexive verbs (perfect tense)

Can you find some examples of reflexive verbs in the perfect tense in *Le week-end dernier*? Then work out the following:

1 Which auxiliary verb (*avoir* or *être*) is used?
2 Where does the reflexive pronoun go?
3 What do you notice about the past participle?

Il s'est levé, s'est habillé et m'a dit qu'il allait acheter des aspirines à la pharmacie.

Solution

1 Reflexive verbs form the perfect tense with *être*.
2 The reflexive pronoun goes before the part of *être* (the auxiliary verb).
3 The past participle has to agree with the subject, so add an *-e* if it's feminine and an *-s* if it's plural.

Here is the perfect tense of *se réveiller*.

je me **suis**	réveillé(e)
tu t'**es**	réveillé(e)
il s'**est**	réveillé
elle s'**est**	réveillée
on s'**est**	réveillé(e)(s)
nous nous **sommes**	réveillé(e)s
vous vous **êtes**	réveillé(e)(s)
ils se **sont**	réveillé(e)s
elles se **sont**	réveillées

Ils se sont fait mal!

Je me suis fait mal à la jambe et au bras.

Je me suis fait mal au genou et au doigt.

When a reflexive verb is used with a part of the body in the perfect tense, and when the verb *se faire mal* is used, the past participle doesn't agree with the subject:

Elle s'est lavé les mains avant de manger
She washed her hands before eating

Tu t'es fait mal? — Have you hurt yourself?
Je me suis coupé le doigt — I've cut my finger

Samedi soir

Alex est invité à une boum samedi soir. Qu'est-ce qu'il a fait avant de sortir?
Ecris les textes.

1 se déshabiller

2 se laver

3 se raser

4 s'habiller

5 se coiffer

Virginie aussi est invitée à la boum. Qu'est-ce qu'elle a fait avant de sortir?
Ecris les textes.

1 se laver

2 se maquiller

3 s'habiller en veste et en pantalon

4 se changer

5 se coiffer

A la boum

On peut se revoir samedi prochain?

Oui, je veux bien.

Complète le texte.

1 Tout le monde … bien … à la boum. (s'amuser)
2 Virginie et Alex ne se connaissaient pas avant, mais ils … à la boum. (se rencontrer)
3 Ils … bien. (s'entendre)
4 Ils ont décidé de … samedi prochain.

Déjeuner du matin

Jacques Prévert est un des plus grands poètes français du vingtième siècle. Voici un de ses poèmes les plus célèbres. Il raconte une matinée pas comme les autres.
A ton avis, est-ce que c'est plutôt triste ou heureux?

Déjeuner du matin

Il a mis le café
Dans la tasse
Il a mis le lait
Dans la tasse de café
Il a mis le sucre
Dans le café au lait
Avec la petite cuiller
Il a tourné
Il a bu le café au lait
Et il a reposé la tasse
Sans me parler
Il a allumé
Une cigarette
Il a fait des ronds
Avec la fumée
Il a mis les cendres
Dans le cendrier
Sans me parler
Sans me regarder
Il s'est levé
Il a mis
Son chapeau sur sa tête
Il a mis
Son manteau de pluie
Parce qu'il pleuvait
Et il est parti
Sous la pluie
Sans une parole
Sans me regarder
Et moi j'ai pris
Ma tête dans ma main
Et j'ai pleuré

Jaques Prévert: Paroles
© Editions GALLIMARD

Une journée pas typique

Raconte une journée pas comme les autres. Ça peut être vrai ou imaginaire.
Voilà des idées:

1 Tu t'es réveillé(e) un matin. Quelle surprise! Tu t'es changé en chien/chat/cheval. Raconte ta journée.
2 Tu rêves d'être célèbre? Pour une journée tu peux être quelqu'un de célèbre de ton choix. Raconte ta journée.

NOW YOU CAN . . .
. . . .
… describe what you did, and understand and use reflexive verbs in the perfect tense.

4.10 LA VIE SCOLAIRE

A Que sais-tu de la vie scolaire en France?

Lis cet extrait d'un guide préparé par une classe française pour un collège en Grande-Bretagne. Essaie de trouver les réponses aux questions suivantes:

Comment s'appelle(nt) …

1 … l'école pour les moins de six ans?
2 … l'école pour les 6 à 11 ans?
3 … les élèves qui habitent à l'école toute la semaine?
4 … les élèves qui habitent à la maison mais qui déjeunent à l'école?
5 … l'examen qu'on passe à la fin des années au collège?
6 … l'examen très important qu'on passe à la fin de la dernière année au lycée?
7 Combien d'années est-ce qu'on passe d'habitude
  a au collège?
  b au lycée?

8 Est-ce que tous les élèves doivent
  a porter l'uniforme scolaire?
  b aller à l'école le samedi après-midi?
9 Quelles sont les choses que les élèves doivent acheter eux-mêmes?
  Ils doivent acheter …
  L'école leur prête …
10 Si un(e) élève ne fait pas assez de progrès ou ne réussit pas dans les examens, qu'est-ce qu'il/elle doit faire?

Un guide à la vie scolaire en France

Les années à l'école

En France l'éducation est obligatoire à partir de six ans et jusqu'à seize ans, mais beaucoup d'enfants vont à l'école maternelle dès l'âge de trois ou quatre ans.

A six ans on commence l'école primaire, où on apprend à lire, écrire et faire du calcul. Puis, à onze ans, on entre en sixième, la première année du collège.

> L'entrée en sixième est un moment important pour nous les enfants!

Après quatre ans au collège, à l'âge de quinze ans environ, on peut passer un examen qui s'appelle le Brevet, puis on change d'école et on va ou au lycée ou au LEP (Lycée d'enseignement professionel) où on apprend un métier.

Dans le lycée nous suivons des études qui durent trois ans: la seconde, la première et la terminale. A la fin il y a le Baccalauréat, un examen très important!

> Le Bac. c'est dur, dur, dur!

En France il n'y a pratiquement pas d'uniforme scolaire, sauf dans quelques écoles privées.

Si un élève habite à l'école pendant toute la semaine on l'appelle un(e) interne. Tandis que nous qui mangeons le déjeuner dans la cantine, mais qui rentrons à la maison le soir, on nous appelle les demi-pensionnaires. Curieux, non?

Au collège on nous fournit les livres scolaires, mais il faut acheter ses propres cahiers, son papier et ses classeurs. Les stylos, les crayons, les gommes, on achète tout ça en plus, bien sûr!

Le soir il faut faire des devoirs.

> On nous en donne trop, ça c'est évident!

> Ouf!

Le mercredi, il n'y a pas cours, heureusement, mais on peut faire du sport. Le samedi matin, on doit d'habitude aller à l'école, mais jusqu'à midi!

Les désavantages de la vie scolaire

les examens
les contrôles
les retenues
le bulletin scolaire
le redoublement (si on a de très mauvaises notes, il faut répéter une année scolaire)

> Redoubler, ce n'est pas amusant!

Les avantages de la vie scolaire

voir ses amis,
discuter avec d'autres jeunes

> Il y a quand même des cours qui sont intéressants et des profs qui sont gentils!

B Les matières

*C'est quel jour?
Regarde cet emploi du temps et écoute la cassette.
Regarde le **Lexique** pour t'aider.

**Voici votre emploi du temps
Ecoute l'emploi du temps que le professeur lit à ses élèves et en note les détails.

***On discute de l'emploi du temps
Ecoute la cassette et essaie de noter l'emploi du temps qu'Hélène aura l'année prochaine en seconde au lycée.

Hélène. (3ième)

heures	8.30 9.25	9.30 10.25	10.40 11.30	11.35 12.30		14.00 14.55	15.40 16.05	16.10 17
Lundi	Histoire géographie*	Math	Latin	Dessin		Français	Français	Latin
Mardi	Physique	Sciences Naturelles		Espagnol		Anglais	Math	Français
Mercredi								
Jeudi	Math	Techno-logie*	Espagnol		Sport	Sport	Anglais	Histoire géographie
Vendredi		Sport	Espagnol	Math		Histoire géographie	Anglais	Musique
Samedi	Latin	Français	Français	Technolo-gie				

* Histoire ou géographie une fois sur deux.   * Technologie une semaine sur deux.

Lexique

L'organisation	Organisation
apprendre	to learn
un contrôle	test, assessment
un cours	a lesson
les devoirs (m pl)	homework
enseigner	to teach
les épreuves écrites (f pl)	written tests
une note	a mark
passer un examen	to take an exam
échouer à un examen	to fail an exam
être reçu à/réussir dans un examen	to pass an exam
(les heures de) permanence (les permes) (f pl)	free/private study periods
une retenue	a detention

Les emplois du temps en questions

*Regarde l'emploi du temps d'Hélène sur cette page et réponds à ces questions.
1 Combien de matières différentes fait-elle?
2 Est-qu'elle a cours le mercredi?
3 A quelle heure commence le premier cours?
4 A quelle heure finit le dernier cours?
5 Combien d'heures de français fait-elle par semaine?

**Regarde l'emploi du temps d'Hélène et réponds à ces questions.
1 Est-ce qu'elle a cours le samedi matin/l'après-midi?
2 A quelle heure est-ce que les cours commencent l'après-midi?
3 Combien de temps environ dure chaque cours?
4 Hélène apprend quelles langues au collège?
5 A ton avis, quelle est sa meilleure journée (à part le mercredi et le samedi, bien sûr!)? Quelle est sa journée la plus mauvaise?

*** Compare l'emploi du temps d'Hélène sur cette page et celui du lycée sur la cassette. Essaie de faire au moins cinq observations.
Exemple: Au lycée, les cours finissent plus tard.

Dossier personnel

Choisis et réponds à
*4 questions
**8 questions
***10 questions

Les matières

1 Tu fais combien de matières différentes?
2 Qu'est-ce que tu étudies comme langues et comme sciences?
3 Tu as combien d'heures de français par semaine?
4 Quelle est ta matière préférée ou quelles sont tes matières préférées?
5 Quelles sont les matières que tu n'aimes pas tellement?

Au collège

1 A quelle heure est-ce que tes cours commencent, le matin?
2 A quelle heure finissent-elles?
3 Tu as combien de cours par jour?
4 Combien de temps dure chaque cours?
5 Combien d'heures de devoirs par jour as-tu? A ton avis, c'est trop/ce n'est pas assez/c'est ce qu'il faut?

*(Regarde aussi **Activités 10** et **11** à la page 166.)*

'Je suis fort(e)/Je suis nul(le)!'

Ces élèves discutent de leurs bulletins scolaires avant de les lire. Regarde les extraits des bulletins et écoute la cassette. Qui a raison et qui aura de bonnes ou de mauvaises surprises?

Patrick

MATHÉMATIQUES		19	Excellents résultats
SCIENCES NATURELLES			Élève appliqué et méthodique, mais trop réservé à l'oral
ÉDUCATION ESTHÉTIQUE	DESSIN	9	Résultats vraiment decevants!
	MUSIQUE	13	Moyen: peut mieux faire

Magali

SCIENCES PHYSIQUES		11	Bon effort, il y a une amélioration
ÉDUCATION ESTHÉTIQUE	DESSIN	17	Résultats très satisfaisants!
	MUSIQUE	13	S'applique bien

Le bulletin scolaire

Ça te rend heureux ou ça te fiche le moral à zéro? Regarde cet extrait du bulletin scolaire d'une jeune Française. C'est une élève sérieuse qui travaille très bien. Pour chaque matière on donne une note et une appréciation. Le maximum est 20. Si on a au moins 12 dans chaque matière, tout va bien. Si on a beaucoup de notes au dessous de 12, on risque de redoubler!

DISCIPLINES		MOY.	APPRÉCIATIONS	TRAVAUX ÉCRITS PARTICIPATION ORALE
FRANÇAIS	EXPRESSION ÉCRITE	13	Travail sérieux.	
	ORTHOGRAPHE	18	Résultats très	
	GRAMMAIRE	20	satisfaisants	
	LECTURE EXPLIQUÉE			
	RÉCITATION	16		
HISTOIRE		12	Du travail soigné. Résultats d'ensemble assez satisfaisants	
GÉOGRAPHIE				
L.V.I	ANGLAIS	ORAL	11	Bon résultats d'ensemble
	ALLEMAND	ÉCRIT	17	

Réponds à ces questions en regardant le bulletin scolaire.

1 Quelle est sa meilleure note?
2 Quelle est sa matière la plus faible?
3 Est-ce qu'elle est plus forte en français ou en histoire?
4 Quelle est sa première langue vivante?

Madeleine

L.V.I	ANGLAIS	ORAL	18	Excellent
	ALLEMAND	ÉCRIT	15	Bon travail
L.V.II	ALLEMAND	ORAL	16	Très bien
	ANGLAIS			Élève appliquée
	ESPAGNOL	ÉCRIT	17	
MATHÉMATIQUES			10	Médiocre, manque de concentration

Le prof, c'est toi!

Ecris ton propre bulletin pour ce trimestre (pour au moins six matières). Essaie d'être honnête! Ou écris le bulletin d'un(e) ami(e), mais fais attention si tu veux garder l'amitié intacte! Choisis des expressions dans les extraits de bulletins sur cette page ou de cette liste supplémentaire.

Insuffisant	Splendide!
Manque d'application	Bons résultats
Peu discipliné	Amélioration remarquable
Pas assez méthodique	Très bon trimestre

C Mon collège

Chaque année, le magazine Okapi *prépare un petit guide pour aider les enfants qui entrent en sixième. En voici un extrait. Regarde ce plan et fais les activités ci-dessous.*

Plan d'un collège: Le rez-de-chaussée

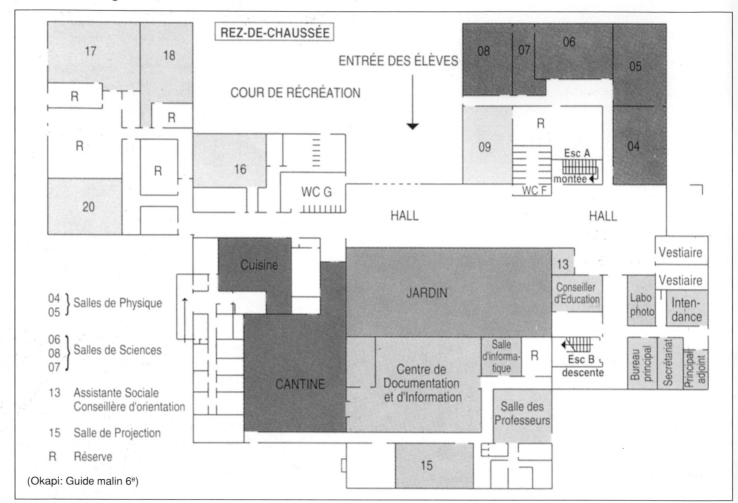

(Okapi: Guide malin 6e)

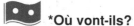***Où vont-ils?**

Voici la description de la route suivie par quatre élèves différents. Ecoute la cassette et décide où va arriver chaque élève.

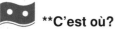****C'est où?**

Ecoute la cassette. Des élèves décrivent plusieurs endroits au collège. Peux-tu les identifier?

***Je peux vous aider?

Aujourd'hui il y a des visiteurs au collège. Ils arrivent à l'entrée des élèves. Ecoute la cassette et note les questions qu'ils posent. Puis essaie de répondre à leurs questions. Si possible, travaillez à deux pour faire le dialogue entier. (Comme ce sont des adultes que tu ne connais pas, il faut leur dire vous.)

Exemple
– Bonjour Monsieur, je peux vous aider?
– Je voudrais voir le Conseiller d'orientation.
– Tournez à gauche, passez devant les WC filles et c'est la première salle à droite.

✍ Lexique 🐌🐌🐌

Le bâtiment	**The building**
un atelier	workshop
la bibliothèque	library
le bureau	office/study
la cantine	canteen
le centre de documentation et d'information	resources room/library
le couloir	corridor
la cour (de récréation)	school yard, playground
la grande salle	hall
le gymnase	gym(nasium)
le hall	entrance hall
le laboratoire (de langues)	(language) laboratory
la salle de classe	classroom
la salle d'informatique	computer room
la salle des professeurs	staffroom
les toilettes/WC (f pl)	toilets
le vestiaire	cloakroom

🎭 Le personnel: Qui est-ce?

Ecoute la cassette et essaie d'identifier ces personnes qui parlent de leur travail au collège. Pour t'aider, regarde le Lexique.

Invente un jeu

Invente un jeu sur la vie scolaire pour tes camarades. Ça peut être un jeu de définitions, un jeu 'chasse à l'intrus', un acrostiche ou un jeu des mots cachés.

✏ Lexique ⚠⚠⚠

Le personnel	The staff
le concierge	caretaker
le conseiller d'orientation	careers adviser
les délégués de classe (m pl)	student representatives
le directeur/la directrice	headmaster/mistress (of nursery, primary or 11-16 secondary school; the head of a secondary school is also called *le principal*)
le/la documentaliste	information officer, librarian
l'instituteur/institutrice	primary school teacher
l'intendant(e)	bursar (in charge of finance)
le professeur	teacher
le proviseur	headteacher of a *lycée*
la sécretaire	secretary
un(e) surveillant(e)	older student who supervises and advises secondary school pupils during private study periods or in the playground

---

Dossier personnel

Mon collège: une description

Fais une description de ton collège et de son personnel. Voici des idées pour t'aider.

C'est un collège mixte?

Il y a combien d'élèves environ?

C'est à quelle distance de ta maison?

Le bâtiment est comment? (vieux/moderne/grand/ petit/beau/laid)

Il y a combien d'étages?

Qu'est-ce qu'il y a à chaque étage? (des salles de classe/des laboratoires etc.)

Quelles sont les facilités pour les sports? (un gymnase/un terrain de sports etc.)

Qui est employé à ton collège en plus des professeurs?

Qu' est-ce qu'ils font comme travail? (Ils nettoient … / Ils s'occupent de … /Ils aident à … /Ils donnent des conseils sur …)

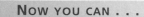

NOW YOU CAN . . .

… describe and discuss school life in France and in your own school.

4.11 C'EST OBLIGATOIRE!

Bien sûr, Maman!

Les parents et les enfants ne sont pas toujours d'accord au sujet de ce qu'il faut ou ce qu'il ne faut pas faire. Voici par exemple un matin typique chez Léonie. C'est une journée scolaire. Léonie répond à sa mère, mais qu'est-ce qu'elle pense vraiment? Trouve la bonne bulle à chaque fois.

1 Avec mon argent de poche, il me faut acheter un cadeau d'anniversaire pour Emmanuel.

2 Je dois me dépêcher, Emmanuel m'attend!

3 Zut! J'ai prêté mon parapluie à Claudine! Je dois lui demander de me le rendre!

4 Alors, qu'est-ce que je vais mettre aujourd'hui?

5 Je ne dois pas manquer l'émission sur le Hit-Parade à cinq heures ce soir.

Dossier-langue

Saying what has to be done

Look at *Bien sûr, maman!* above and see how many ways you can find of saying that something is compulsory or must or ought to be done.

1   devoir + infinitive

*Tu **dois acheter** des stylos*
You **must** buy some pens
*Tous les élèves **doivent** apprendre une langue vivante au collège*
All pupils **have to** learn a modern language at secondary school

2   Il faut (+ infinitive)

You **must take** your umbrella
*Il **faut** prendre ton parapluie*
*Tu as tout ce qu'**il** te **faut**?*
Have you got everything you **need**?
(i.e that you **ought to have**)

If you want to say **who** is required to do something, you can use *il faut + indirect object pronoun + infinitive*:

Il me faut partir   **I have to go/leave**
Il me faut acheter cette cassette
I must buy this cassette

3   être obligé/c'est obligatoire

*Tu **seras obligée** d'aller à pied*
You **will be forced to/will have to** go on foot
*Presque tous les petits Francais savent nager, parce qu'à l'école primaire, la natation est **obligatoire***
All French children can swim, because swimming is **compulsory** at primary school

By the way, to say something is optional or not compulsory, use *facultatif/facultative*.

122

Un carnet de correspondance

Dans tous les collèges en France chaque élève a un carnet de correspondance. Charlotte explique à quoi ça sert. Lis l'article, puis réponds aux questions ci-dessous.

Nous avons tous un carnet de correspondance, qui sert de moyen de communication entre les profs et les parents.

Dans le carnet nous devons écrire nous-mêmes les notes obtenues en classe et les communications destinés à nos parents.

Le carnet peut être vérifié par les professeurs et nos parents doivent signer le carnet régulièrement.

Le carnet contient aussi le règlement intérieur, par exemple:

> La ponctualité est obligatoire pour tous.
>
> Dans les salles de travaux pratiques et ateliers, le port d'une blouse est obligatoire.
>
> On ne doit pas jouer au ballon dans la cour pendant les heures des cours.
>
> Nos parents et nous devons signer notre carnet pour dire que nous avons compris les règles et que nous les respectons.
>
> Dans le carnet il y a aussi des fiches d'autorisation en cas d'absence ou de retard. Les parents doivent signer ces fiches aussi.

Voilà quelques extraits de mon carnet.

> Une sortie est prévue au théâtre le 9 décembre de 13h45 à 16h30 environ pour voir *Les Fables de La Fontaine*. Les élèves doivent apporter 60F + 2 tickets de métro.
>
> Vaccination vendredi 22 à 15h30. Les élèves doivent descendre à l'infirmerie à 15h25.
>
> Techno. Les travaux pratiques en technologie consistent à fabriquer un objet électronique. Il est demandé aux élèves une somme de 30F pour les composants électroniques et les produits consommables.

1 Qu'est ce que les élèves doivent apporter au collège le 9 décembre?
2 A quelle heure les élèves doivent-ils descendre à l'infirmerie?
3 Pour montrer qu'on comprend les règles du collège, qu'est-ce que les élèves sont obligés de faire?
4 Combien est-ce qu'il faut payer le matériel pour les travaux pratiques de technologie?
5 Dans les salles de travaux pratiques, qu'est-ce qui est obligatoire?
6 Qui doit signer la fiche d'absence?
7 Quand est-ce qu'il ne faut pas jouer au ballon?
8 Qui doit écrire les notes obtenues dans le carnet de Charlotte?

Deux minutes dans la cour

Pour une fois, les reporters de l'émission Deux minutes dans la rue *sont en visite à un collège, donc ce matin c'est* Deux minutes dans la cour.

Aujourd'hui ils posent à des élèves, aux profs et aux autres employés une question pas très simple: Les règles, sont-elles nécessaires?

Ecoute la cassette et compte les votes. Il y a combien de votes pour et contre?

Combien de personnes n'ont pas d'opinion?

A toi de choisir

Fais une des activités suivantes. Si possible, utilise il faut/on doit/nous sommes obligés de … etc.

1 C'est la règle

Ecris cinq phrases pour décrire ce qui est obligatoire dans ton collège.

Exemple: Dans notre collège, il faut arriver à …

2 A toi d'inventer les règles

Choisis une situation, puis invente cinq règles (ordinaires ou ridicules, c'est comme tu veux!)

Des situations possibles:

à la maison
à notre école
à la piscine
sur une île tropicale
au cirque

Exemple: A la maison

• On ne doit pas manger toutes les choses dans le frigo sans consulter les autres frères et sœurs.
• Les adultes ne doivent pas fumer, sauf dans le jardin ou dans une salle spéciale.

3 A toi d'inventer des excuses

Un garçon/une fille t'invite à sortir ce soir, mais tu ne veux pas. Invente cinq excuses possibles.

Exemples

Je dois faire mes devoirs
Il faut aller …
Je ne peux pas, parce que …

> NOW YOU CAN . . .
> ... say what has to be done and talk about rules.

Une lettre

Réponds à cette lettre d'un jeune Français.

Chère ami(e),

Dans ma classe au collège on fait un dossier sur l'éducation en Europe. Notre groupe doit étudier l'éducation dans ton pays. Est-ce que tu pourrais m'aider en me parlant de ton collège et de ta vie scolaire personnelle? Réponds à ma lettre aussi vite que possible, ou si tu préfères, enregistre tes idées sur une cassette avec un(e) ami(e) peut-être!

Merci d'avance,

Fabien

Tu peux commencer comme ça:

> *l'adresse*
> *la date*
>
> Cher Fabien,
>
> Dans ta lettre tu m'as posé des questions sur la vie scolaire chez moi. Je vais essayer de te répondre.
>   Mon collège est …

Voici des idées pour t'aider:

Ton collège

- mixte ou pas
- pour des élèves de quel âge?
- les locaux
- les facilités etc.

Une semaine typique

- Combien de cours?
- les heures
- les jours de congé
- les devoirs

Ton programme

Qu'est-ce qu'il y a comme matières/comme options? (Parle de celles que tu aimes et n'aimes pas.)
Tu es fort(e) ou nul(le) en quoi?

Les sports et les activités

Tu fais/aimes quels sports?
Tu fais partie de quels clubs?

Exemple

Je suis membre de l'orchestre/de la chorale.
Je joue aux échecs/au badminton.
Je suis membre du club de l'art dramatique

Les repas au collège

- la cantine
- les repas
- Qu'est-ce que tu prends?
- Qu'en penses-tu?

L'avenir

Que feras-tu l'année prochaine?
Quand est-ce que tu penses quitter l'école?
Est-ce que tu espères travailler/continuer tes études/aller à l'université/voyager? etc.

Quelques différences entre la vie scolaire chez toi et en France

- les horaires et les jours scolaires
- l'uniforme scolaire
- ce que les élèves doivent acheter eux-mêmes
- en France il n'y a pas de cours obligatoire d'instruction religieuse ni de rassemblement des élèves du matin

 **Une interview**

Travaillez à deux pour faire une interview.
Préparez d'abord six à dix questions, puis faites l'interview et enregistrez-le sur une cassette.

Travaillez en groupes pour faire une de ces activités.

Le collège idéal

*Préparez une affiche ou un dossier
sur un collège idéal.
Quelques élèves pourraient
dessiner le bâtiment ou la salle
de classe.
D'autres pourraient inventer l'emploi
du temps et un menu illustré pour la
cantine et d'autres pourraient même
faire des portraits ou des descriptions
des profs qu'ils voudraient choisir
pour ce paradis terrestre!*

Etes-vous fort en musique ou en poésie?

*Pourquoi pas essayer de composer une chanson, un 'rap' ou un poème
au sujet de la vie scolaire en France?*

Un guide pour nos amis en France

*Préparez un guide à la vie scolaire dans votre pays, un peu comme celui de la
page 117. Ça pourrait être un dépliant, un petit livret ou une affiche.
Faites des illustrations en plus, même une bande dessinée si vous voulez, et
essayez de le faire intéressant et amusant!*

NOW YOU CAN . . .

... produce a letter or a project about school life.

Sommaire

Now you can ...

1 understand and talk about the future and discuss future plans
2 suggest doing an exchange and say what will (or will not) happen if something else takes place
3 talk about what to take to France and ask and answer questions when staying with a family.
4 recognise some of the differences between formal and informal language, understand some slang expressions and ask for help if you don't understand
5 ask and answer questions during a meal and talk about other situations which might arise when staying with a family or looking after a French guest in your own home
6 talk about household chores and say what you do to help at home
7 say thank you and goodbye and write a letter of thanks
8 talk about your daily routine and describe a typical day
9 describe what you did and understand and use reflexive verbs in the perfect tense
10 describe and discuss school life in France and in your own school
11 say what has to be done and talk about rules
12 produce a letter or a project about school life

Unité 5

Bon appétit!

5.1 LES REPAS EN FRANCE

*Lis cet article, puis fais **Un résumé** en dessous.*

'Plus ça change ... '

'La France est le pays au monde où l'on mange le mieux et dîner dans un bon restaurant est un des grands plaisirs de la vie!' – c'était l'avis de plus des trois quarts de nos lecteurs dans notre sondage 'alimentation' d'il y a dix ans. Cette semaine, nous faisons une autre enquête pour découvrir ce qui a changé et comment les Français ont modifié leurs habitudes et leurs attitudes alimentaires.

Par exemple, il paraît que le temps consacré aux repas quotidiens s'est réduit et qu'on prend plus de repas à l'extérieur. La quantité de plats cuisinés augmente, on mange plus de volaille et de charcuterie mais moins de viande rouge et les 'fast-foods' se multiplient à une vitesse extraordinaire!

Il y a, quand même, des choses qui ne changent pas: les spécialités régionales, par exemple et les repas de fête.

Pour nous aider dans notre enquête 'alimentation', nous avons interviewé beaucoup de personnes, surtout des jeunes.

Un résumé

1 *Regarde la liste de phrases ci-dessous et trouve les cinq phrases qui décrivent des choses qui ont changé.*
2 *Mets les phrases dans l'ordre correct pour faire un résumé de l'article ci-dessus.*

A Les fast-foods sont maintenant très populaires en France.

B Les repas de jour de fête n'ont pas changé.

C En général, les Français trouvent qu'on mange bien dans leur pays.

D Les repas quotidiens en France durent moins longtemps qu'avant.

E Les Français mangent de plus en plus souvent dans les restaurants et les cantines.

F Aujourd'hui, les Français mangent plus de poulet et moins de veau et de bœuf qu'il y a dix ans.

G Les plats typiques des différentes régions sont toujours les mêmes.

H On mange plus de plats cuisinés en France maintenant qu'auparavant.

*Lis les idées de ces jeunes, puis fais **C'est qui?** à la page 127.*

Quel est votre repas préféré, et pourquoi?

Edouard

Moi, je préfère le petit déjeuner – le goûter aussi, après l'école. J'aime bien les biscottes ou les tartines de beurre avec de la confiture et les croissants, mais c'est surtout parce que j'adore le chocolat chaud: j'en bois toujours un grand bol. Mes parents prennent du café au lait, décaféiné souvent ces jours-ci, mais moi, je n'aime pas ça.

Francine

J'habite à présent en France, mais je suis québecoise. Mon repas préféré est le petit déjeuner. J'aime beaucoup les céréales et j'ai remarqué que mes camarades français en mangent de plus en plus aussi.
Puis nous mangeons un œuf, ou des saucisses ou du bacon ou quelquefois des crêpes avec du sirop d'érable, comme chez nous à Montréal.

Guillaume

Mon repas favori est le déjeuner. Avec mes copains je vais dans un fast-food. On prend un burger et des frites et un coca. Je préfère ça aux repas traditionnels.

Séverine

Moi, je préfère le goûter. Je prends un jus de fruits ou une boisson chaude et du pain avec du chocolat ou du fromage, et quelquefois un fruit. Après l'école on a toujours une faim de loup! Le goûter ne risque pas de changer!

Qu'est-ce qui a changé ou n'a pas changé?

Jérôme

Quand j'étais petit, le déjeuner était toujours le repas le plus important. On avait au moins une heure et demie pour déjeuner et on mangeait à l'aise. Maintenant ce n'est plus comme ça. On déjeune vite. Moi, je prends souvent un sandwich, ou un plat et un dessert au maximum.

Manon

Moi, je trouve qu'on mange moins à chaque repas mais que, par conséquent, on mange plus souvent. Comme moi, beaucoup de mes amis ont pris la mauvaise habitude de 'grignoter', de manger des chips et des sucreries. Ce n'est pas bien: ça revient très cher et ça fait grossir!

Stéphane

Je trouve que le dîner n'a pas changé beaucoup, moins que le déjeuner. On le prend d'habitude à une heure fixe, et on prend, comme d'habitude, une entrée – de la soupe, des pâtes ou des crudités – puis de la viande ou du poisson et des légumes ou une salade. Comme dessert, il y a généralement un fruit ou du fromage. On mange un peu moins et on mange plus de plats cuisinés, mais à part ça, on dîne comme avant.

Les membres d'un club de jeunes à Sceaux

On a discuté des repas de fête et du déjeuner du dimanche et à notre avis ils n'ont pas changé! Les jours de fête on mange en famille, on prépare la table et la nourriture avec soin et on mange des plats traditionnels avec souvent un gâteau spécial pour terminer. Avec le vin et les bons plats, il y a une bonne ambiance et on reste longtemps à table. Alors, pour les repas de fête, 'plus ça change, plus c'est la même chose', heureusement!

C'est qui?

*Lis d'abord **Quel est votre repas préféré, et pourquoi?** et **Qu'est-ce qui a changé ou n'a pas changé?***

1 Pour déjeuner, il va souvent au fast-food.
2 Elle grignote mais elle ne veut pas grossir.
3 Ils aiment les repas de fête et ils trouvent que ces repas n'ont pas changé, heureusement.
4 Il prend son dîner à une heure fixe et il mange d'habitude une entrée, un plat avec des légumes ou une salade, et un dessert.
5 Il boit beaucoup de chocolat chaud, tandis que ses parents boivent du café au lait.
6 Elle a toujours faim après l'école, donc son repas favori est le goûter.
7 Elle prend un petit déjeuner canadien.
8 Il déjeune beaucoup plus vite maintenant qu'auparavant et ne mange pas autant.

Vrai ou faux?

Ecoute la cassette pour décider.

Nicolas
1 Il croit que le déjeuner est le repas le plus important de la journée.
2 Il regarde la télé pendant son dîner.
3 Il déjeune au collège.
4 Il mange moins pour le dîner que pour le déjeuner.

Estelle
5 Son père fait la cuisine de temps en temps.
6 Elle mange souvent en famille.
7 C'est elle qui prépare les plats tunisiens.

Madame Perrec
8 Elle se sert quelquefois de plats cuisinés.
9 Elle n'a pas de robot-ménager.
10 Elle aime beaucoup les légumes frais.

Lexique

L'alimentation	Food
l'alimentation (f)	food, nourishment, provisions (also grocer's shop)
alimentaire	to do with food, dietary
la charcuterie	cold pork meats, salami, etc. (also pork butcher's/delicatessen)
(un) décaféïné	decaffeinated (coffee)
dépanner	to help out, to get by (with cars: to repair a breakdown)
le goûter	afternoon tea/snack eaten by children after school
grignoter	to nibble, to eat snacks
la nourriture	food
un plat	dish (food), course (of meal)
un plat cuisiné	ready-prepared meal
le poisson	fish
le poulet	chicken
un repas	meal
un repas de fête	meal for a special occasion
un repas quotidien	everyday meal
le sirop d'érable	maple syrup
la viande	meat
la volaille	poultry

NOW YOU CAN . . .

... talk about meals in France and at home and discuss how they have changed.

Pour être en forme et en bonne santé il faut bien manger, mais bien manger, qu'est-ce que ça veut dire exactement?
Pour découvrir si tu manges bien, fais ce test.

Test-santé

Première partie: Un régime équilibré

En général, on mange bien si on suit un régime équilibré et on mange chaque jour des produits choisis de ces quatre groupes. Pour chaque groupe, choisis la réponse qui correspond le mieux à ton régime.

3 Des légumes et des fruits
(On devrait en manger quatre ou cinq portions par jour si possible!)

1 Du lait, des produits laitiers et des matières grasses

A J'en mange tous les jours.
B J'en mange au moins quatre fois par semaine.
C Je n'en mange pas souvent (ou pas du tout).

2 De la viande, du poisson, des œufs (ou des substituts)

A J'en mange tous les jours.
B J'en mange au moins trois fois par semaine.
C Je n'en mange pas souvent (ou pas du tout).

A J'en mange 4 ou 5 portions tous les jours.
B J'en mange beaucoup, mais pas quatre ou cinq portions par jour.
C Je n'en mange pas souvent (ou pas du tout).

4 Du pain et des céréales et des fibres
(Le pain est très important pour les vitamines et les minéraux: on devrait en manger quatre ou cinq tranches par jour.)

A J'en mange quatre ou cinq tranches tous les jours.
B J'en mange beaucoup, mais pas quatre ou cinq tranches par jour.
C Je n'en mange pas souvent (ou pas du tout).

5 En plus il faut boire de l'eau (ou l'équivalent). Chaque jour on devrait en boire au moins un litre et demi. Après tout, entre 60% et 70% de ton corps est de l'eau! En plus, l'eau minérale – même l'eau du robinet – contient des minéraux essentiels pour la santé.

A J'en bois un litre et demi tous les jours.
B J'en bois beaucoup, mais pas un litre et demi par jour.
C Je n'en bois pas souvent (ou pas du tout).

Regarde la page 177 et compte tes points.

Dossier-langue

The pronoun en (1)

En is a very useful word. As you can see, it is used a lot in the ***Test-santé***.

A Can you work out what it means? Here are some more examples to help you:

*J'aime le pain et les légumes, j'**en** mange beaucoup.*
– *Il y a un gâteau: tu **en** veux?*
– *Non merci, je n'**en** mange jamais.*

B From the ***Test-santé***, find an example of *en* in use to show
• where it usually goes in the sentence
• where it goes if there are two verbs together and the second is an infinitive.

Solution

A *En* can mean of it/of them/some/any.
e.g. The examples in **A** mean
  I like bread and vegetables, I eat a lot of it (of them).
  – There is a cake: do you want some?
  – No thank you, I never eat any.

In French it is always essential to include *en* in sentences, whereas in English the pronoun is often left out altogether, e.g. the second example really means
  – Do you want some **of it**?
  – No thank you, I never eat any **of it**.

B *En* usually goes before the verb, e.g. *J'en mange.*
If there are two verbs together, *en* usually comes before the infinitive, e.g. *On devrait en manger.*

In the ***Test-santé***, find as many examples as possible of *en* in use. Make a list, writing the French and the English. Learn at least four examples by heart!

🔊 Test-santé

Deuxième partie: Manges-tu les quantités idéales?

Les statistiques françaises ci-dessous indiquent les quantités idéales de nourriture pour les adolescents. Travaillez à deux. Pose des questions à ton/ta partenaire pour découvrir s'il/elle mange les aliments recommandés pour les trois repas principaux: petit déjeuner, déjeuner et dîner. (Regarde la case pour t'aider.)

Petit déjeuner
(Maximum 6 points)

- un verre de jus de fruit
- un bol de céréales avec du lait, ou du pain grillé (ou des biscottes) avec du beurre, et du miel ou de la confiture
- en plus, si possible, 30g de fromage ou du jambon ou un œuf à la coque

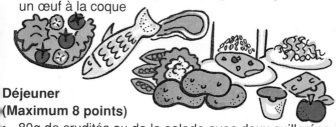

Déjeuner
(Maximum 8 points)

- 80g de crudités ou de la salade avec deux cuillerées à café d'huile (ou de la sauce vinaigrette)
- de la viande ou du poisson (100g) ou un substitut comme le soja ou une omelette ou des pâtes
- des légumes (pommes de terre, salade verte etc.) ou 65g de riz ou de pâtes
- du fromage (30g), ou du yaourt, ou 100g de fromage blanc avec une cuillerée à soupe de sucre
- un fruit ou un jus de fruit (obligatoire seulement si l'on n'a pas mangé de crudités pour commencer)

Goûter

- un ou deux verres de lait (chaud ou froid)
- du pain (grillé si vous voulez) avec du miel, de la confiture ou du chocolat

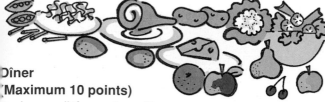

Dîner
(Maximum 10 points)

- des crudités ou des pâtes
- 70 à 100g de viande froide ou deux tranches de jambon ou deux œufs ou des pâtes ou un substitut
- au moins un légume (pomme de terre ou légume frais)
- de la salade verte (surtout si l'on n'en a pas mangé au déjeuner)
- du fromage et un fruit, ou des céréales, ou un dessert fait avec du lait

Oui,	j'en mange j'en bois j'en prends	tous les jours régulièrement souvent beaucoup assez souvent quelquefois une fois par semaine
Non,	je n'en mange pas je n'en bois pas je n'en prends pas	

Maintenant, compte les points et regarde la page 177. Chaque fois, compte

2 points pour un aliment recommandé qu'il/elle mange tous les jours, beaucoup, souvent ou régulièrement

1 point pour un aliment recommandé qu'il/elle mange assez souvent, quelquefois (au moins une fois par semaine)

Exemple

Partenaire A: Pour le petit déjeuner, est-ce que tu bois du jus de fruit?

Partenaire B: Oui, j'en bois tous les jours. (2 points)

Partenaire A: Et tu prends des céréales?

Partenaire B: Non, je n'en prends pas.

Partenaire A: Tu manges des toasts?

Partenaire B: Oui, j'en mange quelquefois. (1 point)

✏ Lexique 🖊🖊🖊🖊

La nourriture	**Food**
le beurre	butter
la biscotte	kind of rusk, French toast
le café	coffee
le chocolat	chocolate (drinking chocolate)
la confiture	jam
les crudités (f pl)	raw vegetables
l'eau minérale (f)	mineral water
le fromage	cheese
l'huile (d'olive) (f)	(olive) oil
le jambon	ham
le lait (pasteurisé)	(pasteurised) milk
le miel	honey
les œufs (m pl)	eggs
un œuf à la coque	boiled egg
le pain (grillé)	bread (toast)
le pâté	meat paste
les pâtes (f pl)	pasta
le poisson	fish
le riz	rice
la sauce vinaigrette	French dressing (oil and vinegar)
le sucre	sugar
le vinaigre	vinegar
le yaourt	yoghurt

C'est un record!

Chaque fois devine la réponse correcte.
Exemple: 1 Il en a fait 47.

1 Le record pour faire le plus grand nombre d'omelettes (de deux œufs chacune), date seulement de 1990. En une demi-heure, un Américain, Howard Helmer, en a fait
a 427 **b** 47 **c** 472

2 Le record pour lancer des crêpes en l'air date de 1993. A Durban, en Afrique du Sud, en deux minutes, Philip Artingstall en a lancé
a 372 **b** 73 **c** 307

3 C'est au Royaume-Uni qu'on mange chaque année la plus grande quantité de 'baked beans'. L'an dernier on en a mangé 1 740 000 boîtes d'une livre en Suède (en deuxième place) et 1 320 000 en Afrique de l'Ouest (en troisième place). Au Royaume-Uni on en a mangé
a 550 000 000 **b** 55 000 000 **c** 5 000 000 boîtes.

4 Presque tout le monde aime les glaces et on en mange beaucoup en Italie, en France et au Royaume-Uni. Dans un de ces trois pays, l'an dernier, on en a consommé 7,1 litres par personne (contre 3,8 et 5,0 litres dans les deux autres). Quel est le pays où on en a mangé le plus?
a l'Italie **b** la France **c** le Royaume-Uni

5 Manger une grosse quantité de nourriture en peu de temps n'est pas bon pour la santé, cependant, il y a des gens qui le font pour se faire de la publicité ou pour battre un record. Par exemple, c'est un Américain qui a mangé le plus grand nombre de bananes. En deux minutes il en a mangé
a 7 **b** 17 **c** 27

6 C'est un Anglais qui a mangé le plus grand nombre d'escargots. En moins de neuf minutes, il en a mangé
a 350 **b** 305 **c** 35

Voici quatre autres records. Tu dois en choisir deux et écris pour chacun une question à poser à un(e) ami(e). (Voir numéros 5 ou 6.)

7 Les hamburgers/un Américain/en trente minutes il en a mangé
a 10 **b** 15 **c** 20

8 Les crêpes/un Anglais/en moins de sept minutes il en a mangé
a 16 **b** 26 **c** 62

9 Du lait/un Anglais/en trois secondes il en a bu
a un demi-litre **b** un litre **c** un litre et demi

10 Des camemberts/un Français/en moins de quinze minutes il en a mangé
a 4 **b** 6 **c** 8

Dossier-langue

The pronoun en (2)

1 When the verb is in the perfect tense, *en* still goes first, before the auxiliary verb (*ai*, *as*, *a* etc.). Find three examples of this from **C'est un record!**

2 *En* often replaces an expression beginning with **du**, **de la**, **de l'** or **des**, or **de** + noun, e.g.

– *Tu veux **de la** viande?*
– Do you want any meat?

– *Oui, j'**en** prendrai une tranche.*
– Yes, I'll have a slice.

– *Quand es-tu revenu **de** Paris?*
– When did you get back from Paris?

– *J'**en** suis revenu samedi dernier.*
– I got back (from there) last Saturday.

 Ce matin et hier

D'abord, copie la grille et écoute les interviews avec des jeunes pour en compléter la première partie.
Puis, dans la deuxième partie, écris ce que tu as bu et mangé toi-même. Travaillez à deux et posez des questions, tour à tour, pour remplir l'autre partie de la grille.

Exemple

– Richard, as-tu bu du lait ce matin?
– Non, je n'en ai pas bu.
– Et toi, as-tu bu du lait?
– Oui, oui, j'en ai bu.

Ce matin Nom	a bu du lait	du jus de fruit	a mangé des céréales	du pain grillé	un œuf
Xavier Amélie Raphaëlle Benjamin					
Mon/ma partenaire					
Moi (j'ai bu/ j'ai mangé)					

En France on aime les fruits

En France, on mange beaucoup de fruits. Quel est ton fruit préféré? Pose cette question à tes camarades de classe. Puis travaillez en groupes pour faire une liste des fruits, en ordre de préférence.

*Puis regardez **Au choix** à la page 171, pour voir s'il y a un groupe qui a les mêmes préférences que les Français.*

Ensuite, fais la même chose avec des légumes.

L'ABC des fruits et légumes

Peux-tu inventer et illustrer un ABC des fruits et légumes?
Par exemple:

A comme artichaut
B comme betterave

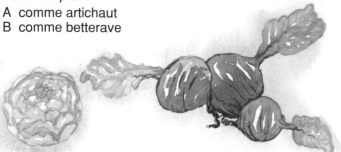

Oui ou non au végétarisme?

Un groupe de jeunes discutent du végétarisme. Lis une sélection de leurs avis ci-dessous. Marie-Claire est végétarienne, Sébastien ne l'est pas. Devine qui va dire chaque phrase, puis écoute la cassette pour vérifier.

Exemple: 1 C'est Marie-Claire qui va dire ça.

1 Je suis végétarienne parce que j'adore les animaux.
2 Je ne suis pas contre le végétarisme – en principe!
3 Il faut manger des plats qui contiennent des minéraux et des vitamines.
4 Les végétariens risquent moins le cancer que les carnivores.
5 L'idée de manger des animaux me rend malade!
6 J'adore la viande et le poisson.
7 Le végétarisme ne peut pas être bon pour la santé.
8 Si on ne mange ni viande ni poisson, on ne possède pas les minéraux et les vitamines nécessaires.

Dossier personnel

Décris ce que tu as bu et mangé hier.
Hier, pour le petit déjeuner, j'ai bu … et j'ai mangé …
Pour le déjeuner, j'ai bu … et j'ai mangé …
Pour le dîner, j'ai bu … et j'ai mangé …
Comme casse-croûtes, j'ai bu … et j'ai mangé …
Hier, as-tu mangé assez de fruits et de légumes? Assez de pain et de fibres?
As-tu bu assez d'eau ou de jus de fruit?
As-tu mangé trop de sucreries? Trop de matières grasses? Trop de casse-croûtes?
As-tu bu trop de boissons sucrées ou alcoolisées?
As-tu bien mangé pour ta santé?
A ton avis, est-ce-que tu manges bien pour ta santé dans l'ensemble?
*(Regarde le **Test-santé** pour en être sûr(e)!)*

Lexique

Le végétarisme	Vegetarianism
un(e) carnivore	meat-eater
les fruits (m pl)	fruit
les légumes (m pl)	vegetables
les minéraux (m pl)	minerals
un(e) végétarien(ne)	vegetarian (eats no meat or fish)
un(e) végétaliste	vegan (eats no meat, fish, eggs or dairy produce)
les vitamines (f pl)	vitamins

*(Tu peux trouver une liste de fruits et légumes dans **Vocabulaire par thèmes**.)*

NOW YOU CAN . . .
… talk about food and drink and discuss healthy eating.

Chez moi on mange …

Lis cet article sur des plats internationaux, puis fais l'activité ci-dessous.

Ahmed: Le couscous

Chez moi, au Maroc, on mange beaucoup de couscous, et moi, j'aime bien! C'est un plat arabe préparé avec de la semoule. On le sert avec de la viande ou du poisson et des légumes et souvent avec une sauce assaisonnée. Je l'aime beaucoup avec des merguez, des saucisses fraîches et piquantes qui sont une spécialité de l'Afrique du nord. Pour une fête spéciale nous mangeons souvent le couscous avec du poulet, du bœuf et de l'agneau et ce plat s'appelle le couscous Royal.

Etienne: La mousse à l'érable

Au Québec, où j'habite, il y a beaucoup de spécialités préparées avec du sirop d'érable. Mon dessert préféré est la mousse à l'érable que ma mère fait souvent si on a des invités. On la sert avec des petits gâteaux et avec du sirop d'érable, bien sûr! Mmm! c'est délicieux!

Isabelle: La piperade

Moi, j'habite au Pays Basque, dans les Pyrénées, les montagnes entre la France et l'Espagne. Une partie du Pays Basque est en France et une partie en Espagne. Nous parlons français et espagnol, mais nous avons aussi notre propre langue, le basque, et naturellement nos plats régionaux en plus. La piperade est ma spécialité favorite. Elle est légèrement assaisonnée et elle est composée de poivrons cuits, de tomates et d'œufs battus. C'est une sorte d'omelette, en effet! Elle est facile à faire et bonne pour les végétariens ainsi que pour les carnivores.

Delphine: Le 'croque-tout'

Tout le monde sait qu'un croque-monsieur est fait avec une ou deux tranches de pain grillé, du fromage et du jambon, mais il existe aussi d'autres 'croques'. Par exemple, un croque-madame est un croque-monsieur surmonté d'un œuf sur le plat. Mon croque préféré est celui-ci, un 'croque-asperges' que j'ai mangé dans un café à Montréal.

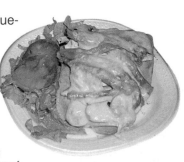

Lexique

La viande	Meat
l'agneau (m)	lamb
le bœuf	beef
le rosbif	roast beef
le bifteck/le steack	steak
le mouton	mutton
le porc	pork
le poulet	chicken
le veau	veal
la volaille	poultry
la saucisse	sausage
le saucisson (sec)	salami, etc.

Pour décrire la nourriture	Describing food
assaisonné	seasoned
bon	good
dégoûtant	disgusting
délicieux (délicieuse)	delicious.
dur	hard
fort	strong
frais (fraîche)	fresh
gazeux (gazeuse)	fizzy
léger (légère)	light
mauvais	bad
mûr	ripe
piquant	spicy
salé	salt(y), savoury
sucré	sweet, sweetened
tendre	tender
C'est fait avec …	It's made with …
C'est une sorte de …	It's a kind of …
C'est une spécialité de la region	It's a local speciality
C'est un peu comme …	It's a bit like …
C'est assez piquant	It's quite spicy
C'est très léger	It's very light

Un acrostiche

A toi d'inventer des indices.

		¹P	I	⁷P	E	R	A	D	E		
²C	O	U	S	C	O	U	S				
		³C	R	O	Q	U	E	-	M	A	D	A	M	E
		⁴E	R	A	B	L	E				
⁵M	E	R	G	U	E	Z					
		⁶T	O	M	A	T	E				

Qu'est-ce qu'on mange en Grande-Bretagne?

Les Français s'intéressent beaucoup à la nourriture, alors ils vont peut-être te poser des questions à propos de la nourriture et des plats typiques en Grande-Bretagne. Es-tu capable de leur expliquer tout ça?

D'abord, écoute la cassette. Des Français qui viennent de visiter la Grande-Bretagne décrivent des choses qu'ils ont mangées. Peux-tu les identifier?

Maintenant, décris un ou deux plats qu'on mange souvent chez toi ou qui sont typiques de ton pays.

Pour t'aider

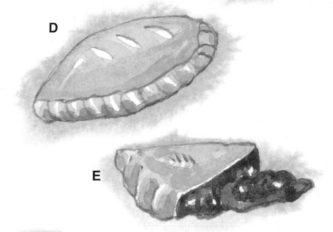

C

C'est	un dessert un gâteau un plat traditionnel une spécialité une sorte de … un peu comme …			
A l'intérieur l'extérieur Sur le dessus	il y a …			
On	le la les	mange fait	avec sur	des légumes. de la crème anglaise. de la sauce.
			comme	dessert. hors-d'œuvre. plat principal.

D

E

A

B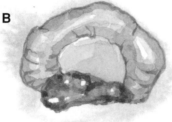

F

Quelles sont tes préférences?

Travaillez à deux.

A *D'abord écris tes propres réponses aux questions suivantes:*

Quel est ton plat préféré? (Mon plat préféré est …)
Qu'est-ce que tu n'aimes pas manger? (Je n'aime pas …)
Quelles boissons froides/chaudes préfères-tu?
Qu'est-ce que tu aimes/n'aimes pas comme boisson?
Quelle cuisine étrangère aimes-tu le mieux?
(Par exemple, la cuisine chinoise, indienne, italienne, française.)

B *Maintenant, pose les mêmes questions tour à tour à ton/ta partenaire et note ses réponses.*

C *Présente ton/ta partenaire à la classe.*

Exemple

Je vous présente Fiona Sullivan.
Son plat préféré est …
Elle n'aime pas …
Comme boissons froides, elle préfère …

Une lettre à écrire

Ecris à un(e) jeune Français(e) une lettre un peu comme cela.

Parle un peu des repas chez toi, de tes préférences personnelles.

Fais une description d'un plat.
Pose des questions sur la nourriture en France.
Finis et signe la lettre.

Cher/Chère … ,
Dans ta lettre tu m'as demandé de te parler des repas en Grande Bretagne et des choses que j'aime (et que je n'aime pas) manger et boire. Et bien, voilà.

Tu m'as demandé de te décrire un plat typiquement britannique.

NOW YOU CAN . . .
… talk about food you especially like or dislike and describe your own country's food to a French person.

Il est samedi matin

Tu es en échange scolaire chez la famille Levoisier. C'est le jour de marché dans la petite ville où ils habitent et tu vas en ville avec les trois enfants, Bruno, Stéphanie et Fabrice pour faire des courses pour leurs parents. Regarde les listes, écoute les conversations et réponds aux questions.

A1 Bruno au marché

Il y a une chose qu'il oublie complètement: qu'est-ce que c'est? En plus, il change la quantité d'un des légumes: lequel?

Au marché

carottes 1 kg
oignons 2 kg
haricots verts 1 kg
3 petits melons
salade (2 laitues)
½ kilo de clémentines
12 œufs
fromage blanc (1 pot)
camembert (une boîte)

B1 Stéphanie à l'épicerie

Voici la liste des choses qu'elle doit acheter.
Quelles sont les deux choses qu'elle n'achète pas finalement, et pourquoi?

À l'épicerie

1 paquet de nouilles
sucre 2 kg
Une livre de beurre
farine 2 kg
confiture d'oranges
miel
de l'eau minérale

(non gazeuse)

C1 Fabrice à la pâtisserie

Demain sera son anniversaire: il aura douze ans. Il va inviter trois camarades pour le goûter.
Voici sa liste. Qu'est-ce qu'il achète et quelles sont les deux choses qu'il n'aime pas?

À la pâtisserie

Une tarte aux fruits pour dimanche (à toi de choisir)

Pour demain, des brioches et une sélection de gâteaux, et une grosse glace pour le goûter

(Pas plus 200 f en tout)

Lexique

Pour acheter des provisions	Buying provisions	Le marchand	The shopkeeper
Le client	**The customer**	*Le marchand*	**The shopkeeper**
Je voudrais …	I should like …	*Vous désirez?*	What would you like?
Avez-vous … ?	Have you … ?	*Et avec ça/ceci?*	Anything else?
s'il vous plaît	please	*Vous voulez autre chose?*	
Est-ce que vous vendez … ?	Do you sell … ?		Would you like anything else?
Quel est le prix de … ?	How much is … ?	*Vous en voulez combien?*	
Mettez-moi (aussi) …	Give me … (as well)		How much (of it) do you want?
Avez-vous quelque chose de moins cher?		*Vous en voulez cent grammes?*	
	Have you anything cheaper?		Do you want 100 grammes (of it?)
Qu'est-ce que vous avez comme confiture?		*Il n'y en a pas/plus*	There isn't any (more)
	What kind of jam have you?	*Je regrette, mais il n'en reste plus*	
Donnez-moi un morceau comme ça			I'm sorry, but there isn't any left
	Give me a piece like that.	*Nous avons un grand choix de fruits*	
C'est combien?	How much is it?		We have a big choice of fruit.
Ça fait combien?	What does it come to?	*C'est tout?*	Is that all?
Je vous dois combien?	How much do I owe you?	*C'est tout ce qu'il vous faut?*	Is that all you need?
C'est tout	That's all.	*Payez à la caisse, s'il vous plaît*	
Merci bien/beaucoup	Thank you very much		Pay at the cash desk, please.
Avez-vous la monnaie de 500 francs?		*(Tu peux trouver une liste de magasins dans*	
	Have you got change for 500 francs?	***Vocabulaire par thèmes.**)*	

🔖 A la charcuterie

Maintenant c'est à toi de faire les courses à la charcuterie. Ecoute la charcutière sur la cassette et chaque fois décide de ce que tu dois lui dire.
Si tu écris les mots, tu pourras faire la conversation plus tard avec un(e) partenaire.

A2

La charcutière: Bonjour! Vous désirez?

Toi:

La c: Voilà. Vous voulez autre chose?

Toi:

 ?

La c: Oui, du saucisson sec. Vous en voulez combien?

Toi:

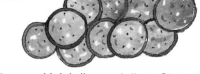

La c: Voici dix rondelles. C'est tout?
Toi: (✓ Prix?)
La c: Ça fait cinquante-sept francs en tout.
Toi: (Tu dis au revoir et remercie la dame.)
La c: Au revoir, et merci.

📖 Lexique 📖📖📖

Les quantités	Quantities
un kilo de	a kilo of
un demi-kilo/	
	500 grammes/
une livre de	a pound of
un morceau de	a piece of
une portion de	a portion of
une rondelle de	a round slice (of continental sausage)
une tranche de	a slice of (ham, pâté etc.)

B2

La c: Bonjour! Vous désirez?
Toi:  *Prix?*

La c: Les tomates farcies? Sept francs cinquante la pièce.
Toi:  x 5

 x 2 portions

La c: Alors, cinq tomates farcies et puis deux portions d'œufs mayonnaise. Ce sera tout?
Toi: (Tu voudrais savoir qu'est-ce qu'ils ont comme pâté.)
La c: Alors, comme pâté, il y a du pâté d'Ardennes, du pâté de campagne et puis du pâté maison: c'est très bon!
Toi: x 250g

La c: Voilà le pâté. C'est tout ce qu'il vous faut?
Toi: (✓ Prix?)
La c: Voyons … ça vous fait quatre-vingt seize francs en tout.
Toi:  ?

La c: Bien sûr! Voilà la monnaie.
Toi: (Tu dis au revoir et remercie la dame.)

C2

La c: Bonjour! Vous désirez?

Toi:  ?

La c: Bien sûr, nous avons un grand choix de quiches. Laquelle préférez-vous?
Toi: (Explique quelle quiche tu préfères et combien tu en veux.)
La c: Entendu! Voilà. Et avec ceci?

Toi:

La c: Comme légumes il y a des champignons à la grecque, des carottes râpées et des betteraves.
Toi: (Achète une portion d'une de celles-ci.)
La c: Voilà. Vous voulez autre chose?
Toi:  *Prix?*

La c: Le saumon fumé? C'est 50F les cent grammes.
Toi: (… moins cher?)
La c: Ah non! Mais il est de très bonne qualité.
Toi:  *Prix total?*

La c: Ça vous fait trente francs en tout.
Toi: (Tu dis au revoir et remercie la dame.)

Des scénarios à préparer

Maintenant, travaillez à deux ou en groupes pour préparer des dialogues dans d'autres magasins.

A3 A la boulangerie
Tu voudrais acheter

1 3 baguettes (bien cuites)
2 un pain de campagne (grand ou petit?)
3 des croissants (demande s'il y en a)
4 Sinon, achète des brioches (le prix? Combien en veux-tu?)
5 C'est tout: il faut demander le prix, payer et dire 'Au revoir'.

B3 A la boucherie
M. Levoisier te demande d'aller faire des courses à la boucherie. Voici la liste qu'il te donne:

1 Deux côtelettes d'agneau
2 Des hamburgers 'maison' (s'ils en ont), sinon 250 grammes de bifteck haché
3 Un poulet pour dimanche (demande le prix: il ne faut pas payer plus de 75 francs)

C3 Dans une petite ville
Tu fais du camping en France avec trois camarades français et vous avez fait ensemble une liste de provisions pour le repas du soir. Lorsque vous allez au village, chaque personne entre dans un magasin différent et chaque personne achète deux choses.

La liste

> 200 grammes de pâté de campagne
> une grande bouteille de limonade
> un kilo de haricots verts
> 4 portions de quiche Lorraine
> 4 tartes aux pommes
> 250 grammes de beurre
> un demi-kilo de pêches
> une baguette

Décide quels sont les quatre magasins et ce qu'on y achète à chaque fois. Puis invente les conversations dans chaque magasin.

Exemple

Chez le marchand de fruits et légumes

Toi: Bonjour Monsieur. Je voudrais des pêches, s'il vous plaît.

Le marchand: Vous en voulez combien?

Au supermarché

Tu veux faire des courses au supermarché? Alors trouve un chariot et vas-y!

Essaie d'identifier ces écriteaux.

1 C'est ici qu'on quitte le magasin.
2 C'est ici qu'on trouve des produits pour le congélateur.
3 C'est ici qu'on met les bouteilles vides.
4 C'est ici qu'on trouve des bouteilles bien remplies.
5 C'est ici qu'il faut payer.

Réponds à ces questions.

6 Est-ce qu'on peut entrer avec son chien?
7 Est-ce que les fruits sont plus chers/moins chers/au même prix que d'habitude?
8 Est-ce qu'on peut pousser son chariot jusqu'à la voiture?

Pour ou contre les supermarchés?

Il y a beaucoup de supermarchés et d'hypermarchés en France et ils sont très populaires, mais il y a quand même des personnes qui ne les aiment pas. Voilà des avis. Combien de personnes sont surtout pour les supermarchés et combien préfèrent les petits magasins ou le marché?
Et toi, qu'est-ce que tu en penses? Discute de ce sujet avec tes camarades.

Pour moi les supermarchés sont parfaits. J'y vais une fois par semaine, le samedi d'habitude, et j'y achète tout ce qu'il faut pour ma famille. En plus, je peux payer avec une carte de crédit. C'est très pratique!

Je n'aime pas du tout les supermarchés! Je ne peux rien trouver et personne ne me parle. Moi, je préfère aller au marché ou au petit magasin du coin. Là, on me connaît depuis longtemps et il y a toujours quelqu'un qui me dit bonjour.

Les hypermarchés sont très bien si on a une voiture, mais sinon, ils ne sont pas très pratiques. J'y achète toujours trop, puis pour rentrer à pied ou en autobus, mon sac est très lourd!

On dit que le supermarché est moins cher, mais on n'y trouve que de grands paquets. Pour les gens comme moi, qui veulent acheter des produits en petites quantités, il vaut mieux aller dans les boutiques.

Les jeunes ne vont pas souvent au supermarché, sauf si on achète des provisions pour une boum. En tout cas, le marché est bien plus intéressant.

Si on veut des produits très frais, les fruits et les légumes par exemple, il vaut mieux aller au marché. Pour le pain et les gâteaux, nous allons toujours dans la même boulangerie-pâtisserie: les baguettes y sont vraiment croustillantes!

Pour moi, le supermarché est idéal. Je mets ma petite fille dans le chariot et les autres enfants ne risquent pas trop de s'échapper. Il y a un grand choix de produits et on trouve pas mal de choses en promotion qui coûtent moins cher.

J'aime bien le supermarché! Avec le chariot, il est facile de marcher, et de plus, je peux transporter toutes les choses lourdes jusqu'à ma voiture.

A vos crayons!

Dans un village en Bretagne, on propose la construction d'un nouveau supermarché. Quelques habitants sont pour le supermarché, les autres sont contre. Dessine une affiche ou un dépliant ou invente des slogans pour un des deux groupes. Utilise certaines des idées des personnes interviewées, si tu veux.

Pour le poisson et la viande, je vais plutôt dans les magasins spécialisés: c'est plus intime et le boucher me donne quelquefois des idées pour de nouvelles recettes.

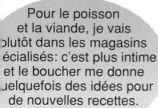

NOW YOU CAN . . .
... buy food in different types of shops and at the market and supermarket.

137

Lis l'article, puis fais les activités ci-dessous.

Les jeunes au travail

Les emplois dans l'alimentation

Vous venez de quitter l'école ou vous allez choisir vos options?
Vous vous intéressez à la cuisine, la nourriture, etc.?
Vous allez peut-être chercher un travail dans l'alimentation. Voilà quelques métiers possibles.

'C'est mon métier'

**Richard Gilbert,
français, 22 ans**
Métier

Cuisinier

En quoi consiste le travail?

Travailler dans un hôtel ou un restaurant: c'est très varié.

Formation

Il vient de faire un stage très intéressant à l'université de Huddersfield, en Angleterre.

Pourquoi a-t-il choisi ce métier?

Il parle plusieurs langues: anglais et italien, et il vient de commencer à apprendre l'espagnol. Il s'intéresse à la cuisine internationale et il veut voyager autant que possible. Sa spécialité est les plats végétariens.
En effet, l'an prochain, son ami et lui vont travailler à Disney World en Floride (ils viennent de recevoir la lettre de confirmation). Comme dit Richard: 'Si le voyage vous attire, commencez à cuisiner!'

Désavantages

Les heures de travail sont souvent affreuses: on vient de se coucher et hop! il est l'heure de se réveiller!

**Aline Duhamel,
française, 18 ans**
Métier

Diététicienne

En quoi consiste le travail?

Elle va travailler comme diététicienne dans un hôpital et s'occuper des régimes spéciaux pour les malades. Elle va aussi vérifier l'hygiène dans la cuisine et donner des conseils diététiques aux malades avec des suggestions de recettes pour les malades qui viennent de finir leur traitement et qui vont quitter l'hôpital.

Formation

Elle vient d'avoir son bac scientifique.
Elle vient de trouver une place au lycée technique Saint-Louis à Bordeaux pour faire des études en diététique.

Pourquoi a-t-elle choisi ce métier?

Elle allait d'abord travailler dans un restaurant, mais elle a pensé que le métier de diététicienne sera plus scientifique et qu'il sera plus varié.

Désavantages

Elle va peut-être avoir des problèmes dans la vie sociale: les gens semblent avoir peur des diététiciennes, surtout les gens qui essaient de suivre un régime pour maigrir!

Vrai ou faux?
1 Richard vient de passer deux ans en Grande-Bretagne.
2 Il va bientôt travailler à Disneyland Paris en France.
3 Il va commencer à apprendre l'italien.
4 Son camarade et lui s'intéressent aux voyages.
5 Sa spécialité est les desserts.

Vrai ou faux?
1 Aline va travailler dans un hôpital.
2 Elle va faire deux ans d'études.
3 Elle va être infirmière.
4 Elle s'intéresse aux régimes et aux recettes.
5 Elle a peur des gens qui essaient de maigrir.

Dossier-langue

venir de/aller + infinitive: The present tense

The article about jobs in the food industry included statements about things that **have just happened** and things that are **going to happen**, for example

> *Elle vient d'avoir son bac   Il vient de faire un stage
> Ils vont voyager   Elle va travailler*

These are things you often need to say, so check that you know the rule. Can you complete it here?

1 To say something has just happened, use the verb ...
2 To say something is going to happen, use the verb ...
3 To say these things, use each of these verbs in the ... tense.
4 The verb which follows is always in the ...

Check that you got the rule right, then see how many more examples of these two verbs in action you can find in the article.

1 To say something has/have just happened, use the verb **venir de**.
2 To say something is/are going to happen, use the verb **aller**.
3 To say these things, use each of these verbs in the **present** tense.
4 The verb which follows is always in the **infinitive**.

Richard aime voyager

Complète ces phrases avec vient de *ou* va.

1 Richard … rentrer d'Angleterre.
2 Il … voyager aux Etats-Unis.
3 Il … recevoir une lettre.
4 Il … commencer à apprendre une nouvelle langue.
5 Il … peut-être apprendre d'autres langues.
6 Il ne … pas rester en France.
7 Il … suivre des cours à l'étranger.
8 Son ami … passer un an à travailler pour Disney.

Les projets d'Aline

Tu as rencontré quelqu'un qui était dans la même classe qu'Aline, l'année dernière. Peux-tu répondre à ses questions?

1 Aline vient d'avoir son bac, n'est-ce pas?
2 Et qu'est-ce que qu'elle va faire comme métier?
3 Combien de temps va-t-elle étudier pour faire ça?
4 Où est-ce qu'elle vient de trouver une place?
5 Et où est-ce qu'elle va travailler plus tard?
6 Qu'est-ce qu'elle va faire surtout?
7 Est-ce qu'elle va faire autre chose?
8 Tu crois qu'elle va aimer ce travail?

Complète les phrases

… avec la forme correcte de venir de *ou d'*aller.

 Maintenant nous allons manger notre pique-nique.

 **1b** Quelqu'un vient de manger le pique-nique.

 **2a** Le bébé … manger son déjeuner tout seul.

 **2b** Le bébé … manger son déjeuner.

 'Je … te faire un sandwich délicieux.'

 **3b** Il … manger son sandwich.

 **4a** 'Maintenant Cléopâtre … manger son déjeuner.'

 **4b** Cléopâtre … manger son déjeuner.

 'Les enfants … préparer le dîner ce soir.'

 **5b** Les enfants … préparer le dîner.

 **6a** 'Comme dessert, nous … essayer la Bombe maison.'

 **6b** Ils … essayer la Bombe maison!

Des explications

Un(e) ami(e) français(e) est chez toi. Explique-lui toutes ces choses en utilisant chaque fois la forme correcte de venir de *ou d'*aller + *l'infinitif.*

Exemple
1 Il/Elle va aller au collège avec toi demain.
   Tu vas aller au collège avec moi demain.
2 Une amie est arrivée il y a quelques instants.
3 Tes parents vont sortir ce soir.
4 Ses parents ont téléphoné il y a quelques instants.
5 Ce soir, vous allez tous les deux manger au restaurant avec tes parents.
6 Le match de foot à la télé a commencé (il y a un instant).
7 Ton père va chercher ton ami(e) devant la gare ce soir à six heures.
8 Tes grands-parents vont déjeuner chez vous dimanche prochain.

NOW YOU CAN . . .

… say what has just happened and what is going to happen, using the present tense of *venir de* and *aller* + infinitive.

Les jeunes vont au café, mais pourquoi?

Il y a dix fois moins de cafés traditionnels en France aujourd'hui qu'au commencement du vingtième siècle. C'est peut-être à cause de la télévision, ou de l'arrivée des fast-foods. On trouve quand même un café dans presque toutes les villes et villages, et beaucoup de jeunes personnes y vont régulièrement. Voici une sélection de leurs raisons.

Lis les raisons, puis écoute la cassette pour trouver les cinq raisons les plus populaires.

Pourquoi aimes-tu les cafés?

A En France, on peut toujours trouver un café ouvert, du matin au soir. C'est très pratique!

B Au café, il y a un grand choix de boissons. On peut prendre un café ou un chocolat chaud, une limonade, un jus de fruits ou une boisson alcoolisée.

C Dans beaucoup de cafés on sert un ou deux plats chauds à l'heure du déjeuner et il y a toujours des sandwichs. On ne veut pas manger des hamburgers tous les jours!

D C'est bien au café du village: on rencontre des amis, il y a une bonne ambiance.

E A midi je vais quelquefois au fast-food, si je suis en ville, mais le soir on est mieux au café. On peut y rester toute la soirée à discuter avec des copains.

F Si je vais au café près de chez moi, je suis sûr de voir quelqu'un que je connais, sinon il y a toujours quelqu'un qui veut bavarder un peu!

G En été j'aime bien prendre un verre à la terrasse d'un café: un diabolo menthe ou un citron pressé. C'est très rafraîchissant!

H Moi, au café, je joue au flipper ou au baby-foot: c'est bien! Quelquefois on joue aux cartes ou aux dominos. On s'amuse, quoi!

I A Paris, ou dans les grandes villes, les cafés sont très pratiques: on y va si on a soif, bien sûr, mais on peut aussi aller aux toilettes ou passer un coup de téléphone.

J On peut toujours regarder les prix des consommations avant d'entrer dans un café. Comme ça on évite de mauvaises surprises!

Lexique

Les boissons	Drinks
une boisson alcoolisée	alcoholic drink
une boisson non-alcoolisée	non-alcoholic drink
une boisson gazeuse	fizzy drink
une bière	beer
un demi	about half a pint (beer)
un café	(black) coffee
un (café) crème	coffee with cream
un café au lait	coffee with milk
un décaféiné	decaffeinated coffee
un express	espresso coffee
un chocolat chaud	hot chocolate
un cidre	cider
un citron pressé	fresh lemon drink
un coca	cola
de l'eau minérale (f)	mineral water
un jus de fruit	fruit juice
une limonade	lemonade
une menthe à l'eau	mint drink (with water)
un diabolo menthe	mint drink (with lemonade)
un Orangina	fizzy orange drink
un thé	tea
un thé au lait	tea with milk
du vin blanc/rosé/rouge (m)	(white/rosé/red) wine
Les quantités	**Quantities**
une bouteille	bottle
une carafe	carafe
une demi-bouteille	half a bottle
un quart (de vin)	quarter of a litre (of wine)
un verre	glass

Le jeu des définitions

Au café, généralement on ne mange pas de vrais repas, on mange plutôt des casse-croûtes. En voici des descriptions, mais il n'y a que six descriptions: à toi d'identifier les casse-croûtes.

1 On peut l'acheter à la charcuterie, mais il a l'air d'une pâtisserie. Il y a de la saucisse à l'intérieur.
2 Elle est très froide et on l'achète à plusieurs parfums.
3 Il se fait d'habitude avec une tartine de pain rectangulaire. On y met une tranche de jambon et du fromage et on le fait cuire. Mm, c'est délicieux!
4 Elle est ronde et cuite dans une poêle très chaude avec un peu de graisse ou du beurre. On peut la manger nature, ou avec du sucre ou de la confiture.
5 Il ressemble à un friand, mais cette fois on l'achète à la pâtisserie et il y a du chocolat dedans.
6 Elle est rectangulaire ou carrée avec des trous dedans. On la mange avec de la crème Chantilly ou de la confiture ou avec du sucre, tout simplement.

A un croque-monsieur B une portion de frites

C un hamburger D une crêpe

E un hot-dog F un pain au chocolat

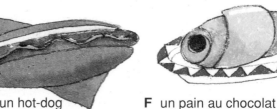

G une gaufre H une pizza

I un friand J une glace

Maintenant fais toi-même des descriptions pour les quatre casse-croûtes qui restent.

Lexique

Les casse-croûtes	Snacks
une crêpe	pancake
un croissant	croissant
un friand	sausage roll
des frites	chips
une gaufre	waffle
une glace	ice cream
au chocolat	chocolate-flavoured
à la noisette	hazelnut
à la pistache	pistachio
à la vanille	vanilla
un hot-dog	hot dog
un œuf sur le plat	fried egg
une pizza	pizza
un sandwich	sandwich
au fromage	with cheese
au jambon	with ham
au pâté	with pâté
au saucisson sec	with continental sausage (salami)

Quel plateau?

Pendant les vacances tu travailles dans un café en France. Ecoute la cassette. Quel plateau pour quel client?

▶◀ Au café

1 *Ecoute un dialogue sur la cassette.*
2 *Fais le dialogue avec un(e)/des ami(e)(s).*
3 *Refaites le dialogue, en changeant les mots en couleur.*
(Changez d'autres expressions aussi, si vous voulez.)

1 *Tu es au café avec un(e) ami(e). Le garçon de café vous sert.*

— Bonjour Monsieur/Mademoiselle, vous désirez?
— Un café crème et un coca, s'il vous plaît.
— C'est tout?
— Non, un sandwich au jambon, s'il vous plaît, et un autre au fromage.
— Un jambon, un fromage.
— Voilà Monsieur/Mademoiselle.

***

— Combien je vous dois?
— Voici l'addition Monsieur/Mademoiselle.
— Le service est compris?
— Oui, Monsieur/Mademoiselle. C'est prix net.

2 *Un(e) ami(e) t'invite à prendre un verre.*

Toi:	Salut, Pascal(e), on va prendre un pot au café?
Pascal(e):	Bonne idée, je vais te payer un verre.

(Vous entrez dans le café et on vous sert.)

Pascal(e):	Alors, qu'est-ce que tu prends?
Toi:	Un jus de tomate, s'il te plaît.
Serveuse:	Désolé, mais nous n'avons plus de tomate. Il y a orange ou ananas.
Toi:	Bon, je prendrai un ananas.
Serveuse:	Un jus d'ananas. Et pour vous, Monsieur/Mademoiselle?
Pascal(e):	Pour moi, un grand chocolat chaud, et qu'est-ce que vous avez comme sandwichs?
Serveuse:	Jambon, fromage et pâté.
Pascal(e):	Bon, un sandwich au pâté, s'il vous plaît. Et pour toi?
Toi:	Pour moi, un hot-dog, s'il vous plaît.

***

Serveuse:	Voilà, un jus d'ananas et un grand chocolat chaud.
Toi:	Merci, Pascal(e). A ta santé!
Pascal(e):	A la tienne!

3 *Tu déjeunes au café. Le garçon de café/la serveuse te sert.*

— Qu'est-ce que vous avez comme plats chauds?
— Il y a un croque-monsieur ou une omelette au fromage.
— Bon, un croque-monsieur, s'il vous plaît et un demi, et est-ce que je peux avoir de la monnaie pour le téléphone?
— Vous en voulez combien?
— Cinq pièces d'un franc, s'il vous plaît.
— Voilà.

● *Regarde **Lexique: Les boissons** à la page 140.*
● *Regarde **Lexique: Les casse-croûtes** à la page 141.*
● *Regarde **Lexique: Au café** sur cette page.*

◢ Lexique ◢◢◢◢

Au café	**In a café**
Est-ce que vous servez des plats chauds?	
	Are you serving hot meals?
Qu'est-ce que vous avez comme sandwichs?	
	What sort of sandwiches do you have?
Est-ce que je peux avoir de la monnaie pour … ?	
	Can I have some change for … ?
le téléphone	the telephone
le flipper	the pinball machine
le juke-box	the jukebox
les jeux vidéo	the video games
L'addition, s'il vous plaît	The bill, please
Je vous dois combien?	How much do I owe you?
C'est combien?	How much is it?
Le service est compris/	
C'est service compris?	Is the service included?
Où sont les toilettes/WC, s'il vous plaît?	
	Where are the toilets please?

Pour inviter quelqu'un à boire quelque chose	**How to treat someone to a drink**
Je vous payerai/paie/vais te payer un verre	
	I'll buy you a drink.
Viens, on va prendre/boire un pot!	
	Let's go for a drink!
Qu'est-ce que tu prends/vous prenez?	
	What will you have?
Je vous/t'invite	I'm paying
A votre santé!	Good health! Cheers!
A la vôtre/tienne!	And to yours!

Lis l'article et choisis le titre correct pour chaque paragraphe.
Voici les titres:

A Il y a aussi des fast-foods français!
B Le fast-food est un mot français!
C Les hamburgers sont arrivés dans le pays de la gastronomie.
D Pourquoi les fast-foods sont-ils si populaires?

Le fast-food: pour ou contre?

Un reportage de Philippe Lefèvre

La France est traditionnellement le pays des gourmets, où tout le monde a son petit café favori, où les repas sont sacrés, mais le premier McDonald's est arrivé à Paris en 1972 et maintenant il y a des fast-foods dans toutes les grandes villes.

La France est aussi un pays qui s'inquiète beaucoup de la pûreté de sa langue. Cependant, en 1984, le mot 'fast-food' est même entré pour la première fois dans le Petit Larousse, le dictionnaire 'officiel' de la langue française.

Mais on ne mange pas seulement les hamburgers dans les fast-foods. Des Français, eux aussi, ont vite ouvert des chaînes de restauration rapide, mais où on mange plutôt de la nourriture française: La Croissanterie et La Brioche Dorée, par exemple.

'Pourquoi aimez-vous manger dans un fast-food?'
Voilà la question que je viens de poser à plusieurs groupes de jeunes de mon quartier. Voici une sélection de leurs raisons.

Impressionnant, non? Les fast-foods ont beaucoup de 'fans'. Mais il y a quand même des gens qui sont contre. Voici une sélection de leurs avis.

Pour

✔ On mange plus vite dans les fast-foods, et on mange bien!

✔ J'adore la nourriture: les croissants fourrés, les frites, les desserts. Tout me plaît!

✔ Les prix sont raisonnables: on ne peut pas vraiment dire que c'est cher!

✔ Il y a presque toujours une bonne ambiance dans les fast-foods.

✔ Tous les hamburgers sont délicieux.

✔ Si on est dans une autre ville, un autre pays même, quand on voit l'enseigne d'un fast-food connu, on se sent moins dépaysé!

✔ Dans les fast-foods, on sait exactement ce qu'on va manger: on ne risque pas de mauvaises surprises!

✔ On peut venir ici tout seul, les filles aussi, on ne se sent pas aussi isolé que dans un restaurant plein de familles.

Contre

✗ Il n'y a pas de variété: on mange toujours la même chose.

✗ La nourriture des fast-foods est pleine de calories et ça fait grossir.

✗ Pour les jeunes, ça va, et pour les familles avec des enfants, mais pour les autres personnes un 'vrai' restaurant est bien meilleur!

✗ Moi, je n'aime pas le self-service, je préfère être servi et je veux manger à l'aise.

✗ Dans les fast-foods il y a toujours trop de monde et il y a trop de bruit!

✗ Manger à la hâte n'est pas idéal pour la digestion.

✗ Moi, j'aime la cuisine traditionnelle française. Si on ne mange que dans des fast-foods, on n'essaie pas les spécialités et les recettes célèbres de notre pays.

✗ Pour fêter un événement spécial, rien ne peut remplacer un dîner dans un bon restaurant. Connaissez-vous beaucoup de gens qui voudraient prendre leur repas du Réveillon du Nouvel An dans un fast-food?

✗ Trop de hamburgers, ça veut dire trop de 'boutons'!

Et toi?

Que penses-tu de l'invasion du fast-food?
Selon toi, quels en sont les plus grands avantages et désavantages?
Préfères-tu manger dans un fast-food, ou dans un café ou un restaurant traditionnel?

Fast-food flash!

★ A l'université d'Illinois, aux Etats-Unis, on peut obtenir un diplôme en 'hamburgerologie'.

★★ McDonald's est le septième plus important employeur au monde, et le premier pour le recrutement de jeunes.

★★★ En France il y a un fast-food qui s'appelle 100 Dwich.

NOW YOU CAN . . .
....
… buy drinks and snacks in a French café and discuss cafés and fast food.

Regarde les images et lis les textes, puis décide quel texte convient à chaque image.

Un peu d'histoire

Vous aimez la soupe? Depuis des siècles, la soupe joue un rôle important dans le repas du soir des Français.

1 A l'époque du roi Louis XIV, on mangeait beaucoup de soupe à la cour mais avec des ingrédients assez inattendus. Par exemple, le roi aimait beaucoup une soupe composée de laitue, de beaucoup d'herbes, de jus de champignons bouillis et d'œufs durs!

2 Au moyen âge, les paysans avaient une grande casserole de soupe qu'ils laissaient cuire sans arrêt sur le feu. Le soir, lorsqu'ils venaient de manger à leur faim, ils ajoutaient encore des légumes, ou peut-être un poulet, et la soupe continuait à mijoter.

3 Le roi Louis XIV était un gros mangeur et on raconte beaucoup d'histoires au sujet de son grand appétit. Un jour par exemple, au moment où on croyait qu'il allait quitter la table, il a demandé trois ou quatre œufs durs. Rien d'extraordinaire, dites-vous? Mais si, c'était extraordinaire, parce qu'il venait de manger un déjeuner composé de trois soupes, de trois hors-d'œuvre, dè poisson, de viande rôtie et d'un dessert!

4 Quand le roi venait de finir un repas, les officiers de la cour apportaient tout ce qui restait du repas et le vendaient au peuple. Souvent le roi n'avait même pas goûté à tous les plats, alors il y avait toujours beaucoup de monde près des cuisines du palais, parce que les gens savaient qu'ils allaient manger de la nourriture royale, à des prix assez bas.

5 Le soir, on devait laisser à la porte de la chambre de Louis XIV deux ou trois grands pains et quelques bouteilles de vin, même s'il venait de manger un dîner énorme. Et pourquoi? Parce qu'il allait peut-être avoir faim pendant la nuit!

Dossier-langue

venir de/aller + infinitive: The imperfect tense

1 Look at these phrases from the previous article. They include **venir de** used in the imperfect tense.

ils **venaient de** manger à leur faim
they had just eaten their fill

Le roi **venait de** finir un repas
The king had just finished a meal

Can you now explain the rest of the pattern?

The construction *venir de* + infinitive is only used in one of two tenses:

present   il **vient de** finir = he has just finished
imperfect il **venait de** finir = he … finished

With both tenses, *venir de* is always followed by an …

Find some more examples on page 144 if you can.

2 The construction **aller** + infinitive is often used in a similar way:

present   il **va** finir = he is going to finish
imperfect il **allait** quitter la table = he … to leave the table

With both tenses, *aller* is always followed by an …

La statue dorée

Regarde les photos et complète la lettre de Magalie avec les mots dans la case.

Chère Anne,

Je passe de très bonnes vacances ici à Aix-en-Provence. L'autre jour une chose amusante m'est arrivée. Regarde les photos et tu vas voir!

Nous ...**(1)**... arriver sur la Place du marché et nous ...**(2)**... acheter des provisions pour notre pique-nique, lorsque j'ai vu cette belle statue dorée. Je crois qu'elle représente le poète provençal Frédéric Mistral. Plus tard, lorsque j' ...**(3)**... quitter la place, j'ai regardé la statue de nouveau et j'étais sûre qu'elle ...**(4)**... changer de position: la tête et le bras gauche étaient plus bas.

La troisième fois que je l'ai regardée j'en étais certaine! La main gauche était plus basse encore et il me semblait que l'homme ...**(5)**... offrir une fleur à une dame et qu'il ...**(6)**... bientôt descendre de son piédestal. En plus on a commencé à jouer de la musique: je crois que c'était la statue qui ...**(7)**... faire marcher un magnétophone avec son pied.

Sur la quatrième photo, voilà l'explication! C'était un homme déguisé! Quand on lui donnait de l'argent, il bougeait et il changeait de position. Maintenant il ...**(8)**... enlever son déguisement et il ...**(9)**... déjeuner! Quelle chance que les enfants ...**(10)**... faire toutes ces photos! Il faut venir à Aix, c'est une ville tellement intéressante!

A bientôt,
Bises,

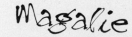

NOW YOU CAN . . .

… say what had happened and what was going to happen, using the imperfect tense of *venir de* and *aller* + infinitive.

| venait d' | venions d' | venait de | venait de |
| venaient de | allais | allait | allait | allait | allions |

5.8 JE T'INVITE

Jeu-test: Est-ce que ça va durer?

Tu viens de commencer à sortir avec quelqu'un(e) qui te semble très sympa … mais est-ce que ça va durer? Fais ce Jeu-test pour le découvrir.

1 Il/Elle te propose de passer la journée ensemble avec ses meilleurs amis. Tu ne les aime pas beaucoup. Qu'est-ce que tu lui réponds?
   a Je lui dis que c'est une bonne idée.
   b Je lui demande si on peut passer seulement une partie de la journée ensemble.
   c Je lui dis que je n'aime pas beaucoup ses amis.

2 Il/Elle t'invite à l'accompagner à une exposition de timbres-poste. Les timbres t'ennuient profondément. Qu'est-ce que tu vas lui dire?
   a Je vais lui dire que je ne m'intéresse pas du tout aux timbres.
   b Je vais lui dire que j'aimerais beaucoup y aller mais qu'on a des invités à la maison ce jour-là.
   c Je vais l'accompagner à l'exposition en espérant que les timbres vont m'intéresser un peu quand même – après tout, on ne sait jamais!

3 Vous allez souvent au café ensemble, mais c'est toujours toi qui paies. Tu sais qu'il ne lui manque pas d'argent: qu'est-ce que tu vas faire?
   a Je vais lui dire: 'Je t'invite ce soir et puis tu peux m'inviter demain, ça va?'
   b Je vais lui dire: 'A toi de m'inviter ce soir, c'est toujours moi qui paie!'
   c Je ne vais rien dire et je vais l'inviter comme toujours.

4 Pour ton anniversaire, il/elle t'a acheté un T-shirt en vert. Tu détestes le vert et tu ne le mets jamais. Qu'est-ce que tu as fait?
   a Je lui ai dit merci et j'ai mis le T-shirt tout de suite.
   b Je lui ai dit que je n'aime pas le vert.
   c Je lui ai dit que le T-shirt est très joli, mais que je voudrais l'échanger contre une couleur différente.

5 Une bande de tes camarades te propose de sortir ensemble un soir, sans autres amis. Tu sais que ton copain/ta copine n'aimerait pas ça mais tu voudrais y aller. Qu'est-ce que tu fais?
   a J'accepte l'invitation de mes camarades mais je leur demande de ne pas en parler à mon copain/ma copine.
   b Je leur dis que je ne peux pas venir parce que mon copain/ma copine ne veut pas.
   c J'accepte et je dis à mon copain/ma copine que c'est quand même important de voir ses autres amis de temps en temps.

Maintenant, regarde la solution à la page 177.

Dossier-langue

Rappel: Indirect and direct object pronouns
(*me, te, nous, vous, lui* and *leur*)

Pronouns are very useful in conversation to avoid having to repeat nouns, such as the names of people previously mentioned.

In the ***Jeu-test*** above there are a lot of examples of some very common pronouns:

lui = to or for him/her/it

This replaces masculine or feminine singular nouns, often in a phrase beginning with *à* or *au*, e.g.

   – *Qu'est-ce que tu réponds à ton ami(e)?*
   – *Je **lui** dis …*   I tell (to) him/her …
   – *Tu vas payer un verre à ton ami(e)?*
   – *Non, je ne vais pas **lui** payer un verre.*
     No, I'm not going to buy (for) him/her a drink.

leur = to or for them

This replaces masculine or feminine plural nouns, often in a phrase beginning with *à* or *aux*, e.g.

   – *Qu'est-ce que tu dis à tes camarades de classe?*
   – *Je **leur** dis que je ne peux pas venir*
     I tell (to) them that I can't come

Pronouns meaning **to** or **for** someone are called **indirect object pronouns**, even though the actual word 'to' or 'for' is often omitted in English.

me, te, nous, vous

These pronouns are used both as direct and indirect object pronouns:

   me = me, to or for me   *te* = you, to or for you
   nous = us, to or for us   *vous* = you, to or for you

*Est-ce que tu peux **m'**acheter un sandwich?*
Can you buy me a sandwich?

*Oui, si tu **me** donnes de l'argent.*
Yes, if you give me some money.

*Si tu réussis, je **te** payerai un verre.*
If you succeed, I'll buy you a drink.

*Ces Français **nous** ont invités au café.*
These French people have invited us to go to the café.

*On **vous** attendra au café.*
We'll wait for you at the café.

Look at the ***Jeu-test*** to find out where these pronouns go
• with the present tense
• with the perfect tense
• when there are two verbs together.

Solution

With the present tense, pronouns go before the verb, e.g. *Il **t'**invite, Je **lui** dis*

With the perfect tense, the pronouns go before the auxiliary verb, e.g. *Je **lui** ai dit merci.*

When there are two verbs together, the pronouns usually go before the second verb, e.g. *Je vais **lui** dire*

J'invite tout le monde!

Tu viens de gagner au Loto, alors tu invites ta famille et des copains au café.
Ecris sur une feuille les noms de cinq personnes.

*Ecris sur une autre feuille une chose différente que tu achètes pour chaque personne. (Choisis seulement les boissons ou les casse-croûtes qui se trouvent dans les **Lexiques** aux pages 140 et 141.)*

Donne la liste des cinq personnes à ton/ta partenaire. Il/Elle doit découvrir ce que tu paies à chaque personne en te posant trois questions par personne. S'il/elle n'a pas trouvé au bout de trois questions, donne-lui la réponse.

Exemple

– Ton père d'abord. Tu vas lui payer un café au lait?
– Non.
– Un verre de vin rouge?
– Non.
– Un sandwich?
– Non, je vais lui acheter un chocolat chaud.

La personne qui a le plus grand nombre de réponses correctes a gagné.

> Mon père
> Ma mère
> Mon frère
> Jean-François
> Catherine

> un chocolat chaud
> une glace à la vanille
> une crêpe
> un citron pressé
> un café

Choisis bien tes cadeaux!

*Lis l'article plusieurs fois, puis fais le **Jeu de mémoire** dans **Au choix** à la page 173.*

Chaque année beaucoup de jeunes étrangers, surtout des Britanniques, arrivent en France en échange scolaire. Il en résulte que beaucoup de familles françaises reçoivent des cadeaux que ces visiteurs leur apportent. Ils disent toujours merci, évidemment, mais quels sont, en fait, les cadeaux qu'ils apprécient le plus et ceux qu'ils n'apprécient pas? On a posé cette question à nos lecteurs et lectrices. Voici des extraits de leurs réponses.

Il nous a apporté du thé anglais dans une jolie boîte. C'est bien, nous aimons le thé.
Mme J. Thomas, Nantes

Elle m'a offert un torchon avec une image de sa ville. Ça m'a plu: c'est pratique et c'est un bon souvenir.

Quant aux enfants, elle leur a apporté des bonbons multicolores. Ça leur a fait plaisir: on n'a pas la même chose en France.
Jeanine Lemaître, Maule

Apporter de la nourriture fraîche comme cadeau n'est pas souvent une bonne idée, sauf du bon saumon fumé. On m'a offert cela une fois et c'était délicieux! Ma sœur a reçu un jeune Ecossais qui lui a apporté un 'haggis'. A l'arrivée ça sentait mauvais, et malheureusement ma sœur est végétarienne.
Claude Mercier, Strasbourg

Mon correspondant écossais nous a apporté de très bons cadeaux. Il m'a donné un T-shirt avec Aberdeen University dessus, et ma sœur était très contente car il lui a acheté une belle écharpe écossaise.
Fabien Béranger, Quimper

Mes parents étaient très contents parce que ma correspondante galloise leur a apporté un joli livre avec beaucoup de photos du Pays de Galles. Ma sœur aussi: elle lui a donné une poupée en costume gallois. Mon frère n'appréciait pas tellement son cadeau parce qu'elle lui a offert une batte de cricket et on ne joue pas au cricket en France! Quant à moi, j'étais ravie: elle m'a donné un CD avec le hit-parade de cette année. Hypercool!
Eléonore Navaret, Milly-la-Forêt

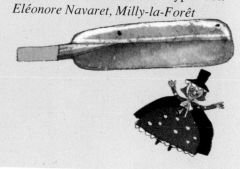

Et toi?

Quels cadeaux vas-tu choisir pour tes hôtes en France?
Fais une liste.

Exemple

Les parents: Je vais leur offrir …
Les enfants (ou sa sœur/son frère)
Mon/ma correspondant(e): Je vais lui offrir …

> **NOW YOU CAN . . .**
> ....
> … talk about buying things for people, using the pronouns *lui, leur, me, te, nous* and *vous*.

5.9 AU RESTAURANT

Des étudiants en restauration dans un lycée technique ont écrit ce dépliant pour les touristes en France. Lis les conseils, puis écoute les interviews sur la cassette. Quels conseils sont les même que ceux qui sont donnés dans les interviews? Dans les interviews il y a deux conseils qui ne sont pas dans le dépliant: lesquels?

✍ Lexique ✍✍✍

Où manger	Where to eat
un bistro	small café serving drinks/food
la carte	menu (card showing what is available)
une crêperie	restaurant serving mainly pancakes
un fast-food	fast food restaurant or café
manger à la carte	to choose items from the menu
le menu à prix fixe	set price menu (limited choice)
le plat du jour	today's special dish
un relais-routier	transport café (often good value for money)
un restaurant	restaurant with waiter service
un self-service	self-service restaurant
la table d'hôte	set meal (little or no choice)

Dîner au restaurant en France

Dix conseils pour les étrangers

1 **Choisissez un restaurant où la plupart des clients sont français.**

2 **Avant d'entrer, regardez la carte affichée à l'entrée.**

3 **Regardez bien la carte. Si des choses sont 'en supplément', il faut payer un peu plus.**

4 **Si le mot 'couvert' avec un prix est sur la carte, il faut payer ce prix en supplément. (C'est pour le couteau, la fourchette, la cuillère, le pain et la serviette.)**

5 **Prendre le menu à prix fixe revient d'habitude moins cher que de manger à la carte. (Mais le choix de plats est plus limité.)**

6 **Pour manger un casse-croûte, choisis un café ou un bistro.**

7 **Pour manger avec les enfants, choisis plutôt un fast-food ou un self-service.**

8 **Pour un bon dîner entre amis ou pour célébrer une fête, choisissez un bon restaurant et goûtez aux spécialités.**

9 **Les dimanches et les jours de fête, vous feriez bien de réserver à l'avance.**

10 **Vérifiez les heures d'ouverture: les restaurants ne sont pas ouverts en permanence comme beaucoup de cafés.**

Choisis un restaurant

Regarde les détails de ces cinq restaurants, puis écoute la cassette et choisis un restaurant pour chaque groupe de personnes.
Tu as gagné de l'argent et tu vas manger dans un de ces restaurants avec trois amis. Quel restaurant vas-tu choisir?

A

Goûtez nos plats préparés chaque jour! Dégustez nos salades, nos mets chauds, notre buffet froid gastronomique!

Le Commensal
GASTRONOMIE VÉGÉTARIENNE
T R A I T E U R
843-7741
1993

B

ARRIVAGES DE POISSONS-CRUSTACES TOUS LES JOURS
PLATS CUISINES-PLATEAUX de FRUITS de MER
PROMOTIONS
Saumon frais d'Ecosse 55 F80 Langoustine (Loctudy) 59 F80
LA PINASSE
SALLE CLIMATISEE MENU: 100 F SA CARTE VARIEE

C
PIZZERIA LA NEUSTRIE
Ramsès du Commerce 1989
RESTAURANT GRILL
SALLES SUR JARDIN
TERRASSE D'ETE
2, Place de la République
(face parking souterrain)
14000 CAEN. Tél. 31 86 33 07

D
... A VERSON
"La Rose des Sables"
(Chez Merrouche)
Spécialités de couscous, Tajines, Paëllas (sur commande)
Fermé dimanche et lundi soir
132, rue du Général Leclerc
Verson - Tél. 31 26 87 94

E

LE DELICE "ROYAL"
8, rue Royale
ANNECY
vous conseille !...
• ses croissants nature,
• ses croissants aux amandes,
• ses croissants jambon,
• et ses petits pains au chocolat.
TOUT CHAUD...
TOUT CROUSTILLANT
Toutes nos SPÉCIALITÉS sont fabriquées sur place quotidiennement par des SPÉCIALISTES de la VIENNOISERIE avec des PRODUITS NATURELS

Une table pour demain

Ecoute la cassette. Une de ces personnes téléphone au restaurant pour réserver une table, mais à quel restaurant?

Pour réserver une table

Tu as décidé de manger dans un de ces restaurants avec des amis.
Ecoute la conversation sur la cassette, puis choisis un restaurant et téléphone pour réserver une table, en changeant les mots en rouge.

Exemple
– Bonjour! C'est le restaurant La Rose des Sables
– Je voudrais réserver une table pour ce soir.
– Oui, c'est pour combien de personnes?
– Pour quatre personnes.
– Et à quelle heure?
– Huit heures, ça va?
– Oui, j'ai une table pour huit heures. C'est à quel nom?
– Rainier.
– Rainier … comment ça s'écrit?
– R-A-I-N-I-E-R.
– En salle ou en terrasse?
– En salle, s'il vous plaît.
– Bon. Alors, j'ai réservé une table à huit heures, pour quatre personnes, et c'est au nom de Rainier.
– C'est ça.

C'est sur la carte

La nouvelle secrétaire du restaurant La Neustrie est en train de taper la carte à l'ordinateur. D'abord, elle ne sait pas faire marcher la machine, et en plus, l'ordinateur ne marche pas bien! En voici le résultat. Dans cette liste il y a les noms de quatre plats avec de la viande, quatre plats avec du poisson, quatre hors-d'œuvres et quatre desserts. Peux-tu les trouver?

```
F R U I T S D E M E R A G O U T A R T E A U X P
O M M E S T E A K G L A C E S A U M O N H U I
T R E S O U P E S C A R G O T S O L E M E U N I
E R E C O Q A U V I N O E U F M A Y O N N A I
S E A S S I E T T E D E C H A R C U T E R I E P
A T I S S E R I E C O T E D E P O R C Y A O U R T
```

Lexique

Un repas au restaurant	A restaurant meal
Les hors d'œuvres	**Starters**
assiette de charcuterie (f)	selection of cold meats
consommé (m)	thin soup
crudités (f pl)	raw vegetables
escargots (m pl)	snail
œuf mayonnaise (m)	hard-boiled egg in mayonnaise
pâté maison (m)	home-made pâté
potage (m)	soup
soupe (f)	thick soup
Les poissons	**Fish**
crevettes (f pl)	prawns
fruits de mer (m pl)	seafood
huîtres	oysters
morue (f)	cod
moules marinières (f pl)	mussels cooked with white wine
saumon (m)	salmon
sole meunière (f)	sole cooked in butter
truite (f)	trout
Les viandes	**Meat**
bifteck (m)	beef steak
coq au vin (m)	chicken in red wine
côte d'agneau/de porc (f)	lamb/pork chop
côtelette (f)	cutlet/chop
entrecôte (f)	rib steak
escalope de veau (f)	fillet of veal
ragoût (m)	stew
steak (m)	steak
bleu	nearly raw
saignant	rare
à point	medium
bien cuit	well-done
steak tartare (m)	raw chopped steak with egg yolk and capers
volaille (f)	poultry
Les desserts	**Desserts**
crème caramel (f)	caramel custard
glaces (f pl)	ice cream
mousse au chocolat (f)	chocolate mousse
pâtisserie (f)	cake
tarte aux pommes (f)	apple tart
yaourt (m)	yoghurt

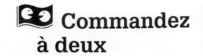

Vous avez choisi?

Regarde les trois menus au Restaurant du Château et écoute des conversations au restaurant.
Tu travailles comme serveur/serveuse dans ce restaurant pendant les vacances. Essaie de noter les commandes pour chaque table.
Exemple: 1 Menu 48F, salade mixte, …

Commandez à deux

Travaillez à deux. Chaque personne choisit un des trois menus et note ce qu'il/elle va commander.

Exemple
Menu à … F
Pour commencer
Comme plat principal
Comme dessert
Comme boisson

Puis on se pose des questions pour deviner ce que l'autre personne a choisi.

Exemple
Tu as choisi le menu à 110F?
Pour commencer, as-tu choisi la salade niçoise?

menu 48F
Salade mixte
Torte poireaux ou oignons
Assiette charcuterie

Côte de porc, frites
Spaghetti bolognaise
Pizza   Jambon fromage
          Anchois fromage

Fromage ou glaces

menu 78F
Salade campagnarde
Salade fermière
Salade chèvre chaud

Entrecôte ou
Baron d'agneau
avec Frites ou Ratatouille
Pizza au choix

Fromage

Glaces 2 boules

menu 110F
Salade Baltique
Salade Périgord
Salade Niçoise

Pavé de Rumsteak
Escalope de Veau
sauce forestière

Frites Ratatouille
Tomates provençale

Fromages

Coupe Ardéchoise
ou dessert maison

Lexique

Au restaurant	**At the restaurant**
La carte, s'il vous plaît	Can I have the menu, please?
Vous êtes prêts à commander?	Are you ready to order?
On va prendre le menu à 150 francs	We'll have the 150 franc menu.
Qu'est-ce que vous recommandez?	What do you recommend?
Le plat du jour, qu'est-ce que c'est?	What's the dish of the day?
Le cassoulet, qu'est-ce que c'est exactement?	What exactly is cassoulet?
Est-ce qu'il y a beaucoup d'ail dedans?	Is there a lot of garlic in it?
Qu'est-ce que vous avez comme légumes/glaces?	What kind of vegetables/ice cream do you have?
Comme boisson, une carafe de vin rouge	To drink, a carafe of red wine
On peut avoir encore du pain?	Can we have some more bread?
Est-ce que je peux revoir la carte?	Can I see the menu again?
L'addition, s'il vous plaît	The bill, please.
C'était très bon	It was very good.
le couvert	cover charge
farci	stuffed
garni	with a vegetable or salad
au gratin	with a cheese topping
maison	home-made
la moutarde	mustard
nature	plain
le poivre	pepper
les pommes (de terre) vapeur (f pl)	steamed potatoes
les pommes (de terre) sautées (f pl)	sauté potatoes
provençale	with tomatoes and garlic
le ragoût	stew, casserole
rôti	roast
la salade verte/composée	green/mixed salad
la sauce vinaigrette	French dressing (salad)
le sel	salt

A toi de commander

A la fin des vacances, tu dînes toi-même au Restaurant du Château avec trois jeunes amis étrangers qui parlent anglais mais pas français. Ce sont Bruno Illigens (allemand), Fiona Bridges (anglaise) et Grenville Fillipachi (américain). Tu viens de noter ce qu'ils veulent manger.

Fiona (végétarienne)
- aime les salades et les pizzas
- une glace comme dessert
- boit de l'eau minérale

Grenville (Il a faim!)
- une salade pour commencer
- le steak frites
- fromage et dessert
- comme dessert, aime goûter aux spécialités!
- boisson: du cidre

...e la charcuterie
...es pâtes
...veut pas de
...ssert, mais aime
...fromage avec
...e bière

Ecoute les paroles du garçon de café sur la cassette et chaque fois décide ce que tu dois dire. Ensuite, travaillez à deux pour faire le dialogue dans son entier.

On dîne au restaurant

Vous arrivez au restaurant du chateau.

Le garçon: Bonjour Messieurs-dames.
Toi: *(Tu veux une table pour quatre personnes.)*
Le garçon: Voilà Monsieur. Voilà la carte.
***
Le garçon: Vous êtes prêts à commander?
Toi: *(A toi de commander le repas pour les trois autres, les entrées et les plat principaux, d'abord.)*

Exemple

Pour Monsieur, le menu à 48F. Une assiette de charcuterie pour commencer, puis, comme plat principal …)
Le garçon: Et pour vous-même?
Toi: Moi, je prends le menu à 78 francs. Pour commencer, je prendrai … et ensuite …
Le garçon: Et comme boissons, qu'est-ce que vous voulez?
Toi: *(Commande des boissons pour tout le monde.)*
Le garçon: Entendu.
***
Le garçon: Vous voulez un dessert?
Toi: *(Tu voudrais revoir la carte.)*
Le garçon: Voilà la carte.
Toi: *(Tu commandes un dessert pour tout le monde. Pose des questions d'abord, si tu veux, par exemple, sur le parfum des glaces et les spécialités.)*
Le garçon: Très bien. Vous voulez du café après?
Toi: *(A toi de décider si on veut du café ou pas.)*
***
Toi: *(Demande l'addition et demande si c'est service compris.)*
Le garçon: Voilà l'addition. Oui oui, le service est compris.

En vacances j'ai bien mangé

Quiberon, Bretagne

Chère Madeleine,
Je passe de bonnes vacances ici. On mange très bien! Hier j'ai déjeuné dans une crêperie. On y mange des crêpes salées ou sucrées de toutes sortes. Pour commencer, j'ai pris une crêpe au fromage, puis comme dessert, une crêpe à l'ananas. C'était délicieux!
A bientôt!
Christophe

Sénégal

Cher Michel,
Je suis en vacances chez ma correspondante au Sénégal. C'est très intéressant! Hier nous avons fêté l'anniversaire de mon amie et nous avons mangé le riz au poisson à la Saint Laurentienne. C'est un plat typique du Sénégal fait avec du riz et du poisson évidemment, et garni de légumes et de tranches de citron vert. C'est vraiment très, très bon!
Bises
Delphine

Québec

Chère Tante Marie,
Devine ce que nous venons de manger ici au Québec! Ton dessert favori, la tarte Tatin. On la mange au Canada aussi, pas seulement en France! Avant cela nous avons mangé une chose très populaire ici avec les jeunes, la Poutine. Ce sont des frites avec une sauce au fromage, un peu comme la fondue en France!
Au revoir – et bon appétit!
Cyril et Sylvaine

Maintenant à toi d'écrire une carte postale comme celles-ci. Parle d'un repas que tu as fait, en vacances ou pour une fête, ou décris une spécialité que tu as goûtée.

Un restaurant à éviter!

Travaillez à trois pour présenter cette saynète à la classe.
Ensuite, travaillez en groupes et essayez d'écrire une
saynète comme celle-ci vous-même, en changeant un peu
les mots.

Garçon de café:	Vous êtes prêts à commander?
M. Jérôme:	On va prendre le menu à 150 francs. Pour commencer, nous allons prendre la soupe à l'oignon.
Garçon de café:	Je regrette Monsieur, il n'en reste plus.
M. Jérôme:	Alors, qu'est-ce que vous avez comme soupe?
Garçon de café:	Il y a du potage aux légumes.
M. Jérôme:	Est-ce qu'il y a beaucoup d'ail dedans?
Garçon de café:	Oui, il y en a beaucoup.
M. Jérôme:	Zut! Je n'aime pas l'ail. Alors qu'est-ce que vous recommandez?
Garçon de café:	Le pâté n'est pas trop mauvais!
M. Jérôme:	Bon, deux pâtés, s'il vous plaît, et une bouteille de vin rouge maison.

Mme Jérôme:	Il n'y a pas beaucoup de pâté. Les portions sont très petites.
Garçon de café:	C'est la nouvelle cuisine, Madame.
M. Jérôme:	Et le vin … j'ai commandé du vin rouge!
Garçon de café:	Désolé, Monsieur, mais il n'y a pas de vin rouge.
M. Jérôme:	Et je n'ai pas de verre! Apportez-moi un verre, s'il vous plaît.

Garçon de café:	Qu'est-ce que vous voulez comme plat principal?
Mme Jérôme:	Le plat du jour, qu'est-ce que c'est?
Garçon de café:	C'est la bouillabaisse.
Mme Jérôme:	Qu'est-ce que c'est?
Garçon de café:	C'est une soupe de poisson faite avec beaucoup de différentes variétés de poissons. C'est délicieux!
M. Jérôme:	Alors, deux plats du jour, s'il vous plaît.
Garçon de café:	Ah, je regrette Monsieur, mais il n'en reste plus!
M. Jérôme:	Ah non! Ça alors! J'en ai assez de tout ça!
Garçon de café:	Voulez-vous du steak, peut-être?
Mme Jérôme:	Oui oui, ça va. Apportez-nous deux steaks très bien cuits.

Garçon de café:	Deux steaks saignants.
M. Jérôme:	Mais ce n'est pas ce que j'ai commandé! Le steak n'est pas assez cuit, et en plus il est très petit!
Garçon de café:	C'est la nouvelle cuisine, Monsieur.
M. Jérôme:	Donnez-moi du steak bien cuit et sans sauce … et est-ce qu'on peut avoir encore du pain?
Garçon de café:	Oui, mais le pain est en supplément.
M. Jérôme:	En supplément! Ce n'est pas possible! Apportez-nous l'addition. Nous, on s'en va!
M. Jérôme:	Il y a une erreur dans l'addition et ce restaurant est abominable. Vous servez de la nouvelle cuisine, bien, voilà Monsieur, ça c'est du nouvel argent!

✍ Lexique ✍✍✍

Des problèmes   **Problems**

Je n'ai pas de couteau/cuillère/fourchette
              I haven't got a knife/spoon/fork
Ce n'est pas ce que j'ai commandé
                    This is not what I ordered
Le steak n'est pas assez cuit
              The steak isn't cooked enough
Je crois qu'il y a une erreur dans l'addition
              I think there's a mistake in the bill
Nous avons commandé une bouteille de vin, pas deux
              We ordered one bottle of wine, not two
Je n'en peux plus   I can't take any more
On s'en va?   Shall we go?
Il n'en reste plus   There's none (of it) left
Il n'y en a pas   There isn't/aren't any
Je n'en sais rien   I don't know anything about it

Ecris, invente, dessine

Voici des activités à faire. Choisis! En fais deux ou trois, si tu veux: pourquoi pas?

1 Ecris

un court article, pour le magazine du collège peut-être, avec un de ces titres:

    Un repas que j'ai aimé
    Un repas que j'ai détesté

2 Invente

la carte pour un nouveau restaurant dans un parc d'attractions à thème, par exemple, Aventure dans l'espace *ou* Fantômes en liberté; *ou pour une réserve d'animaux sauvages.*

3 Dessine

- un restaurant idéal
- un restaurant pour l'an 2000
- un restaurant 'rétro'
- une affiche pour un restaurant britannique en France, ou un restaurant français dans ta ville

Amuse-toi bien, et bon appétit!

NOW YOU CAN ...

... choose a suitable French restaurant, book a table, understand a lot of the menu, ask for explanations and complain or explain about mistakes.

Sommaire

Now you can ...

1 talk about meals in France and at home and discuss how they have changed
2 talk about food and drink and discuss healthy eating
3 talk about food you especially like or dislike and describe your own country's food to a French person
4 buy food in different types of shops and at the market and supermarket
5 say what has just happened and what is going to happen, using the present tense of *venir de* and *aller* + infinitive
6 buy drinks and snacks in a French café and discuss cafés and fast food
7 say what had happened and what was going to happen, using the imperfect tense of *venir de* and *aller* + infinitive
8 talk about buying things for people, using the pronouns *lui*, *leur*, *me*, *te*, *nous* and *vous*
9 choose a suitable French restaurant, book a table, understand a lot of the menu, ask for explanations and complain or explain about mistakes

For your reference
Grammar

Activité 1

Quels sont les avantages?

Selon la publicité, le stage Jeunes sans frontières *a beaucoup d'avantages. Peux-tu en trouver sept dans les phrases suivantes?*

1. On rencontre beaucoup de jeunes d'autres pays.
2. Ça vous donne de nouvelles idées.
3. On fait beaucoup de sport.
4. C'est un monde limité.
5. On discute des idées pour combattre le racisme.
6. On est souvent seul.
7. On s'amuse bien.
8. On organise des visites au Parlement européen.
9. On se fait souvent de nouveaux amis.
10. On discute beaucoup ensemble.

 Activité 2

Remplis la grille

Ecoute encore une fois les quatre interviews **Fiches d'identité**. *Copie la grille et note quelles sortes de questions on pose. Voir à la page 6 pour les cinq moyens de poser des questions.*

Exemple: Pour demander le nom de quelqu'un, on pose la question …

	nom	nationalité	domicile	famille
Valérie Fayemi	5	1	4	2
Yves Drouot				
Jacob Weinitz				
Elsa Johannessen				

L'interviewer, c'est toi!

Travaillez à deux. Une personne regarde cette page et l'autre regarde la page 8.
Voici les détails personnels de deux stagiaires. Ton partenaire regarde les détails de deux stagiaires différents.
Chaque personne doit poser des questions à l'autre pour compléter le tableau.

Exemple

– Ta première personne, qui est-ce?
– C'est Jean-François Boulez.
– Quel âge a-t-il?

Activité 3

Questions et réponses

Version ordinaire

Travaillez à deux. Une personne est un(e) Français(e) en visite. L'autre lui pose des questions. Puis changez de rôle. Pour vous aider, il y a du vocabulaire ici et dans **Vocabulaire par thèmes**, *ou vous pouvez ré-écouter la cassette.*

Version 'réponses en retard'

Cette fois on pose les deux premières questions tout de suite et l'autre personne doit toujours répondre à la question précédente. C'est très amusant, et pas très facile!

Exemple

A: Comment t'appelles-tu? Quel âge as-tu?
B: Je m'appelle Daniel.
A: D'où viens-tu?
B: J'ai quatorze ans.

L'arbre généalogique

Travaillez à deux.
Voici l'arbre généalogique entier d'une famille française. Ton/ta partenaire va te poser des questions pour remplir les blancs dans l'arbre sur sa feuille.

Exemple

– Comment s'appelle le mari de Danielle?
– Il s'appelle Xavier.
– Comment ca s'écrit?
– X-A-V-I-E-R.

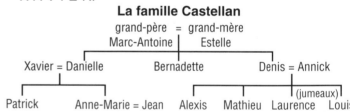

La famille Castellan

prénom	nom	âge	nationalité	domicile	loisirs	rêve
1							
2							
3 Chantal	Trudeau	16	canadienne-française	Montréal	les animaux, la natation, l'astronomie	aller au Kenya
4 René	Courbet	18	suisse	Genève	le tennis, jouer de la batterie, l'écologie	visiter l'Amazone

Activité 4

Un poème

Voici un poème par Jacques Prévert, un des plus célèbres poètes français du 20ème siècle. Lis le poème à haute voix, si tu veux, ou essaie d'écrire toi-même un poème un peu comme celui-ci.

Familiale

La mère fait du tricot
Le fils fait la guerre
Elle trouve ça tout naturel la mère
Et le père qu'est-ce qu'il fait le père?
Il fait des affaires
Sa femme fait du tricot
Son fils la guerre
Lui des affaires
Il trouve ça tout naturel le père
Et le fils et le fils
Qu'est-ce qu'il trouve le fils?
Il ne trouve rien absolument rien le fils
Le fils sa mère fait du tricot son père des affaires lui la guerre
Quand il aura fini la guerre
Il fera des affaires avec son père
La guerre continue la mère continue elle tricote
Le père continue il fait des affaires
Le fils est tué il ne continue plus
Le père et la mère vont au cimetière
Ils trouvent ça tout naturel le père et la mère
La vie continue la vie avec le tricot la guerre les affaires
Les affaires la guerre le tricot la guerre
Les affaires les affaires et les affaires
La vie avec le cimetière.

Jacques Prévert: *Paroles* © Editions GALLIMARD

Activité 6

Mon jour favori

Ecoute sur la cassette la conversation de Xavier avec le prof de français et complète l'extrait avec le verbe correct.

Xavier

Mon jour préféré …**(1)**… le mercredi.
Le mercredi on ne …**(2)**… pas au collège mais par contre, les autres membres de ma famille …**(3)**… Comme ça, je …**(4)**… tout seul à la maison, et j'en profite! Souvent …**(5)**… la radio. C'est bien, parce qu'il n'y a personne pour me dire que c'est trop fort! C'est idéal! Je …**(6)**… libre! Je fais ce que …**(7)**… Si j'ai faim, je cuisine un peu. Des fois je …**(8)**… à mes copains, des fois je …**(9)**…

Activité 7

Tu fais ça depuis quand?

Regarde d'abord la page 17.
Combien de choses peux-tu dire au sujet de toi-même, où tu te sers du mot **depuis** *ou de l'expression* **Ça fait … que … ?** *Trois? Six? Dix au maximum!*
Exemple: Je sais nager depuis cinq ans.
Tes réponses peuvent faire partie de ton Dossier personnel.

Activité 5

Au bureau de poste

Travaillez à deux pour faire des conversations selon les symboles.

Exemple

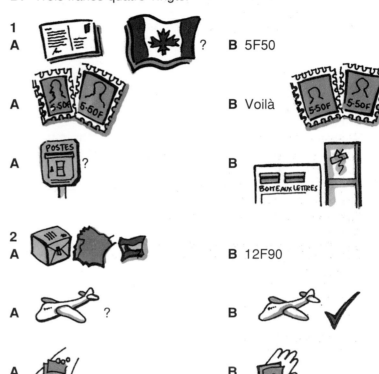

A: C'est combien pour envoyer une lettre au Pays de Galles, s'il vous plaît?
B: Trois francs quatre-vingts.

Maintenant invente toi-même une conversation à symboles.

Activité 8

Vrai ou faux?

Tu as bien regardé la photo de Louis-Alphonse et Grégoire à la page 21?
Maintenant lis ces phrases et décide si elles sont vraies ou fausses.

1 Louis-Alphonse porte un imperméable blanc et un chapeau blanc assorti.
2 Grégoire a une barbe et les cheveux gris et frisés.
3 Tous les deux ont une moustache.
4 Louis-Alphonse n'a pas de barbe.
5 Grégoire porte un manteau noir uni.
6 Louis-Alphonse a un pantalon gris en coton.
7 Autour du cou, Grégoire porte un foulard rouge et noir.
8 Grégoire porte un pullover rayé multicolore.
9 Grégoire porte des gants noirs en laine.
10 Louis-Alphonse porte une ceinture blanche en cuir.

Activité 9

Cherche l'intrus!

1 une casquette, un chapeau melon, une chaussette, un bonnet
2 un anorak, une robe, un blouson, une veste
3 des tennis, des bottes, des gants, des chaussures
4 un imperméable, un maillot de bain, un manteau, un pardessus
5 une cravate, un gilet, une moustache, un pantalon
6 un survêtement, un caleçon, un collant, un jean
7 un T-shirt, une robe d'été, une chemise, un gros pull
8 fleuri, coton, rayé, uni

Activité 11

Une lettre de Mathieu

Mathieu, un jeune Francais de seize ans, passe ses vacances chez une famille galloise à Bangor. Dans sa lettre à ses parents, il décrit la famille et la maison. Dans chaque phrase, mets les mots dans le bon ordre.

1 La gentille très est famille Williams
2 Ils intéressante maison une habitent vieille avec un jardin grand
3 C'est ancienne une ferme
4 Le père aimable est et un amusant homme
5 La est mère timide sérieuse et plus
6 Tous gentils les enfants sont
7 J'aime surtout Richard, petit méchant mais drôle le garçon qui est
8 J'ai une chambre et très propre petite confortable

Activité 12

Des couples bien différents

Voilà les descriptions du mari ou de la femme d'un couple. Chaque fois, le/la partenaire de la personne décrite est tout à fait son contraire. Voici la description d'une de ces personnes. C'est le partenaire de qui?

Il n'a pas l'air très sympathique ni très gentil. Il est grand et assez gros aux yeux bruns et aux cheveux longs et marron. Il est sportif et un peu agressif.

Maintenant, essaie de décrire les partenaires des deux autres personnes.

1

Elle, elle est très grande et mince, aux cheveux longs et aux yeux bruns. Elle n'est pas très aimable, elle est impatiente, assez égoïste et paresseuse. En somme, elle a mauvais caractère!

2

Lui, il est petit aux cheveux blonds et frisés. Il est assez timide, il n'est ni très sociable ni très ambitieux, mais il est très patient et très sérieux.

3

Elle, elle a l'air sympathique et gentille. Elle est petite et assez mince aux cheveux blonds et aux yeux bleus. Elle n'est pas très sportive, elle est très calme et pas du tout agressive.

Activité 10

Rencontres-mariage

Deux personnes dans cette liste ont fini par se marier, l'une avec l'autre, mais lesquelles? Lis les descriptions et essaie de trouver le couple. Voici des indices pour t'aider:

L'homme a déjà été marié, la femme aussi.
La femme est plus jeune que l'homme.
L'homme veut mener une vie active avec une personne cultivée et intelligente, mais il ne veut pas trop de nouvelles responsabilités.

Rencontres-mariage

1 Institutrice, 34 ans, célibataire, féminine, jolie, sensible, espère rencontrer Monsieur sérieux et responsable. (G203)

2 Fonctionnaire, 36 ans, divorcé, bon caractère, sens de l'humour, souhaite rencontrer jeune femme active et agréable. (D317)

3 Jolie jeune femme de 36 ans, veuve, deux enfants à charge, honnête, sportive, ayant sens humour cherche homme courageux et de bon caractère. (A119)

4 Il occupe un poste de responsabilité dans un laboratoire, il a 27 ans, il est célibataire et il est las d'être seul. 1,75m, 70 kg. Sérieux, honnête, sentimental, il désire donner un sens à sa vie et rencontrer une jeune fille sincère et agréable. (B481)

5 Cadre, 55 ans, veuf, responsable, ambitieux, agréable physiquement, courtois, désire rencontrer une dame active et jeune de caractère pour vie harmonieuse. (C532)

6 Infirmière, 31 ans, divorcée, indépendante, élégante, dynamique, aimant la littérature, le cinéma et le sport, cherche Monsieur, ayant 30/40 ans, grand, physique agréable et ayant éducation. (E643)

Activité 13

Le jeu des blancs

'Laisser un blanc', as-tu découvert ce que ça veut dire? Sinon, cherche vite dans ton dictionnaire avant de commencer ce jeu, où il faut laisser des blancs. Travaillez à deux.
Une personne écrit une petite description de quelque chose, mais en laissant six blancs pour les adjectifs.

Exemple

Ma famille

Ma famille est très …**(1)**… Ma mère est …**(2)**… et …**(3)**… et mon père est …**(4)**… Mes sœurs sont …**(5)**… mais mon frère est un peu …**(6)**…

Sans regarder la description de son partenaire, l'autre personne écrit une liste de six adjectifs.

Exemple

1 grand
2 gros
3 intelligent
4 japonais
5 fantastique
6 dangereux

Puis on lit la description ensemble, en remplissant les blancs avec les adjectifs. Le résultat est souvent un peu curieux!

Exemple

Ma famille

Ma famille est très grande. Ma mère est grosse et intelligente et mon père est japonais. Mes sœurs sont fantastiques, mais mon frère est un peu dangereux.

N'oubliez pas de faire accorder les adjectifs avec les noms quand vous mettez les deux parties ensemble. Changez de rôle plusieurs fois et laissez plus de six blancs si vous voulez.
Voici des idées pour les titres:

Ma famille
Mes animaux favoris
Mes amis
Mon/ma meilleur(e) ami(e)
Notre classe
Notre maison
Notre jardin
Mes vêtements
Mes repas favoris
Nos voisins
Les voitures
Notre ville
Mes cadeaux d'anniversaire
Mon/ma correspondant(e)

*Pour la liste complète des adjectifs, regarde **Vocabulaire par thèmes**.*

Activité 14

Un message pour toi

Tu es en vacances, mais comme tu sors tout le temps on a laissé des messages pour toi. Lis les messages et écris des réponses.

1
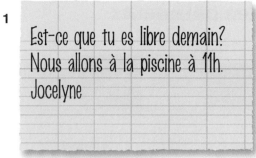

Est-ce que tu es libre demain?
Nous allons à la piscine à 11h.
Jocelyne

(Tu acceptes avec plaisir.)

2
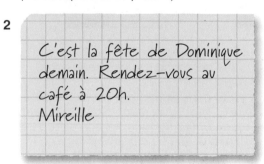

C'est la fête de Dominique demain. Rendez-vous au café à 20h.
Mireille

(Tu ne peux pas accepter: tu vas à la patinoire avec des copains.)

3
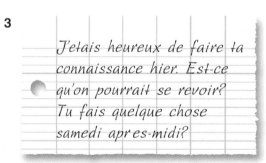

J'etais heureux de faire ta connaissance hier. Est-ce qu'on pourrait se revoir? Tu fais quelque chose samedi apres-midi?

(C'est un peu difficile, parce que la famille de ton correspondant a des invités, mais tu vas demander.)

Maintenant à toi de laisser des messages.

4 Tu as rencontré quelqu'un de très gentil. Tu l'invites à prendre un verre au café demain.
5 Tu veux savoir si ton ami aimerait aller en discothèque samedi soir.
6 Il y a un concert folklorique en ville dimanche. Tu veux savoir si ton ami(e) est libre.

Au choix   *unité 2*

Activité 1

Invente un concours
Choisis trois, quatre ou cinq villes (ou plus) du monde et invente des questions pour un quiz des villes.

Le jeu des bâtiments

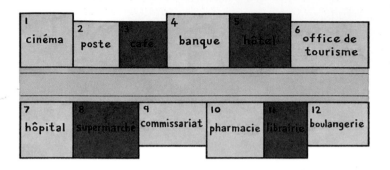

Travaillez à deux. Une personne regarde cette page, l'autre regarde la page 37.
Ton/ta partenaire va te demander où se trouvent des bâtiments dans la rue. Il/elle a un plan, mais seulement les bâtiments en rouge sont marqués sur son plan. Tu as un plan complet. Explique-lui où se trouve chaque bâtiment par rapport aux bâtiments en rouge.

Exemple
– L'hôpital, c'est où exactement?
– C'est au coin de la rue, à côté du supermarché.

Activité 3

Cartes postales de Disneyland Paris
Complète la carte de Sophie et Robert avec le participe passé des verbes dans la case.

visiter	manger	acheter	passer
regarder	faire	prendre	

Toi aussi, tu as visité Disneyland Paris. Ecris une carte postale à un(e) ami(e) français(e).
Voilà des idées:

Hier/Samedi dernier/La semaine dernière j'ai …
C'était …
Le matin, …
A midi, j'ai mangé …
L'après-midi …
J'ai surtout aimé …

Activité 2

Un dialogue à conséquences
Ecris
1 la destination
2 la première direction
3 le point où il faut changer de direction
4 la deuxième direction
5 la location
6 la distance
Puis, avec un(e) partenaire, faites un dialogue.
Exemple

– Pour aller à la patinoire, sil vous plaît?
– Continuez tout droit jusqu'au pont. Puis prenez la rue à gauche. C'est à côté de la piscine.
– C'est loin?
– C'est à dix minutes d'ici.

Chère Maman,
Hier, nous avons …(1)… la journée à Disneyland Paris. C'était génial. Le matin, nous avons …(2)… un voyage en espace avec Star Tours et nous avons …(3)… le labyrinthe d'Alice.
Puis, après, nous avons …(4)… le train fou à Big Thunder Mountain.
A midi, nous avons …(5)… un burger et des frites.
L'après-midi, nous avons …(6)… la parade Disney.
Comme souvenir, Sophie a …(7)… des oreilles de Mickey.
Bises,
Sophie et Robert

Le week-end dernier

Travaillez à deux. Une personne regarde cette page, l'autre regarde la page 44. Une personne pose des questions à l'autre et note les détails dans son cahier. Puis changez de rôle.

Exemple

1 – Tu as passé un bon week-end?
   – Oui.
   – Où es-tu allé(e)?
   – Je suis allé(e) à la campagne.

Tu notes: 1 à la campagne

Voilà les détails de ton week-end.

1 Destination: Londres
2 Moyen de transport: train
3 Logement: chez des amis
4 Samedi: faire des achats
5 Samedi soir: aller au cinéma
6 Dimanche, heure de rentrée: 21h00

Activité 5

Dossier personnel

Décris une journée ou un week-end où tu as fait quelque chose d'intéressant. Ça peut être vrai ou imaginaire. Pour des idées, voir en dessous.

Une journée de vacances

Décris une journée où tu as fait quelque chose d'intéressant.
Voilà des idées:

Une journée à Londres

Le matin: regarder les magasins à Oxford Street, acheter un T-shirt et un guide de Londres
Midi: manger au McDonald's, un hamburger et une glace au chocolat
Après-midi: visiter la Tour de Londres (le monument le plus populaire de Londres), beaucoup de touristes, faire la queue et attendre longtemps, très intéressant, surtout aimé les bijoux de la reine

Un bon week-end

Décris un week-end récent. Voilà des idées

Exemple: 1 Samedi matin, je suis resté(e) au lit jusqu'à 11 heures.

1 Samedi matin: rester au lit jusqu'à 11 heures
2 L'après-midi: aller au match de football.
3 Le soir: passer la soirée chez des copains
4 Dimanche matin: faire une promenade en ville.
5 L'après-midi: aller au cinéma pour voir *Rendez-vous mortel.*
6 Le soir: dîner au restaurant.
7 Lundi matin: faire une promenade au parc; jouer aux boules avec des copains.
8 L'après-midi: aller en ville pour faire des achats.
9 Le soir: écouter des disques et discuter avec des copains.
10 Mardi matin: retourner à la maison.

Activité 4

Questions à poser

Ecris cinq questions que tu peux poser à un(e) ami(e) francophone à propos de la semaine dernière.

Exemples

1 As-tu vu quelque chose d'intéressant à la télé?
2 Es-tu sorti(e) samedi soir?

Puis écris cinq questions que tu peux poser à des visiteurs français qui ont passé une semaine dans ta région.

Exemple: Avez-vous passé quelques jours à Londres?

Activité 6

Tu as visité cette ville?

Travaillez à deux. Il faut consulter la carte à la page 30. Une personne demande si l'autre a visité une ville en France. L'autre doit décider quel groupe de villes il/elle a visité (par exemple toutes les villes qui commencent avec les lettres A-M, tous les ports, toutes les villes au sud de la Loire, toutes les villes à l'est du Rhône etc.). Selon ses réponses, la première personne doit deviner le groupe.

Exemple (les villes au sud de la Loire)
– Tu as visité Lille?
– Non, je n'ai jamais visité Lille.
– Tu as visité Lyon?
– Oui, j'ai visité Lyon. etc.

Activité 7

La vie d'un vétérinaire

Frédéric Tiano est vétérinaire. Ecoute l'interview sur la cassette, puis choisis la bonne phrase à chaque fois pour faire un résumé de l'interview.

1 Il commence son travail à
  a 7 heures **b** 9 heures.
2 Dans son cabinet, il reçoit
  a des chiens et des chats **b** des chevaux et des cochons.
3 Puis, après 10 heures, il fait
  a ses comptes **b** ses visites.
4 Il passe la plupart de sa journée
  a dans sa voiture **b** dans les champs.
5 Il a plus de travail
  a en hiver **b** en été
6 Il y a 10 ans, il a été attaqué par
  a un cheval **b** une vache.
7 D'après lui, c'est un métier
  a passionnant **b** pas facile.

Des provisions pour un pique-nique

Travaillez à deux. Une personne regarde la page 46, l'autre regarde cette page.
On va faire un pique-nique à la campagne, mais qu'est-ce qu'il y a comme provisions? Ton/ta partenaire te demande ce qu'il y a à la maison. Tu regardes dans le placard et réponds. Fais une liste dans ton cahier des choses qu'il faut acheter.

Exemple
– Est-ce qu'il y a du fromage?
– Non, il n'y en a plus.

Tu écris:

du fromage

Activité 8

Trouve les paires

Trouve les deux phrases qui ont presque le même sens.

1 Je ne connais personne ici.
2 Il n'aime que le sport.
3 Il n'aime que toi.
4 Je ne sais pas.
5 Ne t'en fais pas.
6 Rien de plus facile.
7 Je ne le vois que rarement.
8 Elle n'aime ni les chiens ni les chats.

A Je n'en ai aucune idée.
B Ça, ce n'est pas difficile.
C Je ne connais ni lui ni ses amis.
D Ça n'a aucune importance.
E Elle n'aime pas beaucoup les animaux.
F Le sport, c'est sa passion.
G Je ne le vois pas souvent.
H Il n'aime personne d'autre.

Activité 9

Un mot de trop

Trouve le mot qui ne va pas avec les autres.

1 une cuisine, une chambre, un mouton, une salle à manger
2 un appartement, un appareil, une maison, un studio
3 un ascenseur, un escalier, un palier, une chèvre
4 un jardin, une terrasse, un garage, une clef
5 un lave-vaisselle, une porte, un toit, une fenêtre
6 un bureau, un coin, un carrefour, un rond-point
7 une banque, une rue, un bureau de poste, un magasin
8 le trottoir, la gare, le passage souterrain, la rue

Maintenant à toi de continuer le jeu avec d'autres groupes de mots.

Activité 10

Le cambriolage

Voici l'appartement de M. et Mme Lebrun quand ils l'ont quitté vendredi matin.

Hélas, pendant leur absence ils ont été cambriolés. Voilà l'état de leur appartement quand ils sont rentrés le soir. Fais une liste de toutes les choses qui ont disparu.

Studio à louer

Travaillez à deux. Une personne regarde cette page et donne les détails de ce studio. L'autre regarde la page 53 et veut louer un studio. Imaginez votre conversation par téléphone puis donnez-vous rendez-vous pour voir le studio.

Lyon, centre ville (75 rue de la République), 4e ét. chauffage individuel à gaz, coin cuisine, douche, meublé. Loyer mensuel 1500F avec charges comprises. Tél. Delarue 78 28 43 25.

Activité 11

Une lettre du maire

Madame, Monsieur,

La ville va mettre en place une collecte séparée des vieux papiers à partir du 1er juin.

Cette collecte sélective permettra à la commune de participer à l'effort national d'économie des ressources. Les papiers récupérés peuvent être recyclés pour la fabrication de nouveaux papiers ou cartons.

Sont récupérables: les journaux, magazines, brochures, annuaires, catalogues.

Sont interdits: les cartons, papiers kraft et papiers carbone.

Ces papiers recyclables peuvent être déposés dans des conteneurs spéciaux en ville.

La réussite de cette opération dépend de la bonne volonté de tous. La récupération du verre est déjà un succès, pourquoi pas celle du papier?

Par avance, merci de votre collaboration. Veuillez croire, Madame, Monsieur, en mes sentiments les meilleurs.

Le maire

Tu as bien compris?

1 Cette lettre explique qu'on va récupérer
  a le plastique **b** le papier **c** le métal.

2 La ville récupère déjà
  a le verre **b** le carton **c** l'aluminium.

3 Avec le papier récupéré on peut faire
  a de nouvelles bouteilles
  b de nouvelles boîtes de conserve
  c de nouveaux papiers.

4 Il faut mettre le papier à recycler
  a dans un sac à côté de la poubelle
  b dans des conteneurs spéciaux en ville.

On déménage

Travaillez à deux. Une personne regarde la page 57, l'autre regarde cette page. Ton/ta partenaire va demander où il faut mettre chaque article. Regarde le plan et répond.

Exemple

– Où est-ce qu'on met la table?
– Mets-la dans la cuisine.

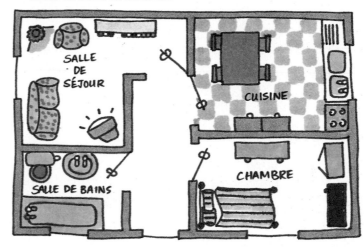

Activité 12

Ma rivière

Voici un poème écrit par une jeune Canadienne à propos de l'environnement.
Lis le poème. Est-ce que tu le trouves plutôt optimiste ou pessimiste?

Ma rivière

(1er prix au concours en hommage à Félic Leclerc)

J'ai rencontré une rivière
Entendu son clapotis
Suivi la course de son lit
J'ai dormi dans sa lumière
J'ai parlé à la rivière
Elle m'a dansé toute sa beauté
S'est tortillé pour me plaire
J'ai marché dans son été
J'ai respiré sa naïveté
Ecouté sa vie bouger
Souri à sa limpidité
Je l'ai quittée le cœur serré
Le temps a filé ...
Et hier,
J'ai reparlé à la rivière
N'ai point vu son œil clair
N'ai pas senti son souffle doux
Elle charriait dans son remous
La détresse de sa misère
Le plus froid de ses hivers
J'ai chanté pour la rivière
J'ai crié dans sa lumière
J'ai pleuré sur les fougères
Et creusé un grand, grand trou
L'homme est vraiment passé partout ...

Eva Daigle

Activité 1

Complète ce résumé

La construction du tunnel sous …(1)… était un projet franco-britannique. Le tunnel va de Folkestone …(2)… à …(3)… en France. C'est le plus long …(4)… sous-marin …(5)… Pour faire …(6)… il faut environ 35 minutes.
Au fait, il y a …(7)… tunnels: un tunnel dans chaque sens et un tunnel …(8)… Le train qui transporte les véhicules s'appelle …(9)…
L'Eurostar, le train pour passagers sans véhicules, est une version …(10)… et relie Londres à Paris en trois heures.

de service	du TGV	en Grande-Bretagne	trois
la Manche	le Shuttle	Calais	
tunnel	du monde	la traversée	

Activité 2

Avez-vous peur du tunnel?

*Ecris un petit article sur la peur de prendre le tunnel et les mesures de sécurité prises. Relis **La sécurité du tunnel** à la page 64 pour t'aider.*

Voilà des idées:

Beaucoup de personnes – avoir peur de – prendre le tunnel
De quoi ont-ils peur? Des pannes, de l'incendie etc.
Lesquels ne présentent pas de grands risques?
Qu'est-ce qu'on a fait pour réduire les autres risques?

Une traversée plus originale

Travaillez à deux. Une personne regarde cette page, l'autre regarde la page 65.
Voilà les noms des personnes qui ont fait une traversée d'une manière plus originale et le temps qu'ils ont mis à le faire. Ton/ta partenaire va te poser une question. Réponds à sa question, puis demande à ton/ta partenaire comment chaque personne a traversé la Manche et quand.

Exemple

– Le capitaine Webb, combien de temps a-t-il mis?
– 21 heures 45 minutes. Comment a-t-il voyagé?
– En nageant.
– Et en quelle année?
– En 1875.

1 Le capitaine Webb: 21h45
2 Louis Blériot: 37 minutes
3 Blanchard et Jeffries: 3 heures
4 Alain Crompton: 1h30
5 Clarence Mason: 6 heures
6 George Adam: 6 heures

Activité 4

Jeu de transports

Trouve 6 moyens de transport en commun.
Trouve 5 moyens de transport routier.
Trouve 4 moyens de transport urbain.
Trouve 3 moyens de transport privé.
Trouve 2 moyens de transport à deux roues.
Trouve 1 moyen de transport aérien.

Activité 3

Le Tour de France en Angleterre

Ecoute la cassette pour trouver les mots qui manquent.

En 1994, la célèbre course cycliste, le Tour de France, a fait deux étapes …(1)… pour marquer deux grands évènements: l'ouverture de …(2)… et le cinquantième anniversaire …(3)… en Normandie. …(4)… les coureurs …(5)… de Calais à Folkestone. Le lendemain, …(6)… une étape de Douvres à Brighton. Le soir, …(7)… à Portsmouth, d'où ils ont fait une deuxième étape dans le Hampshire. Après deux jours en Angleterre, …(8)… en France: les coureurs …(9)… , les vélos et les voitures …(10)…

Activité 5

Problèmes de transport

Ecoute les annonces. Qui est affecté à chaque fois?
A Mlle Dupont allait prendre l'avion de Paris à New York.
B Michel Blanc va à Bordeaux en train.
C Sophie Larue allait prendre le métro à Paris.
D La famille Brown allait rentrer en Angleterre en aéroglisseur.
E Les Duclos voulaient prendre l'autoroute A6.

Qu'est-ce qu'il faut faire?
F Il faut attendre au moins 50 minutes.
G Il faut téléphoner à la gare maritime.
H Il faut trouver une autre route.
I Il faut aller à Paris un autre jour.
J Il faut aller au service des renseignements.

Activité 6

Tu as fait un bon voyage?

Travaillez à deux pour faire une conversation à propos d'un voyage. Voilà des questions à poser.

Où es-tu allé(e)?

Comment as-tu voyagé?

Quel temps faisait-il?

Quand es-tu arrivé(e)?

Est-ce qu'il y avait du monde dans le train?

Est-ce que tu as fait un bon voyage?

Activité 7

Un voyage en Angleterre

Complète cette description d'un voyage en mettant les verbes à l'imparfait.

L'année dernière nous avons pris le ferry de Saint-Malo à Portsmouth. Il **(1 faire)** beau, mais la traversée **(2 être)** longue. Et puis, il y **(3 avoir)** du monde sur le bateau. Au début on ne **(4 trouver)** même pas de place pour s'asseoir. Et à Portsmouth, oh là là! On ne **(5 connaître)** pas la route, bien sûr. Mon mari **(6 conduire)** et moi, je **(7 regarder)** la carte. Mais c'**(8 être)** vraiment compliqué. Je n'y **(9 comprendre)** rien. On a trouvé l'autoroute, mais peu après, on s'est rendu compte qu'on **(10 rouler)** dans le mauvais sens.

Activité 8

Vous conduisez en France?

Ecris quelques conseils pour les chauffeurs étrangers. Voilà ce qu'on veut savoir:

1 Est-ce qu'on roule à gauche?

2 Quelle est la limite de vitesse en ville?

3 Comment sont les autoroutes?

4 Est-ce qu'il y a des endroits où on peut stationner et se reposer?

Activité 9

Les panneaux

Trouve la bonne explication.

1 Il y a toujours une restriction.

2 Vous avez la priorité.

3 On peut stationner ici.

4 Il faut prendre une autre route.

5 Fin de limite de vitesse. On peut dépasser 50km/h.

6 C'est sens interdit. On ne doit pas passer par là.

Activité 10

Pour bien circuler en Grande-Bretagne

Réponds aux questions de ces automobilistes francophones qui viennent en Grande-Bretagne.

1 Est-ce qu'on roule à droite?

2 Quelles sont les limites de vitesse?

(Réponds en miles, par exemple: C'est 50 miles avec une caravane.)

3 Est-ce qu'il faut porter une ceinture de sécurité?

4 Est-ce qu'on peut stationner quand il y a deux lignes jaunes?

5 Qu'est-ce qu'on trouve dans les stations-service comme carburant?

Activité 11

Tu as une bonne mémoire?

Peux-tu répondre à ces questions sur le voyage de retour de Claire et Paul?

1 Quand est-ce qu'ils sont partis?

2 Est-ce qu'il y avait des problèmes au début?

3 Est-ce qu'il y avait des embouteillages?

4 Quel temps faisait-il?

5 Et qu'est-ce qui s'est passé?

6 C'était grave?

7 Est-ce qu'on a pu réparer la voiture?

8 Est-ce qu'ils ont dû rester sur place?

9 Est-ce qu'ils sont arrivés à temps pour le ferry?

👁 Complète l'horaire

Travaillez à deux. Une personne regarde cette page, l'autre regarde la page 83. Posez des questions l'un(e) à l'autre, puis écrivez l'horaire complet dans votre cahier.

Exemple

C'est à quelle heure, le train pour ... ?
Pour ... , c'est quel quai?

Trains au départ		
Départ	**Destination**	**Quai**
08.00	Dijon	
	Avignon	4
08.15	Nîmes	
	Marseille	1
10.00	Lyon	
	Montpellier	5

Activité 12

Un voyage en train

Choisis un itinéraire et décris le voyage en train que tu as fait.
Si tu veux, tu peux ajouter des réflexions sur le voyage, par exemple:

Il y avait du monde dans le train.
Il faisait froid parce que le chauffage ne marchait pas.
Pendant le voyage j'ai lu deux livres.

A Saint-Malo (d 11.54) → train → Rennes (a 12.48)
Rennes (d 13.23) → Quiberon (a 15.52)
B Quimper (d 11.59) → TGV → Rennes (a 14.20)
Rennes (d 13.05) → Caen (a 16.10)
C Paris (d 13.55) → TGV → Montpellier (a 18.37)
Montpellier (d 18.47) → Narbonne (a 19.45)
D Lyon (d 09.59) → train → Avignon (a 12.06)
Avignon (d 12.17) → Nîmes (a 13.13)

Exemple

A J'ai quitté Saint-Malo à 11h54 en train/TGV.
J'ai changé de train à Rennes.
J'ai dû attendre environ 30 minutes pour la correspondance.
Je suis arrivé(e) à Quiberon à 15h52.
Le voyage a duré environ 4 heures.

Activité 13

Voyage à Rouen

Lis cette histoire, puis réponds aux questions.

J'allais à Rouen en chemin de fer. A Paris, quelques moments avant le départ, trois messieurs sont montés dans mon compartiment: deux d'entre eux fumaient. Je déteste la fumée des cigares. Donc j'ai pris mes bagages et mon pardessus et suis allé chercher une place dans un compartiment voisin.

Une dame y était déjà, penchée vers son mari qui se tenait sur le quai. Ils s'embrassaient. Un coup de sifflet s'est fait entendre et le train s'est mis en marche.

A ce moment-là, malgré les protestations des employés, la portière s'est ouverte et un homme a sauté dans notre compartiment. La dame, qui rangeait ses affaires le long du filet, s'est retournée pour voir ce qui se passait. Elle a poussé un petit cri de terreur et est tombée sur la banquette. Le nouveau venu, qui était d'ailleurs très bien vêtu, ne nous a prêté la moindre attention, mais s'est installé dans un coin et a baissé son chapeau sur son nez comme pour se préparer à dormir.

Du coin de l'œil j'ai regardé la dame. Ses yeux, pleins de terreur, ne quittaient pas l'homme. J'ai dû m'endormir, car, quelque temps plus tard, une main m'a touché le genou et j'ai entendu ouvrir la portière. Ouvrant les yeux j'ai vu la dame qui sortait dans le couloir: en même temps elle me faisait signe de la suivre.

Dans le couloir, je me suis approché de la dame. Parlant à voix basse elle a dit:

'Ce monsieur – je l'ai reconnu tout de suite: sa photo est dans tous les journaux. Avec des amis, hier, à Lille, il a attaqué une banque; la police le recherche. Qu'allons-nous faire?'

Je suis resté silencieux. Comment pourrais-je lui dire que le monsieur qui lui faisait peur, était mon camarade et que, dans nos valises, nous portions chacun deux cent mille francs.

1 Why did the writer change compartments?
2 What was the passenger in the next compartment doing?
3 What happened as the train began to move?
4 What was the lady doing at the moment?
5 What effect did the new arrival have on the lady?
6 What did he do on entering the compartment?
7 What woke the writer up?
8 What did he see?
9 What explanation did the lady give for her concern?
10 Why did the writer find it difficult to reassure the lady?

Welsh Joint Education Committee

Activité 14

Une journée différente

Exemple: Nous partions presque tous les jours à sept heures et demie, mais ce jour-là, nous sommes partis plus tôt.

1 D'habitude, nous prenions l'autobus pour aller à la gare, mais ce jour-là, ... un taxi.
2 Normalement, je voyais mon ami Jules à la gare, mais ce jour-là, ... ne l'...... pas ......
3 Généralement, nous attendions au moins dix minutes à la gare, mais ce jour-là, ... n'...... pas ......
4 D'habitude, dans le train, je lisais un roman, mais ce jour-là, ... le journal.
5 D'habitude, nous arrivions vers neuf heures à Paris, mais ce jour-là, ... avant huit heures.
6 D'habitude, j'allais directement au bureau, mais ce jour-là, ... au café.

Pouvez-vous me confirmer le vol?

Travaillez à deux. Une personne regarde cette page; l'autre regarde la page 90.
Tu dois consulter ces détails pour répondre à ton/ta partenaire.

Départs	Arrivées
AF024 Washington 13.10	AF643 Milan 11.25
AF2916Z Bruxelles 09.20	AF807 Londres 11.35
AF1104 Madrid 20.35	AF2855 Genève 15.20

Exemple

– Pouvez-vous me confirmer l'heure du départ du vol (AF024) à destination de (Washington)?
– Oui, le vol part à (13h10).
– Pouvez-vous me confirmer l'heure d'arrivée du vol (AF807) en provenance de (Londres)?
– Oui, le vol arrive à (11h35).

Activité 15

Etre hôtesse de l'air ou steward

Le travail d'une hôtesse de l'air ou d'un steward, en quoi consiste-t-il? Ecoute l'interview sur la cassette, puis complète les détails.

Le travail

La sécurité

Savoir quoi faire en cas d'**(1)** ou d'atterrissage forcé

L'accueil des passagers

On les aide à trouver leur **(2)**
On leur demande de mettre leur **(3)**
On leur sert **(4)** et **(5)**
Beaucoup de passagers ont peur de **(6)**

Inconvénients

Il est **(7)** de passer de longues heures dans l'avion
Il faut souvent **(8)** très tôt.
Parfois on est de service à **(9)** ou **(10)**

Avantages

On peut voyager
On a droit à une réduction sur les **(11)** d'avions.

Activité 16

On a tous le transport en commun

Voilà des extraits d'un 'rap' écrit pour encourager les gens à utiliser les transports en commun à Montréal. Peux-tu écrire un 'rap' comme ceci?

Attention la terre, POLLUTION!
Pour un monde plus vert, SOLUTION!

La pollution de l'air, c'est aussi mon affaire.
Les transports au pays sont les plus grands coupables:
Monoxyde de carbone, oxyde nitreux,
L'auto pollue la terre, n'y a-t-il rien à faire?

Je pense à mon futur, je choisis l'autobus,
Pour respirer demain, faut couper aujourd'hui.
Moyen de locomotion, pour mes déplacements:
L'autobus, c'est mon choix, c'est moins polluant!

Attention la terre, POLLUTION!
Pour un monde plus vert, SOLUTION!

Quat'cent millions d'autos parcourent les routes du monde.
Quand elles seront vieillies, quand elles seront finies,
Des carrosseries rouillées, l'acide dans les batteries,
Où est-ce qu'on les mettra? Dans le sol, tu vois ça?

Moi, je prends le métro, le métro ne pollue pas.
Pour le garder bien propre, je fais très attention:
Attention aux banquettes, attention aux déchets
Et attention aux gens, c'est le plus important!

Attention la terre, POLLUTION!
Pour un monde plus vert, SOLUTION!

L'heure de pointe exceptée, mon vélo prend le métro:
Il se fait tout discret, dans la dernière voiture.
Je n'retiens pas les portes, le métro est pressé:
Des personnes par milliers l'attendent sur les quais.

Ma planète, j'y tiens, j'y tiens à un tel point,
Les transports en commun, c'est mon choix, c'est certain.
Tant qu'à faire, je me tiens, pour ma sécurité:
Les barres d'appui sont là, y'a qu'à s'y accrocher!

Attention la terre, POLLUTION!
Pour un monde plus vert, SOLUTION!

Quand toi, et toi, et moi crierons pour une ville saine,
Le maire, les députés seront bien obligés
D'interdire les autos, d'ajouter des métros,
Des trains, des autobus et des voies réservées!

Une ville sans autos serait bien plus tranquille:
La route serait facile et belle en autobus,
Et cela va si vite, en train ou en métro.
Moi, j'aimerais bien une ville, une ville moins polluée!

Attention la terre, POLLUTION!
Pour un monde plus vert, SOLUTION!

Attention! Nous, on sait qu'elle est la SOLUTION,
On a tous le transport, le transport en commun!

**On a tous dans nos mains
une vraie SOLUTION,
On a tous le transport,
le transport en commun!**

Paroles: Lucie Girard Le rap de la STCUM

Activité 1

A toi de choisir

Choisis un de ces objets et invente des raisons pour le mettre dans la capsule. Il y a des mots dans la case en dessous pour t'aider.

- un livre de recettes
- une brochure sur les vélos tout terrain
- un calendrier des matchs de la saison de l'équipe de football de la région
- autre chose (à toi de choisir)

Ça permettra de	*voir …*
Les jeunes de l'avenir pourront	*faire …*
On saura comment	*lire …*
On pourra essayer de	*imaginer …*

Activité 3

Si je vais en France …

Ecris quelques phrases pour décrire ce que tu feras. Si tu veux, jette un dé pour faire ton choix.

Si je vais en France …
(prendre **1** l'avion, **2** le bateau, **3** le train, **4** le car, **5** l'Eurotunnel, **6** l'aéroglisseur)

Si je vais à Paris …
(visiter **1** la Tour Eiffel, **2** le centre Pompidou, **3** le Musée d'Orsay, **4** la Grande Arche, **5** le Louvre, **6** la Cité des Sciences etc.)

Si j'ai assez d'argent …
(acheter **1** des vêtements, **2** des souvenirs, **3** des spécialités régionales, **4** des CD, **5** des livres, **6** un vélo)

Si j'ai le temps …
(**1** écrire un journal, **2** envoyer des cartes postales, **3** lire des BD, **4** prendre des photos, **5** regarder la TV, **6** écouter la radio)

S'il fait beau …
(**1** aller à la plage, **2** jouer au tennis, **3** faire du vélo, **4** faire une excursion en bateau, **5** jouer aux boules, **6** faire du camping)

Activité 2

Tu as gagné 100 000 francs

Que feras-tu? Ecris au moins dix phrases pour décrire comment tu dépenseras votre argent. Voici quelques idées.
J'achèterai …

Je m'offrirai un voyage au/aux/en …
J'offrirai …
Je mettrai de l'argent à la banque.
J'organiserai …
J'inviterai mes copains à …
Je ne travaillerai plus.
Je donnerai de l'argent à …

On s'explique

Travaillez à deux. L'un d'entre vous regarde cette page, l'autre regarde la page 103. Pose des questions tour à tour et écris des listes complètes dans ton cahier. Pour t'aider, regarde le **Lexique** *à la page 103.*

Exemple

A: Peux-tu m'expliquer le mot 'flic', s'il te plaît?
B: Flic, ça veut dire 'agent de police'.
B: 'Les chaussures', qu'est-ce que c'est en français familier?
A: C'est 'les godasses'.
B: Et ça s'écrit comment?
A: G-O-D-A-S-S-E-S

	Le français familier	Le bon français
1	un flic	un agent de police
2		les chaussures
3	le boulot	le travail
4	une bagnole	
5	la bouffe	la nourriture
6		l'école
7	casse-pieds	ennuyeux
8	bosser	
9	avoir la dalle	avoir faim
10		les vêtements

Activité 4

Quelques différences

Complète ces phrases en consultant l'article à la page 107.

1 Parmi les spécialitiés britanniques, il y a …
2 En France, on apprend à mettre ses mains …
3 En Angleterre on ne mange pas … à tous les repas.
4 Les Britanniques sont plus … des règlements que les Français.
5 Resquiller dans les queues est …
6 Dans les jardins publics on a le droit de …
7 L'atmosphère dans les 'pubs' est …
8 Il y a souvent des jeux, comme …

Activité 5

Que se disent-ils?

1 *Trouve le résumé correct pour chaque image.*
2 *Ecoute la cassette. Il y a cinq conversations au téléphone. Trouve le résumé correct pour chaque conversation.*
3 *Maintenant, travaille avec un(e) partenaire. En partant du résumé, essaie de réinventer la conversation. Puis écoute la cassette encore une fois, si tu veux.*

A Ils vont partir. Ils ont passé un week-end formidable chez eux.
Ils leur répondent qu'ils étaient heureux de les revoir.
B Elle lui téléphone pour lui dire qu'elle s'est très bien amusée à sa boum, hier soir.
Il lui demande ce qu'elle fait, samedi prochain.
C Elle leur dit au revoir et qu'elle a passé une très bonne soirée chez eux.
Ils lui disent qu'ils étaient très contents de la recevoir.
D Il les remercie de leur hospitalité et il dit qu'il gardera un très bon souvenir de ses vacances en France.
Ils lui répondent qu'ils espèrent le revoir un de ces jours.
E Il lui téléphone pour lui dire que sa boum était sensass. Puis, il l'invite à aller au cinéma ce soir.
Elle lui dit qu'elle est contente qu'il s'est bien amusé à la boum, mais qu'elle n'est pas libre ce soir.

Activité 6

Dis-leur merci

Si tu t'es bien amusé(e) chez quelqu'un, c'est gentil de leur écrire une petite carte ou un petit mot pour le leur dire. Peux-tu écrire un petit mot à ces personnes pour les remercier?

1 M. et Mme Deladier

Tu as passé une excellente journée chez eux, dimanche dernier.

2 Suzanne Lenoir

Tu t'es bien amusé(e) à sa fête d'anniversaire.

3 Jean et Sophie Martin

Tu as passé le week-end chez eux à Paris. Ils t'ont fait tout visiter.

Activité 7

Mon séjour en Angleterre

Ecoute Céline, qui parle de son séjour en Angleterre. Elle a parlé de trois des mêmes sujets que son amie Elizabeth, mais qu'est-ce qu'elle en a dit?

Voici les trois thèmes:

L'heure des repas
Ce qu'elle a aimé manger
Le pain

Voici quelques-uns des autres sujets dont elle a parlé. Ecoute la cassette encore une fois et essaie de noter ce qu'elle en a dit.

Les voitures et la circulation
Le petit déjeuner
Le fromage et les desserts

Activité 8

Complète la publicité

Voilà les extraits de la publicité pour des services ou des produits. A toi de les mettre ensemble.

1 Utilisez l'emballage verre ...
2 On se débrouillera sans problème avec ...
3 Si vous vous posez beaucoup de questions sur la vie au collège ...
4 Avec le choix de plusieurs activités sportives et culturelles ...

A vous ne vous ennuierez pas
B tapez vite 3615 pour trouver toutes les réponses
C nos guides et fiches scolaires
D il se recycle

Activité 9

En visite

Tu as un jeune visiteur français à la maison. Fais une de ces activités.

Complète ces questions que tu veux lui poser.

1 A quelle heure est-ce que tu ... d'habitude?
  (se coucher)
2 Est-ce que tu ... de bonne heure?
  (se réveiller)
3 Nous ... a sept heures et demie. Et toi?
  (se lever)
4 Le matin, tu peux ... dans ta chambre, si tu veux.
  (se laver)
5 On est en retard, est-ce que tu peux ... ?
  (se dépêcher)
6 Il fait froid dehors, alors ... ... bien!
  (s'habiller)
7 Faire du vélo c'est fatigant, n'est-ce pas? Tu veux ... un peu?
  (se reposer)
8 On peut ... au prochain café, si tu veux.
  (s'arrêter)
9 On va à la plage aujourd'hui. Tu vas ... ?
  (se baigner)
10 Il est déjà dix heures, on va ... en route.
  (se mettre)
11 Est-ce que tu veux ... avant d'aller au cinéma?
  (se changer)
12 On va prendre l'autobus. Il ... devant le cinéma.
  (s'arrêter)

Voici ses réponses, mais qu'est-ce que tu as posé comme questions?

A D'habitude je me couche vers onze heures.
B Je me lève à sept heures et demie en semaine, mais plus tard le week-end.
C Si on va à la plage, je veux bien me baigner.
D Non, je ne m'entends pas bien avec ma sœur, mais je m'entends assez bien avec mon frère.
E Oui, je veux me changer: je veux mettre un jean.
F Ma mère se débrouille bien en anglais.

Activité 10

Dessine un emploi du temps

Choisis une de ces trois activités.

1 *Ecris ton propre emploi du temps avec les noms des matières en français. Décore-le, si tu veux.*
2 *Invente ton emploi du temps idéal, mais sois raisonnable: il faut apprendre des choses utiles quand même!*
  Si possible, ajoute des réflexions ou des explications.

Exemples
• Ma journée favorite, c'est le jeudi parce qu' on a ...
• J'ai mis tous les cours de langue le matin parce qu'on est plus éveillé.

3 *Lis cet extrait d'un guide du collège, du magazine* Okapi. *A toi de dessiner un emploi du temps avec tous les cours obligatoires.*

Du beau et du nouveau, voilà votre programme de 6ème!

Un programme qui donne envie de foncer.

Cette année, vous étudiez neuf matières, réparties sur 22.5 heures de cours par semaine.
Certaines matières vous sont déjà familières. D'autres sont toutes nouvelles.
Découvrez-les avec passion!

Neuf matières

Vous avez:
● 4 heures et demie de français,
● 3 heures de mathématiques,
● 3 heures de langue: c'est tout nouveau. Vous pourrez bientôt dialoguer avec les jeunes Anglais, Allemands ou Espagnols. Beaucoup d'élèves choisissent la langue anglaise en 6ème. Vous allez découvrir le labo de langues de votre collège avec ses casques, magnétophones et cabines.
● 2 heures et demie d'histoire-géographie et d'initiation à l'économie
● I heure et demie de sciences et de biologie
● 2 heures de technologie: en réalisant un objet, vous vous initierez à la mécanique, à l'électronique ou à l'informatique. Avec ses robinets à gaz et son matériel, la salle de techno vous étonnera!
● 2 heures d'éducation artistique: place à la créativité avec la peinture, le dessin et la musique.
● I heure d'éducation civique: vous apprendrez à vivre ensemble au collège et à comprendre le fonctionnement de votre commune.
● 3 heures d'éducation physique: du sport en salle et en plein air pour s'oxygéner les méninges!

(Okapi, mai 1994, no 540)

Activité 11

Sondage

Organise un sondage sur les matières entre tes camarades de classe pour voir quelle est la matière qu'ils apprécient le plus ou qu'ils aiment le moins.

Activité 12

Es-tu un(e) bon(ne) détective?

Regarde le plan à la page 120 et essaie de faire des déductions.

Par exemple:

C'est un collège où on fait beaucoup de sport?
Est-ce qu'on prépare le déjeuner sur place?
Est-ce c'est un collège assez moderne?
Est-ce que l'administration du collège est bien organisé?
Est-ce qu'il y a un rassemblement des élèves chaque matin?
Qu'est-ce qui manque sur ce plan, en comparaison de ton collège?
Qu'est-ce qu'il y a sur ce plan que tu n'as pas à ton collège?
Que sais-tu au sujet du déplacement des élèves au collège?
As-tu d'autres observations à faire sur cette école?

Activité 13

Quel est ton avis?

Ecris tes opinions ou discute-les avec des camarades de classe.

1 Préfères-tu les horaires français? (la durée des cours, le commencement vers huit heures et demie etc.)
2 Il arrive à 1 sur 10 élèves français de redoubler une année scolaire. Penses-tu que c'est une bonne idée?
3 En France, on se spécialise beaucoup moins en première et en terminale. Penses-tu que c'est mieux?
4 En ce qui concerne les vacances scolaires (de petites vacances au cours de l'année et de grandes vacances en juillet et en août), préfères-tu le système français ou ton système?
5 Pour aller à l'école en France, on peut mettre (comme vêtements) plus ou moins ce qu'on veut. Penses-tu qu'il y a des avantages à avoir un uniforme scolaire?

Activité 14

Saint Anatole

Dans le calendrier français il y a un saint (ou une sainte) pour chaque jour de l'année. Voici un poème amusant qui présente des prières que des élèves aimeraient peut-être adresser à quelques saint(e)s.

Saint Anatole,
    Que légers soient les jours d'école!
Saint Amalfait,
    Ah! que nos devoirs soient bien faits!
Sainte Cordule,
    N'oubliez ni point ni virgule.
Saint Nicodème,
    Donnez-nous la clé des problèmes.
Saint Tirelire,
    Que grammaire nous fasse rire.
Saint Siméon,
    Allongez les récréations.
Saint Espongien,
    Effacez tous les mauvais points.
Saint Clémence,
    Que viennent vite les vacances.
Sainte Marie,
    Faites qu'elles soient infinies!

Maurice Carême
Trésor des comptines, Editions André Balland

Essaie d'écrire un poème pareil au sujet de l'école ou, par exemple, des vacances, de l'avenir, des amis, de la routine journalière. Pour t'aider, voici les noms de quelques saint(e)s:

Lucien   Roseline   Tatiana   Valentin   Casimir
Félicité   Isidore   Hippolyte   Narcisse   Amandine

Pour en trouver d'autres, regarde un agenda ou un calendrier français.

Activité 15

Le cancre

Voici un poème plus sérieux. Lis-le deux ou trois fois.

Il dit non avec la tête
mais il dit oui avec le cœur
il dit oui à ce qu'il aime
il dit non au professeur
il est debout
on le questionne
et tous les problèmes sont posés
Soudain le fou rire le prend
et il efface tout
les chiffres et les mots
les dates et les pièges
et malgré les menaces du maître
sous les huées des enfants prodiges
avec des craies de toutes les couleurs
sur le tableau noir du malheur
il dessine le visage du bonheur.

Jacques Prévert: Paroles
© Editions Gallimard

Pour t'aider à comprendre	
le cancre	dunce
le fou rire	uncontrollable laughter
une huée	boo, hoot
un piège	trick

Est-ce que tu comprends un peu les sentiments de cet élève?
A ton avis, lesquelles des expressions suivantes décrivent ce poème?

vrai   sensible   passionnant   fort
difficile à comprendre   facile à comprendre
intéressant   ennuyeux   ridicule   étrange

Activité 1

Un acrostiche

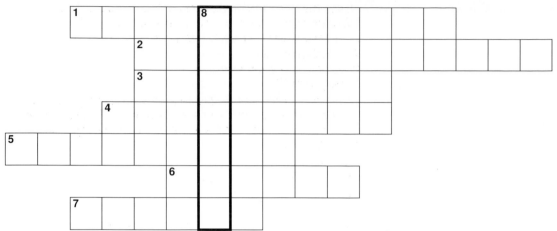

(Les réponses sont toutes sur les pages 126 et 127.)

1 un appareil ou une machine qui sert à aider à la préparation des repas
2 les plats préparés à l'avance et achetés tout faits
3 des plats, par exemple des légumes, qu'on met dans le congélateur
4 tous les jours
5 sans caféine
6 le plat qui commence un repas
7 un petit repas, surtout pour les enfants
8 une tranche de pain avec du beurre

Activité 2

A toi de répondre

1 Combien de repas prends-tu par jour? (Je prends …)
2 A ton avis, quel est le repas principal de la journée? (C'est …)
3 Qu'est-ce que tu manges d'habitude au petit déjeuner, et qu'est-ce que tu prends comme boisson?
4 Où manges-tu à midi, normalement?
5 En combien de plats consiste ton déjeuner, pendant la semaine?

   Exemple
   une entrée, un plat chaud, un fruit = 3 plats
   un sandwich et des chips et
   un yaourt = 2 plats

6 Le soir, est-ce que tu manges d'habitude à heure fixe?
7 Est-ce que tu prends le déjeuner du dimanche en famille?
8 Combien de repas par semaine prends-tu à table avec ta famille?
9 Quel est ton repas quotidien préféré?
10 A ton avis, est-ce que les habitudes alimentaires dans ton pays ont changé **a** beaucoup **b** assez **c** pas du tout ou presque pas.

Activité 3

Repas-flash!

Pendant sa vie, un(e) Français(e) typique prend environ 50 000 repas et consomme plus de 50 tonnes de nourriture (y compris les boissons). 75% des Français déjeunent habituellement chez eux, 16% en restauration collective (6% dans un restaurant traditionnel, 6% dans un café, 2% dans un fast-food, 2% dans une cafétéria) et 9% sur leur lieu de travail.
Pendant le repas du soir, 59% des Francais bavardent avec leurs proches, 31% regardent la télévision, 5% écoutent de la musique, 1% lisent un journal ou un magazine.

(Francoscopie 1993)

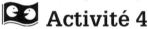 Activité 4

Hier

Travaillez à deux.
Voici une liste de plusieurs choses qui ne sont pas très bonnes pour la santé. Copie la liste, et après chaque mot écris J'en ai mangé/bu hier *ou* Je n'en ai pas mangé/bu hier.
Puis devine ce que ton/ta partenaire a mangé et bu. Mets ✔ *ou* ✗ *après chaque mot.*
Posez des questions tour à tour pour voir combien de fois tu as deviné correctement.

Exemple

Toi: Richard, as-tu bu des boissons sucrées hier?
Richard: Oui oui, j'en ai bu. Et toi, tu en as bu aussi?
Toi: Non, je n'en ai pas bu hier.

	Moi	Mon/ma partenaire	
		peut-être	en effet
de la limonade (ou d'autres boissons sucrées)			
des boissons alcoolisées			
des burgers			
des chips			
des frites			
du chocolat			
des sucreries			
des gâteaux			

En France on aime les fruits

Les fruits les plus achetés par les Français sont (chiffres de 1990):

les pommes (28%)
les oranges (16%)
les bananes (11%)
les pêches (9%)
les clémentines (7%)
les raisins (5%)
les pamplemousses (4%)
les fraises (2%)
les kiwis (2%)

Activité 5

Encore le végétarisme

Ecoute les idées de Frédéric et Sophie, Antoine et Marion. Voici un résumé de leurs avis: ils parlent dans quel ordre?

Frédéric pense qu'il faut utiliser la terre pour produire des céréales et des légumes pour le Tiers Monde, pas pour nourrir les animaux.

Marion dit que pour les invités végétariens on prépare toujours des plats spéciaux tandis qu'ils n'en font pas pour les carnivores qu'ils invitent chez eux.

Sophie est contre le végétarisme mais pour les vaches et les fermiers.

Antoine dit que même les repas végétariens ne sont pas toujours bons pour la santé.

Activité 6

Le Test D (dé)

Voici une liste de choses à manger ou à boire. Il faut 'classer' chacune de ces choses selon tes goûts personnels: est-ce que tu penses que c'est

1 **dé**licieux/**dé**licieuse
2 impossible à **dé**cider
3 **dé**goûtant?

Joue avec un(e) ami(e). Devine ses réponses, puis pose-lui des questions pour voir si tu as raison. Ensuite fais une exercice de mémoire en essayant d'écrire les opinions de ton/ta partenaire.

Voici la liste.

1 les choux de Bruxelles
2 le poisson avec des frites
3 le couscous
4 les fraises avec de la crème et du sucre
5 le rosbif
6 une omelette aux champignons
7 les artichauts vinaigrette
8 les escargots
9 la cuisine chinoise
10 la piperade
11 le fromage de chèvre
12 les haricots verts
13 la soupe à l'oignon
14 les huîtres
15 une pizza aux fromage et aux tomates
16 un curry très fort et très piquant
17 le boudin
18 le jambon fumé
19 le steak tartare
20 la salade verte

Activité 7

Une lettre à écrire

(Regarde aussi les pages 132 et 133.)

Ecris à un(e) jeune Français(e) une lettre un peu comme cela.

Ecris une introduction. Remercie ton/ta correspondant(e) de sa lettre. Explique pourquoi tu n'as pas répondu plus tôt, etc.

Parle des repas chez toi, par exemple, si on mange le petit déjeuner anglais traditionnel, où et quand tu prends ton déjeuner, quel est ton repas principal, etc. Puis parle des plats et des boissons et de tes préférences personnelles.

Fais une description d'un plat, comme les descriptions à la page 132 ou 133, si tu veux. Donne une recette à ton/ta correspondant(e) aussi, si tu en sais une qui est assez courte.

Pose des questions sur la nourriture en France, finis et signe la lettre.

Cher/Chère ... ,

Dans ta lettre tu m'as demandé de te parler des repas qu'on fait en Grande-Bretagne et des choses que j'aime (et que je n'aime pas) manger et boire. Et bien, voilà.

Tu m'as demandé de te décrire un plat typiquement britannique.

Activité 8

Choisis ton pique-nique

Dans une colonie de vacances en Bretagne, une fois par semaine, on donne la même somme d'argent à chacun des enfants et ils achètent eux-mêmes leur pique-nique. Ils peuvent faire la liste de provisions individuellement ou en petits groupes. Tu passes tes vacances dans cette colonie et tu organises ton pique-nique. Travaillez en groupes, si vous voulez, mais attention au prix: il ne faut pas dépenser plus de 30F par personne!

Promotions tous les jours du 16 au 25 août

Prix sensass!

Coca le lot de 8 — **15F**

Limonade 2 litres — **10F**

Sachet Cacahuètes grillées à sec Lot de 2 — **10F**

Biscuits Lot de 2 — **15F**

Fromage Emmental 250g — **10F**

Chips Lot de 2 — **10F**

Yaourt aux fruits (8×125g) — **10F**

4 tranches jambon — **10F**

Madeleines (250g) — **5F**

Baguette — **3F**

Laitue — **5F**

Radis la boîte — **6F50**

Pêches le kilo — **14F80**

Petits pains – le paquet — **8F50**

Tomates le kilo — **5F90**

Bananes le kilo — **12F**

Poires le kilo — **8F80**

Activité 9

Les projets d'Aline: une interview

Ecoute l'interview avec Aline sur la cassette. Puis travaillez à deux pour inventer une interview. L'un(e) de vous est l'interviewer et l'autre répond pour Aline.

Exemple

L'interviewer: Bonjour Aline. Quel métier as-tu choisi?

Aline: Je veux travailler comme diététicienne dans un hôpital.

Tu peux baser les réponses sur l'article à la page 138. Puis essaie d'inventer une interview avec Richard.

Activité 10

Les fast-foods et les 'vrais' restaurants

Ecris un petit article sous ce titre.

Choisis au moins une raison pour et une contre les fast-foods et une raison pour et une contre les autres restaurants. Tu peux utiliser des phrases qui sont dans l'article si tu veux.

A la fin, mets une petite conclusion, par exemple:

En général, je préfère les … , mais je crois que …

Activité 11

Un kidnapping au restaurant Stromboli

*La semaine dernière, tu dînais avec des amis français dans un restaurant italien à Paris,
le Restaurant Stromboli. Vous veniez de commencer à lire la carte et vous alliez
commander le repas, lorsqu'une chose extraordinaire est arrivée.
Plus tard, vous avez dû raconter tout ce que vous avez vu et répondre aux questions de
la police. Regarde les images de ces événements étonnants et complète ton
témoignage. Utilise, chaque fois, une partie de* venir de *ou d'*aller à *l'imparfait.*

Le garçon … nous donner la carte et nous …
commander le repas.

2 Soudain, j'ai remarqué deux hommes qui … entrer dans
le restaurant. A mon avis, ils … s'asseoir à une table
tout près de nous.

Les gens assis à cette table … finir leur repas et ils
… partir.

4 A la terrasse, le garçon de café … servir une glace à un
jeune garçon et il … commencer à la manger quand,
tout à coup, les deux hommes ont kidnappé cet enfant.

Maintenant, écoute sur la cassette **Je voudrais vous
poser des questions.** *Peux-tu répondre aux questions
du détective?*

Ils … quitter la terrasse du restaurant et ils … partir en
taxi, lorsqu'un jeune homme a téléphoné à la police.

Activité 12

Choisis bien tes cadeaux: Jeu de mémoire
Complète ces phrases.
Exemple: 1 Mme Thomas: On lui a apporté du thé.

1 Madame Thomas	6 Fabien Béranger
2 Jeanine Lemaître	7 la sœur de Fabien
3 les enfants Lemaître	8 Eléonore Navaret
4 Claude Mercier	9 sa sœur
5 la sœur de Claude Mercier	10 son frère
	11 ses parents

The past historic tense (le passé simple)

Un restaurant pas comme les autres

– Il est quelle heure? demanda Sabine en sortant du cinéma.

– Onze heures et demie, et j'ai faim, moi – pas toi? répondit Nicolas.

– Bien sûr que j'ai faim! On va au restau?

– Je voudrais bien. Mais il n'y aura rien d'ouvert à cette heure, pas dans ce quartier, et je ne veux pas entrer dans Paris.

– Si, si, attends! Je suis sûr que j'ai lu dans le journal qu'il y a un nouveau Macdonald's pas loin d'ici.

– Extra! J'ai bien envie de manger un burger. Tu sais où c'est?

– Pas exactement, mais c'est dans le vieux quartier, en allant vers le Bois de Boulogne. Ça doit être facile à trouver. On y va?

– D'accord. Eh bien, en voiture!

Après quelques minutes la voiture roulait lentement dans les petites rues du vieux quartier. C'était une partie de la banlieue une fois très à la mode, maintenant un mélange de bâtiments délabrés à moitié démolis et d'immeubles neufs en béton blanc. De temps en temps on voyait une vieille maison bien préservée, témoin de l'ancien caractère du quartier.

– Mais où donc peut se trouver ce restaurant? dit Nicolas. Je suis certain que c'est par ici.

– Là-bas, dit Sabine, tourne à gauche. Il y a des lumières, là, au coin de la rue.

Nicolas tourna à gauche, en suivant la direction des lumières, puis s'arrêta devant le restaurant.

– Zut! Ce n'est pas Macdonald's, c'est un restaurant de grand luxe. On n'a pas assez de sous pour manger là. Et moi, j'ai une faim de loup!

– Ça sent bon! dit Sabine. Mais il y a du monde, en plus! Regarde, à l'intérieur il y a une foule de gens en train de manger. C'est curieux! Un restau comme ça dans un quartier pareil!

– Tiens, je vais juste regarder le menu, dit Nicolas.

Il descendit de la voiture et s'approcha du menu affiché près de la porte. Après quelques instants il se tourna vers Sabine. Son visage avait un air d'incrédulité complète. Sabine fut vite à côté de lui.

– Restaurant du Vieux Quartier. Coq au vin 3F50, Plat du jour 4F, Tournedos Rossini 4F50. Mais c'est complètement idiot!

– Alors on entre?

– Pourquoi pas?

A l'intérieur du restaurant un garçon de café, en habit noir traditionnel, les conduisit à une petite table près de la fenêtre. Sur la nappe blanche, il y avait une jolie lampe en style ancien, et à la fenêtre de superbes rideaux en velours cramoisi. Ils regardèrent autour d'eux. Tout était du meilleur goût. Aux murs, de beaux tableaux encadrés en bois doré; par terre un tapis épais, cramoisi comme les rideaux.

– On est bien ici, et il y a de l'ambiance, non? dit Nicolas, qui mangeait un gros steak avec des pommes de terre sautés. Mais c'est vraiment marrant!

– C'est une bonne idée, quand même, dit Sabine. Je trouve ça amusant de créer comme ça un restau dans le style de l'ancien temps.

– D'accord, mais les prix sont ridicules! Ça, je ne comprends pas du tout!

Quand les deux amis quittèrent le restaurant, il était presque une heure du matin, mais il y avait toujours une vingtaine de clients qui mangeaient, même deux ou trois couples qui venaient d'entrer.

– Tu as remarqué, dit Sabine, les clients sont plutôt vieux, n'est-ce pas?
– Oui, mais ça ne m'étonne pas, répondit Nicolas. Ce sont des gens qui dînaient autrefois dans des restaurants comme ça. Ils ne doivent pas aimer les fast-foods.
– C'était vraiment bien enfin! Mon coq au vin était fantastique. Il faudra y retourner avec Jean-Paul et Pascale ... dimanche prochain, peut-être.

Sabine et Nicolas ne cessèrent pas de parler du restaurant, de la clientèle, et surtout des prix. Ce fut donc avec deux autres voitures pleines de copains qu'ils partirent le dimanche soir, dans la direction du Bois de Boulogne. Cette fois, ils croyaient trouver le restaurant sans difficulté. Cependant, quand ils pénétrèrent dans la petite rue, ils ne virent pas de lumière.

– Zut, zut et zut! dit Nicolas. Ce n'est peut-être pas ouvert le dimanche!
– On s'est peut-être trompé de rue? dit Sabine.
– Mais tu sais, on est tout près du nouveau Macdonald's, dit Jean-Paul. C'est dans la prochaine rue à droite. J'y suis venu la semaine dernière avec mon frère. Mais je n'ai pas vu ton restaurant par ici.
– Mais non, mais non! dit Nicolas. Je ne me suis pas trompé. Je suis sûr que c'est dans cette rue. Il doit être fermé ce soir. Je vais conduire jusqu'au bout pour voir.

Suivi des deux autres voitures, il continua, puis s'arrêta au coin de la rue.

– Ça alors! Je ne comprends pas du tout. Je suis sûr que c'était ici. Je me rappelle de cet arbre en face. Mais maintenant il n'y a que ces vieux bâtiments et ...

A ce moment, Sabine poussa un cri. Nicolas la regarda. Son visage était pâle, ses yeux pleins de terreur.

– Mais Nicolas, tu ne vois pas? Là, sur le mur ... la plaque!

Sans mot dire, Nicolas descendit de la voiture, s'approcha du mur et regarda la vieille plaque en bronze. Puis, d'une voix tremblante, il lut, à haute voix, l'inscription:

> Site du célèbre
> Restaurant du Vieux Quartier,
> ouvert en 1859.
> Fermé en 1939,
> à cause de la guerre

Vrai ou faux?

1 Sabine et Nicolas sortirent du cinéma avant minuit.
2 Ils décidèrent d'aller trouver un restaurant.
3 Ils mangèrent chez Macdonald.
4 Ils trouvèrent un restaurant de grand luxe.
5 Lorsque Nicolas vit les prix, il fut étonné.
6 Sabine ne voulut pas entrer dans le restaurant.
7 Nicolas mangea un gros steak.
8 Sabine but beaucoup de vin blanc.
9 Le dimanche suivant, ils essayèrent de trouver le même restaurant.
10 Ils ne purent pas retrouver le restaurant.

Dossier-langue

Use of the past historic tense
Look at some of the verbs from the story:

demanda Sabine	il descendit de la voiture
il se tourna	ils partirent
il continua	ils ne virent pas
	il lut l'inscription
les deux amis quittèrent le restaurant	Sabine fut vit à côté de lui

All these verbs tell what happened in the past. They are all used for **single completed actions** in the past – doing just the same things, in fact, that the perfect tense usually does. The only difference is that this is a printed story, not a conversation or a letter.

The past historic tense is used in exactly the same way as the perfect tense, but **only** in **formal written French**, like stories.

You are not likely to need to use it much in real life, but you do need to be able to recognise it and understand it. To help you to do this, look at how this tense is formed (see page 176).

Dossier-langue

Formation of the past historic tense

The stem of the past historic tense is formed from the infinitive. The endings follow one of three main patterns:

all -er verbs	most regular -ir and -re verbs	a few regular -oir verbs and many irregular verbs
aller	*sortir*	*vouloir*
j'allai	*je sortis*	*je voulus*
tu allas	*tu sortis*	*tu voulus*
il alla	*il sortit*	*il voulut*
elle alla	*elle sortit*	*elle voulut*
on alla	*on sortit*	*on voulut*
nous allâmes	*nous sortîmes*	*nous voulûmes*
vous allâtes	*vous sortîtes*	*vous voulûtes*
ils allèrent	*ils sortirent*	*ils voulurent*
elles allèrent	*elles sortirent*	*elles voulurent*

The following verbs have the same endings as the second group of verbs listed above. They are listed here because the first part of the verb differs from the infinitive. Notice, however, that in many cases there is a similarity with the past participle (but not in the case of *faire*, *voir* and *naître*).

infinitive	past historic	perfect
comprendre	*il comprit*	*il a compris*
conduire	*il conduisit*	*il a conduit*
construire	*il construisit*	*il a construit*
dire	*il dit*	*il a dit*
écrire	*il écrivit*	*il a écrit*
faire	*il fit*	*il a fait*
mettre	*il mit*	*il a mis*
naître	*il naquit*	*il est né*
prendre	*il prit*	*il a pris*
rire	*il rit*	*il a ri*
voir	*il vit*	*il a vu*

The following verbs have the same endings as the third group of verbs listed above. Again, there is often a similarity with the past participle (but not in the case of *être* and *mourir*).

infinitive	past historic	perfect
avoir	*il eut*	*il a eu*
boire	*il but*	*il a bu*
connaître	*il connut*	*il a connu*
croire	*il crut*	*il a cru*
devoir	*il dut*	*il a dû*
être	*il fut*	*il a été*
lire	*il lut*	*il a lu*
mourir	*il mourut*	*il est mort*
pouvoir	*il put*	*il a pu*
recevoir	*il reçut*	*il a reçu*
savoir	*il sut*	*il a su*
vivre	*il vécut*	*il a vécu*
vouloir	*il voulut*	*il a voulu*

Finally, the verbs *venir* (*revenir*, *devenir*) and t*enir* form the past historic in a completely different way: they begin *je vins* and *je tins*. Look up the rest of the past historic tense of these verbs in **Les verbes**.

Le poulet Marengo

Complète cette anecdote de la vie de Napoléon en choisissant dans la case le verbe qui manque.

L'empereur Napoléon aimait beaucoup le poulet. Lorsqu'il voyageait avec son armée, son cuisinier personnel, M. Dunand, qui était Suisse, l'accompagnait toujours pour préparer ses repas.

Un jour, M. Dunand ne savait pas à quelle heure Napoléon rentrerait dîner. Soudain, une bonne idée lui ...(1)... Tous les quarts d'heure, il ...(2)... un nouveau poulet à cuire, pour être sûr d'être prêt à l'heure. Ce soir-là, les soldats ...(3)... beaucoup de poulets à manger!

Il y a un plat célèbre en France, nommé le 'poulet Marengo', à cause de la bataille de Marengo en Italie, où Napoléon ...(4)... les Autrichiens en 1800. Il y a plusieurs histoires qui expliquent l'origine de cette recette. En voilà une.

La veille de la bataille, Napoléon, qui était très occupé, ...(5)... de manger. Plus tard, cependant, il ...(6)... faim et ...(7)... à Dunand 'Qu'est-ce qu'il y a à manger?'

Le cuisinier ...(8)... 'J'ai des olives avec des anchois, des œufs sur le plat avec des tomates, et un ragoût de poulet. Qu'est-ce que vous voulez?'

Napoléon lui ...(9)... 'Mettez le tout ensemble dans une assiette! Je n'ai pas le temps de les manger séparément!' Et voilà! Ce ...(10)... le premier 'poulet Marengo'.

fut	mit	refusa	demanda	répondit	eurent
	vint	vainquit	eut	dit	

Solutions

Es-tu chouette ou alouette? (à la page 17)

Si tu as choisi surtout des **a**, tu es vraiment alouette.
Si tu as choisi surtout des **c**, tu es une chouette.
Si tu as choisi surtout des **b**, ou si tu as une bonne
sélection de lettres, tu es moyen(ne). Pas de problèmes!

Le sais-tu? (à la page 31)
1c **2**b **3**c **4**b **5**c

Un quiz sur l'environnement (à la page 61)
1b **2**c **3**c **4**b **5**b

On discute de l'emploi du temps (à la page 118)

	Lundi	Mardi	Mercredi	Jeudi	Vendredi
8h					
8h30		Biologie			
9h			Economie		Histoire-
9h30	Maths			Sport	Géographie
10h			✕		
10h30	Français		Histoire-		
11h			Géographie	✕	Français
11h30	✕			Latin	
12h					
12h30		Histoire-		✕	✕
13h		Géographie			
13h30	Espagnol	Anglais			Latin
14h					
14h30	Français	Espagnol			Anglais
15h				Maths	
15h30		Latin			Espagnol
16h	Physique				
16h30				Physique	
17h					
17h30					

Test-santé
Première partie: Un régime équilibré (à la page 128)
Pour chaque réponse:
A 3 points, **B** 2 points, **C** 1 point

14-15 points	Tu manges très bien. Félicitations!
10-13 points	Tu manges bien.
7-9 points	Tu ne suis pas un régime très équilibré. Fais un effort!
0 à 6 points	Hmmm! Relis le **Test-santé** tout de suite!

Deuxième partie: Manges-tu les quantités idéales?
(à la page 129)

20-24 points	Tu prends des quantités idéales. Excellent! Tu as de la chance!
16-20 points	Tu manges bien. Tu auras beaucoup d'energie pour faire tes devoirs de français!
8-15 points	Tout le monde n'est pas parfait!
0-7 points	Allons donc! Fais un petit effort!

Jeu-test: Est-ce que ça va durer? (à la page 146)

1a 1	**b** 3	**c** 2
2a 2	**b** 1	**c** 3
3a 3	**b** 2	**c** 1
4a 1	**b** 2	**c** 3
5a 3	**b** 1	**c** 2

Entre 13 et 15 points	Nous t'offrons nos félicitations! Ça va durer probablement: tu as appris l'art du compromis!
Entre 8 et 12 points	Si ça dure encore un mois, ça va probablement réussir. C'est très bien d'être honnête, mais nous te conseillons de montrer un peu plus de tact si possible!
Moins de 8 points	Ça dépend! Si tu veux que ca dure à tout prix, ça va! Mais tu te montres un peu trop faible. Toi aussi, tu as des droits. Attention à l'avenir!

Strategies and study skills

This section contains useful hints to help you learn and use French and to prepare for examinations. Nobody expects you to understand and use the whole French language at this stage, but here are some strategies to help you to make the most of what you have learnt, to increase your active knowledge and to cope with unpredictable situations and unfamiliar language.

Get organised!

Acquiring a good knowledge of basic words and phrases is very important. As you read and listen to more French, you will obviously come across words and expressions which you have not previously met, or had forgotten. Don't just hope you will remember them: organise some sort of filing system in advance and enter the new words straight away, listing them either alphabetically or by topic. If you decide on a topic system, why not start with the *Lexiques* in each unit, or extracts from *Vocabulaire par thèmes*?

Learn as you go

Once you have stored this vocabulary, learn as much of it as possible by heart and check it regularly.

Learning with a friend is a good idea. Make a double-sided numbered list of the words you have to learn, French on one side, English on the other. Sit facing each other, one looking at the French side of the list and the other the English. Test each other in turns. If your partner doesn't know an answer, just say the number of the word. To make it harder, you could ask for the word to be spelt in French as well!

Try playing 'against the clock', seeing who takes the shorter time to give ten correct answers. You can also use this method when learning on your own, trying to beat your own record time for ten correct answers.

Playing word games such as *Le jeu du pendu* (Hangman) helps you to remember vocabulary.

Make up wordsearches or acrostics and set them to each other, or work in groups, setting puzzles for other groups.

For topics with lots of nouns, you could make up an alphabet with one word for each letter, e.g. for *Les fruits: A comme abricot, B comme banane, C comme cassis ...*

Be ready for your examinations

There are certain things you can do in advance to prepare yourself for your examinations. Make sure that you know exactly what form your examination will take and how long each paper will last. When your teacher shows you past papers, make a note of what you find out about the timing of the papers, the procedure for the listening and speaking sections, whether you can use dictionaries etc.

Listening and reading

Some tips to help you understand and respond
Understanding the context

Knowing the context (i.e. where or when a conversation or event is taking place) helps you by giving you an idea in advance of what kind of things might be said.

In an examination, you will often be given a short description to set the background to the scene. Read the title: it's there to help you. There may also be a picture or photograph to give some clues.

Coping with unfamiliar language

When you are reading or listening to French, especially in an examination, there will always be some words that you don't recognise.

Here is a checklist of what to do when you come across a word you're not sure of.

1 Is the word crucial for completing the task or understanding the text? If not, ignore it and move on.

2 Is it similar to other French or English words? (See the list of common patterns on pages 182-184).

3 Can the rest of the text help you to understand it? Often what is important is repeated in a different way, so listen or read further ahead.

4 Sometimes it might help you to know whether the language is formal or informal. Check whether the *tu* or *vous* form is used. Is the tone friendly (perhaps including some shortened words or slang) or is it more formal?

5 As a last resort, make a sensible guess. For example, you may never have seen the words *soucoupe volante*, but you do know that *sous* means 'under', so you can work out that *soucoupe* means 'under cup', that is 'saucer'. It is a small step from this to guess that *une soucoupe volante* is a flying saucer.

Always check that you have guessed the right kind of word: for example, a noun usually has *un/le/du* etc. before it, words agreeing with nouns are adjectives, and the endings should help you to spot which words are verbs.

Time clues

Make sure you can recognise and use words which tell you when something is happening, i.e. in the past, present or future.

Pay particular attention to verbs. Watch out for the tense and the endings, as they often provide vital information; for example, you may need to know whether something *has* happened or is *going* to happen, or how many people or things are being described.

Watch out for expressions like those in the following lists. List them with their meanings. Use your dictionary if there are any you aren't sure of.

Expressions of past time

auparavant
autrefois
avant-hier
dans le temps
en ce temps-là
hier
hier soir
la semaine dernière
samedi dernier

Expressions of present time
à présent
aujourd'hui
en ce moment
pour l'instant

Expressions of future time
après-demain
bientôt
ce soir
dans dix ans
demain
la semaine prochaine
l'année prochaine
un de ces jours

Listening

Practise! To improve your listening skills, tune in to a French radio station whenever you can and listen for a few minutes, to help you to get used to French voices.

In some examinations you are asked fairly general questions about what you hear, so get into the habit of listening for the main points, picking up clues from words you do understand and the tone of voice of the speakers.

Sometimes, however, you do have to listen for specific detail, so from time to time, practise listening more intently to everything that is said.

The listening examination

Find out beforehand how many times you will hear each item, how long you will have to answer the questions and whether you are allowed to make notes.

The first time you hear the French on the tape, just try to get the main points of the conversation or story. Don't worry if there are things which you haven't quite followed: listen for the details the next time round. Even if you still don't understand everything, there's a good chance that you'll have enough information to make a reasonable attempt at the questions.

Taking notes

Even if you are allowed to take notes in the listening examination, be careful about this, because while you are writing something down, you could be missing some other piece of vital information. Just jot down a key word or two, or perhaps a number or date.

Reading

Try to read as much French as you can. Have a look at any French magazines or books you come across. Don't worry if you can't understand very much at first, just find something that looks interesting and you'll probably be surprised at how much of it you can work out.

Different kinds of reading

Finding out details and facts, e.g. from
    signs and notices such as town and road signs or shopping signs

- letters (usually in French handwriting) and leaflets
- programmes and posters (when you need particular information, such as the time and place of an event, what's on television or at the cinema, what facilities are offered, etc.)

To complete tasks based on this kind of reading you need to pay careful attention to *all* the words and watch out for time clues, French words which are similar to English ones, word patterns etc. (see the lists on pages 182-184).

More general reading

This includes magazine articles and simple short stories.

You should be able to understand enough of what you read to follow the gist or storyline, and find out about people's opinions and attitudes.

When practising reading, get into the habit of making a few notes in French, if you can: just a phrase or a few key words. Also, make sure you write down any new words which seem useful, look up their meaning and learn them.

This kind of reading is often tested in examinations to see if you have understood the key points. You are not expected to understand every word, and it would certainly be a mistake to try to translate the passages. There are a number of strategies which you can use to help you:

- read the item really thoroughly, several times, before attempting the task.
- get the gist of the passage, then look for clues.
- study the task carefully to see exactly what you have to do: this may also provide some clues to the answers.
- make sure you have included everything required to complete the task.

Remember, this is not like the listening test. Although you must not be too slow, you do have the chance to look back and check, so try to find time to do this.

Speaking

Some strategies for producing the right language at the right time

Practise! Use every opportunity you get to talk to French people, visitors to your school or town as well as the people you meet on visits abroad.

Record some tapes to exchange with French schools.

To practise role-playing, record some of the key role-playing dialogues in the book with a friend and practise them regularly.

The oral examination

Find out in advance the kind of tasks you will be expected to carry out and which topics you need to prepare.

Make sure you can answer all the questions which are almost always asked, e.g. your name and age, something about your family and pets, your home, your school life, your hobbies and interests, the weather, what you like to eat and drink, whether you have been to France, etc.

Think up questions you might want to ask a French teenager (but remember to call the examiner *vous*), and also think what answers you would give if asked these questions yourself.

Then try to go beyond the most everyday topics and work out how you would say what you think or explain about something, for example, why you are a vegetarian or dislike sport but love music.

When you are preparing, always make a note of anything you wanted to say, but weren't able to, then look it up or ask your teacher about it.

Make notes as you go through a topic: not full sentences — you don't want to sound like a parrot — just key words and phrases to help you call to mind what to say, e.g.

Ma maison: grande/petite, en ville/à la campagne, deux étages, jardin derrière

Ma chambre: grande/petite, partagée avec mon frère

Les meubles: un lit, une armoire, un bureau, un électrophone, un ordinateur

Points to remember

1 Listen carefully to the examiner's questions to find out exactly what you are being asked, and what tense is being used. You nearly always use the same tense in the answer as in the question.

2 Reply simply and in fairly short sentences, but not just *oui* or *non*. Remember, the more correct French you use, the more marks you will get.

3 If you can go on talking, do so (but on the subject, of course). Most examiners are only too pleased to listen to you talking.

4 If you don't understand the question, ask (in French, of course) for further explanation.

5 You don't have to tell the truth. If you can't think of the French for your father's job or your sister's favourite hobbies, make up something else for which you do know the French. (But remember what you have said: don't contradict yourself later!)

6 Don't introduce a topic unless you are confident that you can talk about it without getting into difficulties.

7 Be prepared. Some subjects come up frequently, so make sure you can talk about them.

8 Try to use different tenses in your examination. Expect to be asked about what you will do on holiday, or in the future, and about what you did last weekend, in the Easter holidays, etc.

9 Try to introduce a few opinions, using phrases such as

A mon avis	In my opinion
Je pense que ...	I think that ...
Je ne crois pas que ...	I don't think that ...
Je suis/ne suis pas d'accord	I agree/I don't agree
Je trouve cela amusant/étonnant/intéressant	
	I think it's enjoyable/astonishing, interesting

10 In conversation, and especially in role-playing, listen carefully to what is said and don't be taken by surprise by an unexpected reply. For example, you are buying something, but they haven't got exactly what you want, so you have to make a choice, or ask for something different.

Role-playing or assignments

You will usually have some time beforehand to prepare for this part of the test. Study the task carefully and make sure you understand what you have to do.

As you prepare the task, think of all the words you know which might come into the conversation. If there is something you don't know how to say, try to think of a way round it (see page 103).

If it is an essential word, for example, 'wallet' in a scene about a lost wallet, ask the examiner, in French, for the word, e.g. *Monsieur/Madame, je ne sais pas le mot français pour* 'wallet', or *Comment dit-on en français* 'wallet', *s'il vous plaît?*

It's a good idea to be equipped with a set of emergency questions and remarks to help you out if you get stuck, but don't overuse them: the examiner will have met this kind of thing before!

Some useful phrases

Voulez-vous répéter la question, s'il vous plaît?
    Will you repeat the question please?

Parlez un peu plus lentement, s'il vous plaît
    Please speak a little more slowly

Que veut dire le mot ... ?
    What does the word ... mean?

Qu'est-ce que cela veut dire?
    What does that mean?

Je n'ai pas compris, Monsieur/Madame
    I didn't understand

J'ai oublié le mot pour ...
    I have forgotten the word for ...

Comment ça se dit en français?...
    What's the French for that?

Je ne sais pas   I don't know

Coping when you have forgotten a key word

Look at the list on page 103 and make sure that you know some of these key expressions by heart.

Writing

Find out exactly what sort of writing in French you will be required to do in your examination. Here are a few tips linked with some of the possibilites.

Short notes, messages, lists, form-filling etc.

Remember to keep the contents short and to the point, but still grammatically correct: you must still put *le/la/un/une* etc. in front of nouns and make adjectives agree, e.g. *Le garagiste a téléphoné. La voiture est prête* (not, as perhaps in English, 'Garage phoned: car ready').

Letters

There are two distinctly different types of letter:

1 Informal letters, e.g. to a penfriend (with some choice about what you want to say, rather like conversation written down)

2 Formal letters, e.g. to book accommodation at a hotel or campsite, make enquiries about a holiday or something you have lost or to make a complaint.

In formal letters you have to follow a pattern and stick to the rules, learning by heart the correct ways to begin and end the letter and the sort of expressions you must use.

In the examination

Notice carefully (if you are told) how many words the letter has to contain and make sure yours is the correct length.

Find out beforehand whether you are expected to write a full address or if just the name of your town will do, and whether the date has to be completely in words. Find out also if the address and date count as part of the total number of words.

Always read through the letter you have to answer, or the outline plan, several times before you begin to write your own letter.

Planning your letter

An informal letter

Plan your letter by writing short notes in French before beginning to write it. Jot down any key words or phrases under the headings Beginning, Middle and Ending.

Comment on the information given to you to prove that you have read it, and answer the questions. If there is an original letter, use it to help you with ideas, but try not to copy out bits of the actual letter.

Make a note of the approximate number of words you expect to allocate to each section, making sure you leave enough for the ending or for any crucial information you need to give.

Link your letter together and set it out in paragraphs.

Study the task carefully and, at the end, check that you have completed it.

A formal letter

Plan the letter in French, under headings. Use the correct phrases for the beginning and the ending and check that you have answered all the questions fully and given all the information required. Don't be chatty in a formal letter, and stick to the point.

Points to remember

1 Notice which tense(s) are required and make sure you use them, but never use the past historic in a letter.

2 Decide at the beginning if you should be using *tu* or *vous*, and then stick to it.

3 If you have re-used any of the words from the original letter, double check that you have spelt them correctly.

4 Keep to the subject.

5 Check thoroughly what you have written. Check the verbs and make sure the nouns and adjectives agree, then start at the end and check back each paragraph at a time. (You'll get a fresh look at it that way.) Then read it right through and see if it sounds like a real letter.

Writing informal letters: useful phrases

Consult the fuller list in *Vocabulaire par thèmes* or your dictionary if you are not sure of the meaning of some of these expressions, or if you want more choice of things to write.

Opening
(Mon) cher/(Ma) chère/(Mes) chers ami(e)s

Expressing thanks
Merci (beaucoup) de ta/votre lettre
J'ai bien reçu ta/votre lettre, qui m'a fait beaucoup de plaisir.

Closing
Maintenant, je dois   terminer ma lettre.
*   faire mes devoirs.*
*   sortir.*

J'espère te/vous lire bientôt
En attendant de tes/vos nouvelles
Ecris/Ecrivez-moi bientôt

Signing off
Unemotional
(Meilleures) amitiés
Ton ami(e)
Ton/ta correspondant(e)

More affectionate
Je t'embrasse
(Bien) affectueusement
Grosses bises

Writing formal letters: useful phrases
Opening
Monsieur/Messieurs
Madame/Mademoiselle

Expressing thanks
Je vous remercie de votre lettre du 5 avril
J'ai bien reçu votre lettre du 5 avril

Requesting something
Veuillez m'envoyer ...
Je vous prie de ...
Vous seriez très aimable de me faire savoir ...

Signing off (Yours sincerely)
Veuillez agréer, Monsieur/Madame/Mademoiselle, l'expression de mes sentiments les plus distingués
Je vous prie d'agréer, Monsieur/Madame /Mademoiselle, l'assurance de mes sentiments les meilleurs

Attention aux mots!

Some reminders about vocabulary
Using a dictionary

Your dictionary is one of your most useful language learning aids. Used in conjunction with your brain (i.e. not as a replacement for thinking!), it will be a marvellous help to you. Try to get a good one, not too small to have lots of examples, but not so big that you won't want to carry it about. Read through the introductory pages and ask your teacher if you're not sure what the abbreviations mean.

Get used to consulting your dictionary

- to find out meanings and the French words you need
- to check on genders, spellings and the way in which words are used
- to widen your range of vocabulary, by looking at the examples and phrases linked with words you look up.

Looking up words
French to English

When you look up a French word you don't understand, you often find that there are several possible meanings. Choose the one which is most appropriate for the context, don't just use the first meaning listed. If one meaning doesn't make sense, try another. For example:

- *encore* can mean 'still' or 'again'
- *toujours* can mean 'always' or 'still'
- *même* has different meanings, according to its position in relation to other words:

  Même le garçon a reçu un cadeau
  Even the boy received a present

  Le même garçon qu'hier a reçu un cadeau
  The same boy as yesterday received a present

  C'est le garçon lui-même qui a reçu un cadeau
  It was the boy himself who received a present

A toi!

1 Try to write a pair of sentences to illustrate the different meanings of *encore* or *toujours*.

2 Write another sentence including *même*.

English to French

When you look up the French for an English word, you will again find that there is often a choice of words, so how do you know which to use?

First read through the possibilities and look at any examples which show the word in use. If you're still not sure, pick the word you think is most likely to be correct and look it up in the part of the dictionary which translates French words into English.

For example, if you want to explain that there's a man at the door with a bill, you would look up 'bill' and find:

  n (noun) bec *(m)*, facture *(f)*

You aren't sure which to use, so to avoid this effect,

look up both these possibilities in the French-English section. You will probably find something like this:

  bec *nm* 1 beak; bill (of bird)
  facture *nf* invoice, bill (of sale)

You could also look the word up in a dictionary like *Le Petit Larousse*, which is intended for French people and so gives explanations of words in French. The examples and definitions will help you and widen your vocabulary.

Verbs are special

Don't forget that if you look up a verb, the dictionary will give you the infinitive (*to* sing, *to* work etc.).

It will be up to you to work out the right tense and person of the verb from what you have learnt or from *Les verbes*.

As you go through the lists which follow, do the suggested activities, most of which involve using a dictionary.

Common word patterns

Recognising common patterns in words can help you to make sensible guesses at their meanings.

Beginnings and endings of words

Often a letter or two at the beginning (a prefix) or at the end of a word (a suffix) make a difference to its meaning.

A toi!

1 Here are some of the most common ones. Work out what the words mean, looking up any you are not sure about.

2 Using a dictionary if necessary, try to find one or two more words with the same beginning or ending as these and list them with their meanings.

Beginnings

im- or *in-*	= not, un- e.g. *impossible, inconnu, inévitable, imprévu*
para-	= against/for protection against, e.g. *un parachute, un parapluie, un parasol*
re-	= again, back e.g. *retourner, revenir, repartir, refaire, rentrer*
dé-	= dis- e.g. *décourager, désespoir*

Endings

-able	= -able/-ible
	e.g. *lavable, mangeable, potable*
-aine	= about
	e.g. *une vingtaine, une centaine*
-ée	= -ful
	e.g. *une bouchée, une cuillerée*
-ette	= little
	e.g. *une fillette, une camionnette*

Words which sound alike or nearly alike, but look different

Usually your common sense will tell you which one must be correct in the context.

A toi!

1 Copy and complete this list, looking up any words you can't remember.
2 Choose three or four of the words and make up a short sentence for each to show its meaning, e.g.
Je voudrais acheter cela, mais je n'ai pas assez d'argent.
Put more than one into a sentence if you can, e.g.
Le ver vert va vers la rose rose dans le verre vert.

l'argent	money
l'agent	...
un chêne	...
une chaîne	chain
dans	...
dont	of which, of whom, whose
un livre	...
une livre	pound (£1 or 1lb)
...	shop
un magazine	magazine
le Midi	the South of France
midi	...
la peau	...
un pot	pot, jug, jar
une pêche	...
aller à la pêche	to go fishing
orêt	...
orès	near
une rose	a rose
...	pink
vert	...
un ver	a worm
...	a glass
un vers	a line (of verse etc.)
vers	...

Words which look alike but sound different

There are a lot of words which are spelt the same in English and French and which also have more or less the same meaning, e.g. justice, football, fruit. These words are called cognates, and they are a big help in reading and understanding printed texts.

However, although they may look and mean the same in both languages, they often do not sound the same.

If you are on the look-out for words like this in listening items, you should be able to spot them fairly easily and work out their meanings.

Here are some more. Some are spelt slightly differently, e.g. they have accents.

station	*garage*
innocent	*création*
orange	*tennis*
biscuit	*train*
collège	*court*
théâtre	

1 Try to find out how they are pronounced in French (the meaning should be obvious).
2 See if you can find three or four more!

Faux amis ('False friends')

These are French words which look the same as English ones but have different meanings. Make sure you know them, as you will find a few in most examinations. Some of the most common ones are listed below.

1 Find out the French for the ones in brackets.
2 List and learn each pair.

assister à	to attend, be present at (assist = ...)
une caméra	movie camera (camera = ...)
un car (autocar)	coach (car = ...)
la cave	cellar (cave = ...)
le couvert	cover charge, place set at table (a cover/bedcover = ...)
large	wide (large = ...)
une librairie	bookshop (library = ...)
le pétrole	oil, paraffin (petrol = ...)
une pièce	room, coin, play, per item (piece = ...)
un photographe	photographer (photograph = ...)
sensible	sensitive (sensible = ...)

More clues

Watch out for the following spelling patterns, from French to English and vice-versa. Look up any meanings you are not sure of. Using your dictionary if necessary, try to find at least one more example of each pattern.

French	English	Examples
-aire	-ary (or -ar)	*militaire, solitaire, populaire*
-ant	-ing	*dégoûtant, chantant, commençant*
-ê	-es	*honnête, fête, intérêt*
-if	-ive	*actif, adjectif*
-ment	-ly	*lentement, malheureusement*
-oire	-ory	*histoire, laboratoire, gloire*
-té*	-y	*liberté, charité*

*Not always: sometimes it changes an adjective to a noun:

bon	*bonté*
fier	*fierté*
beau	*beauté*

Negatives

It is easy to hear or read *ne* and assume that the meaning is 'not', but there are several negative constructions using *ne* which have different meanings:

ne ... que	only
ne ... plus que	now only

e.g. *Il n'y a plus que deux filles dans la pièce*
There are now only two girls in the room

Watch out for *personne*, *jamais* and *rien* used alone to mean 'nobody', 'never' and 'nothing':

Personne n'a répondu No-one/Not one person replied

For more about the negative, see page 192 of this book.

Expressions which may be misleading

Watch out for words or expressions which mean one thing, but look or sound as if they might mean something else. The following three are very common:

1 *venir de* + infinitive
= to have just done something (see also pages 122 and 129)

Elle vient de visiter Paris
= She has just been visiting Paris
(**not** She is coming to visit Paris.)

2 *être en train de* + infinitive
= to be in the process of doing something

Il était en train de lire un magazine
= He was reading a magazine
(**not** He was reading a magazine on the train.)

3 *Ce n'est pas/Ça ne vaut pas la peine de* + infinitive
= It's not worth doing something

Ce n'est pas la peine d'aller chez le médecin
= It's not worth going to the doctor's
(**not** It's not painful going to the doctor's.)

A toi!

Make up a sentence for each of these expressions to remind yourself of its meaning.

Practice items

On fait des courses

(lire, écouter, parler)

Aujourd'hui tu fais des courses en ville pour la mère de ton correspondant. Tu essaies de tout acheter dans l'ordre de sa liste:

1 2 baguettes et 4 croissants

2 250 grammes de fromage (du Brie, si possible)

3 un demi-kilo de sardines

4 500 grammes de bifteck haché

5 4 tomates farcies, une quiche Lorraine, du pâté de campagne et 10 tranches de jambon

6 un grand gâteau au chocolat pour dimanche

D'abord, mets les noms des magasins dans le même ordre.

A **Boulangerie**

B *Boucherie*

C **CHARCUTERIE**

D *Crémerie*

E *Pâtisserie*

F **POISSONNERIE**

(3 marks)

Puis, écoute la conversation à la charcuterie et réponds à ces questions.

1 Combien de pâté est-ce qu'on achète?
2 Qu'est-ce qu'on n'achète pas et pourquoi?
3 Qu'est-ce qu'on achète qui n'était pas sur la liste?
4 Quel est le prix total (en chiffres)?

(10 marks)

Ensuite, avec un(e) ami(e), invente la conversation à la boulangerie et à la pâtisserie (change de rôle chaque fois).

(4 + 3 marks)
Total marks: 20

 Météo

(écouter, lire)

Tu es en vacances en France avec des amis et tu fais un tour en vélo dans le nord de la France. Il fait très mauvais. Tu écoutes la météo pour décider quoi faire.

Ecoute la cassette et note

1 si le temps va changer beaucoup demain

  a oui   **b** non

2 la moitié de la France où il fera beau vers la fin de la semaine

  a le nord   **b** le sud

3 s'il y aura risque d'orages vers la fin de la semaine.

  a oui   **b** non

Voici les idées de tes copains. A ton avis, qui a la meilleure idée?

  a Sébastien   **b** Sabine   **c** Benjamin

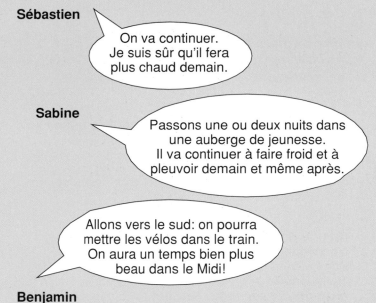

Sébastien
On va continuer. Je suis sûr qu'il fera plus chaud demain.

Sabine
Passons une ou deux nuits dans une auberge de jeunesse. Il va continuer à faire froid et à pleuvoir demain et même après.

Benjamin
Allons vers le sud: on pourra mettre les vélos dans le train. On aura un temps bien plus beau dans le Midi!

Le succès à 20 ans

(lire, écrire, parler)

Lis l'article, puis fais les activités suivantes.

1 *Pour faire un résumé de l'article, choisis les six phrases qui sont vraies et écris-les dans l'ordre correct.*

A Jean-Pierre et Luc sont des frères.

B Après avoir quitté le lycée, ils n'ont pas pu trouver de travail.

C Ils n'ont pas gagné le bac.

D Pour éviter le chômage, ils ont volé des motocyclettes.

E Ils ont décidé de fabriquer et de vendre des nouveautés

F Ils ont quitté le lycée à l'âge de seize ans.

G A l'âge de vingt ans, ils ont leur propre entreprise.

H Plus tard, ils ont trouvé un emploi comme vendeurs de chaînes hi-fi.

I Ils ont fabriqué des badges et des gadgets en cuir et en bois.

J Des Américains s'intéressent à leur travail.

(6 + 6 marks)

2 *Travaillez à deux pour préparer une interview avec un de ces jeunes hommes. Inventez quatre questions à poser, puis faites l'interview en jouant les rôles de l'interviewer et de Jean-Pierre ou de Luc.*

Exemple

– A quel âge avez-vous quitté l'école?

– A dix-huit ans.

(8 marks)

Le succès à vingt ans

A dix-huit ans, les jumeaux Jean-Pierre et Luc Trémier, nés à Bordeaux, sont sortis du lycée tous les deux munis du bac mais sans emploi. Ils ont cherché du travail, mais en vain.

'Le chômage, nous n'en voulions pas ... mais que faire?' a dit Jean-Pierre.

Quelques mois plus tard, ils ont décidé de voler de leurs propres ailes. Au lycée, au collège même, ils s'amusaient à fabriquer des gadgets, des nouveautés, qu'ils vendaient à leurs copains. Pourquoi pas en vendre dans les magasins de souvenirs?

Au début, c'était très dur. Ils ont fait des économies, ils ont vendu leur chaîne hi-fi et leur moto, et avec l'argent, ils ont acheté du cuir et du bois. A partir de ces matériaux, ils ont fabriqué des porte-clefs amusants et des badges, tous personnalisés, de bonne qualité et en couleurs brillantes.

Aujourd'hui, à vingt ans, ils sont déjà hommes d'affaires. Ils ont leur propre entreprise dans le quartier Saint-Michel et leurs produits sont très à la mode. Ils ont même reçu des propositions pour exporter aux Etats-Unis!

▶ Echanges

(lire, écouter et écrire)

Voici cinq annonces extraites du magazine Science et Vie Junior, *section 'Echanges'.*
Lis les lettres, puis fais les activités en dessous.

(64119) J'ai 15 ans et je voudrais correspondre avec des jeunes de 14-17 ans, de tous pays. Vous pouvez m'écrire en français ou en anglais. J'aime m'amuser, la musique, lire, mes ami(e)s et je suis branchée sur plein d'autres choses. Si vous voulez mieux me connaître, écrivez-moi!
Jennifer Y (Ile Maurice)

(64120) Nous sommes deux amies de 16-17 ans. Nous aimerions correspondre avec des jeunes Français(es) de notre âge, en langue française. Nous aimons la littérature, la télévision, la musique, en somme la culture. En revanche nous détestons le racisme, l'injustice sociale, l'hypocrisie, la violence et l'intolérance.
Maguette S et Awa D (Sénégal)

(6422) Avis à tous les Terriens et aux habitants de contrées lointaines. J'ai 16 ans, j'adore la vie, m'éclater et danser sur des rhythmes déchaînés. Alors, que tu sois blanc, noir ou rouge, garçon ou fille, écris-moi vite! Je réponds en francais, anglais, allemand, arabe et italien (et pour quelques Romains égarés, en latin).
Aïda H (Indre-et-Loire)

(6430) J'ai 15 ans et j'habite la plus belle île du Pacifique. Je voudrais correspondre avec des jeunes de mon âge. Que vous habitiez en Angleterre ou partout ailleurs dans le monde, vous pouvez m'écrire. Je suis un passionné de plongée sous-marine et de balades en forêt. Je collectionne les timbres et les pièces de monnaie. Ah oui! J'allais oublier; je parle le français, l'anglais et j'étudie le japonais.
Laurent B (Nouvelle-Calédonie)

(6438) J'ai 12 ans et j'adore le sport (équitation, natation, gym, basket, foot ...) la mer (beaucoup plus que la piscine), les animaux (les chevaux surtout) et lire. Je n'aime pas les gens violents. Je voudrais correspondre avec filles françaises ou anglaises) de 11 ou 12 ans étudiant l'anglais (pour les Françaises) ou le français (pour les Anglaises).
Claire-Améline F (Loire-Atlantique)

---

1 *Voici des descriptions qui correspondent à un(e) ou plusieurs des jeunes qui ont écrit ces lettres. Trouve la ou les personne(s) qui correspond(ent) à chaque description.*

A collectionneur	**B** sérieux	**C** la plus jeune
D aime la mer	**E** sportif	**F** tolérant
G bilingue	**H** exubérant	**I** plein d'humour
J multilangue	**K** un peu égoïste	**L** aime la lecture
M patriote	**N** aime le paix	

(14 marks)

2 *Deux jeunes personnes ont enregistré des messages pour le/la correspondant(e) qu'ils ont choisi(e). Ecoute la bande et complète ces phrases.*

Richard va écrire à ...
Lui aussi, il ...
Mais il n'a jamais essayé ...
Il aime les pays où ...
Mais lui-même, il habite ...

Chrystelle voudrait écrire à ...
Elle est plus ... que sa correspondante.
A l'école, elle apprend ...
Elle est contre ...
Mais elle aime beaucoup ...

(10 marks)

3 *A toi de choisir: fais* **une** *de ces deux activités.*

A *Tu cherches un(e) correspondant(e). Ecris une annonce à mettre dans le magazine* Science et Vie Junior *(entre 50 et 70 mots).*

B *Choisis une des jeunes et écris-lui un premier message pour te présenter (entre 50 et 70 mots).*

(16 marks)

La grammaire

Introduction

If you understand the grammatical rules or patterns of a language, it's a real short cut towards learning the language. It will save you having to learn each word or phrase separately.

You have already learnt a lot of French grammar and used it in speaking and writing French. In this summary it is set out so that you can refer to anything you might have forgotten. Some technical terms are used in this section and these are explained below.

• article

The definite article is the word for 'the' which appears before a noun, e.g. *le, la, l', les*.

The indefinite article is the word for 'a' or 'an' which appears before a noun, e.g. *un, une* (plural: *des* = 'some').

In English, we often leave out the article, but it must not be left out in French (except in a very few cases).

• noun

A noun is the name of someone or something or the word for a thing (e.g. a box, a pencil, laughter). All nouns in French are either masculine or feminine. (This is called their **gender**.) The article (the word for 'a' or 'the') will usually tell you the gender of a noun.

• singular and plural

A singular noun means that there is only one thing or person. In English, 'cat', 'teacher', 'idea' and 'school' are all nouns in the singular. Similarly in French, *le chat, le professeur, l'idée* and *le collège* are all singular nouns.

A plural noun means that there is more than one thing or person. For example, 'students', 'books', 'shops' are all plural nouns in English, just as *les étudiants, les livres* and *les magasins* are all plural nouns in French.

• pronoun

A pronoun (e.g. 'he', 'she', 'it', 'them') is used in place of a noun, e.g.

Le garçon arrive.	*Il arrive.*
La fille arrive.	*Elle arrive.*
Les enfants arrivent.	*Ils arrivent.*

• adjective

Adjectives are words which tell you more about a noun and they are often called 'describing words'.

In the sentence 'Leeds is a large industrial town' *(Leeds est une grande ville industrielle)*, 'large' *(grande)* and 'industrial' *(industrielle)* are adjectives. In French, adjectives agree with the noun. That is, they are masculine, feminine, singular or plural to match the noun they describe.

• verb

Every sentence contains at least one verb. Most verbs describe what things or people are doing, but the verb 'to be' also counts as a verb, e.g. he buys *(il achète)*, I am *(je suis)*, she played *(elle a joué)*.

Sometimes verbs describe the state of things, e.g.

Il fait beau.	It is fine.
J'ai deux frères.	I have two brothers.

Verbs in French have different endings and forms depending on the person ('I', 'you', 'he', 'she' etc.) and the tense.

• regular and irregular verbs

Regular verbs follow a set pattern. There are three main groups: those whose infinitives end in *-er, -re* or *-ir*.

Irregular verbs follow different patterns. Some of the most commonly used verbs are irregular.

• auxiliary verb and past participle

The perfect tense contains two parts to the verb: an auxiliary verb and a past participle. The auxiliary (or helping) verb is part of *avoir* or *être*. The past participle is usually formed from the infinitive and ends in *-é, -u* or *-i*.

• infinitive

This is the form of the verb which you would find in a dictionary. It means 'to ... ', e.g. 'to speak', 'to have'. Regular verbs in French have an infinitive which ends in *-er, -re* or *-ir*, e.g. *parler, vendre* or *finir*. The infinitive never changes its form.

• tense

The tense of the verb tells you when something happened, is happening or is going to happen. Each verb has several tenses. So far you have learnt the present tense, the perfect tense, the future tense and the imperfect tense.

• adverb

An adverb tells you more about a verb, often explaining how, when or where something happens. Many adverbs in English end in -ly and in French in *-ment*, e.g.

Il danse lentement.	He dances slowly.

• subject

The subject of a verb is the person or thing performing the action or being described. In the sentence *Jean regarde la télé*, the subject is Jean because it is Jean who is watching television.

• direct object

The object of a verb is the person or thing which has whatever is being talked about done to it, e.g.

Elle mange un sandwich.

In the above example *un sandwich* is the object, because the sandwich is having what is being talked about (being eaten!) done to it.

The object of a sentence can be a noun or a pronoun. If it is a noun it usually comes after the verb. If it is a pronoun it usually goes between the subject and the verb:

On a acheté des pommes. On les mangera à midi.

Des pommes and *les* are the objects of the above sentences. They are also examples of the direct object.

• indirect object

In French, the indirect object (if it is a noun) usually has *à, au* or *aux* in front of it. In English you can usually put 'to' or 'for' in front of it, e.g.

J'ai déjà écrit à mes parents, mais je leur parlerai ce soir au téléphone.
I have already written to my parents but I will speak to them tonight on the phone.

Mes parents and *leur* are the indirect objects of the above sentences.

• preposition

A preposition is a word like 'to', 'at', 'from', 'in' (*à, de, dans*). It often tells you something about where a thing or a person is.

Nouns
Masculine and feminine
All nouns in French are either masculine or feminine.

masculine singular	feminine singular
le garçon	*la fille*
un village	*une ville*
l'appartement	*l'épicerie*

Nouns which refer to people often have a special feminine form. Most follow one of these patterns:

1 For the feminine form, you add an *-e*:

un ami	*une amie*
un Français	*une Française*
un client	*une cliente*
un employé de bureau	*une employée de bureau*

2 If the masculine form ends in *-er*, you change this to *-ère*:

un ouvrier	*une ouvrière*
un infirmier	*une infirmière*

3 Many masculine forms which end in *-eur* have a feminine form ending in *-euse*:

un coiffeur	*une coiffeuse*
un vendeur	*une vendeuse*

However, a few have a feminine form ending in *-rice*:

un moniteur de ski	*une monitrice de ski*
un instituteur	*une institutrice*

4 To convert some masculine nouns (especially ones ending in *-n*) to feminine forms, you double the last letter and add an *-e*.

un lycéen	*une lycéenne*
un Parisien	*une Parisienne*

5 The feminine forms of some masculine nouns don't follow any clear pattern. You just have to try and remember these.

un copain	*une copine*
un roi	*une reine*

Remember, not all nouns referring to people have different masculine and feminine forms:

un touriste	*une touriste*
un élève	*une élève*
un enfant	*une enfant*

Singular and plural
Nouns can also be singular (referring to just one thing or person) or plural (referring to more than one thing or person):

une chambre	*des chambres*

In many cases, it is easy to use and recognise plural nouns because the last letter is an *-s*. (Remember that an *-s* on the end of a French word is often silent.)

un ami	*des amis*
un ouvrier	*des ouvriers*

Again, there are a few exceptions:

1 Most nouns which end in *-eau*, *-eu* or *-ou* in the singular add an *-x* for the plural. This is not sounded either.

un château	*des châteaux*
un jeu	*des jeux*
un chou	*des choux*

2 Most nouns which end in *-al* change this to *-aux* in the plural:

un animal	*des animaux*
un journal	*des journaux*

3 Nouns which already end in *-s*, *-x* or *-z* don't change in the plural:

un repas	*des repas*
le prix	*les prix*

4 A few nouns don't follow any clear pattern:

un œil	*des yeux*

Some or any
The word for 'some' or 'any' changes according to the noun it is used with:

singular			plural
masculine	feminine	before a vowel	(all forms)
du pain	*de la viande*	*de l'eau*	*des poires*

Sometimes you do not use *du/de la/de l'/des* but just *de* or *d'*. This happens in the following cases:

- after a negative (*ne ... pas, ne ... plus, ne ... jamais* etc.)
- after expressions of quantity:

Je n'ai pas d'argent	I haven't any money
Il n'y a plus de légumes	There are no vegetables left
un kilo de poires	a kilo of pears
un morceau de fromage	a piece of cheese
une portion de frites	a portion of chips
beaucoup de bananes	a lot of bananas

Ce, cet, cette, ces
The different forms of *ce* are used instead of *le, l', la, les* when you want to point out a particular thing or person:

singular			plural
masculine	before a vowel (masculine only)	feminine	(all forms)
ce chapeau	*cet anorak*	*cette jupe*	*ces chaussures*

Ce can mean either 'this' or 'that'. *Ces* can mean either 'these' or 'those'. To make it clearer which you mean, you can also add *-ci* and *-là*:

Est-ce que tu préfères ce pull-ci ou ce pull-là?
Do you prefer this pullover or that pullover?
Je vais acheter cette robe-là.
I'm going to buy that dress.

Cela (ça)
If there is no noun or you want to talk about a general idea, *cela (ça)* can be used to mean that:

Ça, c'est une bonne idée.	That's a good idea.
Cela me fait mal.	That hurts.

Adjectives
Agreement of adjectives
In French, adjectives agree with the noun, which means that they are masculine, feminine, singular or plural to match the noun. Look at the patterns in the tables below to see how adjectives agree.

1 Regular adjectives

singular masculine	feminine	plural masculine	feminine
grand	*grande*	*grands*	*grandes*
intelligent	*intelligente*	*intelligents*	*intelligentes*
fort	*forte*	*forts*	*fortes*
allemand	*allemande*	*allemands*	*allemandes*

A lot of adjectives follow the above pattern.

Adjectives which end in *-u*, *-i* or *-é* follow this pattern, but although the spelling changes, they don't sound any different when you say them.

bleu	bleue	bleus	bleues
joli	jolie	jolis	jolies
fatigué	fatiguée	fatigués	fatiguées
âgé	âgée	âgés	âgées

Adjectives which already end in -e (with no accent) have no different feminine form:

jaune	jaune	jaunes	jaunes
mince	mince	minces	minces
jeune	jeune	jeunes	jeunes

Adjectives which already end in -s have no different masculine plural form:

français	française	français	françaises

Adjectives which end in -er follow this pattern

cher	chère	chers	chères
premier	première	premiers	premières

Adjectives which end in -eux follow this pattern:

délicieux	délicieuse	délicieux	délicieuses
merveilleux	merveilleuse	merveilleux	merveilleuses

Some adjectives double the last letter before adding an -e for the feminine form:

gentil	gentille	gentils	gentilles
mignon	mignonne	mignons	mignonnes
gros	grosse	gros	grosses
bon	bonne	bons	bonnes

2 Irregular adjectives

Many common adjectives are irregular, and you need to learn each one separately. Here are some you have already met:

blanc	blanche	blancs	blanches
long	longue	longs	longues
vieux (vieil)	vieille	vieux	vieilles
nouveau (nouvel)	nouvelle	nouveaux	nouvelles
beau (bel)	belle	beaux	belles

Vieil, nouvel and *bel* are used before masculine nouns which begin with a vowel.

A few adjectives do not change at all:

marron	marron	marron	marron

In a dictionary these are followed by *inv.* (= invariable).

Position of adjectives

Adjectives normally follow the noun:

> J'ai vu un film très intéressant à la télé.
> Regarde cette jupe noire.

Some common adjectives go before the noun. The most common ones are *grand, petit, bon, mauvais, beau, jeune, vieux, joli, gros, premier, court, long, haut.*

> C'est un petit garçon.
> Il prend le premier train pour Paris.

All colours, and adjectives describing nationality, follow the noun.

Comparisons

To compare one person or thing with another, you use *plus* (more), *moins* (less) or *aussi* (as) before the adjective:

	plus		richer than
Il est	moins	riche que mon père	not as rich as
	aussi		as rich as

Remember to make the adjective agree in the usual way:

> Jean-Luc est plus âgé que Nicole.
> Nicole est plus âgée que Robert.
> Jean-Luc et Nicole sont plus âgés que Robert.

Notice these special forms:

bon	meilleur (better)
mauvais	plus mauvais or pire (worse)

> Ce livre est meilleur que l'autre.
> Cette maison est meilleure que l'autre.
> Cet article est pire que l'autre.

The superlative

You use the superlative when you want to say that something is the best, the greatest, the fastest, the biggest, the most expensive etc.

> La Tour Eiffel est le plus haut monument de Paris.
> The Eiffel Tower is the highest monument in Paris.

> Paris est la plus belle ville du monde.
> Paris is the most beautiful city in the world.

> Les TGV sont les trains français les plus rapides.
> The TGV are the fastest French trains.

Notice that
• you use *le, la, les* and the correct form of the adjective, depending on whether you are describing something which is masculine, feminine, singular or plural.
• if the adjective normally goes after the noun, then the superlative also follows the noun:

> C'est le monument le plus moderne de Paris.

• if the adjective normally goes before the noun, then the superlative can go before the noun:

> C'est le plus haut monument de Paris.

• you usually use *plus* (meaning most) but you can also use *moins* (meaning least):

> J'ai acheté ce pantalon parce que c'était le moins cher.
> I bought this pair of trousers because it was the least expensive.

Here are some useful expressions:

le moins cher	the least expensive
le plus cher	the most expensive
le plus petit	the smallest
le plus grand	the biggest
le meilleur	the best
le pire	the worst

Expressing possession
My, your, his, her, its, our, their

	singular			plural
	masculine	feminine	before a vowel	(all forms)
my	mon	ma	mon	mes
your	ton	ta	ton	tes
his/her/its	son	sa	son	ses
our	notre	notre	notre	nos
your	votre	votre	votre	vos
their	leur	leur	leur	leurs

These words show who something or somebody belongs to. They agree with the noun that follows them, NOT the person.
Son, sa, ses can mean 'his', 'her' or 'its'. The meaning is usually clear from the context.

Paul mange son déjeuner.	Paul eats his lunch.
Marie mange son déjeuner.	Marie eats her lunch.
Le chien mange son déjeuner.	The dog eats its lunch.

Before a feminine noun beginning with a vowel, you use *mon*, *ton* or *son*:

Mon amie s'appelle Nicole.
Où habite ton amie, Françoise?
Son école est fermée aujourd'hui.

à moi, à toi etc.

mine	à moi	ours	à nous
yours	à toi	yours	à vous
his	à lui	theirs	à eux
hers	à elle	theirs	à elles

– *C'est à qui, ce stylo?*   Whose pen is this?
– *C'est à moi.*   It's mine.
– *Les cartes postales sont à toi aussi?*
   Are the postcards yours as well?

de + noun

There is no use of apostrophe -*s* in French, so to translate 'Marie's house' or 'Olivier's skis' you have to use *de* followed by the name of the owner:

C'est la maison de Marie   It's Marie's house
Ce sont les skis d'Olivier   They are Olivier's skis

If you don't actually name the person, you have to use the appropriate form of *de* (*du*, *de la*, *de l'* or *des*):

C'est la tente de la famille anglaise
It's the English family's tent

– *C'est votre journal?*   Is it your newspaper?
– *Non, c'est celui du monsieur qui vient de sortir.*
   No, it belongs to the man who has just gone out.

le, la, l', les + parts of the body

In French, the definite article (*le*, *la*, *l'*, *les*) is normally used with parts of the body:

Elle s'est lavé les mains   She washed her hands
Il s'est coupé le doigt   He cut his finger

Adverbs

Adverbs are words which add some meaning to the verb. They usually tell you how, when or where something happened, or how often something is done.

Many adverbs in English end in -ly, e.g. generally, happily, quietly. Similarly, many adverbs in French end in -*ment*, e.g. *généralement, heureusement, doucement*.

To form an adverb in Frénch you can often add -*ment* to the feminine singular of the adjective:

masculine singular	feminine singular		adverb
malheureux	malheureuse	+ ment	malheureusement (= unfortunately)
lent	lente	+ ment	lentement (= slowly)

If a masculine singular adjective ends in a vowel, just add -*ment*:

vrai	+ ment	vraiment (= really, truly)
simple	+ ment	simplement (= simply)

Comparative and superlative

As with adjectives, you can use the comparative or superlative to say that something goes more quickly, more slowly, fastest or slowest etc.

Marc skie plus vite que Chantal.
Marc skis faster than Chantal.

Mais c'est moi qui skie le plus vite du groupe.
But I ski the fastest in the group.

Nous sommes en retard. Allez à la gare le plus vite possible.
We're late. Go to the station as quickly as possible.

Notice these special forms:

bien	mieux	well	better
mal	pire	badly	worse

Ça va mieux aujourd'hui?   Are you feeling better today?
Non, je me sens encore pire   No, I feel even worse

Pronouns

Subject pronouns

These replace a noun which is the subject of the verb:

Jeanne regarde le film.   *Elle regarde le film.*
Son père est coiffeur.   *Il est coiffeur.*

Object pronouns

These pronouns replace a noun, or a phrase containing a noun which is not the subject of the verb. They are used a lot in conversation and save you having to repeat a noun or phrase. The pronoun goes immediately before the verb, even when the sentence is a question or in the negative:

Tu le vois? Non, je ne le vois pas.

If a verb is used with an infinitive, the pronoun goes before the infinitive:

Quand est-ce que vous allez les voir?
Elle veut l'acheter tout de suite.

In the perfect tense, the object pronoun goes before the auxiliary verb (*avoir* or *être*):

C'est un bon film. Tu l'as vu?

Le, la, les

Tu prends ton vélo?   *Oui, je le prends.*
Vous prenez votre écharpe?   *Oui, je la prends.*
N'oubliez pas vos gants!   *Ça va, je les porte.*
Tu as vu Philippe en ville?   *Oui, je l'ai vu au café.*
Tu verras Monique ce soir?   *Non, je ne la verrai pas.*

Le, la (or *l'*) can mean 'it', 'him' or 'her'. *Les* means 'them'. These pronouns can also be used with *voici* and *voilà*:

Tu as ta carte?   *La voilà.*   Here it is.
Vous avez votre billet?   *Le voilà.*   Here it is.
Où sont Philippe et Monique?   *Les voilà.*   Here they are.

Lui and leur

– *Qu'est-ce que tu vas offrir à ta sœur?*
– *Je vais lui offrir une cassette.*
– *Et à ton frère?*
– *Je vais lui offrir un livre.*

Lui is used to replace masculine or feminine singular nouns, often in a phrase beginning with *à*. It usually means 'to or for him' or 'to or for her'.

In the same way, *leur* is used to replace masculine or feminine plural nouns, often in a phrase beginning with *à* or *aux*. It usually means 'to or for them'.

– *Tu as déjà téléphoné à tes parents?*
– *Non, mais je vais leur téléphoner ce soir.*

Me, te, nous, vous

Me (or *m'*) means 'me', 'to or for me':

Zut! Elle m'a vu!

– *Est-ce que tu peux m'acheter un timbre?*
– *Oui, si tu me donnes de l'argent.*

Te (or *t'*) means 'you', 'to or for you':

Henri ... Henri, je te parle. Qui t'a donné cet argent?

Nous means 'us', 'to or for us':

Jean-Pierre vient nous chercher à la maison. Les autres nous attendent au café.

Vous means 'you', 'to or for you':

> *Je vous dois combien?*
> *Je vous rendrai les skis la semaine prochaine.*

Y

Y usually means 'there' and is used instead of repeating the name of a place.

> *Allons à New York. On peut y voir la Statue de la liberté.*
>
> – *Quand est-ce que tu vas au Musée d'Orsay?*
> – *J'y vais dimanche.*

It is also used to replace *à* or *dans* + a noun or phrase which does not refer to a person.

> *Tu as vu ce film? Je pensais à aller le voir*
> Have you seen this film? I was thinking of going to see it.
> *J'y pensais aussi*   I was thinking of it too.

It is also used in certain expressions, where it has no specific meaning.

il y a	there is, there are
il y a deux ans	two years ago
On y va?	Shall we go? Let's go
J'y suis	I've got it
J'y vais	I'll go
Ça y est	It's done, that's it
Vas-y!/Allez-y!	Go on! Come on!
Je n'y peux rien	I can't do anything about it

En

En can mean 'of it', 'of them', 'some' or 'any'.

> *J'aime le pain/les légumes, j'en mange beaucoup.*
> I like bread/vegetables, I eat a lot of it/of them.
>
> *Il y a un gâteau: tu en veux?*
> There is a cake: do you want some (of it)?
>
> *Non merci, je n'en mange jamais*
> No thank you, I never eat any (of it)

In French it is essential to include *en*, whereas in English the pronoun is often left out.

En is also used to replace an expression beginning with *de, d', du, de la, de l'* or *des*:

> *Quand es-tu revenu de Paris?*
> When did you get back from Paris?
>
> *J'en suis revenu samedi dernier*
> I got back (from there) last Saturday
>
> *Est-ce que j'aurai besoin d'argent?*   Will I need any money?
> *Oui, tu en auras besoin*   Yes, you will need some
> *Est-ce qu'il a peur de voler?*   Is he afraid of flying?
> *Oui, il en a très peur*   Yes, he is very much afraid of it.

En is also used in the following expressions:

J'en ai assez	I have enough
J'en ai marre	I'm fed up with it
Je n'en peux plus	I can't take any more
On s'en va?	Shall we go?
Il n'en reste plus	There's none (of it) left
Il n'y en a pas	There isn't/aren't any
Je n'en sais rien	I don't know anything about it

Two pronouns together

Occasionally two pronouns are used together in a sentence. When this happens, the rule is

me				
te	come before	le (l')	lui	come before *y* or *en*
nous		la (l')	leur	
vous		les		

Est-ce que je t'ai déjà dit ça?   Have I already told you that?
Oui, tu me l'as souvent dit!   Yes, you've often told me it!
Avez-vous montré les photos à Jean?
Have you shown these photos to Jean?
Oui, je les lui ai montrées* dimanche
Yes, I showed them to him on Sunday
Il est bon, ce chocolat. Tu en veux?
This chocolate is nice. Do you want some?
Merci, tu m'en as déjà donné
No thank you, you've already given me some.

*When a direct object (such as le, la or les) comes before the past participle in the perfect tense with avoir, then the past participle has to agree. For more examples, see **The perfect tense with avoir**.

Pronouns in commands

When the command is to do something, the pronoun comes after the verb and is joined to it by a hyphen:

> *Donne-le-lui*   Give it to him
> *Montrez-lui votre passeport*   Show him your passport

When the command is not to do something (i.e. in the negative), the pronoun comes before the verb:

> *Surtout ne le lui dites pas!*   Be sure not to tell him
> *Ne lui dites rien*   Don't say anything to her

Note that in commands, *moi* and *toi* are used instead of *me* and *te*, except when the command is in the negative.

> *Donnez-moi un kilo de tomates, s'il vous plaît*
> Give me a kilo of tomatoes please
>
> *Ne me regarde pas comme ça!*   Don't look at me like that!

Qui and que
Qui

When talking about people, *qui* means 'who':

> *Voici l'infirmière qui travaille à la clinique à La Rochelle.*

When talking about things or places, *qui* means 'which' or 'that':

> *C'est un vent froid du nord qui souffle en Provence.*
> *C'est une ville française qui est très célèbre.*

It links two parts of a sentence together, or joins two short sentences into a longer one. It is never shortened before a vowel.

Qui relates back to a noun or phrase in the first part of the sentence.

In its own part of the sentence, *qui* is used instead of repeating the noun or phrase, and is the subject of the verb.

Que

Que in the middle of a sentence means 'that' or 'which':

> *C'est le cadeau que Christine a acheté pour son amie.*
> *C'est un plat célèbre qu'on sert en Provence.*

Que can also refer to people:

> *C'est le garçon que j'ai vu à Paris.*

Sometimes you would miss 'that' out in English, but you can never leave *que* out in French.

Like *qui*, it links two parts of a sentence together or joins two short sentences into a longer one. But *que* is shortened to *qu'* before a vowel.

The word or phrase which *que* replaces is the object of the verb, and not the subject:

> – *Qu'est-ce que c'est comme livre?*
> – *C'est le livre que Jean m'a offert à Noël.*

(In this example *que* refers to *le livre*. It (the book) didn't give itself to me, Jean gave it to me.)

Prepositions
à (to, at)

singular masculine	feminine	before a vowel	plural (all forms)
au parc	à la piscine	à l'épicerie à l'hôtel	aux magasins

The word *à* can be used on its own with nouns which do not have an article (*le*, *la*, *les*):

> Il va à Paris.

de (of, from)

singular masculine	feminine	before a vowel	plural (all forms)
du centre-ville	de la gare	de l'hôtel	des magasins

> Cet autobus part du centre-ville.
> This bus leaves from the town centre.
>
> Je vais de la gare à la maison en taxi.
> I go home from the station by taxi.
>
> Elle téléphone de l'hôtel.
> She is phoning from the hotel.
>
> Elle rentre des magasins avec beaucoup d'achats.
> She's come back from the shops with a lot of shopping.

De can be used on its own with nouns which do not have an article (*le*, *la*, *les*):

> Elle vient de Boulogne.

en (in, by, to, made of)

En is often used with the names of countries and regions:

> Arles se trouve en Provence.   Arles is in Provence.
>
> Nous passons nos vacances en Italie.
> We are spending our holidays in Italy.

You use *en* with most means of transport:

> en autobus   by bus
> en voiture   by car

You use *en* with dates, months and the seasons (except *le printemps*):

> en 1900   in 1900
> en janvier   in January
> en hiver   in winter (but *au printemps*)

You use *en* to say what something is made of:

> Ce sac est en plastique.   This bag is made of plastic.
> Le train est en métal.   The train is made of metal.

Prepositions with countries and towns

You use *à* (or *au*) with names of towns:

> Je vais à Paris   I go to Paris.
>
> Je passe mes vacances au Havre.
> I spend the holidays at Le Havre

You use *en* (or *au* or *aux*) with names of countries:

> Elle va en France. (la France)
> Il passe ses vacances au Canada. (le Canada)
> Je prends l'avion aux Etats-Unis. (les Etats-Unis)

To say where someone or something comes from, you use *de* (or *du* or *des*):

> Je viens de Belgique. (la Belgique)
> Ils viennent du Canada. (le Canada)
> Elle vient des Etats-Unis. (les Etats-Unis)

The negative

To say what is not happening or didn't happen (in other words to make a sentence negative), you put *ne* and *pas* round the verb.

> Je ne joue pas au badminton.   I don't play badminton.

In the perfect tense, *ne* and *pas* go round the auxiliary verb.

> Elle n'a pas vu le film.   She didn't see the film.

In reflexive verbs, the *ne* goes before the reflexive pronoun.

> Il ne se lève pas.   He's not getting up.

To tell someone not to do something, put *ne* and *pas* round the command.

> N'oublie pas ton argent   Don't forget your money.
> Ne regardez pas!   Don't look!
> N'allons pas en ville!   Let's not go to town.

If two verbs are used together, the *ne ... pas* usually goes around the first verb:

> Je ne veux pas faire ça.
> Nous ne devons pas descendre ici.

If there is an extra pronoun before the verb, *ne* goes before it:

> Je n'en ai pas.
> Il ne lui a pas téléphoné.
> Elle ne se lève pas tôt.

Sometimes *pas* is used on its own:

> Pas encore   Not yet
> Pas tout à fait   Not quite
> Pas du tout   Not at all

Remember to use *de* after the negative instead of *du, de la, des, un* or *une* (except with the verb *être* and after *ne ... que*):

> – Avez-vous du lait?
> – Non, je ne vends pas de lait.

Other negative expressions

Here are some other negative expressions which work in the same way as *ne ... pas*:

> ne ... plus   no more, no longer, none left
> ne ... rien   nothing, not anything
> ne ... jamais   never
>
> Je n'habite plus en France.
> Il n'y a rien à la télé.
> Je ne suis jamais allé au Canada.

The following two expressions work like *ne ... pas* in the present tense:

> ne ... personne   nobody, not anybody
> ne ... que   only

However, they differ in the perfect tense: the second part (*que* or *personne*) goes after the past participle:

> Elle n'a vu personne ce matin.
> Je n'ai passé qu'un après-midi à Marseille.

Note: *rien, jamais* and *personne* can also be used on their own:

> – Qu'est-ce que tu as fait ce matin?
> – Rien de spécial.
>
> – Qui est dans le garage?
> – Personne.
>
> – Avez-vous déjà fait du ski?
> – Non, jamais.
>
> ne ... ni ... ni   neither ... nor, not either ... or

Ne ... ni ... ni go before the words they refer to:

> Je n'aime ni le tennis ni le badminton
> I like neither tennis nor badminton
>
> Je ne connais ni lui ni ses parents
> I don't know either him or his parents

ne ... aucun   no

Aucun is an adjective and agrees with the noun which follows it.

Il n'y a aucun restaurant dans le village
There is no restaurant in the village

Ça n'a aucune importance   It's of no importance

It can also be used on its own:

– *Qu'est-ce que tu veux faire?*   What do you want to do?
– *Aucune idée*   No idea

Question words

Qui est-ce?   Who is it?

Quand arrivez-vous?   When are you arriving?

Combien l'avez-vous payé?   How much did you pay for it?

Combien de temps restez-vous en France?
                        How long are you staying in France?

Comment est-il?   What is it (he) like?

Comment allez-vous?   How are you?

Pourquoi avez-vous fait ça?   Why did you do that?

Qu'est-ce que c'est?   What is it?

C'est à quelle heure, le spectacle Son et lumière?
                        What time is the *Son et lumière* show?

Quel livre voulez-vous?   Which book do you want?

Quelle jupe mettez-vous?   Which skirt are you wearing?

Quels journaux lisez-vous?
                        Which newspapers do you read?

Quelles matières préférez-vous?
                        Which school subjects do you prefer?

Notice that *quel* changes its form, like an adjective.

Asking questions

There are three ways of asking a question in French.
You can just raise your voice in a questioning way:

Tu viens? ↗   Are you coming?

Vous avez choisi? ↗   Have you decided?

You can add *Est-ce que* to the beginning of the sentence:

Est-ce que vous restez longtemps en France?
Are you staying long in France?

Est-ce que vous êtes allé à Paris?   Have you been to Paris?

You can turn the verb around:

Allez-vous à la piscine?
Are you going to the swimming pool?

Jouez-vous au badminton?   Do you play badminton?

Notice that if the verb ends in a vowel in the third person you
have to add -t- when you turn it round:

Joue-t-il au football?   Does he play football?

Marie, a-t-elle ton adresse?   Has Marie got your address?

In the perfect tense you just turn the auxiliary verb round:

As-tu écrit à Paul?   Have you written to Paul?

Avez-vous vu le film au cinéma Rex?
Have you seen the film at the Rex cinema?

Jean et Pierre, sont-ils allés au match hier?
Did Jean and Pierre go to the match yesterday?

Monique, a-t-elle téléphoné à Chantal?
Did Monique phone Chantal?

Verbs

There are three main types of regular verbs in French. They are
grouped according to the last two letters of the infinitive.

-er verbs e.g. *jouer* (to play)
-re verbs e.g. *vendre* (to sell)
-ir verbs e.g. *choisir* (to choose)

However many common French verbs are irregular. These are
listed in **Les verbes**.

The present tense

The present tense describes what is happening now, at the
present time or what happens regularly.

Je travaille ce matin.   I am working this morning.
Il vend des glaces aussi.   He sells ice cream as well.
Elle joue au tennis le samedi. She plays tennis on Saturdays.

Imperative

To tell someone to do something, you use the imperative or
command form.

Attends!   Wait! (to someone you call *tu*)
Regardez ça!   Look at that! (to people you call *vous*)

It is often used in the negative.

Ne fais pas ça!   Don't do that!
N'effacez pas ... ! Don't rub out .... !

To suggest doing something, use the imperative form of *nous*.

Allons au cinéma!   Let's go to the cinema!

It is easy to form the imperative: in most cases you just leave out
tu, *vous* or *nous* and use the verb by itself. With *-er* verbs, you
take the final *-s* off the *tu* form of the verb (see **Les verbes**).

The perfect tense

The perfect tense is used to describe what happened in the past,
an action which is completed and is not happening now.
It is made up of two parts: an auxiliary (helping) verb (either *avoir*
or *être*) and a past participle.

Samedi dernier, j'ai chanté dans un concert.
Last Saturday, I sang in a concert.

Hier, ils sont allés à La Rochelle.
Yesterday, they went to La Rochelle.

Regular verbs form the past participle as follows:

-er verbs change to *-é*, e.g. *travailler* becomes *travaillé*
-re verbs change to *-u*, e.g. *attendre* becomes *attendu*
-ir verbs change to *-i*, e.g. *finir* becomes *fini*

Many verbs have irregular past participles. These are listed in
Les verbes.

Avoir as the auxiliary verb

Most verbs form the perfect tense with *avoir*. This includes many
common verbs which have irregular past participles, such as

avoir	*eu*	*faire*	*fait*
boire	*bu*	*mettre*	*mis*
comprendre	*compris*	*pouvoir*	*pu*
connaître	*connu*	*prendre*	*pris*
croire	*cru*	*savoir*	*su*
devoir	*dû*	*venir*	*venu*
dire	*dit*	*voir*	*vu*
être	*été*	*vouloir*	*voulu*

With *avoir*, the past participle doesn't change to agree with the
subject. However, if there is a direct object, which comes before
the verb, then the past participle must agree with the direct
object. This is most common with pronouns:

– *Tu as vu Marc en ville?*
– *Non, je ne l'ai pas vu.* (masculine singular)
– *J'aime bien ta robe. Où l'as-tu achetée?* (feminine singular)
– *Tu as perdu tes gants?*
– *Oui, je crois que je les ai perdus dans le restaurant.*
  (masculine plural)

– *Avez-vous acheté vos chaussures de ski?*
– *Non, je les ai louées.* (feminine plural)

It can also occur with nouns, especially after *que*, *combien* and *quel*:

> *Voilà la maison que M. et Mme Lebrun ont achetée.*
> *Combien de timbres as-tu achetés?*
> *Quelles chaussettes a-t-il mises?*

Note: The agreement is rarely noticeable in spoken French, except in the case of *faire* (f*aite* etc.) and *mettre* (*mise* etc.).

Etre as the auxiliary verb

About thirteen verbs, mostly verbs of movement like *aller* and *partir*, form the perfect tense with *être* as their auxiliary. Some compounds of these verbs (e.g. *revenir* and *rentrer*) and all reflexive verbs also form the perfect tense with *être*.
Here are three ways to help you remember which verbs use *être*.

1 If you have a visual memory, this picture may help you.

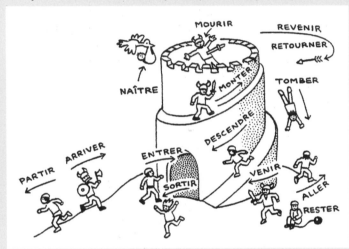

2 Learn them in pairs of opposites according to their meaning. Here are ten of them in pairs:

aller	to go	je suis allé
venir	to come	je suis venu
entrer	to go in	je suis entré
sortir	to go out	je suis sorti
arriver	to arrive	je suis arrivé
partir	to leave, to depart	je suis parti
descendre	to go down	je suis descendu
monter	to go up	je suis monté
rester	to stay, to remain	je suis resté
tomber	to fall	je suis tombé

and one odd one:

retourner	to return	je suis retourné*

Here is one more pair of opposites:

naître	to be born	il est né
mourir	to die	il est mort

*revenir (like *venir*) and *rentrer* (like *entrer*) can often be used instead of this verb.

3 Each letter in the sentence 'Mr Vans tramped' stands for a different verb. Can you work them out?

When you form the perfect tense with *être*, the past participle agrees with the subject of the verb (the person doing the action). This means that you need to add an extra *-e* if the subject is feminine, and to add an extra *-s* if the subject is plural (more than one). Often the past participle doesn't actually sound any different when you hear it or say it.

je suis allé/allée	nous sommes allés/allées
tu es allé/allée	vous êtes allé/allée/allés/allées
il est allé	ils sont allés
elle est allée	elles sont allées
on est allé(e)(s)	

The imperfect tense

The imperfect tense is another past tense.
It is used to describe something that used to happen frequently or regularly in the past:

> *Quand j'étais petit, j'allais chez mes grands-parents tous les week-ends.*
> When I was small, I used to go to my grandparents' every weekend.

It is also used for description in the past, particularly of weather:

> *Quand j'étais en vacances, il faisait beau tous les jours.*
> When I was on holiday the weather was fine every day.

> *L'homme, comment était-il?*   What was the man like?
> *Est-ce qu'il portait des lunettes?*   Did he wear glasses?

It describes how things used to be:

> *A cette époque, il y avait beacoup moins de circulation.*
> At that time, there was much less traffic.

It often translates 'was ... ing' and 'were ... ing':

> *Que faisiez-vous quand j'ai téléphoné?*
> What were you doing when I phoned?

It can be used to describe something you wanted to do, but didn't:

> *Nous voulions aller à Paris, mais il y avait une grève des transports.*
> We wanted to go to Paris but there was a transport strike.

It describes something that lasted for a long period of time:

> *En ce temps-là nous habitions à Marseille.*
> At that time we lived in Marseille.

> *Mon père travaillait comme pêcheur.*
> My father worked as a fisherman.

C'était + adjective can be used to say what you thought of something:

> *C'était magnifique.*   It was great.
> *C'était affreux.*   It was awful.

The imperfect tense can often be used for making excuses, for example in the following expressions:

> *Ce n'était pas de ma faute.*   It wasn't my fault.
> *Je croyais/pensais que ...*   I thought that ...
> *Je voulais seulement ...*   I only wanted to ...
> *Je ne savais pas que....*   I didn't know that ...

The endings for the imperfect tense are the same for all verbs:

je	... **ais**	nous	... **ions**
tu	... **ais**	vous	... **iez**
il	... **ait**	ils	... **aient**
elle	... **ait**	elles	... **aient**
on	... **ait**		

To form the imperfect tense, you take the *nous* form of the present tense, e.g. *nous allons*. Take away the *nous* and the *-ons* ending. This leaves the imperfect stem *all-*. Then add the imperfect endings:

j'all**ais**	nous all**ions**
tu all**ais**	vous all**iez**
il all**ait**	ils all**aient**
elle all**ait**	elles all**aient**
on all**ait**	

Nearly all verbs form the imperfect tense in this way, but there are a few exceptions. A few verbs form the imperfect stem (the part before the endings) in a different way, but the endings are always the same.

The most important exception is *être*. The imperfect stem is *ét-*.

j'étais	*nous étions*
tu étais	*vous étiez*
il était	*ils étaient*
elle était	*elles étaient*
on était	

In the present tense, verbs like *manger*, *ranger* etc. take an extra -*e* in the *nous* form. This is to make the *g* sound soft (like a *j* sound). However, the extra -*e* is not needed before -*i*:

je mangeais	*nous mangions*
tu mangeais	*vous mangiez*
il mangeait	*ils mangeaient*
elle mangeait	*elles mangeaient*
on mangeait	

Similarly, with verbs like *commencer*, *lancer* etc. the final *c* becomes *ç* before *a* or *o* to make it sound soft. This gives *je commençais* but *nous commencions* etc.

Using the perfect and imperfect tenses

The imperfect tense and the perfect tense are often used together. One way to help you decide which tense to use is to imagine a river running along, with bridges crossing over it at intervals. The river represents something going on continuously, a state of affairs. The bridges cut across the river: they represent single actions, things that happened and are completed.

The imperfect tense is like the river: it describes the state of things, what was going on, e.g. *il faisait beau*. The perfect tense is like the bridges: it is used for the actions and events, for single things which happened and are completed, e.g. *Nous sommes allés à la plage.*

The future tense

The future tense is used to describe what will (or will not) happen at some future time:

L'année prochaine, je passerai mes vacances à Paris.
Next year I'll spend my holidays in Paris.

Qu'est-ce que tu feras quand tu quitteras l'école?
What will you do when you leave school?

The endings for the future tense are the same as the endings of the verb *avoir* in the present tense.

je	... **ai**	*nous*	... **ons**
tu	... **as**	*vous*	... **ez**
il	... **a**	*ils*	... **ont**
elle	... **a**	*elles*	... **ont**
on	... **a**		

Regular -er and -ir verbs

To form the future tense of these verbs, you just add the endings to the infinitive of the verb:

travailler	*je travailler**ai***	*partir*	*nous partir**ons***
donner	*tu donner**as***	*jouer*	*vous jouer**ez***
finir	*il finir**a***	*sortir*	*ils sortir**ont***

Regular -re verbs

To form the future tense, you take the final -*e* off the infinitive and add the endings:

prendre	*je prendr**ai***
attendre	*elles attendr**ont***

Irregular verbs

Some common verbs don't form the first part of the verb (the

future stem) in this way. But they still have the same endings:

acheter	*j'achèterai*	*faire*	*je ferai*
aller	*j'irai*	*pouvoir*	*je pourrai*
avoir	*j'aurai*	*recevoir*	*je recevrai*
courir	*je courrai*	*savoir*	*je saurai*
devoir	*je devrai*	*venir*	*je viendrai*
envoyer	*j'enverrai*	*voir*	*je verrai*
être	*je serai*	*vouloir*	*je voudrai*

You will notice that, in all cases, the endings are added to a stem which ends in -*r*. This means that you will hear an *r* sound whenever the future tense is used.

The past historic tense

See pages 174-176.

Reflexive verbs

Reflexive verbs are listed in a dictionary with the pronoun *se* (called the reflexive pronoun) in front of the infinitive, e.g. *se lever*. The *se* means 'self' or 'each other' or 'one another'.

Je me lave	I get (myself) washed
Ils se regardaient	They looked at each other
Quand est-ce qu'on va se revoir?	
When shall we see one another again?	

Some common reflexive verbs

s'amuser	to enjoy oneself
s'appeler	to be called
s'approcher (de)	to approach
s'arrêter	to stop
se baigner	to bathe
se brosser (les dents)	to clean (your teeth)
se coucher	to go to bed
se débrouiller	to sort things out, manage
se dépêcher	to be in a hurry
se demander	to ask oneself, to wonder
se déshabiller	to get undressed
se disputer (avec)	to have an argument (with)
s'échapper	to escape
s'entendre (avec)	to get on (with)
se fâcher	to get angry
se faire mal	to hurt oneself
s'habiller	to get dressed
s'intéresser (à)	to be interested in
se laver	to get washed
se lever	to get up
se marier	to get married
se mettre à	to start, to get down to
s'occuper (de)	to be concerned (with)
se promener	to go for a walk
se raser	to shave
se reposer	to rest
se réveiller	to wake up
se sauver	to run away
se sentir	to feel
se trouver	to be (situated)

The present tense

Many reflexive verbs are regular -*er* verbs:

Je me lave	I get washed
Tu te lèves?	Are you getting up?
Il se rase	He gets shaved
Elle s'habille	She gets dressed
On s'entend (bien)	We get on (well)
Nous nous débrouillons	We manage/We get by

Vous vous dépêchez?	Are you in a hurry?
Ils s'entendent (bien)	They get on (well)
Elles se disputent (toujours)	They are (always) arguing

Commands

To tell someone to do (or not to do) something, use the imperative or command form:

Lève-toi!	Get up!
Amusez-vous bien!	Have a good time!
Dépêchons-nous!	Let's hurry!
Ne te fâche pas!	Don't get angry!
Ne vous approchez pas!	Don't come near!
Ne nous disputons pas!	Don't let's argue!

The perfect tense

Reflexive verbs form the perfect tense with *être*. The past participle appears to agree with the subject: add an *-e* if the subject is feminine and an *-s* if it is plural. In fact the past participle is agreeing with the preceding direct object, which in reflexive verbs is usually the same as the subject.

se réveiller

je me suis réveillé(e)	*nous nous sommes réveillé(e)s*
tu t'es réveillé(e)	*vous vous êtes réveillé(e)(s)*
il s'est réveillé	*ils se sont réveillé(e)s*
elle s'est réveillée	*elles se sont réveillées*
on s'est réveillé(e)(s)	

Reflexive verbs and parts of the body

Reflexive verbs are often used when referring to a part of the body:

Je me suis coupé le pied	I've cut my foot
Il se brosse les dents	He is cleaning his teeth
Elle se lave la tête	She is washing her hair

Note: When a reflexive verb is used with a part of the body in the perfect tense, the past participle does not agree with the reflexive pronoun. This is because the reflexive pronoun acts as the indirect object in this instance and not the direct object:

Elle s'est lavé les mains avant de manger.

– *Qu'est-ce qui ne va pas, Mademoiselle?*
– *Je me suis coupé le doigt.*

Verbs – some special uses

il faut/il ne faut pas

This verb does not change form in the present tense and is followed by an infinitive:

Il faut tourner à droite ici.   You have to turn right here.

Il faut composter votre billet.
You must (it's necessary to) stamp your ticket.

Il ne faut pas stationner ici.
You are not allowed to park here.

venir de

To say something has just happened, you use the present tense of *venir* + *de* + the infinitive:

Je viens de déjeuner.	I've just had lunch.
Elle vient de téléphoner.	She's just phoned.
Vous venez d'arriver?	Have you just arrived?
Ils viennent de partir.	They've just left.

To say something had just happened, you use the imperfect tense of *venir de* + the infinitive:

Elle venait de partir quand il a téléphoné.
She had just left when he phoned.

avoir

In French, *avoir* is used for certain expressions where the verb 'to be' is used in English:

J'ai ...	*... quatorze ans.*	I'm fourteen.
Tu as ...	*... quel âge?*	How old are you?
Il a ...	*... froid.*	He's cold.
Elle a ...	*... chaud.*	She's hot.
Nous avons ...	*... faim.*	We're hungry.
Vous avez ...	*... soif?*	Are you thirsty?
Ils ont ...	*... mal aux dents.*	They've got toothache.
Elles ont ...	*... peur.*	They're afraid.

Avoir is also used in *avoir besoin de*, meaning 'to need' (or 'to have need of').

J'ai besoin de l'argent pour aller à Paris.
I need the money to go to Paris.

As-tu besoin d'argent?	Do you need money?
Tout le monde en a besoin.	Everyone needs some.

faire

The verb *faire* is used with weather phrases:

Il fait beau.	The weather's fine.
Il fait mauvais.	The weather's bad.
Il fait chaud.	It's hot.
Il fait froid.	It's cold.

It is also used to describe some activities and sports:

faire des courses	to go shopping
faire du vélo	to go cycling
faire de l'équitation	to go horse-riding
faire de la gymnastique	to do gymnastics

verb + infinitive

Some verbs are nearly always used with the infinitive of another verb, e.g. *pouvoir*, *devoir*, *vouloir* and *savoir*:

Est-ce que je peux vous aider?   Can I help you?

Pour la Tour Eiffel, vous devez prendre le métro à Bir-Hakeim.
For the Eiffel Tower you have to take the metro to Bir-Hakeim.

Voulez-vous jouer au tennis?   Do you want to play tennis?

The verb *savoir* + infinitive is used to talk about something you can do:

Je sais nager.   I can swim.

Il sait faire marcher l'ordinateur.
He knows how to work the computer.

aller + infinitive

You can use the present tense of the verb *aller* followed by an infinitive to talk about the future and what you are going to do:

Qu'est-ce que vous allez faire ce week-end?
What are you going to do this weekend?

Je vais passer le week-end à Paris.
I'm going to spend the weekend in Paris.

The imperfect tense of *aller* + infinitive is used to say what was about to happen when something else took place:

Il allait partir quand elle est arrivée
He was about to leave when she arrived.

Dossier-langue

Other grammatical points are explained in the ***Dossier-langue*** sections of this book.

Les verbes

Regular verbs

The following verbs show the main patterns for regular verbs.
There are three main groups: those whose infinitives end in *-er*, *-ir* or *-re*.
Ones which do not follow these patterns are called irregular verbs.

infinitive	present	perfect	past historic	imperfect	future
jouer	je jou**e**	j'ai jou**é**	je jou**ai**	je jou**ais**	je joue**rai**
to play	tu jou**es**	tu as jou**é**	tu jou**as**	tu jou**ais**	tu joue**ras**
	il jou**e**	il a jou**é**	il jou**a**	il jou**ait**	il joue**ra**
imperative	elle jou**e**	elle a jou**é**	elle jou**a**	elle jou**ait**	elle joue**ra**
joue!	on jou**e**	on a jou**é**	on jou**a**	on jou**ait**	on joue**ra**
jouons!	nous jou**ons**	nous avons jou**é**	nous jou**âmes**	nous jou**ions**	nous joue**rons**
jouez!	vous jou**ez**	vous avez jou**é**	vous jou**âtes**	vous jou**iez**	vous joue**rez**
	ils jou**ent**	ils ont jou**é**	ils jou**èrent**	ils jou**aient**	ils joue**ront**
	elles jou**ent**	elles ont jou**é**	elles jou**èrent**	elles jou**aient**	elles joue**ront**
choisir	je chois**is**	j'ai chois**i**	je chois**is**	je chois**issais**	je choisi**rai**
to choose	tu chois**is**	tu as chois**i**	tu chois**is**	tu chois**issais**	tu choisi**ras**
	il chois**it**	il a chois**i**	il chois**it**	il chois**issait**	il chosi**ra**
imperative	elle chois**it**	elle a chois**i**	elle chois**it**	elle chois**issait**	elle choisi**ra**
choisis!	on chois**it**	on a chois**i**	on chois**it**	on chois**issait**	on choisi**ra**
choisissons!	nous chois**issons**	nous avons chois**i**	nous chois**îmes**	nous chois**issions**	nous choisi**rons**
choisissez!	vous chois**issez**	vous avez chois**i**	vous chois**îtes**	vous chois**issiez**	vous choisi**rez**
	ils chois**issent**	ils ont chois**i**	ils chois**irent**	ils chois**issaient**	ils choisi**ront**
	elles chois**issent**	elles ont chois**i**	elles chois**irent**	elles chois**issaient**	elles choisi**ront**
vendre	je vend**s**	j'ai vend**u**	je vend**is**	je vend**ais**	je vend**rai**
to sell	tu vend**s**	tu as vend**u**	tu vend**is**	tu vend**ais**	tu vend**ras**
	il vend	il a vend**u**	il vend**it**	il vend**ait**	il vend**rait**
imperative	elle vend	elle a vend**u**	elle vend**it**	elle vend**ait**	elle vend**ra**
vends!	on vend	on a vend**u**	on vend**it**	on vend**ait**	on vend**ra**
vendons!	nous vend**ons**	nous avons vend**u**	nous vend**îmes**	nous vend**ions**	nous vend**rons**
vendez!	vous vend**ez**	vous avez vend**u**	vous vend**îtes**	vous vend**iez**	vous vend**rez**
	ils vend**ent**	ils ont vend**u**	ils vend**irent**	ils vend**aient**	ils vend**ront**
	elles vend**ent**	elles ont vend**u**	elles vend**irent**	elles vend**aient**	elles vend**ront**

Some verbs are only slightly irregular. Here are two which you have met.
The main difference is in the *je*, *tu*, *il/elle/on* and *ils/elles* forms of the present tense and in the stem for the future tense:

infinitive	present	perfect	past historic	imperfect	future
acheter	j'ach**è**te	j'ai acheté	j'achetai	j'achetais	j'ach**è**terai
to buy	tu ach**è**tes	tu as acheté	tu achetas	tu achetais	tu ach**è**teras
imperative	il ach**è**te	il a acheté	il acheta	il achetait	il ach**è**tera
ach**è**te!	nous achetons	nous avons acheté	nous achetâmes	nous achetions	nous ach**è**terons
achetons!	vous achetez	vous avez acheté	vous achetâtes	vous achetiez	vous ach**è**terez
achetez!	ils ach**è**tent	ils ont acheté	ils achetèrent	ils achetaient	ils ach**è**teront
jeter	je jet**te**	j'ai jeté	je jetai	je jetais	je jet**te**rai
to throw	tu jet**tes**	tu as jeté	tu jetas	tu jetais	tu jet**te**ras
imperative	il jet**te**	il a jeté	il jeta	il jetait	il jet**te**ra
jet**te**!	nous jetons	nous avons jeté	nous jetâmes	nous jetions	nous jet**te**rons
jetons!	vous jetez	vous avez jeté	vous jetâtes	vous jetiez	vous jet**te**rez
jetez!	ils jet**tent**	ils ont jeté	ils jetèrent	ils jetaient	ils jet**te**ront

Reflexive verbs

Reflexive verbs are used with a reflexive pronoun (*me*, *te*, *se*, *nous*, *vous*).
Sometimes this means 'self' or 'each other'.
Many reflexive verbs are regular *-er* verbs and they all form the perfect tense with *être* as the auxiliary, so you must remember to make the past participle agree with the subject.

infinitive	present	perfect
se laver	je **me** lave	je **me** suis lavé(e)
to get washed,	tu **te** laves	tu **t'**es lavé(e)
wash oneself	il **se** lave	il **s'**est lavé
	elle **se** lave	elle **s'**est lavée
imperative	on **se** lave	on **s'**est lavé
lave-**toi**!	nous **nous** lavons	nous **nous** sommes lavé(e)s
lavons-**nous**!	vous **vous** lavez	vous **vous** êtes lavé(e)(s)
lavez-**vous**!	ils **se** lavent	ils **se** sont lavés
	elles **se** lavent	elles **se** sont lavées

Irregular verbs

In the following verbs the *il* form is given. The *elle* and *on* forms follow the same pattern unless shown separately. The same applies to *ils* and *elles*.

infinitive	present	perfect	past historic	imperfect	future
acheter	(see page 197)				
to buy					
aller	je vais	je suis allé(e)	j'allai	j'allais	j'irai
to go	tu vas	tu es allé(e)	tu allas	tu allais	tu iras
	il va	il est allé	il alla	il allait	il ira
imperative		elle est allée			
va!	nous allons	nous sommes allé(e)s	nous allâmes	nous allions	nous irons
allons!	vous allez	vous êtes allé(e)(s)	vous allâtes	vous alliez	vous irez
allez!	ils vont	ils sont allés	ils allèrent	ils allaient	ils iront
		elles sont allées			
apprendre	see **prendre**				
to learn					
avoir	j'ai	j'ai eu	j'eus	j'avais	j'aurai
to have	tu as	tu as eu	tu eus	tu avais	tu auras
imperative	il a	il a eu	il eut	il avait	il aura
aie!	nous avons	nous avons eu	nous eûmes	nous avions	nous aurons
ayons!	vous avez	vous avez eu	vous eûtes	vous aviez	vous aurez
ayez!	ils ont	ils ont eu	ils eurent	ils avaient	ils auront
boire	je bois	j'ai bu	je bus	je buvais	je boirai
to drink	tu bois	tu as bu	tu bus	tu buvais	tu boiras
imperative	il boit	il a bu	il but	il buvait	il boira
bois!	nous buvons	nous avons bu	nous bûmes	nous buvions	nous boirons
buvons!	vous buvez	vous avez bu	vous bûtes	vous buviez	vous boirez
buvez!	ils boivent	ils ont bu	ils burent	ils buvaient	ils boiront
comprendre	see prendre				
to understand					
conduire	je conduis	j'ai conduit	je conduisis	je conduisais	je conduirai
to drive	tu conduis	tu as conduit	tu conduisis	tu conduisais	tu conduiras
imperative	il conduit	il a conduit	il conduisit	il conduisait	il conduira
conduis!	nous conduisons	nous avons conduit	nous conduisîmes	nous conduisions	nous conduirons
conduisons!	vous conduisez	vous avez conduit	vous conduisîtes	vous conduisiez	vous conduirez
conduisez!	ils conduisent	ils ont conduit	ils conduisirent	ils conduisaient	ils conduiront
connaître	je connais	j'ai connu	je connus	je connaissais	je connaîtrai
to know	tu connais	tu as connu	tu connus	tu connaissais	tu connaîtras
imperative	il connaît	il a connu	il connut	il connaissait	il connaîtra
connais!	nous connaissons	nous avons connu	nous connûmes	nous connaissions	nous connaîtrons
connaissons!	vous connaissez	vous avez connu	vous connûtes	vous connaissiez	vous connaîtrez
connaissez!	ils connaissent	ils ont connu	ils connurent	ils connaissaient	ils connaîtront
courir	je cours	j'ai couru	je courus	je courais	je courrai
to run	tu cours	tu as couru	tu courus	tu courais	tu courras
imperative	il court	il a couru	il courut	il courait	il courrait
cours!	nous courons	nous avons couru	nous courûmes	nous courions	nous courrons
courons!	vous courez	vous avez couru	vous courûtes	vous couriez	vous courrez
courez!	ils courent	ils ont couru	ils coururent	ils couraient	ils courront
croire	je crois	j'ai cru	je crus	je croyais	je croirai
to believe,	tu crois	tu as cru	tu crus	tu croyais	tu croiras
to think	il croit	il a cru	il crut	il croyait	il croira
imperative	nous croyons	nous avons cru	nous crûmes	nous croyions	nous croirons
crois!	vous croyez	vous avez cru	vous crûtes	vous croyiez	vous croirez
croyons!	ils croient	ils ont cru	ils crurent	ils croyaient	ils croiraient
croyez!					

	Present	Perfect	Past historic	Imperfect	Future
devoir *to have to* **imperative** dois! devons! devez!	je dois tu dois il doit nous devons vous devez ils doivent	j'ai dû tu as dû il a dû nous avons dû vous avez dû ils ont dû	je dus tu dus il dut nous dûmes vous dûtes ils durent	je devais tu devais il devait nous devions vous deviez ils devaient	je devrai tu devras il devra nous devrons vous devrez ils devront
dire *to say* **imperative** dis! disons! dites!	je dis tu dis il dit nous disons vous dites ils disent	j'ai dit tu as dit il a dit nous avons dit vous avez dit ils ont dit	je dis tu dis il dit nous dîmes vous dîtes ils dirent	je disais tu disais il disait nous disions vous disiez ils disaient	je dirai tu diras il dira nous dirons vous direz ils diront
dormir *to sleep* **imperative** dors! dormons! dormez!	je dors tu dors il dort nous dormons vous dormez ils dorment	j'ai dormi tu as dormi il a dormi nous avons dormi vous avez dormi ils ont dormi	je dormis tu dormis il dormit nous dormîmes vous dormîtes ils dormirent	je dormais tu dormais il dormait nous dormions vous dormiez ils dormaient	je dormirai tu dormiras il dormira nous dormirons vous dormirez ils dormiront
écrire *to write* **imperative** écris! écrivons! écrivez!	j'écris tu écris il écrit nous écrivons vous écrivez ils écrivent	j'ai écrit tu as écrit il a écrit nous avons écrit vous avez écrit ils ont écrit	j'écrivis tu écrivis il écrivit nous écrivîmes vous écrivites ils écrivirent	j'écrivais tu écrivais il écrivait nous écrivions vous écriviez ils écrivent	j'écrirai tu écriras il écrira nous écrirons vous écrirez ils écriront
envoyer *to send* **imperative** envoie! envoyons! envoyez!	j'envoie tu envoies il envoie nous envoyons vous envoyez ils envoient	j'ai envoyé tu as envoyé il a envoyé nous avons envoyé vous avez envoyé ils ont envoyé	j'envoyai tu envoyas il envoya nous envoyâmes vous envoyâtes ils envoyèrent	j'envoyais tu envoyais il envoyait nous envoyions vous envoyiez ils envoyaient	j'enverrai tu enverras il enverra nous enverrons vous enverrez ils enverront
espérer *to hope* **imperative** espère! espérons! espérez!	j'espère tu espères il espère nous espérons vous espérez ils espèrent	j'ai espéré tu as espéré il a espéré nous avons espéré vous avez espéré ils ont espéré	j'espérai tu espéras il espéra nous espérâmes vous espérâtes ils espérèrent	j'espérais tu espérais il espérait nous espérions vous espériez ils espéraient	j'espérerai tu espéreras il espérera nous espérerons vous espérerez ils espéreront
essayer *to try* **imperative** essaie! essayons! essayez!	j'essaie tu essaies il essaie nous essayons vous essayez ils essaient	j'ai essayé tu as essayé il a essayé nous avons essayé vous avez essayé ils ont essayé	j'essayai tu essayas il essaya nous essayâmes vous essayâtes ils essayèrent	j'essayais tu essayais ils essayait nous essayions vous essayiez ils essayaient	j'essayerai tu essayeras il essayera nous essayerons vous essayerez ils essayeront
être *to be* **imperative** sois! soyons! soyez!	je suis tu es il est nous sommes vous êtes ils sont	j'ai été tu as été il a été nous avons été vous avez été ils ont été	je fus tu fus il fut nous fûmes vous fûtes ils furent	j'étais tu étais il était nous étions vous étiez ils étaient	je serai tu seras il sera nous serons vous serez ils seront
faire *to do, make* **imperative** fais! faisons! faites!	je fais tu fais il fait nous faisons vous faites ils font	j'ai fait tu as fait il a fait nous avons fait vous avez fait ils ont fait	je fis tu fis il fit nous fîmes vous fîtes ils firent	je faisais tu faisais il faisait nous faisions vous faisiez ils faisaient	je ferai tu feras il fera nous ferons vous ferez ils feront
falloir *must, is necessary*	il faut	il a fallu	il fallut	il fallait	il faudra

se lever *to get up* **imperative** lève-toi! levons-nous! levez-vous!	je me lève tu te lèves il se lève nous nous levons vous vous levez ils se lèvent	je me suis levé(e) tu t'es levé(e) il s'est levé elle s'est levée nous nous sommes levé(e)s vous vous êtes levé(e)(s) ils se sont levés elles se sont levées	je me levai tu te levas il se leva nous nous levâmes vous vous levâtes ils se levèrent	je me levais tu te levais il se levait nous nous levions vous vous leviez ils se levaient	je me lèverai tu te lèveras il se lèvera nous nous lèverons vous vous lèverez ils se lèveront
lire *to read* **imperative** lis! lisons! lisez!	je lis tu lis il lit nous lisons vous lisez ils lisent	j'ai lu tu as lu il a lu nous avons lu vous avez lu ils ont lu	je lus tu lus il lut nous lûmes vous lûtes ils lurent	je lisais tu lisais il lisait nous lisions vous lisiez ils lisaient	je lirai tu liras il lira nous lirons vous lirez ils liront
mettre *to put, put on* **imperative** mets! mettons! mettez!	je mets tu mets il met nous mettons vous mettez ils mettent	j'ai mis tu as mis il a mis nous avons mis vous avez mis ils ont mis	je mis tu mis il mit nous mîmes vous mîtes ils mirent	je mettais tu mettais il mettait nous mettions vous mettiez ils mettaient	je mettrai tu mettras il mettra nous mettrons vous mettrez ils mettront
mourir *to die* **imperative** meurs! mourons! mourez!	je meurs tu meurs il meurt nous mourons vous mourez ils meurent	je suis mort(e) tu es mort(e) il est mort elle est morte nous sommes mort(e)s vous êtes mort(e)(s) ils sont morts elles sont mortes	je mourus tu mourus il mourut mous mourûmes vous mourûtes ils moururent	je mourais tu mourais il mourais nous mourions vous mouriez ils mouraient	je mourrai tu mourras il mourra nous mourrons vous mourrez ils mourront
naître *to be born*	je nais tu nais il naît nous naissons vous naissez ils naissent	je suis né(e) tu es né(e) il est né elle est née nous sommes né(e)s vous êtes né(e)(s) ils sont nés elles sont nées	je naquis tu naquis il naquit nous naquîmes vous naquîtes ils naquirent	je naissais tu naissais il naissait nous naissions vous naissiez ils naissaient	je naîtrai tu naîtras il naîtra nous naîtrons vous naîtrez ils naîtront
ouvrir *to open* ouvre! ouvrons! ouvrez!	j'ouvre tu ouvres il ouvre nous ouvrons vous ouvrez ils ouvrent	j'ai ouvert tu as ouvert il a ouvert nous avons ouvert vous avez ouvert ils ont ouvert	j'ouvris tu ouvris il ouvrit nous ouvrîmes vous ouvrîtes ils ouvrirent	j'ouvrais tu ouvrais il ouvrait nous ouvrions vous ouvriez ils ouvraient	j'ouvrirai tu ouvriras il ouvrira nous ouvrirons vous ouvrirez ils ouvriront
partir *to leave, depart* pars! partons! partez!	je pars tu pars il part nous partons vous partez ils partent	je suis parti(e) tu es parti(e) il est parti elle est partie nous sommes parti(e)s vous êtes parti(e)(s) ils sont partis elles sont parties	je partis tu partis il partit nous partîmes vous partîtes ils partirent	je partais tu partais il partait nous partions vous partiez ils partaient	je partirai tu partiras il partira nous partirons vous partirez ils partiront
pleuvoir *to rain*	il pleut	il a plu	il plut	il pleuvait	il pleuvra
pouvoir *to be able to* *(I can etc.)*	je peux tu peux il peut nous pouvons vous pouvez ils peuvent	j'ai pu tu as pu il a pu nous avons pu vous avez pu ils ont pu	je pus tu pus il put nous pûmes vous pûtes ils purent	je pouvais tu pouvais il pouvait nous pouvions vous pouviez ils pouvaient	je pourrai tu pourras il pourra nous pourrons vous pourrez ils pourront

prendre *to take*	je prends tu prends il prend	j'ai pris tu as pris il a pris	je pris tu pris il prit	je prenais tu prenais il prenait	je prendrai tu prendras il prendra
prends! prenons! prenez!	nous prenons vous prenez ils prennent	nous avons pris vous avez pris ils ont pris	nous prîmes vous prîtes ils prirent	nous prenions vous preniez ils prenaient	nous prendrons vous prendrez ils prendront
recevoir *to receive*	je reçois tu reçois il reçoit	j'ai reçu tu as reçu il a reçu	je reçus tu reçus il reçut	je recevais tu recevais il recevait	je recevrai tu recevras il recevra
reçois! recevons! recevez!	nous recevons vous recevez ils reçoivent	nous avons reçu vous avez reçu ils ont reçu	nous reçûmes vous reçûtes ils reçurent	nous recevions vous receviez ils recevaient	nous recevrons vous recevrez ils recevront
rire *to laugh* **imperative**	je ris tu ris il rit	j'ai ri tu as ri il a ri	je ris tu ris il rit	je riais tu riais il riait	je rirai tu riras il rira
ris! rions! riez!	nous rions vous riez il rient	nous avons ri vous avez ri ils ont ri	nous rîmes vous rîtes ils rirent	nous riions vous riiez ils riaient	nous rirons vous rirez ils riront
savoir *to know*	je sais tu sais il sait	j'ai su tu as su il a su	je sus tu sus il sut	je savais tu savais il savait	je saurai tu sauras il saura
sache! sachons! sachez!	nous savons vous savez ils savent	nous avons su vous avez su ils ont su	nous sûmes vous sûtes ils surent	nous savions vous saviez ils savaient	nous saurons vous saurez ils sauront
sortir *to go out*	see **partir**				
tenir *to hold*	see **venir**				
venir *to come*	je viens tu viens il vient	je suis venu(e) tu es venu(e) il est venu elle est venue	je vins tu vins il vint	je venais tu venais il venait	je viendrai tu viendras il viendra
viens! venons! venez!	nous venons vous venez ils viennent	nous sommes venu(e)s vous êtes venu(e)(s) ils sont venus elles sont venues	nous vînmes vous vîntes ils vinrent	nous venions vous veniez ils venaient	nous viendrons vous viendrez ils viendront
vivre *to live* **imperative**	je vis tu vis il vit	j'ai vécu tu as vécu il a vécu	je vécus tu vécus il vécut	je vivais tu vivais il vivait	je vivrai tu vivras il vivra
vis! vivons! vivez!	nous vivons vous vivez ils vivent	nous avons vécu vous avez vécu ils ont vécu	nous vécûmes vous vécûtes ils vécurent	nous vivions vous viviez ils vivaient	nous vivrons vous vivrez ils vivront
voir *to see*	je vois tu vois il voit	j'ai vu tu as vu il a vu	je vis tu vis il vit	je voyais tu voyais il voyait	je verrai tu verras il verra
vois! voyons! voyez!	nous voyons vous voyez ils voient	nous avons vu vous avez vu ils ont vu	nous vîmes vous vîtes ils virent	nous voyions vous voyiez ils voyaient	nous verrons vous verrez ils verront
vouloir *to want*	je veux tu veux il veut	j'ai voulu tu as voulu il a voulu	je voulus tu voulus il voulut	je voulais tu voulais il voulait	je voudrai tu voudras il voudra
veuille! veuillons! veuillez!	nous voulons vous voulez ils veulent	nous avons voulu vous avez voulu ils ont voulu	nous voulûmes vous voulûtes ils voulurent	nous voulions vous vouliez ils voulaient	nous voudrons vous voudrez ils voudront

Vocabulaire par thèmes

When you look up a noun in a dictionary, you will notice some letters after the word:

n.m. (or **s.m.**) tells you that it is a **noun** and it is **masculine** (*le* or *un*)
n.f. (or **s.f.**) tells you that it is a **noun** and it is **feminine** (*la* or *une*)

The nouns on these pages have **m** (masculine) or **f** (feminine) after them and **pl** if they are plural.

A Everyday activities

1 le matériel scolaire

baladeur (m)	personal stereo
bureau (m)	desk
cahier (m)	exercise book
calculatrice (f)	calculator
cartable (m)	school bag
cassette (vidéo) (f)	(video) cassette
chaise (f)	chair
classeur (m)	file
craie (f)	chalk
crayon (m)	pencil
feuille (f)	sheet of paper
feutre (m)	felt tip pen
gomme (f)	rubber
magnétophone à cassettes (m)	cassette recorder
magnétoscope (f)	video recorder
manuel (m)	textbook
(micro-)ordinateur (m)	computer
règle (f)	ruler, rule
stylo à bille (m)	ballpoint pen
table (f)	table
tableau (m)	board; picture
taille-crayon (m)	pencil sharpener
télévision (f)	television
trousse (f)	pencil case

2 les activités de classe

allumer	to switch on
apprendre (par cœur)	to learn (by heart)
chercher dans le dictionnaire	to look up in a dictionary
commencer	to begin
comprendre	to understand
corriger	to correct
deviner	to guess
distribuer	to give out
écouter	to listen
écrire	to write
effacer	to rub out
éteindre	to switch off
finir	to finish
gagner	to win
ouvrir	to open
poser une question	to ask a question
ranger	to tidy up, clear up, put away
répéter	to repeat
répondre	to reply
tourner	to turn
travailler (en équipes)	to work (in teams)
vérifier	to check

3 les matières scolaires

allemand (m)	German
anglais (m)	English
arts plastiques (m pl)	art and craft
biologie (f)	biology
chimie (f)	chemistry
dessin (m)	art
EPS (éducation physique et sportive) (f)	P.E.
espagnol (m)	Spanish

français (m)	French
géographie (f)	geography
histoire (f)	history
informatique (f)	computing
instruction civique (f)	civics
instruction religieuse (f)	religious instruction
langues vivantes (f pl)	modern languages
latin (m)	latin
maths (f pl)	maths
musique (f)	music
physique (f)	physics
sciences économiques (f pl)	economics
sciences naturelles (f pl)	natural sciences
sciences physiques (f pl)	physical sciences
technologie (f)	technology

4 l'organisation de la vie scolaire

apprendre	to learn
baccalauréat (bac) (m)	equivalent to A-level examination
collège (m)	school for 11-16 year-olds
contrôle (m)	test
cours (m)	lesson
demi-pensionnaire (m/f)	pupil who has lunch at school
devoirs (m pl)	homework
échouer à un examen	to fail an exam
école maternelle/primaire (f)	nursery/primary school
élève (m/f)	pupil
emploi du temps (m)	timetable
épreuve (écrite) (f)	(written) test
étude (f)	study period
être reçu à un examen	to pass an exam
facultatif (-ve)	optional
heures de permanence (les permes) (f pl)	free period
interne (m/f)	boarder
lycée (m)	school for 16-19 year-olds
note (f)	mark
niveau (m)	level
obligatoire	compulsory
passer un examen	to take an exam
récréation (f)	break
rentrée scolaire (f)	return to school
retenue (f)	detention
sonnerie (f)	bell
trimestre (m)	term
vacances scolaires (f pl)	school holidays

5 les locaux

bâtiment (m)	the building
atelier (m)	workshop
bibliothèque (f)	library
bureau (m)	office/study
cantine (f)	canteen
centre de documentation et d'information (m)	resources room/library
couloir (m)	corridor
cour (de récréation) (f)	school yard, playground
grande salle (f)	hall

gymnase (m)	gym(nasium)
hall (m)	entrance hall
laboratoire (de langues) (m)	(language) laboratory
salle de classe (f)	classroom
salle d'informatique (f)	computer room
salle des professeurs (f)	staffroom
toilettes/WC (f pl)	toilets
vestiaire (m)	cloakroom

6 le personnel

concierge (m)	caretaker
conseiller d'orientation (m)	careers adviser
délégués de classe (m pl)	student representatives
directeur/directrice	headmaster/mistress (of nursery, primary or 11-16 secondary school)
documentaliste (m/f)	information officer, librarian
instituteur/institutrice	primary school teacher
intendant(e)	bursar (in charge of finance)
principal (m)	head of a secondary school
professeur (m)	teacher
proviseur (m)	head of a *lycée*
sécretaire (f)	secretary
surveillant(e)	older student who supervises and advises secondary school pupils during private study periods or in the playground

7 l'informatique

charger	to load
clavier (m)	keyboard
couper-coller	to cut and paste
curseur (m)	cursor
disquette (f)	floppy disk
effacer	to delete
'envoi'	'return'
fichier (m)	file
imprimante (f)	printer
marquer	to highlight
menu (m)	menu
moniteur (m)	monitor
ordinateur (m)	computer
sauver	to save
souris (f)	mouse
taper	to type
télémessagerie (f)	electronic mail
touche (f)	key
traitement de texte (m)	word processing
visualiser	to display

8 à la maison

(tout) aménagé	(fully) furnished/equipped
appartement (m)	flat
bâtiment (m)	building
chambre (f)	room
gîte (m)	self-catering accommodation (usually in the country)
immeuble (m)	block of flats

logement (m)	accommodation
maison (f)	house
meublé	furnished
résidence (de standing) (f)	block of (luxury) flats
studio (m)	bedsit
vide	unfurnished
villa (f)	detached house
au cinquième étage	on the fifth floor
au quatrième étage	on the fourth floor
au troisième étage	on the third floor
au deuxième étage	on the second floor
au premier étage	on the first floor
au rez de chaussée	on the ground floor
au sous-sol	in the basement

9 l'aménagement

ascenseur (m)	lift
baignoire (f)	bath
balcon (m)	balcony
cave (f)	cellar
chambre (f)	room
chauffage central (m)	central heating
chauffe-eau (m)	water heater
cheminée (f)	chimney
coin cuisine (m)	cooking area
cuisine (f)	kitchen
douche (f)	shower
escalier (m)	staircase
fenêtre (f)	window
garage (m)	garage
grenier (m)	loft
meubles (m pl)	furniture
mur (m)	wall
palier (m)	landing
pièce (f)	room
plafond (m)	ceiling
plancher (m)	floor
porte (f)	door
prise de courant (f)	socket
radiateur (m)	radiator
robinet (m)	tap
salle à manger (f)	dining-room
salle de bains (f)	bath-room
salle d'eau (f)	washroom, shower room
salle de séjour (f)	living-room
salon (m)	lounge
terrasse (f)	patio
toit (m)	roof
vestibule (m)	hall
volet (m)	shutter
W.C. (f pl)	toilet

10 les meubles

aspirateur (m)	vacuum cleaner
bibliothèque (f)	bookcase
canapé (m)	sofa, settee
chaise (f)	chair
commode (f)	chest of drawers
congélateur (m)	deep freeze
cuisinière (f) *(électrique/à gaz)*	(electric/gas) cooker
étagère (f)	shelf

évier (m)	sink
fauteuil (m)	armchair
lampe (f)	lamp
lavabo (m)	wash-basin
lave-linge (m)	washing-machine
lave-vaisselle (m)	dishwasher
lit (m)	bed
moquette (f)	fitted carpet
placard (m)	cupboard
prise de courant (f)	electric point
réfrigérateur (m)	refrigerator
rideau (m)	curtain
tapis (m)	carpet
tiroir (m)	drawer

11 les ustensiles de cuisine

assiette (f)	plate
bol (m)	bowl
carafe à eau (f)	water jug
casserole (f)	saucepan
ciseaux (m pl)	scissors
clé (clef) (f)	key
couteau (m)	knife
cuillère (f)	spoon
fourchette (f)	fork
ouvre-boîte (m)	tin-opener
plateau (m)	tray
poêle (f)	frying-pan
soucoupe (f)	saucer
tasse (f)	cup
tire-bouchon (m)	corkscrew
verre (m)	glass

12 la literie

couette (f)	duvet
couverture (f)	blanket
draps (m pl)	sheets
housse (f)	duvet cover
oreiller (m)	pillow
serviette (f)	towel

13 le travail à la maison

aider à la maison	to help at home
essuyer	to wipe up
remplir le lave-vaisselle	to load the dishwasher
débarrasser la table	to clear the table
vider le lave-vaisselle	to unload the dishwasher
faire les courses	to go shopping
faire la cuisine	to cook
faire la lessive	to do the washing
faire les lits	to make the beds
faire le ménage	to do the housework
faire le repassage	to do the ironing
faire la vaisselle	to do the washing up
faire les vitres	to clean the windows
laver la voiture	to wash the car
mettre la table	to lay the table
nettoyer	to clean
passer l'aspirateur	to vacuum
préparer les repas	to prepare the meals
ranger ses affaires	to tidy up

repasser	to iron
sortir les poubelles	to put the dustbins out
tâche ménagère (f)	household chore
travailler dans le jardin	to work in the garden

14 la routine

aller à l'école/au travail	to go to school/work
se coiffer	to do your hair
se coucher	to go to bed
déjeuner	to have lunch
se déshabiller	to get undressed
dormir	to sleep
goûter	to have afternoon tea
s'habiller	to get dressed
se laver	to get washed
se lever	to get up
prendre un bain/une douche	to take a bath/shower
prendre son petit déjeuner	to have breakfast
rentrer	to return home
se réveiller	to wake up

15 les repas

déjeuner (m)	lunch
dessert (m)	dessert
goûter (m)	tea
dîner (m)	dinner
hors d'œuvre (m)	first course
petit déjeuner (m)	breakfast
plat principal (m)	main course
snack (m)	snack
souper (m)	supper

16 la nourriture

beurre (m)	butter
biscuits (m pl)	plain biscuits
café (m)	coffee
chocolat (m)	chocolate
confiture (f)	jam
crème fraîche (f)	fresh cream
eau minérale (f)	mineral water
fromage (m)	cheese
gâteau (m)	cake
huile (d'olive) (f)	(olive) oil
jambon (m)	ham
lait (pasteurisé) (m)	(pasteurised) milk
moutarde (f)	mustard
nouilles (f pl)	noodles
œuf (m)	egg
pain (m)	bread
pâté (m)	paté
pâtes (f pl)	pasta
pâtisserie (f)	pastry
petits gâteaux (m pl)	sweet biscuits
poisson (m)	fish
poivre (m)	pepper
riz (m)	rice
sucre (m)	sugar
sel (m)	salt

thé (m)	tea
vin (m)	wine
vinaigre (m)	vinegar

17 les légumes

ail (m)	garlic
artichaut (m)	artichoke
aubergine (f)	aubergine
carotte (f)	carrot
champignon (m)	mushroom
chou (m)	cabbage
chou-fleur (m)	cauliflower
concombre (m)	cucumber
haricot vert (m)	green bean
laitue (f)	lettuce
oignon (m)	onion
petits pois (m pl)	peas
poireau (m)	leek
pomme de terre (f)	potato
radis (m)	radish
salade (f)	(green) salad

18 les fruits

abricot (m)	apricot
ananas (m)	pineapple
banane (f)	banana
cerise (f)	cherry
citron (m)	lemon
clémentine (f)	clementine
datte (f)	date
fraise (f)	strawberry
framboise (f)	raspberry
figue (f)	fig
melon (m)	melon
orange (f)	orange
pamplemousse (m)	grapefruit
pêche (f)	peach
poire (f)	pear
pomme (f)	apple
prune (f)	plum
raisin (m)	grape
tomate (f)	tomato

19 la viande

agneau (m)	lamb
bœuf (m)	beef
bifteck (m)	steak
steak (m)	steak
mouton (m)	mutton
porc (m)	pork
poulet (m)	chicken
saucisse (f)	sausage (for cooking)
saucisson (sec) (m)	salami, continental sausage
veau (m)	veal
volaille (f)	poultry

20 pour décrire la nourriture

C'est fait avec ...	It's made with...
C'est une sorte de ...	It's a kind of ...
C'est une spécialité de la région	It's a local speciality

C'est un peu comme ... It's a bit like ...
C'est vraiment délicieux It's really delicious

21 les magasins

alimentation (f)	general food shop
boucherie (f)	butcher's
boulangerie (f)	baker's
boutique (f)	small shop
charcuterie (f)	delicatessen, pork butcher's
confiserie (f)	confectioner's, sweet shop
crémerie (f)	dairy (and grocer's)
épicerie (f)	grocer's
grand magasin (m)	department store
hypermarché (m)	hypermarket
magasin (m)	shop
marchand de fruits/légumes (m)	greengrocer's
marché (m)	market
pâtisserie (f)	cake shop
poissonnerie (f)	fishmonger's
supermarché (m)	supermarket
traiteur (m)	caterer, delicatessen

22 les quantités

un kilo de	a kilo of
un demi-kilo/500 grammes/une livre de	a pound of
un morceau de	a piece of
une portion de	a portion of
une rondelle de	a round slice of
une tranche de	a slice of

23 les mots descriptifs

assaisonné	seasoned
beau	beautiful
bon	good
dur	hard
fade	tasteless
fort	strong
frais/fraîche	fresh
fumé	smoked
léger/légère	light
mauvais	bad
mûr	ripe
piquant	spicy
salé	salt(y)
sucré	sweet, sweetened
tendre	tender

24 expressions utiles: le client

Je voudrais ...	I would like ...
Avez-vous ... ?	Have you ... ?
s'il vous plaît	please
Est-ce que vous vendez ... ?	Do you sell ... ?
Quel est le prix de ... ?	How much is ... ?
Avez-vous quelque chose de moins cher?	Have you anything cheaper?
Mettez-moi (aussi) ...	Give me ... (as well)

Qu'est-ce que vous avez comme ... ? What kind of ... do you have?
Donnez-moi un morceau comme ça Give me a piece like that
C'est combien? How much is it?
Je prends/vais prendre ça I'll take that
Ça fait combien? How much does it come to?
C'est tout That's all
Merci bien/beaucoup Thank you very much
Avez-vous la monnaie de 100 francs? Do you have change for 100 francs?

25 expressions utiles: le marchand

Vous désirez? What would you like?
Et avec ceci? Anything else?
Vous voulez autre chose? Would you like anything else?
Vous en voulez combien? How much do you want?
Nous avons un grand choix de ... We have a big selection of ...
C'est tout? Is that all?
C'est tout ce qu'il vous faut? Is that all you need?
Payez à la caisse Pay at the cash desk

26 au café

boisson (non-)alcoolisée (f)	(non-)alcoholic drink
boisson gazeuse (f)	fizzy drink
bière (f)	beer
demi (m)	half a pint
café (m)	(black) coffee
(café) crème (m)	coffee with cream
café au lait (m)	coffee with milk
décaféiné (m)	decaffeinated coffee
express (m)	espresso coffee
grand café (m)	large cup of coffee
petit café (m)	small cup of coffee
chocolat chaud (m)	hot chocolate
cidre (m)	cider
citron pressé (m)	fresh lemon juice
coca (m)	cola
eau minérale (f)	mineral water
jus de fruit (m)	fruit juice
jus d'ananas (m)	pineapple juice
jus d'orange (m)	orange juice
jus de pamplemousse (m)	grapefruit juice
jus de tomate (m)	tomato juice
limonade (f)	lemonade
menthe à l'eau (f)	mint-flavoured drink (with water)
diabolo menthe (m)	mint-flavoured drink (with lemonade)
Orangina (f)	fizzy orange drink
thé	tea
thé au lait	tea with milk
vin blanc/rosé/rouge (m)	(white/rosé/red) wine

27 lieux pour manger

bistro (m)	small café
brasserie (f)	large café
relais-routier (m)	transport café
restaurant (m)	restaurant
salon de thé (m)	tea-room
self-service (m)	self-service restaurant

28 au restaurant: le menu

carte (f)	menu
manger à la carte	to eat from the menu
menu à prix fixe (m)	set price menu (limited choice)
plat du jour (m)	dish of the day
table d'hôte (f)	set meal

29 au restaurant: les hors d'œuvres

assiette anglaise (f)	selection of ham and cold meats
charcuterie (f)	selection of cold meats
consommé (m)	thin soup
crudités (f pl)	raw vegetables
escargots (m pl)	snails
œuf mayonnaise (m)	hard-boiled egg in mayonnaise
pâté maison (m)	home-made paté
potage (m)	soup

30 au restaurant: les poissons

coquilles Saint-Jacques (f pl)	scallops
crabe (m)	crab
crevettes (f pl)	prawns
fruits de mer (m pl)	seafood
hareng (m)	herring
homard (m)	lobster
huîtres (m pl)	oysters
morue (f)	cod
moules marinières (f pl)	mussels in white wine
saumon (m)	salmon
truite (f)	trout

31 au restaurant: les viandes

bifteck (m)	beef steak
canard (m)	duck
cervelle (f)	brain
coq au vin (m)	chicken in red wine
côte d'agneau/de porc (f)	lamb/pork chop
côtelette (f)	cutlet
escalope de veau (f)	fillet of veal
lapin (m)	rabbit
steak (m)	steak
~ à point	medium
~ bien cuit	well done
~ bleu	nearly raw
~ saignant	rare
steak tartare (m)	raw chopped steak mixed with egg yolk and capers

32 au restaurant: les desserts

crème caramel (f)	caramel custard
fruits (m pl)	fruit
glaces (f pl)	ice cream
mousse au chocolat (f)	chocolate mousse
pâtisserie (f)	cake
tarte aux pommes (f)	apple tart
yaourt (m)	yoghurt

33 au restaurant: vocabulaire général

couvert (m)	cover charge
crème Chantilly (f)	whipped cream
farci	stuffed
aux fines herbes	with herbs
garni	served with a vegetable or salad
au gratin	with cheese topping
haché	minced
hachis (m)	mince
moutarde (f)	mustard
nature	plain
poivre (m)	pepper
pommes (de terre) vapeur (f)	steamed potatoes
pommes (de terre) sautées (f)	sauté potatoes
pommes (de terre) provençale (f)	potatoes with tomatoes, garlic etc.
ragoût (m)	stew
rôti	roast
de saison	seasonal
salade verte/composée (f)	green/mixed salad
sauce vinaigrette (f)	French dressing (salad)
sel (m)	salt
vin doux (m)	sweet wine
vin sec (m)	dry wine
volaille (f)	poultry

34 le corps

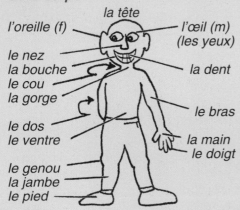

la tête
l'oreille (f)
l'œil (m) (les yeux)
le nez
la bouche
le cou
la gorge
la dent
le bras
le dos
le ventre
la main
le doigt
le genou
la jambe
le pied

B Personal and social life

1 les détails personnels

adresse (f)	address
âge (m)	age
anniversaire (m)	birthday
les coordonnés	address and telephone number
date de naissance (f)	date of birth
domicile habituel (m)	permanent address
lieu de naissance (m)	place of birth
nationalité (f)	nationality
né(e)	born
nom de famille (m)	surname
numéro de téléphone (m)	telephone number
prénom (m)	first name
retraité	retired

2 situation de famille

célibataire	single
divorcé(e)	divorced
marié(e)	married
séparé(e)	separated
veuf (veuve)	widowed

3 religion

catholique	catholic
chrétien(ne)	Christian
croyant	practising a religion
hindou	Hindu
juif (juive)	Jewish
musulman	Muslim
protestant	protestant
sans religion	agnostic
sikh	Sikh

4 la famille

beau-frère (m)	brother-in-law
beau-père (m)	stepfather, father-in-law
beaux-parents (m pl)	parents-in-law
bébé (m)	baby
belle-mère (f)	stepmother, mother-in-law
belle-sœur (f)	sister-in-law
cousin(e)	cousin
un demi-frère (m)	half brother
une demie-sœur (f)	half sister
enfant (m/f)	child
femme (f)	wife, woman
fiancé(e)	fiancé
fille (unique) (f)	(only) daughter, girl
fils (unique) (m)	(only) son
frère (m)	brother
garçon (m)	boy
grand-mère (f)	grandmother
grand-père (m)	grandfather
grands-parents (m pl)	grandparents
mari (m)	husband
mère (f)	mother
neveu (m)	nephew
nièce (f)	niece
oncle (m)	uncle
parent (m)	parent, relation
père (m)	father
petits-enfants (m pl)	grandchildren
sœur (f)	sister
tante (f)	aunt
voisin(e)	neighbour

5 les animaux

chat (m)	cat
cheval (m)	horse
chien (m)	dog
cochon d'Inde (m)	guinea pig
gerbille (f)	gerbil
hamster (m)	hamster
lapin (m)	rabbit
oiseau (m)	bird
perroquet (m)	parrot
perruche (f)	budgerigar
poisson rouge (m)	goldfish
serpent (m)	snake
souris (f)	mouse
tortue (f)	tortoise

6 décrire quelqu'un physiquement

avoir environ ... ans	to be aged about ...
barbe (f)	beard
chauve	bald
cheveux (m pl)	hair
fort	well built
grand	tall
lunettes (f pl)	glasses
mince	slim
moustache (f)	moustache
petit	small
yeux (m pl)	eyes

7 décrire le caractère de quelqu'un

agréable	pleasant
agressif (-ive)	aggressive
aimable	kind, likeable
ambitieux (-euse)	ambitious
amusant	amusing, funny
calme	quiet
content	happy, contented
courageux (-euse)	brave
dangereux (-euse)	dangerous
difficile	difficult
drôle	funny
égoiste	selfish
ennuyeux (-euse)	boring
équilibré	well-balanced
fier (fière)	proud
fort	strong
généreux (-euse)	generous
gentil(le)	nice, kind
heureux (-euse)	happy
honnête	honest
impatient	impatient
impulsif (-ive)	impulsive
indépendant	independent
inquiet (inquiète)	anxious, worried
intéressant	interesting

jaloux (-ouse)	jealous
libre	free
loyal	loyal
méchant	naughty, bad, spiteful
mûr	mature
obstiné	obstinate, stubborn, persistent
optimiste	optimistic
paresseux (-euse)	lazy
patient	patient
pessimiste	pessimistic
positif (-ive)	positive
rebelle	rebellious
responsable	responsible
sensible	sensitive
sérieux (-euse)	serious
seul	alone, lonely
sociable	sociable
sportif (-ive)	sporty, athletic
sympathique	nice
timide	shy

8 impressions de quelqu'un ou de quelque chose

avoir l'air	to seem, look
Il a l'air sympa	He seems pleasant
Elle a l'air intelligente	She seems clever
Ce livre a l'air intéressant	
	This book looks interesting

9 les vêtements

anorak (m)	anorak
baskets (m pl)	trainers
bombe (f)	riding hat
bonnet (m)	woolly hat, ski hat
bottes (f pl)	boots
casque (m)	helmet
ceinture (f)	belt
chapeau (m)	hat
chaussettes (f)	socks
chaussures (f pl)	shoes
chaussures de sport (f pl)	
	sports shoes, trainers
chemise (f)	shirt
chemisier (m)	blouse
collant (m)	tights
cravate (f)	tie
gants (m pl)	gloves
imper(méable) (m)	raincoat
jean (m)	jeans
jogging (m)	tracksuit
jupe (f)	skirt
lunettes (de soleil) (f pl)	(sun)glasses
maillot de bain (m)	swimming costume
manteau (m)	coat
pantalon (m)	trousers
pull (m)	pullover
pyjama (m)	pyjamas
robe (f)	dress
sac (m)	handbag
sandales (f.pl)	sandals
short (m)	shorts
sweat-shirt (m)	sweatshirt
T-shirt (m)	T-shirt
tricot (m)	knitted top
veste (f)	jacket

10 les bijoux

bague (f)	ring
boucle d'oreille (f)	earring
bracelet (m)	bracelet
collier (m)	necklace
montre (f)	watch

11 les couleurs

blanc (blanche)	white
bleu	blue
bleu marine	navy blue
blond	blond
brun	brown
gris	grey
jaune	yellow
marron (doesn't agree)	brown
noir	black
orange	orange
pourpre	purple
rose	pink
rouge	red
roux	red (hair)
turquoise	turquoise
vert	green
(bleu) clair	light (blue)
(vert) foncé	dark (green)
violet(te)	violet

12 décrire quelque chose ou quelqu'un

affreux(-euse)	terrible
âgé(e)	old
assorti(e)	matching
bizarre	strange
bon(-ne)	good
carré(e)	square
célèbre	famous
court(e)	short
dangereux(-euse)	dangerous
dégoûtant(e)	disgusting
différent(e)	different
difficile	difficult
drôle	funny
étroit(e)	narrow
fâché(e)	angry
facile	easy
fantastique	fantastic
fatigant(e)	tiring
fatigué(e)	tired
fleuri(e)	floral
fort(e)	strong
fou (folle)	mad
grand(e)	tall
gros(-se)	big
haut(e)	high
intéressant(e)	interesting
important(e)	important
jeune	young
joli(e)	pretty
laid(e)	ugly
long(-ue)	long
lourd(e)	heavy
maigre	thin
mauvais(e)	bad
mince	slim

nouveau (nouvel, nouvelle)	new
pauvre	poor
petit(e)	small
rayé(e)	striped
riche	rich
triste	sad
uni(e)	plain, of one colour
vide	empty
vieux (vieille)	old

13 on rencontre des gens

A ce soir/demain/samedi	
See you this evening/tomorrow/on Saturday	
A tout à l'heure!	See you later!
Au revoir	Goodbye.
Bonjour!	Hello/Good morning
Bonne nuit!	Good night!
Bonsoir!	Good evening!
(Comment) ça va?	How are you?
Bien, merci	Fine, thanks.
Et toi/vous?	How about you?
Salut!	Hello!/Hi!

14 présentations

Tu connais ... ?	Do you know ... ?
Voici ...	This is ...
Vous connaissez ... ?	Do you know ... ?
Je vous/te présente ...	
	I'd like to introduce ...
Enchanté(e)	Delighted to meet you!
(Je suis) heureux (-euse) de	
faire votre/ta connaissance	
	Pleased to meet you
Sois/Soyez le/la bienvenu(e)	Welcome!

15 je ne comprends pas

Comment?	Sorry? Pardon?
Je ne comprends pas	I don't understand
Je n'ai pas compris	I didn't understand
Peux-tu/Pouvez-vous répéter ça, s.v.p.?	
	Can you repeat that please?
Peux-tu/Pouvez-vous parler plus lentement, s.v.p.?	
	Can you speak more slowly please?

16 expressions polies

De rien	It's nothing
Je vous en prie	It's a pleasure
Je vous/t'invite	Be my guest
Je m'excuse!	I'm sorry/I apologise
Ce n'est pas grave	It doesn't matter

17 meilleurs vœux

Bonne/Heureuse année!	
	Happy New Year!
Bon anniversaire!	Happy Birthday!
Bon appétit!	Enjoy your meal!
Bonne chance!	Good luck!
Bonne fête	Happy Saint's day!
Bonne fin de séjour!	
	Enjoy the rest of your stay!
Bon voyage!	Have a good journey!
Bon retour!	Have a good journey back!
Bon week-end!	Have a good weekend!

Félicitations! Congratulations!
(A votre) santé! Good health!
Joyeux Noël! Happy Christmas!

18 on veut se revoir

On pourrait peut-être se revoir
Perhaps we could see each other again
Tu es libre ce soir/demain/samedi soir?
Are you free this evening/tomorrow/
on Saturday evening?
Tu fais quelque chose samedi?
Are you doing anything on Saturday?

19 on décide quoi faire

Est-ce que tu aimerais ... ?
Would you like to ... ?
On pourrait peut-être ...
Perhaps we could ...
... prendre un verre au café
... have a drink at the café
... aller au cinéma/au bal
... go to the cinema/dance
... faire un pique-nique
... go for a picnic

20 on accepte

Oui, je veux bien Yes, I'd like to
Oui, avec plaisir Yes, I'd like to
Merci, c'est très gentil
Thank you, that's very nice of you

21 on décide

Ça dépend It depends
Je ne sais pas I don't know
C'est un peu difficile It's a bit difficult
Je vais en parler à ... I'll ask ...
Il faut que je demande à ...
I'll have to ask ...

22 on refuse

Désolé(e), mais je ne suis pas libre
Sorry, I'm not free
*Désolé(e), mais j'ai rendez-vous avec
quelqu'un d'autre. Merci quand même*
I'm sorry, but I've got a date with
someone else. Thanks all the same.
Je te remercie, mais je ne peux pas
Thank you, but I can't make it

23 on échange des détails

Quel est ton nom, s'il te plaît?
What is your (sur-)name please?
Ton prénom, ça s'écrit comment?
How do you spell your first name?
Quelle est ton adresse au Royaume-Uni?
What is your address in the UK?
As-tu le téléphone? Have you a phone?
Quelles sont tes coordonnées?
What's your address and telephone number?
Tu vas me passer un coup de fil? (slang)
Will you ring me?

24 les jours fériés, les jours de fête

cadeau (m) present
carte d'anniversaire (f) birthday card
carte de vœux (f) greetings card
jour de l'an (m) New Year's Day
Pâques Easter
premier mai (m) May day
Pentecôte (f) Whitsun
fête Nationale (f) Bastille day (14th July)
Toussaint (f) All Saint's Day
Armistice (m) Remembrance day
veille de Noël (f) Christmas Eve
Noël (f) Christmas
Saint-Sylvestre (f) New Year's Eve

25 les sports

athlétisme (m) athletics
badminton (m) badminton
cyclisme (m) cycling
danse (f) dance
escalade (f) climbing
équitation (f) horse-riding
football (m) football
golf (m) golf
gymnastique (f) gymnastics
handball (m) handball
hockey (m) hockey
judo (m) judo
karaté (m) karate
natation (f) swimming
patin à roulettes (m) roller skating
patinage (m) skating
pêche (f) fishing
planche à voile (f) windsurfing
rugby (m) rugby
ski (m) skiing
tennis (m) tennis
tir à l'arc (m) archery
voile (f) sailing
volleyball (m) volleyball
yoga (m) yoga

26 les loisirs

astronomie (f) astronomy
chorale (f) choir
faire une collection (de timbres)
to collect (stamps)
informatique (f) computing
jeu de société (m) board game
*jouer aux cartes/
aux échecs* to play cards/
chess
lecture (f) reading
musique (f) music
orchestre (m) orchestra
peinture (f) painting
poterie (f) pottery

27 on sort

boum (f) party
cinéma (m) cinema
cirque (m) circus
club de jeunes (m) youth club
concert (m) concert
discothèque (f) disco
exposition (f) exhibition

fête foraine (f) funfair
feu d'artifice (m) firework display
match (de football) (m) (football) match

28 la télévision et la radio

actualités (f pl) news
bande dessinée (f) cartoon
chaîne (f) TV channel
documentaire (m) documentary
émission (f) programme
en direct (de) live (from)
feuilleton (m) serial
film (m) film
informations (f pl) news
jeu (m) game
publicité (f) advertising
série (f) series
station commerciale (f)
commercial radio station
télé-roman (m) soap-opera
variétés (f pl) variety programme

C The world around us

1 le pays, la région

au bord de (la mer)
on the edge of, by (the sea)
côte (f) coast
département (m) administrative area
fleuve (m) main river
frontière (f) border
île (f) island
lac (m) lake
mer (f) sea
montagne (f) mountain
port (m) port
rivière (f) river
situé(e) situated

2 les points du compas

nord

nord-ouest   nord-est

ouest   est

sud-ouest   sud-est

sud

3 en ville

auberge de jeunesse (f) youth hostel
banlieue (f) suburbs
bibliothèque (f) library
cathédrale (f) cathedral
camping (m) campsite
centre commercial (m) shopping centre
centre de recyclage (m) recycling centre
centre ville (m) town centre
château (m) castle, stately home
commissariat (m) police station

complexe sportif (m)	sports centre
église (f)	church
gare (routière) (f)	(bus) station
hôpital (m)	hospital
hôtel (m)	hotel
hôtel de ville (m)	town hall
jardin public (m)	public gardens
magasin (m)	shop
marché (m)	market
monument (m)	monument
municipal	owned by the local authority
musée (m)	museum
office de tourisme (m)	tourist office
parc (m) (d'attractions)	(theme) park
parking (m)	car park
patinoire (f)	ice rink
piscine (f)	swimming pool
piste de ski artificielle (f)	dry ski slope
poste (f)	post office
quartier (m)	district
restaurant (m)	restaurant
rue piétonne (f)	pedestrian street
stade (m)	stadium
station-service (f)	petrol station
théâtre (m)	theatre
université (f)	university

4 c'est où?

à côté de	next to
à droite	on the right
à gauche	on the left
au centre de	at the centre of
au milieu de	in the middle of
à ... kilomètres de	... kilometres from
à ... milles de	... miles from
dans	in
derrière	behind
devant	in front of
en face de	opposite
entre	in between
loin de	far from
près de	near
tout droit	straight ahead

5 en route

autoroute (f)	motorway
carrefour (m)	crossroads
coin (m)	corner
colline (f)	hill
feu (pl les feux) (m)	traffic lights
passage à niveau (m)	level crossing
place (f)	square
pont (m)	bridge
quartier (m)	district
rond-point (m)	roundabout
route (f)	road
rue (f)	street
stationner	to park
trottoir (m)	pavement
zone/rue piétonnière (f)	pedestrian precinct/street

6 la campagne

arbre (m)	tree
bois (m)	wood
buisson (m)	bush
champ (m)	field
colline (f)	hill
cueillir	to pick
ferme (f)	farm
fermier (m)	farmer
fleur (f)	flower
forêt (f)	forest
fruit (m)	fruit
herbe (f)	grass
insecte (m)	insect
paysage (m)	countryside
plante (f)	plant
en plein air	in the open air
randonnée (f)	ramble, hike
rivière (f)	river
verger (m)	orchard
village (m)	village

7 les animaux et les oiseaux

agneau (m)	lamb
canard (m)	duck
cheval (m)	horse
chèvre (f)	goat
cochon (m)	pig
mouton (m)	sheep
oiseau (m)	bird
oie (f)	goose
poney (m)	pony
poule (f)	hen
taureau (m)	bull
vache (f)	cow

8 la météo

averse (f)	rain shower
beau	fine
brouillard (m)	fog
brume (f)	mist
brumeux	misty
chaud	hot
chute de neige (f)	a snowfall
ciel (m)	sky
couvert	overcast
degré (m)	degree
éclaircie (f)	sunny period
ensoleillé	sunny
froid	cold
mauvais	bad weather
météo (f)	weather forecast/service
neiger	to snow
nuage (m)	cloud
nuageux	cloudy
orage (m)	storm
orageux	stormy
pleuvoir (il pleut)	to rain (it's raining)
pluie (f)	rain
pluvieux	rainy
soleil (m)	sun
température (f)	temperature
temps (m)	weather
variable	variable
vent (m)	wind

D The world of work

1 au travail

bureau (m)	office
commerce (m)	commerce, business
chômage (m)	unemployment
être au chômage	to be unemployed
horaires de travail (m pl)	hours of work
industrie (f)	industry
informatique (f)	computing
jour de congé (m)	day off
jour férié (m)	public holiday
marketing (m)	marketing
offre d'emploi (f)	job advert
publicité (f)	advertising
stage (m)	course, work placement

2 les métiers

avocat	lawyer
agent de police	police officer
boulanger/boulangère	baker
chanteur/chanteuse	singer
chauffeur de taxi	taxi driver
coiffeur/coiffeuse	hairdresser
conducteur/conductrice	driver
cuisinier/cuisinière	cook
dentiste	dentist
dessinateur/dessinatrice	designer
électricien/électricienne	electrician
employé(e) de banque	bank employee
employé(e)de bureau	office worker
facteur/factrice	postman/woman
fermier/fermière	farmer
fonctionnaire	civil servant
ingénieur	engineer
infirmier/infirmière	nurse
journaliste	journalist
maçon	builder
mécanicien/mécanicienne	mechanic
médecin	doctor
ouvrier/ouvrière	factory worker
photographe	photographer
pilote	pilot
pompier	firefighter
professeur	teacher
programmeur	programmer
représentant(e)	representative
secrétaire	secretary
technicien/technicienne	technician
vendeur/vendeuse	sales assistant
vétérinaire	vet

3 les communications

à l'étranger	abroad
boîte aux lettres (f)	post box
bureau de poste (m)	post office
code postal (m)	postcode
enveloppe (f)	envelope
fax (m)	fax
indicatif (m)	area code
lettre (f)	letter
Minitel (m)	Minitel
paquet (m)	parcel
répondeur automatique (m)	answering machine

télécopie (f)	a fax
télémessagerie (f)	electronic mail
timbre (m)	stamp

4 l'argent

argent de poche (m)	pocket money
dépenser	to spend
gagner	to earn
changer	to change
chèque de voyage (m)	traveller's cheque
livre sterling (f)	pound sterling
banque (f)	bank
billet (m)	bank note
bureau de change (m)	money changing office
carte de crédit (f)	credit card
cours de change (m)	exchange rate
pièce (f)	coin
monnaie (f)	small change

E The international world

1 les voyages

annulé	cancelled
bagages (m pl)	luggage
contrôles de sécurité (m pl)	security control
débarquement (m)	landing, unloading
embarquement (m)	boarding, loading
entrée (f)	entrance
gilet de sauvetage (m)	life jacket
mal de mer (m)	sea sickness
passeport (m)	passport
port (m)	port
retard (m)	delay
station de ski (f)	ski resort
traversée (f)	crossing
traverser la Manche	to cross the Channel
trousse de toilette (f)	soap bag
tunnel (sous la Manche) (m)	(Channel) tunnel
valise (f)	suitcase
voyager	to travel

2 les moyens de transport

(en) aéroglisseur (m)	(by) hovercraft
(en) autobus (m)	(by) bus
(en) autocar (m)	(by) coach
(en) avion (m)	(by) plane
(en) bateau (m)	(by) boat
(en) camion (m)	(by) lorry
(en) camionnette (f)	(by) van
(en) cyclomoteur (m)	(by) moped
(en) ferry (m)	(by) ferry
(en) moto (f)	(by) motorbike
(en) mètro (m)	(by) metro
(en) taxi (m)	(by) taxi
(en) train (m)	(by)train
(en) tramway (m)	(by) tram
(en) RER (m)	(by) RER
(en) vélo (m)	(by) bike
(en) voiture (f)	(by) car
à pied (m)	on foot
(en) poids lourd (m)	(by) lorry (heavy goods vehicle)

3 sur les routes

à péage	toll
aire de repos (f)	rest or service area
amende (f)	fine
assurance (f)	insurance
automobiliste (m/f)	motorist
autoroute (f)	motorway
bouchon (m)	traffic jam
carte routière (f)	road map
conduire	to drive
déviation (f)	diversion
embouteillage (m)	bottleneck, traffic jam
se garer	to park a car
limite de vitesse (f)	speed limit
panneau (m)	sign
permis de conduire (m)	driving licence
rouler	to drive, move
route (f)	road
sens interdit	no entry
stationner	to park
vitesse (f)	speed

4 à la station-service

batterie (f)	car battery
eau (f)	water
essence (f)	petrol
faire le plein	to fill up with petrol
gazole/gasoil (m)	diesel
huile (f)	oil
lavage (m)	car wash
litre (m)	litre
pression des pneus (f)	tyre pressures
sans plomb (m)	unleaded
super (m)	four-star petrol
super sans plomb (m)	super unleaded
vérifier	to check

5 la voiture

airbag (m)	airbag
convertisseur catalique (m)	catalytic converter
couper le moteur	to switch the engine off
démarrer	to start the engine
essuie-glaces (m pl)	windscreen wipers
feux (m pl)	lights
freins (m pl)	brakes
marque (f)	make
mécanicien(ne)	mechanic
moteur (m)	engine
numéro d'immatriculation (m)	registration number
en panne	broken-down
pare-brise (m)	windscreen
pneu (crevé) (m)	(burst) tyre
réparations (f pl)	repairs
roue (de secours) (f)	(spare) wheel
volant (m)	steering-wheel

6 le vélo

guidon (m)	handlebars
pneu (m)	tyre
freins (m pl)	brakes
roue (f)	wheel
pédales (f pl)	pedals
selle (f)	saddle, seat
pompe (f)	pump
anti-vol (m)	padlock
trousse de réparations (f)	repair kit
casque (m)	helmet
crevaison (f)	puncture
piste cyclable (f)	cycle track
VTT (vélo tout terrain) (m)	mountain bike

7 le transport urbain

s'arrêter	to stop
arrêt d'autobus (m)	bus-stop
arrière (f)	rear, back
autobus (m)	bus
carnet (m)	book of metro tickets
correspondance (f)	connection
descendre	to get off
direct	direct
direction (f)	direction
guichet (m)	ticket office
heures de pointe (f pl)	rush-hour
horaire (m)	timetable
ligne (f)	line
manquer	to miss
métro (m)	métro
monter	to get on
numéro (m)	number
prochain	next
sortie (f)	exit
station de métro (f)	metro station
tarif unique (m)	flat-rate fare
taxi (m)	taxi
trajet (m)	journey
traverser	to cross
valable	valid
voie (f)	platform

8 on prend le train

aller et retour (m)	return ticket
aller simple (m)	single ticket
billet (m)	ticket
buffet (m)	buffet
bureau de renseignements (m)	information office
changer	to change
compartiment (m)	compartment
composter	to date-stamp/validate a ticket
côté couloir (m)	aisle seat
côté fenêtre (m)	seat by the window
consigne (f)	left luggage
correspondance (f)	connection
départ (m)	departure
(en) deuxième classe	(by) second class
direct	direct
gare SNCF (f)	railway station
guichet (m)	booking-office
horaire (m)	timetable

non-fumeurs	non-smoking
premier	first
prochain	next
quai (m)	platform
salle d'attente (f)	waiting room
SNCF (f)	French Railways
supplément (m)	supplement
train (m)	train
voie (f)	platform
wagon-restaurant (m)	dining-car

9 on prend l'avion

aérogare (f)	air terminal
aéroport (m)	airport
annulé	cancelled
à l'arrière	at the rear
atterrir	to land
à l'avant	at the front
avion (m)	plane
chariot (m)	trolley
commandant de bord (m)	captain
compagnie aérienne (f)	airline
contrôle des passeports (m)	passport control/check
contrôle de sécurité (m)	security control/check
décoller	to take off
douane (f)	customs
équipage (m)	plane crew
hôtesse de l'air (f)	air hostess
navette (f)	shuttle
pilote (m)	pilot
porte (f)	gate
retard (m)	delay
steward (m)	steward
vol (m)	flight

10 à l'auberge de jeunesse

auberge de jeunesse (f)	youth hostel
bureau d'accueil (m)	office, reception
carte d'adhérent (f)	membership card
draps-sac (m)	sheet sleeping bag
drap (m)	sheet
dortoir (m)	dormitory
location (f) de ...	... for hire
louer	to hire
réservation (f)	reservation, booking
réserver	to book
salle de jeux (f)	games room
séjour (m)	stay

11 à l'hôtel

arrhes (f pl)	deposit
chambre (de libre) (f)	room (available)
avec ...	with ...
salle de bains	bathroom
douche	shower
cabinet de toilette	washing facilities
clef (f)	key
complet	full
liste des hôtels (f)	list of hotels
(grand) lit (m)	(double) bed
nuit (f)	night

12 au terrain de camping

allumettes (f pl)	matches
bidon (m)	can (for oil etc.), tin
bloc sanitaire (m)	washing facilities
bureau d'accueil (m)	reception office
branchement électrique (m)	connection to electricity
camping-gaz (m)	calor gas, camping stove
eau potable (f)	drinking water
emplacement (m)	site, place
lampe de poche (f)	torch
matelas pneumatique (m)	inflatable mattress, lilo
ouvre-boîtes (m)	tin opener
ouvre-bouteilles (m)	bottle opener
piles (f pl)	batteries
poubelles (f pl)	dustbins
sac à dos (m)	rucksack
sac de couchage (m)	sleeping bag
tente (f)	tent
terrain de jeux/sports (m)	sports ground

13 au gîte

allumer l'électricité/le gaz	to turn on the electricity/gas
en bon état	in good condition
fermer l'électricité/le gaz	to turn off the electricity/gas
fermer la porte à clef	to lock the door
inventaire (f)	inventory
locataire (m/f)	tenant, lodger
prise de courant (f)	socket, plug
propriétaire (m/f)	owner
règle (f)	rule
se servir de	to use, make use of
utiliser	to use

14 les pays et les nationalités

Afrique (f); africain	Africa
Maroc (m); marocain	Morocco
Tunisie (f); tunisien	Tunisia
Amérique (f); américain	America
Antilles (f pl); antillais	West Indies
Canada (m); canadien	Canada
Etats-Unis (m pl)	United States
Asie (f); asiatique	Asia
Chine (f); chinois	China
Inde (f); indien	India
Japon (m); japonais	Japan
Pakistan (m); pakistanais	Pakistan
Australie (f); australien	Australia
Nouvelle-Zélande (f); néo-zélandais	New Zealand
Europe; européen	Europe
Allemagne (f); allemand	Germany
Angleterre (f); anglais	England
Autriche (f); autrichien	Austria
Belgique (f); belge	Belgium
Danemark (m); danois	Denmark
Ecosse (f); écossais	Scotland
Espagne (f); espagnol	Spain
France (f); français	France
Grèce (f); grec(que)	Greece
Islande (f); islandais	Iceland
Irlande (f); irlandais	Ireland
Irlande du nord (f); irlandais	Northern Ireland
Italie (f); italien	Italy
Luxembourg (m); luxembourgeois	Luxembourg
Malte (f); maltais	Malta
Norvège (f); norvégien	Norway
Pays-Bas (m pl); néerlandais	Holland
Pays de Galles (m); gallois	Wales
Pologne (f); polonais	Poland
Portugal (m); portugais	Portugal
Royaume-Uni (m)	United Kingdom
Russie (f); russe	Russia
Suède (f); suédois	Sweden
Suisse (f); suisse	Switzerland
Turquie (f); turc (turque)	Turkey

15 l'environnement

bruit (m)	noise
CFC (m pl)	CFC gases
conserver	to preserve
couche d'ozone (f)	ozone layer
déchets (m pl)	rubbish
énergie (f)	energy
effet de serre (m)	greenhouse effect
gaspiller	to waste
jeter	to throw (away)
lessive (f)	washing powder/liquid
planète (f)	planet
pluies acides (f pl)	acid rain
polluer	to pollute
poubelle (f)	dustbin
protéger	to protect
recycler	to recycle
réduire	to reduce
réutiliser	to reuse
sauver	to save
terre (f)	earth
toxique	poisonous
trier	to sort out
vert	green, ecological

F General aspects

1 difficultés de langue

Tu comprends/Vous comprenez?
Do you understand?
Excusez-moi, mais je n'ai pas compris
Sorry, but I didn't understand
Je ne comprends pas (très bien)
I don't understand (very well).
Pouvez-vous/Peux-tu répéter cela/parler plus fort/plus lentement, s'il vous/te plaît?
Could you repeat that/speak louder/more slowly, please?
Qu'est-ce que ça veut dire (en anglais?)
What does that mean (in English?)
Comment dit-on en français 'computer'?
What's the French for computer?

Ça s'écrit comment? How is that spelt?
C'est pour ... It's for/to ...
C'est le contraire de ...
It's the opposite of ...
Comment? Pardon? What was that?
Pouvez-vous/peux-tu écrire cela?
Could you write that down?
machin (m) thing, gadget
truc trick, knack; thingummy, what's-its-name

2 les accents

à	*accent grave* (m)
é	*accent aigu* (m)
ô	*accent circonflexe* (m)
ç	*cédille* (f)
ï	*tréma* (m)

3 la ponctuation

.	*point* (m)
,	*virgule* (f)
:	*deux points* (m)
;	*point-virgule* (m)
?	*point d'interrogation* (m)
-	*tiret* (m)
!	*point d'exclamation* (m)
" "	*guillemets* (m pl)
	(Ouvrez/Fermez les guillemets)
( )	*parenthèses* (f pl)
	(Mettre entre parenthèses)

4 le français familier

bagnole (f)	car
bahut (m)	school
bosser	to work
bouffe (f)	food
boulot (m)	work
bouquin (m)	book
casse-pieds	boring
crevé	shattered
flic (m)	policeman
fric (m)	money, cash
fringues (f pl)	clothes
godasses (f pl)	shoes
rasant	boring

5 l'heure

Il est une heure/deux heures/trois heures ...

... moins cinq — ... cinq
... moins dix — ... dix
... moins le quart — ... et quart
... moins vingt — ... vingt
... moins vingt-cinq — ... vingt-cinq
... et demie

Quelle heure est-il?

12:00	Il est midi
	Il est minuit
12:30	Il est midi et demi
	Il est minuit et demi

6 les chiffres

0	*zéro*	21	*vingt et un*
1	*un*	22	*vingt-deux*
2	*deux*	23	*vingt-trois*
3	*trois*	30	*trente*
4	*quatre*	31	*trente et un*
5	*cinq*	40	*quarante*
6	*six*	41	*quarante et un*
7	*sept*	50	*cinquante*
8	*huit*	51	*cinquante et un*
9	*neuf*	60	*soixante*
10	*dix*	61	*soixante et un*
11	*onze*	70	*soixante-dix*
12	*douze*	71	*soixante et onze*
13	*treize*	72	*soixante douze*
14	*quatorze*	80	*quatre-vingts*
15	*quinze*	81	*quatre-vingt-un*
16	*seize*	82	*quatre-vingt-deux*
17	*dix-sept*	90	*quatre-vingt-dix*
18	*dix-huit*	91	*quatre-vingt-onze*
19	*dix-neuf*	100	*cent*
20	*vingt*	1000	*mille*

premier (première)	first
deuxième	second
troisième	third
quatrième	fourth
cinquième	fifth
vingtième	twentieth
vingt et unième	twenty-first
ajouter	to add
diviser	to divide
multiplier	to multiply
soustraire	to subtract
moins	less
plus	more

7 les jours de la semaine

lundi	Monday
mardi	Tuesday
mercredi	Wednesday
jeudi	Thursday
vendredi	Friday
samedi	Saturday
dimanche	Sunday

8 les mois de l'année

janvier	January
février	February
mars	March
avril	April
mai	May
juin	June
juillet	July
août	August
septembre	September
octobre	October
novembre	November
décembre	December

9 les saisons

en hiver (m)	in winter
au printemps (m)	in spring
en été (m)	in summer
en automne (m)	in autumn

10 on parle de quand? (futur)

après-demain	the day after tomorrow
bientôt	soon
ce soir	this evening (tonight)
cet été	this summer
dans cinq jours/semaines	in five days/weeks
dans dix ans	in ten years
dans dix minutes	in ten minutes
dans l'avenir	in the future
demain	tomorrow
demain après-midi	tomorrow afternoon
l'année prochaine	next year
la semaine prochaine	next week
plus tard	later
un de ces jours	one of these days
un jour dans l'avenir	one day in the future

11 on parle de quand? (présent)

à présent	at present
aujourd'hui	today
en ce moment	at the moment

12 on parle de quand? (passé)

à cette époque(-là)	at that time
auparavant	previously, beforehand
autrefois	formerly, in the past
avant-hier	the day before yesterday
dans le temps	in the past, in olden days
en ce temps-là	at that time
hier	yesterday
hier soir	yesterday evening
l'année dernière	last year
la semaine dernière	last week
samedi dernier	last Saturday

13 à ton avis

à mon avis	in my opinion
Quel est ton/votre avis?	What is your opinion?
Je n'ai vraiment pas d'opinion	I have no strong feelings about it
Ça, c'est très important	That's very important
Par contre	On the other hand
Il y a du pour et du contre	There are points for and against

14 si tu es d'accord

Je suis de votre avis	I'm of the same opinion
C'est exactement ce que je pense	That's exactly what I think
Je suis absolument/tout à fait d'accord	I quite agree
C'est bien mon avis	That's certainly my opinion
C'est ça	That's right
Voilà	That's it
Vous avez raison	You're right
Moi aussi, je pense ...	I also think ...

15 si tu es d'accord jusqu'à un certain point

Oui, mais ...	Yes, but ...
Ça dépend	It depends
C'est possible	It's possible
peut-être	perhaps
Je ne suis pas tout à fait d'accord	I don't entirely agree
Je n'en suis pas sûr(e)/certain(e)	I'm not sure

16 si tu n'es pas d'accord

Là, je ne suis pas d'accord	There I disagree
Je ne suis absolument pas/pas du tout d'accord	I disagree entirely
Il ne faut quand même pas exagérer	Don't go to extremes
Vous exagérez	You're exaggerating

17 on fait ses excuses

pardon!	sorry!
je croyais que ...	I thought that ...
je pensais que ...	I thought that ...
je voulais seulement ...	I only wanted to ...
je ne savais pas que ...	I didn't know that ...
je m'excuse, mais ..	I'm sorry, but ...
c'est/c'était parce que ...	it's/it was because ...
je regrette, mais ...	I'm sorry, but ...
désolé(e), mais ...	I'm really sorry, but ...
ce n'était pas de ma faute	It wasn't my fault

18 on écrit des lettres aux amis
pour commencer

(Mon) cher/(Ma) chère/ (Mes) chers	(My) Dear ...
Chers ami(e)s	Dear friends

pour dire merci

Merci (beaucoup) de ta/votre lettre	Thank you (very much) for your letter
J'ai bien reçu ta/votre lettre, qui m'a fait beaucoup de plaisir	I received your letter, which gave me a great deal of pleasure

pour donner des avis

Tu as/Vous avez dit que ...	You said that ...
C'est très bien/ excellent/chouette	That's very good/ excellent/great!
C'est bien triste	That's very sad
C'est vraiment affreux	That's really awful
C'est difficile	That's difficult
C'est (bien) dommage	That's a (real) pity
Félicitations!	Congratulations!
Tu as de la chance	You're lucky

pour terminer

Maintenant, je dois terminer ma lettre	I must stop now
Je dois faire mes devoirs	I've got to do my homework
Je dois sortir	I've got to go out
J'espère te/vous lire bientôt	I hope to hear from you soon
En attendant de tes/vos nouvelles	Waiting to hear from you
Ecris/Ecrivez-moi bientôt	Write soon

(unemotional)

(Meilleures) amitiés	
Ton ami(e)	
Ton/ta correspondant(e)	

(more affectionate)

Je t'embrasse	
(Bien) affectueusement	
Grosses bises	

19 on écrit des lettres formelles
pour commencer

Monsieur/Messieurs	Dear Sir(s)
Madame/Mademoiselle	Dear Madam

pour dire merci

Je vous remercie de votre lettre du 5 avril	Thank you for your letter of 5th April
J'ai bien reçu votre lettre du 5 avril	I acknowledge receipt of your letter of 5th April

pour demander quelque chose

Veuillez m'envoyer ...	Please send me ...
Je voudrais vous demander de ...	I would like to ask you to ...
Je vous prie de ...	Please ...
Je serais très reconnaissant(e) si vous pouviez ...	I would be very grateful if you could ...
Vous seriez très aimable de me faire savoir ...	Would you kindly let me know ...

pour s'excuser

J'ai le regret de vous faire savoir que ...	I am sorry to advise you that ...
Je vous prie d'accepter mes excuses	Please accept my apologies

pour terminer

Veuillez agréer, Monsieur/Madame/Mademoiselle, l'expression de mes sentiments les plus distingués	Yours sincerely
Je vous prie d'agréer, Monsieur/Madame/Mademoiselle, l'assurance de mes sentiments les meilleurs	Yours sincerely

20 pour raconter quelque chose
quand?

Ce jour-là	That day
L'année dernière	Last year
Pendant les vacances	During the holidays
Un jour d'hiver	One winter's day
Hier matin	Yesterday morning

où?

à la campagne	in the country
à la montagne	in the mountains
en ville	in town
chez moi	at home

expressions utiles

à ce moment même	at that very moment
à la fin	in the end
à ma grande surprise	to my great surprise
ainsi	thus
alors	in that case, then, so
car	for, because
cependant	however
c'est-à-dire	that is to say
d'abord	(at) first
d'ailleurs	moreover, besides
déjà	already
de toute façon	in any case
donc	therefore, so
du moins	at any rate
en effet	indeed, as a matter of fact
en fait	in fact
en général	in general
enfin	at last, finally
ensuite	then, next
et ... et	both ... and
finalement	finally
heureusement	fortunately
lorsque	when
mais	but
malgré	in spite of
malheureusement	unfortunately
naturellement	of course
parce que	because
par conséquent	as a result, consequently
peut-être	perhaps
pourtant	however
puis	then, next
quand	when
quand même	all the same
soudain	suddenly
surtout	above all
tandis que	while, whereas
tout à coup	suddenly
tout de suite après	immediately afterwards

Vocabulaire

Words followed by p (le français populaire) are colloquial French.

A

à (au, à la, à l', aux) in, at, to
abaisser to lower
abîmer to damage, ruin
abolir to abolish
un abonnement subscription
d' abord first, at first
un abri-auto car port
un abricot apricot
absolument absolutely
accélérer to accelerate, speed up
l' accès m access
accompagner to accompany
un accord agreement, chord
d' accord OK, all right, agreed
un accordéon accordion
s' accrocher à to hang on to, hook on to, cling to
l' accueil m welcome, reception
accueillant welcoming
accueillir to welcome, greet
achats (faire des ~) to go shopping
acheter to buy
l' acier m steel
un acte de terrorisme act of terrorism
un(e) acteur (-trice) actor/actress
actif (-ive) active
les actualités f pl news
une addition bill
admis admitted
un(e) adolescent(e) teenager
adopté adopted
adorer to love
s' adresser à to report/speak/apply to
un(e) adulte adult
une aérogare air terminus
un aéroglisseur hovercraft
un aéroport m airport
les affaires f pl things, belongings; matters; business
affectueusement yours affectionately
une affiche notice, poster
affreux terrible, dreadful
l' âge m age
âgé old
une agence de voyages travel agency
un(e) agent de police police officer
aggressif (-ve) aggressive
agité anxious, rough (sea)
un agneau lamb
agréable pleasant
l' aide f help, assistance
aider to help
un aigle eagle
l' ail m garlic
une aile wing
d' ailleurs moreover, besides
aimable friendly
aimer to like
aîné oldest
ainsi que as well as
l' air m air
avoir ~ to seem
une aire surface, area
~ de jeux play area
~ de repos motorway rest area
à l' aise at ease
ajouter to add
l' alcool m alcohol
alcoolisé alcoholic
l' alcoolisme m alcoholism
l' alimentation f food (industry)
une ~ générale general food shop
l' Allemagne f Germany
allemand(e) German
aller to go
un aller simple single ticket
un aller-retour return ticket
allergique allergic
allonger to stretch out, extend

allumer to switch on, light
des allumettes f pl matches
alors so
une alouette lark
l' alphabet Morse m Morse Code
l' alpinisme f mountain climbing
une amande almond
une ambiance atmosphere
ambitieux (-euse) ambitious
l' ambition f ambition
une amélioration improvement
améliorer to improve, get better
aménagé (fully) fitted, equipped
une amende fine
amener to take
américain(e) American
un(e) ami(e) friend
petit(e) ~ boy/girlfriend
l' amitié f friendship
amitiés best wishes
amusant entertaining
s' amuser to enjoy yourself, have a good time
un an year
un ananas pineapple
ancien very old; former
les anchois m pl anchovy
un ange angel
anglais(e) English
l' Angleterre f England
anglophone English speaking
l' angoisse f anguish, agony
un animal (pl animaux) animal
un(e) animateur (-trice) organiser, leader
l' animation f entertainment
animé lively
l' anis m aniseed
une année year
un anniversaire birthday
bon ~! happy birthday!
une annonce advert
un annuaire directory
une annulation cancellation
annuler to cancel
un anti-vol padlock
août August
un appareil machine
~ à jet jet engine
~ électrique electrical appliance
à l'~ on the phone, speaking
un appareil-photo camera
un appartement flat
appartenir to belong to
un appel call
s' appeler to be called
bon appétit! enjoy your meal
applaudir to applaud
apporter to bring
une appréciation comment
apprécier to appreciate
apprendre to learn
un(e) apprenti(e) apprentice
après avoir (+ verb) after
~ quitté after leaving
s' approcher de to approach
appuyer to press
après after
après-demain the day after tomorrow
un après-midi afternoon
un aqueduc aquaduct
arabe arabic
un arbitre referee
un arbre tree
un arbre généalogique family tree
un arc bow
une arène arena, amphitheatre
l' argent m money
~ de poche pocket money
l' argile f clay
l' argot m slang
l' armistice f armistice, truce
une armoire wardrobe
une araignée spider
un arrêt d'autobus bus-stop
une arrête ridge

arrêter to stop; to arrest
s' arrêter to stop
l' arrière f back, rear
l' arrivée f arrival
arriver to arrive
arrogant proud, conceited
arroser to water
l' art dramatique m drama
un artichaut artichoke
les arts graphiques m pl graphic design
~ martiaux martial arts
~ plastiques art and craft
un ascenseur lift
asiatique Asian
les asperges f pl asparagus
un aspirateur vacuum cleaner
l' aspirine f aspirin
assaisonné seasoned
s' asseoir to sit down
assez quite
une assiette plate
~ anglaise plate of cold cooked meats
être assis to be seated
assister à to attend
associer to associate, link
assorti matching
une assurance insurance
l' astronomie f astronomy
un atelier workshop, studio
un(e) athlète athlete
atteint de suffering from
attendre to wait (for)
dans l' attente de looking forward to
attentif (-ive) attentive, observant
attentivement carefully
atterrir to land
l' atterrissage m landing (plane)
attirer to attract
attraper to catch
une auberge de jeunesse youth hostel
aucun(e) no, not any
une audition audition
un(e) auditeur (-trice) listener
augmenter to increase, get larger
aujourd'hui today
auparavant before(hand), previously
il y aurait there would be
aussi also, as well
aussitôt straight away
l' Australie f Australia
autant de as much
un(e) auteur (-trice) author
un autobus bus
un autocar coach
autocollant self-adhesive
un autocollant sticker
un(e) automobiliste car driver
autour de around
autre other
d'~ else
d'~ part on the other hand
autrefois formerly
l' Autriche f Austria
il y avait there was/were
à l' avance in advance
l' avant m the front
avant before
avant-hier the day before yesterday
avec with
l' avenir m future
une aventure adventure
une averse shower (of rain)
aveugle blind
un avion plane
un avis opinion
à ton ~ in your opinion
un avocat lawyer; avocado
avoir to have
avril April

B

le Bac (Baccalauaréat) equivalent to A-level exam
le babyfoot table football

le badminton badminton
les bagages m pl luggage
une bagnole p car
une baguette French loaf
le bahut p school
se baigner to go swimming
une baignoire bath
en baisse getting lower
baisser to lower
un bal dance
une balade walk, stroll
se balader to wander around
un balcon balcony
une baleine whale
un ballon de football football
le bambou bamboo
une banane banana
une ~ verte green banana
une bande tape
~ dessinée cartoon strip
la banlieue suburbs, outskirts
en ~ in the suburbs
une banque bank
la banquette bench
un bar bar
une barbe beard
une barbecue barbecue
une barquette punnet, pack
une barre à appui handrail
un barreau barrel; small bar, rail
une barrière barrier
en bas below
le base-ball baseball
baser to base
le basket basketball
une bataille battle
un bateau boat
un ~ à avirons rowing boat
un bateau-mouche pleasure boat
un bâtiment building
un bâton stick, pole
un bâtonnet ice-lolly
une batterie car battery
la batterie drums
bavarder to chat, gossip
beau (bel, belle) beautiful
il fait ~ the weather is fine
beaucoup a lot of, many
~ de monde a lot of people
un beau-frère brother-in-law
un beau-père father-in-law; stepfather
un bébé baby
la Belgique Belgium
une belle-mère mother-in-law; stepmother
une belle-sœur sister-in-law
bénéficier (de) to benefit (from)
un besoin need
avoir ~ de to need
une bête animal
une betise silly or stupid thing
le béton concrete
une betterave beetroot
le beurre butter
une bibliothèque library; bookcase
un bidon metal can for oil etc.
bien fine, well
~ arrivé arrived safely
~ sûr of course
bientôt soon
à ~ see you soon
bienvenu welcome
la bière beer
le bifteck (hâché) (minced) steak
un billard billiard or snooker table
un bijou jewel
un billet ticket
~ de banque bank note
une billeterie automatique ticket machine
la biologie biology
une biscotte kind of savoury biscuit
une bise kiss
bisous love (at end of letter)
bizarre strange, odd
blanc (blanche) white
un blanc blank space, gap
blessé injured, wounded
un(e) blessé(e) injured person
blesser to injure, wound

214

bleu blue
  ~ clair light blue
  ~ marine navy blue
le **bloc sanitaire** washing facilities
blond blonde
une **blouse** overall
un **blouson** jacket, overall
le **bœuf** beef
boire to drink
le **bois** wood
une **boisson** drink
une **boîte** tin, box
  ~ à lettres postbox
  ~ de conserves tin of food
un **bol** bowl
une **bombe** bomb; riding hat; dessert of ice cream covered in chocolate
bon(ne) good
  de bonne heure early
un **bonbon** sweet
le **bonheur** happiness
un **bonhomme de neige** snowman
bonjour hello, good morning
un **bonnet** woolly hat, ski hat
au **bord de la mer** the seaside
à **bord** on board
bosser p to work
des **bottes** f pl boots
la **bouche** mouth
  une ~ de métro metro entrance
une **boucherie** butcher's shop
un **bouchon** cork, bottleneck
une **boucle d'oreille** earring
le **boudin** black pudding
le **bœuf** beef
la **bouffe** p food
bouffer p to eat
bouger to move
la **bouillabaisse** fish soup from Provence
bouilli boiled
une **boulangerie** baker's
les **boules** f pl bowls
un **boulevard périphérique** ring road
un **boulodrome** centre for playing boules
le **boulot** f work, job
une **boum** party
un **bouquin** p book
bouquiner p to read a book
une **bourse** grant, scholarship
le **bout** end
un **bouton** button; spot
une **bouteille** bottle
un **bowling** bowling alley
la **boxe** boxing
branché p tuned into, in the know
le **branchement électrique** connection to electricity
brancher to plug in, connect
le **bras** arm
la **Bretagne** Brittany
le **Brevet** school exam taken at end of *collège*
un **brick** rectangular carton
le **bricolage** DIY
  faire du ~ to do odd jobs
brillant shiny, bright
briller to shine
la **brioche** sweet type of bread
la **brocante** secondhand goods
une **brochure** brochure, pamphlet
le **bronzage** sun tan
bronzé suntanned
se **bronzer** to sunbathe
se faire **bronzer** to get a suntan
une **brosse à dents** toothbrush
se **brosser les cheveux** to brush your hair
se **brosser les dents** to clean your teeth
le **brouillard** fog
brouillé jumbled, scrambled
la **brousse** the bush, outback
un **bruit** noise
brûlé burnt
la **brume** mist, fog

brun brown
brusquement abruptly, sharply
bruyant noisy
un **buffet** snack bar
un **buisson** bush
une **bulle** speech bubble
un **bulletin scolaire** school report
un **bureau** office
  ~ d'accueil reception office
  ~ de change money changing office
  ~ de location box office
  ~ de poste post office
  ~ de renseignements information office
  ~ des objets trouvés lost property office
le **but** aim, goal
une **buvette** refreshment bar

C

ça that
ça ne fait rien it doesn't matter
ça va? OK? how are you?
ça y est! that's it!
une **cabine** booth; cubicle; cabin
  ~ d'essayage fitting room
  ~ téléphonique telephone box/kiosk
le **cabinet** doctor/vet's surgery
cacher to hide
un **cadeau** gift, present
le **cadet** youngest
un **cadre** executive; picture frame; framework or setting
un **café** café; coffee
un **café-crème** white coffee
une **cafetière** coffee machine
la **caisse** cash desk
un(e) **caissier (-ère)** cashier
une **calculatrice** calculator
un **caleçon** boxer shorts, leggings
un **calendrier** calendar
calme quiet
un **cambriolage** burglary
un **Camembert** type of cheese; pie chart
une **caméra** TV or film camera
une **camionnette** van
la **campagne** country(side)
un **camping (terrain de ~)** campsite
  faire du ~ to go camping
un **camping-gaz** camping stove
canadien(ne) Canadian
un **canapé** sofa
un **canard** duck
le **cancre** p dunce
un(e) **candidat(e)** candidate
une **canette** tin can
le **canoë** canoeing
le **canoë-kayak** kayak
un **canot** canoe
une **cantine** canteen, dining hall
le **caoutchouc** rubber
une **capitale** capital city
le **capot** bonnet (of a car)
la **capsule** capsule
  ~ du temps time capsule
un **car** coach
le **caractère** character
  de bon ~ a good person
  de mauvais ~ a bad character
une **carafe d'eau** water jug
le **caramel** toffee
une **caravane** caravan
le **carburant** fuel
le **cargaison** cargo
un **carnet** notebook; book of ten metro tickets
  ~ de correspondance pupil's record book
une **carotte** carrot
un **carré** square
carré square-shaped
un **carrefour** crossroads
carresser to stroke
une **carrière** career

la **carrosserie** bodywork of car
une **carte** card; menu; map
  ~ de crédit credit card
  ~ postale postcard
le **carton** cardboard
en **cas de** in case of
en **cas d'accident** in case of an accident
une **case** box (in diagram); hut, cabin
un **casque** helmet
une **casquette** cap, baseball hat
une **casse-croûte** snack
casse-pieds p boring
(se) **casser** to break (a part of the body)
une **casserole** saucepan
une **cassette-vidéo** videotape
le **cassis** blackcurrant
une **catastrophe** disaster
une **cathédrale** cathedral
un **cauchemar** nightmare
une **caution** deposit
une **cave** (wine) cellar
une **caverne** cave
c'est it is
c'est-à-dire that is (to say)
c'était it was *(from être)*
ce (cet, cette, ces) this, that
une **ceinture** belt
  ~ de sécurité seatbelt
célèbre famous
célibataire single, unmarried
celui-ci (celle-ci) this one
celui-là (celle-là) that one
les **cendres** f pl ash(es)
un **cendrier** ashtray
cent hundred
un(e) **centenaire** hundred year-old person; centenary
le **centre** centre
  ~ commercial shopping centre
  ~ de documentation et d'information resources room
  ~ de recyclage recycling centre
  ~ équestre riding centre
le **centre-ville** town centre
cependant however
les **céréales** f pl cereal(s)
une **cerise** cherry
chacun each
une **chaîne** TV channel; chain
  ~ de montagnes mountain range
  ~ hi-fi stereo system
une **chaise** chair
la **chaleur** heat
une **chambre** bedroom
  la ~ d'hôte bed and breakfast
un **chameau** camel
un **champ** field
un **champignon** mushroom
un **championnat** championship
la **chance** luck
  avoir de la ~ to be lucky
  bonne ~ good luck
changer to change
une **chanson** song
chanter to sing
un **chantier** building site; work site
un **chapeau** hat
  ~ melon bowler hat
chaque each, every
charcuterie pork butcher's, delicatessen
chargé heavy, busy
les **charges** f pl service charge
un **chariot** trolley
charmant charming
charrier to transport, carry along
la **chasse d'eau** flushing (of toilet)
un **chat** cat
une **châtaigne** chestnut
châtain brown-haired
un **château** castle
chaud warm, hot
  avoir ~ to be hot
  il fait ~ it's hot

le **chauffage** heating
un **chauffe-eau** water heater
chauffer to heat
un(e) **chauffeur (-euse) (de taxi)** (taxi) driver
une **chaussée déformée** uneven road surface
une **chaussure** shoe
le **chef** boss
  ~ de cuisine chef
  ~ de produit product manager
  ~ de pub(licité) advertising manager
un **chemin** path, way
  ~ de fer railway
une **chemise** shirt
  ~ de nuit nightdress
un **chemisier** blouse
un **chèque de voyage** traveller's cheque
cher (chère) dear, expensive
chercher to look for
chéri(e) darling
un **cheval (pl chevaux)** horse
les **cheveux** m pl hair
une **chèvre** goat
chez at, to (someone's house)
chic smart
un **chien** dog
un **chiffre** number
la **chimie** chemistry
chinois(e) Chinese
des **chips** crisps
un **chocolat chaud** hot chocolate
choisir to choose
un **choix** choice
le **chômage** unemployment
  au ~ unemployed
une **chorale** choir
une **chose** thing
un **chou** cabbage
la **choucroûte** sauerkraut
chouette! great!
une **chouette** owl
le **chou-fleur** cauliflower
les **choux de Bruxelles** m pl Brussels sprouts
une **chute de neige** snowfall
ci-dessous below
le **cidre** cider
le **ciel** sky; heaven
un **cigare** cigar
un **cimetière** cemetery
un **cinéma** cinema
en **cinquième** in the second year of high school
un **cintre** coathanger
un **circuit** route, tour
la **circulation** traffic
circuler to move around
ciré waxed
un **cirque** circus
des **ciseaux** m pl scissors
citer to quote
un **citron** lemon
  ~ pressé lemon juice drink
clair clear, light
le **clapotis** lapping of water
une **classe** class
un **classeur** file
la **claustrophobie** claustrophobia
une **clé** key
un(e) **client(e)** customer
la **climatisation** air conditioning
une **cloche** bell; bell-shaped container
clos enclosed
un **coca** Coca-Cola
cocher to tick off, mark
un **cochon** pig
  ~ d'Inde guinea pig
le **code de la route** Highway Code
se **coiffer** to do your hair
un(e) **coiffeur (-euse)** hairdresser
la **coiffure** hairstyle
un **coin** corner, small area
le **col** collar
en **colère** furious
collectionner to collect

un **collectionneur** collector
un **collège** secondary school (11-15 years)
coller to stick
un **collier** necklace
une **colline** hill
une **colombe** dove
une **colonie de vacances** children's holiday camp
une **colonne** column
coloré coloured
combattre to fight against
combien? how much?
le **combustible** fuel
comique comic, funny
le **commandant à bord** flight captain
la **commande** control
commander to order
comme as, for
commémorer to commemorate
commencer to begin
comment? how; what; pardon?
les **commerces** *m pl* shops, business
commettre to commit
le **commissariat de police** police station
une **commode** chest of drawers
une **commune** parish, district
une **communication** message
une **compagnie** company
~ **aérienne** airline company
un(e) **compagnon** companion
une **comparaison** comparison
un **compartiment** compartment
complet (complète) full
complexe complicated
un **complexe sportif** sports centre
un **composant électronique** electronic component
composer un numéro to dial
un **compositeur** composer
composter to validate/date-stamp a ticket
comprendre to understand; to include
un **comprimé** pill, tablet
compris included; understood
tout ~ inclusive
compter to count
les **comptes** *f pl* accounts
un **comptoir** counter, desk
la **concentration** concentration
un(e) **concierge** caretaker
le **concombre** cucumber
un **concours** competition
un(e) **concurrent(e)** competitor
un(e) **conducteur (-trice)** driver
conduire to drive
la **confiance** confidence
confier to entrust
une **confiserie** sweet shop; sweet factory
la **confiture** jam
~ **d'oranges** marmalade
le **confort** comfort
confortable comfortable
un **congé** holiday, leave
un **congélateur** freezer
une **connaissance** acquaintance
faire la ~ to get to know
connaître to know (a person or place)
connu well known
consacré à devoted to, allocated to
un **conseil** piece of advice
le **Conseil d'Europe** Council of Europe
un(e) **conseiller (-ère) d'éducation** senior teacher responsible for discipline, absence from school etc.
un(e) **conseiller (-ère) d'orientation** careers adviser
une **conséquence** consequence
la **consigne** left luggage; deposit
~ **automatique** left luggage lockers
consommable consumable

une **consommation** drink, snack
le **consommé** clear soup
consommer to use, consume
un **constat** statement
une **construction** structure, building
construire to build
construit constructed, built
un **conteneur** container
contenir to contain
content happy, pleased
le **contenu** contents
continuer to continue
contraint restrained, restricted
contraire opposite
contre against
par ~ on the other hand
une **contrée** geographical region
un **contrôle** test
le ~ de sécurité security check
un **contrôleur** ticket inspector
convenable suitable
convenir to go with, to suit
les **coordonnées** *f pl* address and telephone number
un(e) **copain (copine)** friend
une **coquille d'œuf** egg shell
le **corail (-aux)** coral
cordial cordial
un **corps** body
une **correspondance** change (of train), connection
un(e) **correspondant(e)** penfriend
faire correspondre to match up
un **costume (régional)** (regional) costume
la **côte** coast
~ **d'Azur** part of French Mediterranean coast
une **côte de porc** pork chop
un **côté** side
à ~ de next to
une **côtelette** cutlet
le **coton** cotton; cotton wool
le **cou** neck
la **couche** layer
~ **d'ozone** ozone layer
se **coucher** to go to bed
une **couette** duvet
le **cœur** heart
par cœur by heart
couler to run (of water)
une **couleur** colour
un **couloir** corridor
un **coup** hit, blow
~ **de fil** *p* phone call
~ **de soleil** sunstroke
coupable guilty
une **coupe** cup
la ~ du monde world cup
couper to cut
~ **le moteur** to switch off the engine
un **couple** couple
la **cour** school yard, grounds; royal court
courageux (-euse) brave
un **coureur** racing cyclist, runner
le **courrier** post; carriage, haul
le long ~ long haul
un **cours** lesson
~ **de conduite** driving lesson
le ~ du change exchange rate
une **course** race
~ **cycliste** cycle race
~ **d'obstacles** obstacle race
courses (faire des ~) to go shopping
un **court de tennis** tennis court
court short
courtois courteous
le **couscous** Arab dish
un(e) **cousin(e)** cousin
un **couteau** knife
coûter to cost
coûteux (-euse) costly
la **couture** sewing
un **couvert** place setting; cover charge
une **couverture** blanket, cover

couvrir to cover
la **craie (bleue)** chalk (marl)
cramoisi crimson
une **cravate** tie
un **crayon** pencil
créateur creative
une **crème** cream
la ~ anglaise custard
~ **solaire** sun-tan cream
une **crémerie** shop selling dairy products
une **crêpe** pancake
une **crêperie** pancake restaurant
creuser to hollow out, dig
une **crevaison** puncture
crevé *p* dead tired, worn out
crever to burst, split, have a puncture
les **crevettes** *f pl* prawns, shrimps
crier to shout
un **crime** crime
critiquer to criticise
croire to think, believe
croiser to cross
un **croque-monsieur** toasted ham and cheese sandwich
croustillant crusty
cru raw
les **crudités** raw vegetables
cueillir to pick
une **cuiller** spoon
une **cuillère** spoon
en cuir made of leather
cuire (faire ~) to cook
la **cuisine** kitchen; cooking
faire la ~ to do the cooking
un(e) **cuisinier(-ière)** cook
une **cuisinière (à gaz/à électricité)** cooker
les **cuisses** *f pl* **de grenouille** frog's legs
cuit cooked
cultiver to cultivate, grow
la **culture** culture
curieux (-euse) curious
une **curiosité** sight, item of interest
le **curry** curry
le **cyclisme** cycling
un **cyclomoteur** moped

D

avoir la dalle *p* to be starving
une **dame** lady
dangereux (-euse) dangerous
dans in
la **danse** dance
une **date** date
un **dauphin** dolphin
un **dé** dice
de of, from
un **débardeur** sleeveless top
le **débarquement** landing
débarquer to unload; to land; to get off (a boat)
débarrasser to clear away
débrouiller to sort out, untangle
se **débrouiller** to cope, manage
le **début** beginning
un(e) **débutant(e)** beginner
décaféiné decaffeinated
décédé dead, deceased
décembre December
le **décès** death
déchaîné wild
les **déchets** *f pl* rubbish
déchirer to tear
décider to decide
le **décollage** take off (plane)
décoller to take off
décorer to decorate
découper to cut out
se **décourager** to get depressed, to get discouraged
décrocher to unhook
découvrir to discover
décrire to describe
un **défaut** weakness, fault
un **défilé** procession
~ **de mode** fashion parade
se **déformer** to warp, distort

dégoûtant disgusting
déguisé in fancy dress
le **déguisement** costume
se **déguiser** to disguise oneself; to dress up
déguster to taste, sample
dehors(!) (get) outside
en ~ de outside of
déjà already
le **déjeuner** lunch
petit ~ breakfast
déjeuner to have lunch
un(e) **délégué(e) de classe** student representative
délicieux (-euse) delicious
demain tomorrow
démarrer to start up
se **déménager** to move house
un **demi** half a pint (beer etc.)
un **demi-frère** half-brother
une **demi-journée** half-day
un **demi-pensionnaire** pupil who has lunch at school
une **demi-sœur** half-sister
dense crowded; thick; heavy
une **dent** tooth
le **dentifrice** toothpaste
un **déodorant** deodorant
le **départ** departure
un **département** administrative area of France (like a county)
dépasser to exceed
dépaysé out of one's element
se **dépêcher** to hurry
ça dépend it depends
dépenser to spend
les **dépenses** *f pl* expenses
le **déplacement** movement
se **déplacer** to move around
un **dépliant** leaflet
dépolluer to reduce pollution
déposer to leave, deposit
depuis since, for
un **député** MP
déranger to disturb
dernier (-ère) latest, last
derrière behind
dès as soon as, from
un **désastre** disaster
descendre to go down; to get off
la **désensibilisation** desensitivity
déséquilibrer to unbalance
un **désert** desert
se **déshabiller** to get undressed
un **désir** wish
désirer to want
désolé very sorry
un **dessert** sweet, dessert
le **dessin** drawing; design; art
un **dessinateur** illustrator
dessiner to draw
au dessous de below
en dessous below
le **dessous de moquette** underfelt
le **dessus** the top
au dessus de above
une **destination** destination
destiné intended for
un **détail** detail
détendant relaxing
se **détendre** to relax
détendu relaxed
la **détente** relaxation
détenir le record to hold the record
détester to hate
détruire to destroy
le **deuil** mourning, bereavement
deuxième second
devant in front of
devenir to become
deviner to guess
devoir to have to, 'must'
les **devoirs** homework
dialoguer to converse
un **diamant** diamond
une **diapositive** colour slide
dicter to dictate
un **dictionnaire** dictionary

un(e) **diététicien(-ne)** dietician
Mon Dieu! Good heavens!
difficile difficult
dimanche Sunday
le **dîner** dinner
dîner to have dinner
un **dinosaure** dinosaur
dire to say
direct direct
directement directly
un(e) **directeur (-trice)** director; headteacher
diriger to direct
une **discothèque** disco(theque)
discret quiet, discreet
discuter to discuss, argue
disparaître to disappear
disparu(e) who has disappeared
à votre **disposition** for your use
se **disputer** to argue
un **disque** record
une **distraction** entertainment
distribuer give out, deliver
un **distributeur automatique** automatic ticket machine
diviser to divide
divorcé divorced
un **document** document
un **documentaire** documentary
un(e) **documentaliste** information officer
la **documentation** information, publications
dodo bye-byes
un **doigt** finger
un **doigt de pied** toe
c'est **dommage** it's a pity
donc therefore
donner to give
dont of which, of whom
doré golden
dormir to sleep
~ **comme une souche** to sleep like a log
un **dortoir** dormitory
le **dos** back
un **dossier** file; project
la **douane** customs
doucement quietly, gently
une **douche** shower
la **douleur** pain, sorrow
doux gentle; quiet; mild; sweet
dramatique dramatic
un **drap** sheet
un **drapeau** flag
un **draps-sac** sheet sleeping bag
la **drogue** drugs
une **droguerie** hardware shop
le **droit** the right
avoir le ~ to have the right
(à) **droite** (on the) right
drôle funny
dur hard
la **durée** length of time
durer to last
dynamique dynamic

E

l' **eau** f water
~ **(non-) potable** (not) drinking water
~ **minérale** mineral water
un **éboueur** dustman, refuse collector
un **échange** exchange
faire un ~ to do an exchange
échanger to exchange
s' **échapper** to escape
une **écharpe** scarf
les **échecs** m pl chess
une **échelle** ladder
échouer to fail
~ **à un examen** to fail an exam
l' **éclairage** m lighting
une **éclaircie** sunny period
éclairé illuminated
s' **éclater** to break out
une **école** school
~ **maternelle** nursery school

~ **primaire** primary school
l' **écologie** f ecology
des **économies** f pl savings
faire des ~ to save
écossais(e) Scottish
l' **Ecosse** f Scotland
écouter to listen to
des **écouteurs** m pl headphones
un **écran** screen
s' **écraser** to crash
écrire to write
~ **à la machine** to type
écrite à la main handwritten
un **écriteau** notice
l' **écriture** f writing
~ **pour les aveugles** Braille
l' **éducation physique** f physical education
éduquer to educate
effacer to rub out, erase
un **effet** effect
en ~ in fact
l'**~ de serre** greenhouse effect
effrayant frightening
également equally
une **église** church
égoïste selfish
les **égouts** m pl sewers
élargir to enlarge
un(e) **électricien(ne)** electrician
l' **électricité domestique** f electricity in the home
électrique electrical
un **électrophone** record player
un **éléphant** elephant
un(e) **élève** pupil
élever to breed, raise
embêtant annoying
l' **emballage** m packaging
l' **embarquement** m boarding, loading
une carte d' ~ boarding card
un **embouteillage** traffic jam
embrasser to kiss
une **émission** broadcast, programme
emmener to take
empêcher to prevent
un **emplacement** place (on a campsite)
un **emploi du temps** timetable
un(e) **employé(e)** employee
~ **de bureau** office worker
emporter to take away
emprunter to borrow
en in; of it/them
enchanté delighted to meet you
encombré congested, crowded
encore again; more; another
une **encyclopédie** encyclopaedia
s' **endormir** to fall asleep
un **endroit** place
l' **énergie** f energy
s' **énerver** to get angry, on edge
l' **enfance** f childhood
un **enfant** child
enfermé shut in
enfin at last, finally
enlever to take away/off
s' **ennuyer** to get bored
ennuyeux (-euse) boring
énorme enormous
une **enquête** inquiry, survey, investigation
un **enregistrement** m registration, recording
enregistrer to record
une **enseigne** sign, board
l' **enseignement secondaire** m secondary education
enseigner to teach, instruct
ensemble together
un ~ a suit, outfit
un ~ de a set of
ensoleillé sunny
ensuite next
entendre to hear
s' **entendre (avec)** to get on (with)
entendu of course, agreed

enterré buried
l' **enthousiasme** m enthusiasm
entier (-ère) entire, whole
entourer to surround
entouré de surrounded by
l' **entraînement** m training
s' **entraîner** to train
entre between
une **entrecôte** entrecote or rib steak
une **entrée** entrance; entry fee; first course of meal
une **entreprise** company, business
entrer (dans) to go in, enter
entretenu maintained
à l' **envers** back to front
avoir **envie de** to wish, want
environ about, around
les **environs** surrounding area
s' **envoler** to fly away
envoyer to send
une **épaule** shoulder
épeler to spell
une **épicerie** grocer's
un(e) **épicier (-ère)** m grocer
les **épinards** m pl spinach
une **époque** time, period
épouvantable dreadful
une **épreuve** test
épuisé exhausted
équilibré balanced
l' **équipage** m crew
une **équipe** team
l' **équitation** f horse riding
faire de ~ to go horse riding
l' **érable** m maple
l' **ère** f era
une **erreur** mistake
par ~ by mistake
l' **escalade** f climbing
faire de l'~ to go climbing
un **escalier** staircase
des **escargots** m pl snails
un(e) **esclave** slave
l' **escrime** f fencing
l' **espace** m space
l' **Espagne** f Spain
espagnol(e) Spanish
une **espèce** species
~ **en voie de disparition** threatened species
en **espèces** cash
l' **espérance de vie** f life expectancy
espérer to hope
l' **esprit** m mind, attitude
essayer to try
l' **essence** f petrol
l' **essentiel** m the main points
les **essuie-glaces** m pl windscreen wipers
essuyer to wipe up
(à) l' **est** m (de) (to the) east (of)
et and
un **étage** storey, tier
une **étagère** shelf
un **étalage** stall, display
un **étang** pond
une **étape** section, stage
un **état** state, condition
les **Etats-Unis** m pl United States
l' **été** m summer
éteindre to turn out/off
étendu far-reaching, extensive
étincelant sparkling
une **étiquette** label
une **étoile** star
étonné astonished
étrange strange
à l' **étranger** abroad
étranger foreign
un **étranger** foreigner
être to be
un **être vivant** living creature
étroit narrow
les **études** f pl studies
un(e) **étudiant(e)** student
étudier to study
l' **Eurotunnel** m Eurotunnel
eux them, themselves
évacuer to evacuate

éveillé awake, alert
un **événement** event
évidemment obviously
évident obvious
un **évier** sink
éviter to avoid
un **examen** exam
excusez-moi! excuse me!
un **exemple** example
par ~ for example
exigeant demanding
une **exigence** demand
une **expérience (scientifique)** (scientific) experiment
une **explication** explanation
expliquer to explain
une **exposition** exhibition
exprimer to express
à l' **extérieur** on the outside
un **extrait** extract
extraordinaire amazing
En route! Let's go!
exubérant exuberant

F

un **fabricant** manufacturer
la **fabrication** manufacture
une **fabrique** factory
fabriqué made out of
fabriquer to manufacture, make
en **face de** opposite
fâché angry
se **fâcher** to get angry
facile easy
facilement easily
une **façon** way
façonner to shape
un **facteur** postman
une **facture** bill, till receipt
facultatif (-ive) optional
faim (avoir ~) to be hungry
faire to do; go; make
~ **des achats** to go shopping
~ **accorder** to make something agree
se ~ **comprendre** to make yourself understood
~ **la connaissance de** to get to know
~ **les courses** to go shopping
~ **la cuisine** to cook
~ **une demande** to make an application
~ **des économies** to save
~ **face** to confront
~ **la lessive** to do the washing
~ **mal** to hurt
~ **marcher** to operate, make (something) work
~ **le ménage** to do the housework
~ **part de** to inform
~ **partie de** to take part in
~ **le plein** to fill up (petrol)
~ **le repassage** to do the ironing
~ **signe à** to gesture
~ **la vaisselle** to do the washing up
~ **les valises** to pack
~ **visiter** to show someone round
~ **voir** to show
Fais/Faites voir! Let me see
un **faisan** pheasant
en **fait** in fact
une **falaise** cliff
une **famille** family
fantastique fantastic
fantaisie novelty
un **fantôme** ghost
farci stuffed
la **farine** flour
un **fast-food** fast food restaurant
fatigant tiring
fatigué tired

il faudrait que it should happen that
il faut you need; it is necessary
un fauteuil armchair
faux (fausse) false
favori favourite
Félicitations! Congratulations!
une femme woman
une fenêtre window
le fer iron
une ferme farm
fermer to close
la fermeture annuelle annual closing
un(e) fermier (-ière) farmer
un ferry ferry
une fête Saint's day; party
 ~ folklorique traditional festival
 ~ foraine fair
fêter to celebrate
un feu fire
 ~ d'artifice firework display
 ~ de camp camp-fire
 ~ (rouge/vert) (red/green) traffic light
une feuille leaf; sheet of paper; page
un feuilleton serial
les feux *m pl* traffic lights
février February
les fiançailles engagement
les fibres *m pl* fibre
une ficelle 'stick' loaf
une fiche note, slip of paper
 une ~ d'autorisation permission slip
 ficher le moral à zéro *p* to make you feel really down
fier (-ère) proud
fièvre (avoir de la ~) to have a (high) temperature
filer to go by
un filet net
un fils son
la fin end
 en ~ de compte in the end, to sum up
finir to finish
fixe fixed
fléché marked by arrows
des fléchettes *f pl* darts
une fleur flower
fleuri floral
un fleuve river
le flipper pinball machine
une flûte flute
 ~ à bec recorder
le foie liver
une foire fair
une fois time
 à la ~ at a time
(bleu) foncé dark (blue)
foncer to forge ahead
un fonctionnaire civil servant
le fonctionnement working
fonctionner to function
fondre to melt
le football football
une forêt forest
la formation training
la forme fitness, shape
 être en ~ to be fit
formidable terrific
un formulaire form
fort strong, well-built, hard
fou (folle) mad
une fougère fern
un foulard scarf
une foule crowd
un four oven
 ~ à micro-ondes microwave oven
une fourchette fork
fournir to supply, provide
fourré filled
frais (fraîche) fresh
le frais commission, cost
une fraise strawberry
une framboise raspberry
les Français French people

français(e) French
la France France
francophone French-speaking
frapper to knock, strike, hit
les freins *m pl* brakes
fréquemment frequently
un frère brother
le fric *p* money
un frigidaire fridge
les fringues *f pl* clothes
frisé curly
les frites *f pl* chips
froid cold
 avoir ~ to be cold
le fromage cheese
une frontière border, frontier
un fruit fruit
un fruitier fruit tree
les fruits de mer *m pl* seafood
fumé smoked
fumer to smoke
(non-) fumeurs (compartment for) (non-)smokers
un funiculaire cable car
furieux (-euse) furious

G

un(e) gagnant(e) winner
gagner to earn, to win
une galette savoury pancake, flat cake
 Galles, le Pays de ~ Wales
gallois Welsh
un gant glove
 ~ de toilette face flannel
un garage garage
un garçon boy
 ~ (de café) waiter
garder to look after, keep
un gardien warden
 ~ du phare lighthouse keeper
une gare station
 ~ routière bus station
 ~ maritime harbour station
garer la voiture to park the car
le gasoil diesel
gaspiller to waste
gâté spoilt
un gâteau (au chocolat) (chocolate) cake
(à) gauche (on the) left
une gaufre waffle
les Gaulois *m pl* the Gauls
le gaz d'échappement exhaust fumes
gazeux (-euse) fizzy, gassy
le gazole diesel
geler to freeze
un gendarme armed policeman
généralement normally
généreux generous
génial brilliant
le genou knee
un genre kind, type
les gens *m pl* people
gentil(le) nice, kind
gentiment kindly
la géographie geography
une gerbille gerbil
gigantesque gigantic
un gilet de sauvetage life jacket
une girafe giraffe
un gîte holiday house
la glace ice; ice cream; mirror
 en ~ made of ice
glissant slippery
glisser to slip, slide
les godasses *p, f pl* shoes
le golf golf
une gomme rubber
la gorge throat
une gourde water bottle
le goûter tea
goûter to taste
grâce à thanks to
grand large; tall; great
un grand huit roller coaster
une grand-mère grandmother

un grand-parent grandparent
un grand-père grandfather
la Grande-Bretagne Great Britain
faire la grasse matinée to have a lie in
au gratin with cheese
gratuit free of charge
grave serious
gravement seriously
les Grecs *m pl* the Greeks
une grève strike
grillé grilled, toasted
grimper to climb
un grimpeur climber
la grippe flu
gris grey
gros(se) big
 en~ broadly speaking, in general
 en ~ plan in close up
grossir to gain weight, to get fat
une guerre war
 la deuxième ~ mondiale the Second World War
un guichet ticket office
un guide guide book; guide
le guidon handlebars
une guitare guitar
un gymnase gymnasium
la gymnastique gymnastics

H

s' habiller to get dressed
habillé smart, dressy
habiter to live in
une habitude habit, custom
 d'~ normally
habituellement usually, normally
s' habituer to get used to
le hachis parmentier shepherd's pie
le hall entrance hall
un hamster hamster
handicappé handicapped
les haricots verts *m pl* green beans
par hasard by (any) chance
à la hâte in haste
haut high
la hauteur height
l' hébergement *m* accommodation
hélas! alas!
un hélicoptère helicopter
l' herbe *f* grass
 une mauvaise ~ weed
hériter to inherit
hésiter to hesitate
l' heure *f* hour; the time
 de bonne ~ early
 ~ du déjeuner dinner hour
 ~ de pointe rush hour
 ~s supplémentaires overtime
heureusement fortunately
heureux (-euse) happy
une histoire story
l' histoire *f* history
historique old, historic
l' hiver *m* winter
le hockey hockey
un homme man
 ~-grenouille frogman
honnête honest
un hôpital hospital
l' horaire *m* timetable
 une fiche ~ pocket timetable
horizontalement across
horrible awful, horrible
hors de outside of
 ~ question out of the question
un hors d'œuvre first course
un(e) hôte host
un hôtel hotel
l' hôtel de ville *m* town hall
une hôtesse de l'air air hostess

une housse duvet cover
le hovercraft hovercraft
une huée boo, jeer
l' huile *f* oil
huit eight
les huîtres *f pl* oysters
humain human
l' humeur *f* mood, humour
 en bonne ~ in a good mood
 en mauvaise ~ in a bad mood
un hypermarché hypermarket

I

ici here
d' ici from here, between now and …
idéal ideal
une idée idea
il y a there is, there are
il y a eu there was, there were
une igname yam
une île island
une image picture
imaginaire imaginary
imbécile idiot
immédiatement immediately
immense huge
un immeuble block of flats
l' imparfait *m* imperfect tense
impatient impatient
un imperméable raincoat
n' importe où anywhere at all
impressionnant impressive
l' imprévu *m* the unexpected
inattendu unexpected
un incendie fire
incliné sloping
inclure to include
inconnu unknown
un inconvénient disadvantage, inconvenience
incroyable unbelievable
indépandant independant
un indicatif telephone code
une indice clue
indiquer to show, indicate
indispensable necessary
indistinctement unclearly
individuellement individually
industriel(le) industrial
une infirmerie sick room
une infirmière nurse
un(e) informaticien (-ne) computer specialist
l' informatique *f* computer studies
un ingénieur engineer
l' initiation (à) *f* introduction (to)
s' initier to learn something, get to know something
injustifié unjustified
une innovation innovation
l' inondation *f* flooding
inoubliable unforgettable
inquiet (inquiète) anxious, worried
s' inquiéter to be worried, anxious
s' installer to settle in
un(e) instituteur (-trice) primary school teacher
l' instruction civique *f* civics, general studies, current affairs
l' instruction religieuse *f* religious education
un instrument de musique musical instrument
insuffisant insufficient
l' intendant *m* bursar
interdit forbidden
intéressant interesting
s' intéresser à to be interested in
l' intérêt *m* interest
à l' intérieur on the inside
un internat boarding school
un(e) interne boarder
interroger to question
interrompre to interrupt
interurbain long distance

interviewer to interview
inutile useless
inventer to invent
un(e) **inventeur (-trice)** inventor
une **invention** invention
un(e) **invité(e)** guest
inviter to invite
irlandais Irish
l' **Irlande** f Ireland
l' **isolement** m loneliness; insulation
isoler to insulate
l' **Italie** f Italy
italien(ne) Italian
un **itinéraire <bis>** alternative route recommended by Bison Futé

J

jaloux (-ouse) jealous
jamais never; ever
la **jambe** leg
le **jambon** ham
le **Japon** Japan
japonais Japanese
un **jardin** garden
le **jardinage** gardening
faire du ~ to do some gardening
un(e) **jardinier (-ière)** gardener
jaune yellow
un **jean** pair of jeans
jeter to throw
un **jeton** counter
un **jeu** game, amusement
~ électronique electronic game
~ de cartes pack of cards
~ de société indoor (usually card or board) game
~ vidéo video game
les **Jeux Olympiques** Olympic Games
une **jeune fille** girl
les **jeunes** young people
la **jeunesse** youth
un **job** job
un **jogging** tracksuit
la **joie** joy
joli pretty
un **jongleur** juggler
la **joue** cheek
jouer to play
un **jouet** toy
un(e) **joueur (-euse)** player
un **jour** day
~ de congé day off
~ de fête holiday
~ férié holiday
les ~s de semaine on weekdays
tous les ~s every day
un **journal** (pl **journaux**) newspaper
~ du soir evening paper
une **journée** day
le **judo** judo
juillet July
juin June
un(e) **jumeau (jumelle)** twin
le **jumelage** town twinning
jumelé twinned
les **jumelles** f pl female twins; binoculars
une **jupe** skirt
un **jus de fruit** fruit juice
jusqu'à until, as far as
juste fair, correct

K

le **karaté** karate
le **ketchup** tomato ketchup
un **kidnapping** kidnapping
un **kiosque** kiosk
un **kiwi** kiwi fruit

L

là there
là-bas over there, there
un **laboratoire** laboratory
un **lac** lake
laid ugly
la **laine** wool
laisser to leave
~ tomber to drop, let fall
le **lait** milk
une **laitue** lettuce
une **lampe (de poche)** torch
lancer to throw
une **langue (vivante)** (modern) language
un **lapin** rabbit
laquelle (lequel)? which one?
las tired, weary
le **latin** latin
un **lavabo** wash basin
le **lavage** car wash; laundry
la **lavande** lavender
un **lave-linge** washing machine
se **laver** to wash
~ les cheveux to wash your hair
une **laverie automatique** launderette
une **lave-vaisselle** dishwasher
le **lèche-vitrine** window shopping
une **leçon** lesson
un(e) **lecteur (-trice)** reader
~ de disques compacts CD player
la **lecture** reading
léger(-ère) light
un **légume** vegetable
le **lendemain** the next day
lentement slowly
un **LEP** technical college
lequel (laquelle)? which one?
la **lessive** washing powder
faire la ~ to do the washing
une **lettre** letter
se **lever** to get up
leur(s) their
une **librairie** bookshop
libre free
lier l'amitié to strike up a friendship
un **lieu** place
au ~ de instead of
avoir ~ to take place
il a ~ it takes place
une **ligne** line
limité limited
la **limite de vitesse** speed limit
la **limonade** lemonade
la **limpidité** clearness, clarity
le **linge** linen; washing
un **lion** lion
lire to read
un **lit** bed
des ~s superposés m pl bunk beds
la **littérature** literature
un **livre** book
une **livre** pound
livrer to deliver
un **livret** booklet
un(e) **locataire** tenant, person hiring something
la **location** hire charge, hire of
les **locaux** m pl premises, building
le **logement** accommodation
loin far away
lointain distant, far away
les **loisirs** m pl leisure
Londres London
long(ue) long
longtemps a long time
la **longueur** length
lorsque when, while
louer to hire
un **loup** wolf
lourd heavy
loyal loyal
le **loyer** rent
lui (to) him/(to) her

lui-même himself
la **lumière** light
lumineux illuminated
lundi Monday
la **lune** moon
des **lunettes** f pl glasses
le **Luxembourg** Luxembourg
luxueux (-euse) luxurious
un **lycée** senior school (15+)
un(e) **lycéen(ne)** student at a *lycée*

M

ma my
un **machin** thing, gadget
une **machine à laver** washing machine
un **maçon** builder
mademoiselle (pl **mesdemoiselles**) Miss
un **magasin** shop
~ de cadeaux gift shop
un **magnétophone** tape recorder
un **magnétoscope** video recorder
magnifique splendid
la **magnitude** greatness
maigrir to lose weight
un **maillot** top, vest
~ de bain swimming costume
la **main** hand
à la ~ by hand
~ courante handrail
maintenant now
maintenir to maintain
le **maire** mayor
mais but
une **maison des jeunes** Youth Centre
une **maison** house
mal badly
avoir ~ to have a pain
pas ~ not bad
le **mal de l'air** air sickness
le **mal de mer** sea sickness
malade ill
un(e) **malade** patient
une **maladie** disease
un **malaise** discomfort, ache, uneasiness
malgré in spite of
malheureusement unfortunately
malheureux (-euse) unhappy
maman Mum
Mamie Granny
le **manche** handle
la **Manche** English Channel
une **mandarine** mandarin
manger to eat
une **manifestation** demonstration, event
un **mannequin** fashion model
un **manoir** manor, large house
manquer to miss, be lacking
un **manteau** coat
le **maquillage** make up
se **maquiller** to wear make up, put on make up
un(e) **marchand(e)** stallholder, shopkeeper
les **marchandises** f pl merchandise, goods
une **marche** step
un **marché** market
~ aux puces flea market
marcher to work (machine)
le **Mardi Gras** Shrove Tuesday
la **marée** tide
~ haute high tide
~ basse low tide
un **mari** husband
un **mariage** wedding
marié married
se **marier** to get married
une **marionnette** puppet
le **Maroc** Morocco
une **marque** brand name
marron brown
les **marrons** m pl chestnuts
une **mascotte** mascot
un **match** match

un **matelas pneumatique** lilo, inflatable mattress
les **mathématiques/maths** maths
une **matière** school subject; matter
en ~ plastique made of synthetic material
des ~s grasses f pl fats
un **matin** morning
une **matinée** morning
mauvais bad
il fait (très) ~ the weather is (very) bad
la **mayonnaise** mayonnaise, salad cream
un(e) **mécanicien(ne)** mechanic; flight engineer; train driver
méchant naughty, fierce
une **médaille** medal
un **médecin** doctor
un **médicament** medication, drugs
meilleur better, best
un **mélange** mixture
mélanger to mix
un **melon** melon
même even; same
une **menace** threat
le **ménage** household
faire le ~ to do the housework
mener to lead
les **méninges** f pl brain, mind
mensuel monthly
la **menthe** mint
~ à l'eau green, peppermint-flavoured drink
mentir to lie
le **menu à …** fixed price menu
la **mer** sea
~ Méditerranée Mediterranean sea
merci (no) thank you
mercredi Wednesday
une **mère** mother
les **merguez** m pl spicy sausages
merveilleux (-euse) marvellous
mes my
la **météo** weather forecast
un **métier** career, trade
un **mètre** metre
le **métro** the underground
un **metteur en scène** (film) director
mettre to put
~ en marche to make something work, start something off
~ la table to set the table
se ~ to sit
se ~ en marche to set off
meublé furnished
les **meubles** m pl furniture
à **mi-temps** part time
un **micro-ordinateur** microcomputer
midi midday
le **miel** honey
mieux better, best
mignon(ne) sweet
mijoter to simmer
au **milieu de** in the middle of
mille thousand
des **milliers** thousands
mince slim, thin
les **minéraux** m pl minerals
minuscule minute, very small
minuit midnight
une **minute** minute
un **miroir** mirror
la **misère** misery, worry
mixte mixed
une **mobylette** moped
moche p horrible
la **mode** fashion
le **mode de vie** way of life
moderne modern
une **modification** slight change
moi I, myself
moi-même myself
la **moindre** the least
au **moins** at least

(le) **moins** less (least)
    ~ **cher** less expensive
    ~ **de** less than
un **mois** month
un **moment** moment
    momentanément for the moment
    mon my
le **monde** world
trop de **monde** too many people
    mondial of the world
un(e) **moniteur (-trice)** instructor
la **monnaie** small change
un **monstre** monster
une **montagne** mountain
    montagneux mountainous
le **montant** total amount
    monter to go up, get on
une **montgolfière** hot air balloon
une **montre** watch
    montrer to show
un **monument** sight, monument
la **moquette** fitted carpet
un **morceau** piece
    mordu bitten, smitten
    mort(e) dead
un **mot** word
    les **~s croisés** crossword
le **moteur** engine
une **moto** motorbike
une **motoneige** snowmobile
un **mouchoir (en papier)** (paper) handkerchief
un **moulin** windmill
    ~ **à café** coffee grinder
    mourir to die
la **mousse** foam
une **moustache** moustache
la **moutarde** mustard
un **mouton** sheep, mutton
un **moyen (de transport)** means (of transport)
    moyen average
en **moyen** in medium (size)
le **Moyen Age** Middle Ages
    multiplier to multiply
    municipal belonging to the town or municipality
    munir to equip, supply
un **mur** wall
    mûr ripe, mature
un **musée** museum
la **musique** music
    mystérieux mysterious

N

une **nageoire** fin
    nager to swim
    nain dwarf
la **naissance** birth
    naître to be born
une **nappe** tablecloth
la **natation** swimming
    nature on its own
    naturellement of course, naturally
    nautique nautical, water
une **navette** shuttle
    né(e) born (from **naître**)
    ne ... jamais never
    ne ... pas not
    ne ... plus de no more, none left
    ne ... rien nothing
il **neige** it's snowing
la **neige** snow
    n'est-ce pas? isn't that so? don't you think?
le **nettoyage à sec** dry cleaning
    nettoyer to clean
    neuf (neuve) new
un **neveu** nephew
le **nez** nose
une **nièce** niece
un **niveau** level
    nocturne late-night opening
    Noël Christmas
    noir black
le **noir** darkness
une **noisette** hazelnut
un **nom** name

    nombreux (-euse) numerous
    nommer to name
    non no
    non plus neither
le **nord** north
le **nord-ouest** north-west
    normalement normally
une **note** mark
    notre our
des **nouilles** f pl noodles
une **nourrice** nanny, childminder
    nourir to feed, nourish
la **nourriture** food
    nous we
    nouveau (nouvel, nouvelle) new
de **nouveau** again
une **nouveauté** novelty
une **nouvelle** piece of news
une **nuit** night
    bonne ~ goodnight
    il fait ~ it's dark
    la ~ by night
    nul hopeless, nil
un **numéro** number; copy (of a magazine etc.)
    ~ **d'immatriculation** car registration number
    numéroté numbered
    nutritive nutritious

O

    obligatoire obligatory, compulsory
    obligé de obliged to, have to
les **obsèques** f pl funeral
    obstiné obstinate
    obtenir to obtain
    obtenu obtained
    occupé busy, occupied, taken
s' **occuper de** to be concerned/ busy with
un **œil** (pl **yeux**) eye
un **œuf** egg
    ~ **à la coque** boiled egg
    ~ **dur** hard boiled egg
    ~ **sur le plat** fried egg
on m'a **offert** I was given (from **offrir**)
l' **office de tourisme** m tourist office
des **offres d'emploi** f pl situations vacant (adverts)
    offrir to offer
une **oie** goose
un **oignon** onion
un **oiseau** bird
un **olivier** olive tree
    ombragé shady
une **ombre** shadow
une **omelette** omelette
    on one, we, people (in general)
un **oncle** uncle
    optimiste cheerful, optimistic
un **orage** storm
    orageux stormy
une **orange** orange
une **orangeade** orangeade drink
un **Orangina** fizzy orange
un **orchestre** orchestra, band
un **ordinateur** computer
une **ordonnance** prescription
les **ordures** f pl rubbish
l' **oreille** f ear
un **oreiller** pillow
un **organisme** organisation
    ~ **de charité** charitable organisation
l' **orthographe** f spelling
    ou or
    où? where?
    oublier to forget
l' **ouest** m west
    oui yes
un **ours** bear
    outre beyond
    ouvert open
une **ouverture** opening
un **ouvre-boîtes** tin opener

un **ouvre-bouteilles** bottle opener
un(e) **ouvrier (-ère)** worker
    ouvrir to open
    ovale oval
l' **oxygène** m oxygen
s' **oxygéner** to take a breath of fresh air, revitalise

P

le **pain** bread, loaf
    ~ **au chocolat** bread roll with chocolate inside
    ~ **grillé** toast
la **paix** peace
un **palais** palace
    pâle pale
une **pamplemousse** grapefruit
un **panda géant** giant panda
un **panier** basket
    ~ **à linge** linen basket
en **panne** out of order, broken down
un **panneau** (road) sign
un **pantalon** pair of trousers
une **papeterie** stationer's
le **papier** paper
    ~ **à lettres** writing paper
    ~ **kraft** brown wrapping paper
un **papillon** butterfly
    Pâques Easter
un **paquet** packet, parcel
    faire un ~ cadeau to gift wrap
    par by
un **paradis** paradise
un **paragraphe** paragraph
    paraître to appear
un **parapluie** umbrella
un **parc** park
    ~ **d'attractions** leisure park, theme park
    parce que because
    parcourir to cover, travel across
le **parcours** route, distance covered
un **pardessus** overcoat
    pardon excuse me, I'm sorry
le **pare-brise** windscreen
un **parent** parent
    paresseux lazy
    parfait perfect
    parfois sometimes
le **parfum** perfume; flavour
    parfumé flavoured
une **parfumerie** perfume shop, perfume factory
un **parking** car park
le **Parlement** Parliament
    parler to talk, speak
    parmi amongst
une **parole** word
    partager to share
en **partant de** starting from
un(e) **partenaire** partner
    participer (à) to take part (in)
    particulier private, private individual
une **partie** part
    partiel partial
à **partir de** starting from
    partir to leave
    partout everywhere
    pas not
    ~ **du tout** not at all
    ~ **grand-chose** not much
un **passage** crossing
    ~ **à niveau** level crossing
    ~ **souterrain** subway
un **passager** passenger
le **passé** past
un **passeport** passport
    passer to spend (time)
    ~ **l'aspirateur** to do the vacuuming
se **passer** to take place
un **passe-temps** hobby, pastime
    passionnant exciting
se **passionner (pour)** to be fascinated (with)/keen (on)

une **patate douce** sweet potato
la **pâte d'amandes** almond paste
le **pâté** meat paste, pâté
les **pâtes** f pl pasta
    patient patient
les **patins à roulettes** m pl roller skates
le **patinage** ice skating
une **patinoire** skating rink
une **pâtisserie** cake shop, confectioner's
le **patron** boss, owner
une **patte** paw (of an animal)
la **pause(-déjeuner)** (lunch) break
    pauvre poor
    payer to pay (for)
un **pays** country
    ~ **des Merveilles** Wonderland
un **paysage** landscape, scenery
un(e) **paysan (-ne)** peasant, country person
en **PCV** reverse charges
un **péage** toll
la **peau** skin
une **pêche** peach
la **pêche, aller à ~** to go fishing
un **pêcheur** fisherman
    pectoral of the chest
une **pédale** pedal
    pédaler to pedal
un **pédalo** pedal boat
    peindre to paint
la **peine** trouble
    ce n'est pas la ~ it's not worth the trouble
la **peinture** painting
une **pellicule** film
une **pelouse** lawn
une **peluche** soft toy
des **pelures de légumes** vegetable peelings
    penché leaning towards
    pendant during
    pénible tiresome, tedious
    penser to think
la **Pentecôte** Whitsun
    Pépé Grandad
une **perceuse** drill
    perdre to lose
se **perdre** to get lost
un **perdreau** partridge
un **père** father
le **père Noël** Father Christmas
se **perfectionner** to improve
    perforer to damage, break into
en **permanence** continuously
les **permes (heures de permanence)** f pl study periods
    permettre to allow
un **permis de conduire** driving licence
un **perroquet** parrot
un **personnage** character
ne **personne** no-one, nobody
une **personne** person
    par ~ per person
le **personnel** staff
    péruvien Peruvian
    peser to weigh
    pessimiste pessimistic
la **Pétanque** French bowls
le **petit déjeuner** breakfast
    petit small, little
    ~ **ami(e)** boy/girlfriend
les **petits-enfants** grandchildren
les **petits pois** m pl peas
un **peu** a little, rather
    peu de few
à **peu près** approximately, about
la **peur** fear
    avoir ~ to be frightened
    peut-être perhaps
un **phare** lighthouse; headlamp
une **pharmacie** chemist
un(e) **pharmacien(ne)** chemist
un **phoque** seal
une **photo** photo
un(e) **photographe** photographer
une **phrase** sentence

un **piano** piano
une **pièce** piece; room
    20F la ~ 20F each
    ~ d'identité means of identification
    ~ de théâtre play
un **pied** foot
    à ~ on foot
    ~ à ~ step by step
    ça me casse les ~s it gets on my nerves
    un coup de ~ kick
    se lever du ~ gauche to get out of bed on the wrong side
un **piège** trap, pitfall
une **pierre** stone
un **piéton** pedestrian
une **pile** battery
    pile ou face heads or tails
un **pilote** pilot
    ~ de courses racing driver
un **pin** pine tree
un **pin's** badge
un **pingouin** penguin
le **ping-pong** table tennis
une **pioche** pile of cards; pickaxe
une **pipe** pipe
la **piperade** sort of spicy omelette with peppers and tomatoes
    piquant spicy
un **pique-nique** picnic
une **piqûre d'insecte** insect bite
une **pirogue** dugout canoe
une **piscine** swimming pool
    pistache pistachio
une **piste** track, ski run
    ~ cyclable cycle track
    pittoresque picturesque, pretty
une **pizza** pizza
un **placard** cupboard
une **place** seat; square
    réservation des ~s seat reservation
une **plage** beach
    plaire to please
    plaisanter to joke
le **plaisir** pleasure
un **plan** map
    ~ des pistes ski map
la **planche à voile** windsurfing
    faire de la ~ to go windsurfing
un **plancher** floor
une **planète** planet
une **plante** plant
    plat flat
un **plat** dish; course
    ~ cuisiné oven-ready meal
    ~ du jour dish of the day
    ~ principal main course
un **plateau** tray
une **platine-laser** CD player
    plein full
    faire le ~ to fill up
de **plein air** open air
en **plein air** in the open air
    pleurer to cry
il **pleut** it's raining
    pleuvoir to rain
    plier to fold
le **plomb** lead
la **plongée sous-marine** underwater diving
    plonger to dive
la **pluie** rain
les **pluies acides** acid rain
la **plupart** most
    plus (de) more (than)
    en ~ in addition
    plusieurs several
    plutôt rather
    pluvieux rainy
un **pneu (crevé)** (flat) tyre
un **poêle** stove
une **poêle** frying pan
un **poème** poem
la **poésie** poetry
le **poids** weight
un **poids lourd** lorry
un **point** point; full stop

une **pointure** shoe size
une **poire** pear
un **poisson** fish
une **poissonnerie** fishmonger's
le **poivre** pepper
le **poivron** green pepper
    politique political
    un homme/une femme ~ politician
    polluant polluting
    polluer to pollute
une **pomme** apple
une **pomme de terre** potato
des **pommes sautées** sauté potatoes
    ~ vapeur boiled potatoes
une **pompe** pump
un **pompier** fireman
les **pompiers** m pl fire service, fire brigade
un **poney** pony
un **pont** bridge
    populaire popular
un **port** port
    ~ de pêche fishing port
une **porte** door, gate
un **porte-clés** key ring
un **porte-monnaie** purse
à la **portée (de)** within reach (of)
une **portefeuille** wallet
    porter to wear
la **portière** train door
une **portion** portion
un **portrait-robot** identikit picture
    poser une question to ask a question
    positif (-ive) positive
    posséder to possess
la **poste** post-office
un **pot** jar
l'eau **potable** f drinking water
le **potage** soup
la **poterie** pottery
une **poubelle** dustbin
une **poule** hen
le **poulet** chicken
les **poumons** m pl lungs
une **poupée** doll
    pour for
un **pourcentage** percentage
    pourpre purple
    pourquoi? why?
on **pourrait** we could (from **pouvoir**)
    pourtant however
    pousser to push
    ~ un cri to let out a scream
    pouvoir can, to be able
une **prairie** meadow
    pratique practical, convenient
    pratiquement practically
    pratiquer to practise
par **précaution** as a precaution
    précédent preceding
    précis exact
une **prédiction** prediction
    préféré favourite
    préférer to prefer
    premier (-ière) first
    prendre to take, put
    ~ un verre to have a drink
un **prénom** Christian/first name
    près de near
tout **près** very near
    présenter to present, introduce
se **présenter** to introduce oneself; to report to
    presque nearly, almost
(être) **pressé** (to be) in a hurry
la **pression des pneus** tyre pressure
    prêt ready
    prétendre to claim
    prêter to lend
    prévenir to warn, advise
les **prévisions météorologiques** f pl weather forecast
    prévoir to be prepared for, to foresee, forecast, predict
    prévu planned
    prier to request

une **prière** prayer
    prière de ... you are requested to ...
    principal main
le **principal adjoint** deputy head
le **printemps** spring
la **priorité** priority
une **prise de courant** electric socket
une **prison** prison
    privé private
le **prix** price; prize
    ~ net inclusive price
    ~ d'entrée entry fee
    probablement probably
    prochain next
    proche close
un **producteur** producer
se **produire** to take place
un **produit** product
    ~ laitier dairy product
un **professeur** teacher
    profiter to benefit from
    profond deep
    profondément deeply, a great deal
une **profondeur** depth
un **programmeur** programmer
un **projet** plan
une **promenade** a walk, trip
    faire une ~ to go for a walk
se **promener** to go for a walk
    promettre to promise
une **promotion** special offer
à **propos** by the way; about
    proposer to suggest
une **proposition** proposal
    propre own; clean
un(e) **propriétaire** owner
une **propriété** property
    protecteur (-trice) protective
se **protéger** to protect yourself
une **province** province, region
les **provisions** f pl food, supplies
à **proximité** in the neighbourhood
la **prudence** care
    prudent wise
une **prune** plum
un(e) **psychologue** psychologist
    publicitaire to do with advertising
la **publicité** advertising
une **puce** flea; microchip
    puis then
un **pull** pullover, jumper
la **purée** fruit puree; mashed potato
la **pûreté** purity
un **pyjama** pyjamas

Q

un **quai** platform
    quand when
    ~ même all the same, nevertheless
    quant à as for
un **quartier** quarter, part (of a town)
en **quatrième** in the third year of high school
    que than; as; what?
    quel(le) which, what
    Quelle chance! What luck!
    quelque chose something
    quelquefois sometimes
    quelqu'un someone
    ~ d'autre someone else
    Qu'est-ce que c'est? what is it?
    Qu'est-ce qu'il (elle) fait dans la vie? What does s/he do for a living?
    Qu'est-ce qui ne va pas? What's wrong?
une **question** question
une **queue** tail
    faire la ~ to queue
    qui who, which
une **quincaillerie** ironmonger's, hardware shop

    quinze jours a fortnight
une **quittance** receipt
    quitter to leave
    quoi? what?
    quotidien daily, everyday

R

    raccourcir to shorten
le **racisme** racism
    raconter to talk about, describe
(à) la **radio** (on the) radio
un **radis** radish
    rafraîchissant refreshing
la **rage** rabies
un **ragoût** stew
    raide straight
du **raisin** grapes
une **raison** reason
    raisonnable reasonable
    ralentir to slow down
    ramasser to pick up, collect
une **rame de métro** metro carriage/train
    ramener to bring back
une **randonnée** hike, long walk
    ranger to tidy up
    râpé grated
    rapide quick, fast
    rapidement quickly
    rappeler to call back
par **rapport à** in comparison with
un **rapport** relationship
se **rapprocher** to be close to
une **raquette de tennis** tennis racket
    rarement rarely
    rasant p boring
en **rase campagne** in the open country
se **raser** to shave
un **rassemblement** gathering
    ~ des élèves school assembly
    rassurer to reassure
la **ratatouille** vegetable dish of aubergines, courgettes, tomatoes, onions and olive oil
    rater p to fail, miss
la **RATP (Régie Autonome des Transports Parisiens)** Paris transport authority
    ravi delighted
    rayé striped
un **rayon** department
les **rayons solaires** m pl sun's rays
la **réalité virtuelle** virtual reality
    rebelle rebellious
    récemment recently
une **réception** party
une **recette** recipe
    recevoir to receive; have someone to stay
    recherché sought after
    rechercher to look for
les **recherches** f pl research
un **récit** account
    recommander to recommend
une **récompense** reward
    reconnu recognised
    reconstituer to reconstruct
un **record** record
la **récréation** break
le **recrutement** recruitment
être **reçu** to pass, to succeed
un **reçu** receipt
    reculer to go back, move back(wards)
    récupérer to get back, recover, pick up
    recycler to recycle
    redoubler to repeat a year at school
    réduire to reduce
    réduit reduced
    réel real
    réflechir to think about
une **réflexion** comment
un **réfrigérateur** refrigerator

refroidir to get cold
un **regard** glance, look
regarder to watch, look at
un **régime** diet
une **région** region
régional regional
une **règle** ruler; rule
le **règlement** rules
régulièrement regularly
une **reine** queen
un **relais routier** transport café
les **relations** f pl relationships
relier to link
remarquer to notice, observe
rembourser to reimburse
  se faire ~ to get your money back
remercier to thank
un **remorqueur** tug boat
le **remous** swirling, eddy
remplacer to replace
remplir to fill (in), to complete
un **renard** fox
rencontrer to meet
un **rendez-vous** appointment, date, meeting
rendre to make; to give back
se **rendre** to go to
les **renseignements** m pl information
renseigner to inform
la **rentrée** return to school
rentrer to return
renverser to knock over
les **réparations** f pl repairs
réparer to repair
un **repas** meal
le **repassage** ironing
repasser to iron
répéter to repeat; to rehearse
répondre to reply
un **reportage** report, article
se **reposer** to rest
un(e) **représentant(e)** representative
le **réseau** network
une **réservation** reservation
réservé reserved
réserver to reserve
respectueux respectful
respirer to breathe
responsable responsible
resquiller dans les queues to jump the queue
se **ressembler** to look alike
ressentir to feel
un **restaurant** restaurant
la **restauration** catering industry
restauré restored
rester to stay
le **résultat** result
un **résumé** summary, résumé
en **retard** late
retardé delayed
retenir to hold
une **retenue** detention
retirer to take out
le **retour** return (journey)
retourner to return
se **retourner** to turn around
retraité retired
une **réunion** meeting
réunis together
réussir to succeed
réutilisable reuseable
réutiliser to re-use
un **rêve** dream
un **réveil** alarm clock
se **réveiller** to wake up
revenir to return, come back
le **revenu** income
au **revoir** good-bye
se **revoir** to see one another again
une **revue** magazine
le **rez-de-chaussée** ground floor
le **Rhin** Rhine (river)
le **rhume** cold
riche rich
rien nothing

ne **rien** nothing, not anything
rire to laugh
un **risque** risk
une **rive** river bank
une **rivière** river
le **riz** rice
une **robe** dress
un **robinet** tap
  ~ à gaz gas tap
un **robot ménager** food processor
une **roche** rock
un **rocher** rock
un **roi** king
les **Romains** the Romans
un **roman** novel
  ~ policier crime story
  ~~photo photo story
romantique romantic
rond round
une **rondelle** round slice
un **rond-point** roundabout
du **rosbif** roast beef
rose pink
rôti roast
une **roue** wheel
rouge red
rougir to blush
rouillé rusty
rouler to drive, move (vehicle)
rouspéter p to grumble
une **route** road
un **routier** long distance lorry driver
routier (-ère) road
roux red (hair)
le **Royaume-Uni** United Kingdom
une **rue** street
le **rugby** rugby
les **ruines** f pl ruins

S

sa his, her, its
un **sac** handbag
  ~ à dos rucksack
  ~ de couchage sleeping bag
un **sachet de thé** tea bag
sacré sacred, holy
saignant raw (of steak)
la **Saint-Sylvestre** New year's Eve
saisir to seize
une **saison** season
la **salade** green salad; lettuce
  ~ de fruits fruit salad
  ~ composée mixed salad
un **salaire** salary
salé savoury, salty
une **salle** room
  ~ d'attente waiting room
  ~ d'eau washroom, shower room
  ~ de bain(s) bathroom
  ~ de classe classroom
  ~ d'informatique computer room
  ~ des professeurs staff room
un **salon** lounge; trade fair, convention
saluer to greet someone
Salut! Hello! Hi!
samedi Saturday
les **sanitaires** m pl washrooms
sans without
  ~ cesse without a break
  ~ doute doubtless
le **sans plomb** unleaded petrol
la **santé** health
un **sapeur-pompier** fireman
la **sauce vinaigrette** French dressing
une **saucisse** sausage
le **saucisson** continental spicy sausage
sauf except
le **saumon (fumé)** (smoked) salmon
sauter to jump

sauvage wild, natural
sauver to save
savoir to know
le **savon** soap
une **saynète** sketch, short play
scellé sealed
les **sciences** f pl science
scolaire to do with school
la **scolarité** schooling
une **séance** session, showing (of a film), performance
sécher to dry
en **seconde** in the fifth year of high school
le **secours** help
une **secousse de terre** earth tremor
une **secrétaire** secretary
la **sécurité (routière)** (road) safety
un **séjour** stay
le **sel** salt
un **self-service** self-service restaurant
selon according to
une **semaine** week
sembler to seem
une **séminaire** conference, seminar
une **semelle** shoe sole
la **semoule** semolina
un **sens** meaning; direction
  le bon ~ the right direction
  le mauvais ~ the wrong direction
  ~ interdit No entry
sensationnel fantastic
sensible sensitive
un **sentiment** feeling
se **sentir** to feel
séparé separated
septembre September
une **série** series
sérieux (-euse) serious
un **serpent** snake
une **serveuse** waitress
  Servez-vous! Help yourself!
le **service** service; service charge
  ~ militaire military service
les **services d'urgence** emergency services
une **serviette** towel; briefcase
servir to serve
se **servir de** to use
ses his, her, its
seul alone
seulement only
sévère strict
le **shampooing** shampoo
un **short** pair of shorts
si if
si yes (insisting)
le **Sida** Aids
un **siècle** century
un **siège** seat
un **sifflet** whistle
signer to sign
s'il te plaît/s'il vous plaît please
silencieusement silently
silencieux (-euse) silent
simplement simply
sinon otherwise
une **sirène** siren
le **sirop** fruit drink
  ~ d'érable maple syrup
situé(e) situated
en **sixième** in the first year of high school
le **ski** skiing
  faire du ~ to go skiing
  ~ alpin downhill skiing
  ~ nautique water skiing
un **snack** snack bar
une **société d'assurances** insurance company
une **sœur** sister
la **soie** silk
soif (avoir ~) to be thirsty
le **soin** care
  prendre ~ de to take care of

(le) **soir** (in the) evening(s)
  tous les ~s every evening
soit ... soit either ... or
le **soja** soya
le **sol** soil, ground
un **soldat** soldier
le **soleil** sun
  un coup de ~ sunstroke
sombre dark
le **sommet** mountain peak, top
  au ~ de on/at the top of
un **somnifère** sleeping tablet
son his, her, its
un **son** sound
un **sondage** survey
sonner to ring
une **sortie** exit
sortir to go out
une **souche** stump of a tree
un **souci** worry, concern
une **soucoupe** saucer
soudain suddenly
le **souffle** breath
souffrir to suffer
souhaiter to wish
souligné underlined
soupçonner to suspect
la **soupe** soup
le **souper** supper
sourd deaf
sourire to smile
un **sourire** smile
une **souris** mouse
sous under
les **sous** p, m pl money
sous-marin underwater
sous-sol basement
les **sous-vêtements** m pl underwear
souterrain underground
un **souvenir** souvenir; memory
se **souvenir de** to remember
souvent often
soyez assez aimable de be kind enough to
les **spaghettis** m pl spaghetti
le **sparadrap** sticking plaster
un **spectacle** show, display
un **sport** sport
sportif (-ive) sporty
un **stade** stadium
un **stage** work placement
un **stage d'activités** activity course
un(e) **stagiaire** course participant
une **station de métro** metro station
une **station (de ski)** (ski) resort
le **stationnement** parking
stationner to park
une **station-service** petrol station
une **statue** statue
le **steak** steak
  ~ tartare raw steak served with seasoning
un **steward** cabin steward
un **store** blind
stupide stupid
un **stylo** pen
un **substitut** substitute
le **succès** success
le **sucre** sugar
sucré sweet, sugary
une **sucrerie** any sweet food eg sweets, biscuits etc
le **sud** south
  au sud de to the south of
  le sud-est south-east
suffisamment sufficiently
Ça suffit! That's enough!
la **Suisse** Switzerland
suisse Swiss
suivant following
suivre to follow
le **super** 4 star petrol
  ~ sans plomb super unleaded
superbe very fine
un **supermarché** supermarket
un **supplément** extra, supplement
  en ~ extra charge

sur on
sûr certain, sure, safe
  bien ~ of course
sûrement undoubtedly
les surgelés *m pl* frozen food
le surnaturel supernatural
surtout above all
surveillé supervised
survenu passed away
un survêtement tracksuit
un survivant survivor
en sus on top
suspendu suspended
sympathique (sympa) kind, nice
le syndicat d'initiative tourist office
un synonyme word with the same meaning

T

ta your
un tabac (bureau de ~) tobacconist's
un tableau picture; table; diagram; board
une tâche ménagère household task
la taille size
  en ~ moyenne in 'medium'
un taille-crayon pencil sharpener
la Tamise river Thames
tandis que whereas
tant so much
une tante aunt
taper à la machine to type
un tapis carpet
  ~ magique magic carpet
tard late
  plus ~ later
un tarif charge; price list
une tarte aux pommes apple tart
une tartine bread and butter and/or jam
un tas heap, pile
une tasse cup
un taureau bull
une taxe tax
un taxi taxi
un(e) technicien(ne) technician
la technologie technology
un télé-roman soap opera
une télécarte phone card
une télécommande remote control
une téléphérique cable car
le téléphone telephone
un téléscope telescope
(à la) télé(vision) (on) TV/television
tellement so, so much
le témoignage evidence, account
un témoin witness
une tempête storm, tempest
le temps weather; time
  ~ libre free time
  de ~ en ~ from time to time
  combien de ~ ? how long, how much time?
tendre tender
le tennis tennis
une tentative attempt
une tente tent
se terminer to end, finish
un terrain ground, pitch
une terrasse terrace outside a café
la terre earth; ground
  par ~ on the ground
un terrien earth creature
terrestre earthly, on earth
la tête head
  de la ~ aux pieds from head to foot
  un ~ à ~ private conversation
un TGV (Train de Grande Vitesse) high speed train
le thé tea
  ~ citron lemon tea
un théâtre theatre
une théière teapot

un ticket ticket for metro or bus
le tiers monde the third world, the developing world
un tigre tiger
un timbre stamp
timide shy
le tir shooting
un tire-bouchon corkscrew
tirer to pull
un tiroir drawer
un titre title, heading
un toboggan slide, toboggan, water chute
toi you
la toile fabric
les toilettes *f pl* toilets
un toit roof
une tomate tomato
tomber to fall
  ~ en panne to break down
une torche torch
un torchon tea towel
tortiller to twist, twirl
une tortue tortoise
tôt early
toujours always
la Tour Eiffel Eiffel Tower
une tour tower
un tour trip, excursion, tour; turn
  tour à tour in turn
un(e) touriste tourist
une tournée tour
tourner to turn
un tournesol sunflower
un tournoi tournament
la Toussaint All Saint's day
tout all, every, everything
  en ~ cas in any case
  C'est ~ ? Is that all?
  ~ droit straight ahead
  A ~ à l'heure! See you later
  ~ de suite immediately
  ~ le monde everybody, everyone
  ~ le temps all the time
toxique poisonous
un tracteur tractor
un train train
  ~ à vapeur steam train
le traitement treatment
  ~ de texte word processing
un traiteur delicatessen, caterer
un trajet journey
le trampoline trampolining
un tramway tram
une tranche slice
tranquille quiet, calm
tranquillement quietly, peacefully
le transport routier road transport
  ~ en commun public transport
transporter to transport, carry
le travail work
travailler to work
un travailleur worker
les travaux *m pl* works, labour
  ~ manuels woodwork, craft, sewing, cookery, etc.
la traversée crossing
traverser to cross
un tremblement de terre earthquake
trembler to shake, tremble
très very
les tribunes grandstand
tricolore three-coloured
le tricot jumper; knitting
tricoter to knit
trier to sort out, classify
un trimestre term
triste sad, unhappy
le troisième âge retirement years
un trombone trombone; paper clip
se tromper to make a mistake
une trompette trumpet
trop too; too much
le trottoir pavement

un trou hole
une trousse pencil case
  ~ de toilette soap bag, toilet bag
trouver to find
se trouver to be situated
un truc trick, tip, thingammy
un T-shirt T-shirt
tuer to kill
la Tunisie Tunisia
un tunnel tunnel
un tunnelier tunnel boring machine
tutoyer to call someone 'tu'
un tuyau water pipe

U

uni one coloured, plain
un uniforme uniform
unique only
uniquement only, exclusively
urbain urban, of the city
une usine factory
un ustensile utensil
utile useful
utiliser to use
utilisé used

V

le va-et-vient comings and goings
les vacances *f pl* holiday(s)
  les grandes ~ summer holidays
un(e) vacancier (-ière) holiday maker
une vache cow
vaguement vaguely
vaincre to overcome
la vaisselle crockery
faire la vaisselle to do the washing up
le val de Loire Loire valley
valable valid
la valeur value
valider to stamp (a ticket)
une valise suitcase
une vallée valley
le vapeur steam
varié varied
le veau calf, veal
un(e) vedette star, TV personality
végétaliste vegan
végétarien(ne) vegetarian
un véhicule vehicle
un vélo bike
  faire du ~ to go cycling
un vélomoteur moped
le velours velvet
un(e) vendeur (-euse) sales/shop assistant
vendre to sell
venir to come
venir de to have just
le vent wind
  il y a du ~ it's windy
en vente ici on sale here
le ventre stomach
un verger orchard
vérifier to check
la vérité truth
le verlan code where words are pronounced backwards
un verre glass
vers towards; around
verser to pour
en version originale with the original soundtrack (film)
vert green
verticalement down
une veste jacket
le vestiaire cloakroom
un vestibule hall
les vêtements *m pl* clothes
un vétérinaire vet
vêtu dressed
un(e) veuf (veuve) widow(er)
  veuillez ... kindly ...
la viande meat
une vibration vibration

une victoire victory
vide empty
un vidéo video
vider to empty
une vie life
vieux (vieil, vieille) old
vif (vive) bright
une vigne vine
un village village
une ville town
le vin wine
  ~ mousseux sparkling wine
le vinaigre vinegar
un violon violin
un virage bend, curve
  couper le ~ to cut the corner
une virgule comma
un visage face
visiter to visit
un visiteur visitor
une vitamine vitamin
vite quickly
la vitesse speed
  à toute ~ at top speed
  en ~ quickly
vivre to live
voici here is, here are
une voie track, platform
  en ~ de disparition becoming extinct
  une ~ réservée bus lane
voilà here is, here are
la voile sailing
  faire de la ~ to go sailing
voir to see
un(e) voisin(e) neighbour
une voiture car
  à voix basse in a whisper
  à voix haute aloud
le vol theft; flight
la volaille poultry
le volant steering wheel
volant flying
voler to steal; to fly
un volet shutter
un(e) voleur (voleuse) thief, crook
le volley volleyball
la volonté willingness
  bonne ~ good willingness
volontiers willingly, gladly
vos your
votre your
je voudrais I would like *(from vouloir)*
vouloir to want, wish
vouloir dire to mean
vous you
un voyage journey
voyager to travel
un(e) voyageur (-euse) traveller
vrai true
vraiment really
un VTT (Vélo Tout Terrain) mountain bike
une vue view

W

le wagon-restaurant buffet car
un walkman walkman, personal stereo
un week-end weekend

Y

y there
  il ~ a there is, there are
un yaourt yoghurt
les yeux *m pl* eyes
le yoga yoga

Z

une zone piétonnière pedestrian area
la zone urbaine urban area
zut! blast!

Résumé

1 Jeunes sans frontières

2 En ville et à la campagne

3 Bon voyage!

4 Echanges

5 Bon appétit!